평신도 시대, 평신도 교회

평신도 시대, 평신도교회
― 한국교회 개혁과 평신도 아마추어리즘

2021년 8월 20일 처음 펴냄
2022년 10월 15일 두 번째 찍음

지은이 | 노치준
펴낸이 | 김영호
펴낸곳 | 도서출판 동연
등 록 | 제1-1383호(1992. 6. 12)
주 소 | 서울시 마포구 월드컵로 163-3
전 화 | (02)335-2630
전 송 | (02)335-2640
이메일 | h-4321@daum.net
블로그 | https://blog.naver.com/dong-yeon-press

ISBN 978-89-6447-686-4 03230

평신도 시대, 평신도 교회

노치준 지음

한국교회 개혁과 평신도 아마추어리즘

동연

머리말

21세기 한국교회의 키워드: 개혁, 평신도, 조직

가야만 하는 교회 개혁의 길: 지난 2017년은 종교개혁 500주년이 되는 해였다. 여러 교단마다 많은 관심을 가지고 여러 행사를 진행했다. 그리고 공통적으로 "교회 개혁은 일과성의 기념행사가 아니라 계속되어야 한다"라고 했다. 한국교회는 지난 2000년을 전후하여 정점을 찍은 후 현재는 약화, 정체, 감소, 쇠퇴의 길을 가고 있다. 코로나19 사태는 이것을 더욱 가속화시키고 있다. 이러한 시대를 맞이하여 교회는 살아남기 위해서 개혁되어야만 한다. 어지러운 시대 가운데서 주어진 사명을 감당하기 위해서 개혁되어야 한다. 새로운 부흥과 발전의 시대를 열기 위해서 개혁되어야 한다. 개혁은 선택이 아니라 필수이다.

개혁은 관념이 아니라 실제요 실천이다. 개혁은 입으로 말하기는 쉬워도 실천하기는 어렵다. 한국교회의 개혁을 말하기 전에 내가 속한 교회의 개혁을 먼저 말해야 한다. 한국교회의 목회자와 성도 전체의 개혁을 말하기 전에 나 자신의 개혁을 말해야 한다. 그래야 구체적이고 실천적인 개혁의 사유가 가능해진다. 개혁은 내려놓음이요 희생이다. 개혁이 이루어지려면 기득권을 내려놓아야 한다. 편하고 익숙한 것을 내려놓아야 한다. 교회 밖의 사람과 다음 세대가 교회 안으로 들어올 수 있는 공간을 마련해 주어야 한다.

이 책의 일차적 관심은 교회의 개혁이다. 이 책은 처음부터 끝까지 한국교회의 무엇을 어떻게 개혁해야 할 것인가를 고민하였다. 이 책에서 나오는 모든 기술과 설명은 한국교회의 개혁을 위한 목적으로 전개되었다. 필요한 경우 아주 작고 구체적인 문제까지도 고민하였다. 교회개혁을 위해서는 개혁의 방법이나 방향과 관련된 지혜와 지식이 필요하지만 더욱 필요한 것은 믿음이다. 믿음이 있어야 아는 것을 실천할 수 있다. 믿음이 있어야 자신의 기득권을 내려놓을 수 있고 위험을 감수할 수 있다. 목사·장로 임기제와 같은 개혁 방안은 교회를 살리기 위해서 풀무 불 속으로 뛰어 들어간 다니엘의 세 친구와 같은 믿음이 있어야 가능하다. 개혁을 위해서 자신의 기득권을 내려놓을 때, 주께서 더 크고 좋은 것으로 주신다는 믿음이 있을 때 개혁이 가능하다. 이 책의 문자는 한국교회 개혁의 과제와 방향을 차분하게 논의하고 있지만, 글과 글 사이의 행간에는 한국교회 개혁이 이루어질 수 있도록 성령께서 감동을 주시고 주님의 특별한 은혜가 임하시기를 간절히 구하는 기도가 들어있다.

평신도가 주도하는 교회: 현재의 한국교회는 평신도의 시대를 맞이하였다. 교역자의 시대는 지나갔다. 1980년대 이후 대형교회를 세운 목회자들이 은퇴하거나 별세하면서 교역자의 시대는 끝나고 평신도의 시대가 도래하였다. 교회의 주도권과 지도력이 평신도에게로 넘어갔다. 외형적으로 보면 아직도 담임 목사가 교회의 대표이고 매주일 강단에서 말씀을 선포하며 교회에서 진행되는 모든 일에 책임을 진다. 때때로 교회 일을 전횡하는 목사들의 이야기가 들리기도 한다. 그러나 이것은 겉으로 나타난 모습이요 예외적인 일에 불과하다. 평신도가 교역자의 뒤에 혹은 집단 속에 숨어 있어서 드러나지 않을 뿐, 교회의 주도권과 지도력이 실제로는 평신도에게 넘어갔다. 그리고 평신도의 분화 현상도 심하게 일어나고 있다. 교회의 중심부에 있는 평신도와 주변부에 있는 평신도 사이에 분화가 일어나서 같은 교회 안에 있지만 그 생각과 지향점이 많이 차이가 난다.

평신도가 교회의 중심이 되면 장단점이 있다. 성직주의의 폐해와 일부 교역자들에게 나타나는 전횡을 방지할 수 있다는 것이 가장 큰 장점이다. 그러나 교회의 지도력에 혼란이 일어나고 평신도의 전횡이 일어날 수 있는 것이 문제이다. 이 책에서는 평신도의 시대가 도래하게 된 배경과 과정을 설명하고 그것이 가져온 결과의 긍정적인 측면과 부정적인 측면을 함께 고찰하였다. 평신도의 시대가 도래한 것을 논의하기 위해서 평신도의 정체성, 기능, 역할 등을 포괄할 수 있는 개념이 필요하다. 이러한 필요에 의해서 만든 개념이 평신도 아마추어리즘이다. 평신도 아마추어리즘이란 평신도가 교회 안에서 아마추어의 신분을 가지고 금전적인 보상을 받지 않고 비직업적으로 하는 활동과 평신도의 지위, 역할, 태도를 포괄하는 개념이다. 이 책은 교회 개혁의 문제의식을 가지고 평신도 아마추어리즘의 형성 배경과 작용 메커니즘 그리고 문제점과 앞으로 나가야 할 방향 등에 대해서 논의하였다.

교회의 문제는 교회조직의 문제: 교회의 머리는 예수 그리스도이며 교회는 머리 되신 예수 그리스도의 뜻을 수행하는 몸이다. 교회는 예수 그리스도를 구주로 신앙 고백하는 사람들이 모여 예배하는 하나님의 집이다. 우리는 교회를 이렇게 알고 있다. 맞다. 교회는 그런 곳이며 당연히 그래야만 한다. 그러나 이 땅 위에 있는 지역교회는 사람들이 모여서 만든 사회적 결사체 즉 조직이기도 하다. 그래서 교회에는 조직으로서의 모든 특성이 나타난다. 교회에는 다른 사회 조직과 마찬가지로 추구하는 목적이 있다. 교회에는 대표가 있으며, 책임과 권한과 역할이 규정된 여러 부서들이 있다. 교회 안에는 조직 행동을 지시하는 헌법, 규칙, 정관, 규정 등이 있다. 교회 안에는 활동 공간과 물적 토대를 제공하는 시설, 장비, 비품, 예산 등이 있다. 교회 안에는 권위와 책임의 차이가 있는 목사, 전도사, 장로, 권사, 집사 등과 같은 직분(지위)이 있다. 이 모든 것들이 교회가 가진 인간 조직으로서의 특성이다.

인간 조직으로서의 교회는 예수 그리스도의 몸으로서의 사명을 잘 감당하기도 하지만 그렇지 못한 경우도 많이 있다. 초대교회 당시의 고린도 교회는 바울 사도께서 세운 교회이고 바울 사도의 지도를 받는 교회였지만 많은 문제가 나타났다. 도덕성과 지도력의 문제, 파당과 다툼, 인간관계와 차별의 문제 등이 나타났다. 이것은 사회조직에서 흔히 나타나는 문제이다. 한국교회 안에는 영적, 신앙적, 교리적 문제도 많이 나타나고 있지만 조직의 속성으로 인해 나타나는 문제가 훨씬 더 많다. 그러므로 교회 개혁을 이루기 위해서는 교회조직과 기구의 개혁을 빠뜨릴 수 없다. 신앙(신학)이나 예식(예배)의 개혁보다 교회조직과 기구의 개혁이 더 시급할 수 있다. 그래서 이 책에서는 교회 개혁과 연관하여 교회의 조직을 탐구하였다. 교역자와 평신도를 구분할 때 그 속에는 성경적, 신앙적 의미가 많이 들어있다. 그러나 평신도와 교역자의 구분은 교회조직 안에서의 지위와 역할의 구분이라는 의미가 더 중요하게 작동한다. 교역자와 평신도의 직제, 장로 집사 권사와 같은 평신도의 직분 등은 모두 교회의 제도화와 조직화의 산물이다. 그러므로 평신도의 시대를 맞이하여 평신도를 이해하려면 교회조직을 이해해야 한다. 이 책에서는 교회개혁과 평신도 아마추어리즘을 이해하기 위해서 교회조직의 특성과 문제점을 탐구한다. 현재 한국교회조직의 가장 큰 위기는 교회의 양극화 현상, 목사의 과잉 배출, 장로교의 당회 기구 등과 같은 조직의 문제에서 나온다. 이 문제와 관련하여 개혁의 방향을 고찰하였다.

이상 논의한 '개혁, 평신도, 조직'의 문제는 사회학 교수와 목사로서 평생을 살아온 필자의 지속적인 관심사였다. 그리고 정체의 시대가 20년 가까이 진행되면서 그것에 길들여져 가는 한국교회가 극복해야 할 중요하고 시급한 과제이기도 하였다. 그러나 적지 않은 규모의 교회에서 쉬지 않고 밀려오는 설교와 교회 행정·관리 사역에 쫓기면서 이 문제를 차분히 연구하고 정리할 수 있는 기회를 얻지 못했다. 그러던 중 주님의 특별한 은혜와 인도하심 가운데 연구와 저술의 시간을 얻게 되어 2년 여의 시간을 들여 이 책을 쓰게 되었다. 30여 년 전 박사논문을 쓴 이후 처음으로 한 가지 주제를 가지고 오랜 시간을 투여하여 저술에 몰두할 수 있게 되었다. 이제 교수직 은퇴의 나이가 되었고 목사 정년도 얼마 남지 않았다. 1시간만 지나면 컴퓨터 모니터의 글씨가 흐려지기 시작하고 목과 허리가 아파서 잠시라도 누워야 한다. 이런 가운데서도 "겉사람은 낡아지나 속사람은 새로워지는" 경험을 하니 이 또한 큰 은혜이다. 예전 박사학위 논문을 쓸 때만 해도 인터넷도 없고 데이터베이스도 없던 시절이었다. 여러 대학 도서관을 방문하여 수천 장의 독서 카드를 손으로 작성하여 정리한 후 다시 글을 쓰면서 옮겨 적었다. 그러나 이 책을 쓸 때는 인터넷과 자료 검색 엔진이 발전하여 원하는 자료에 쉽게 접근할 수 있었다. 서점에 가보지도 않아도 신간 서적과 중고 서적을 집에서 쉽게 구입할 수 있었다. 이런 기술 발전이 없었다면 나이 든 사람이 짧은 시간에 이 정도 분량의 연구를 하기가 쉽지 않았을 것이다. 이 또한 문명의 발전을 통해서 주신 주님의 은혜이다.

이 책이 나오면서 무거운 짐을 내려놓는 듯한 느낌이 든다. 필자 정도의 나이가 되면 이제 내려놓음의 시간이 왔음을 알아야 한다. 좋은 일, 귀한 일, 가치 있는 일이라도 때가 되면 내려놓아야 하는 법이다. 베이비 붐 세대의 맏형으로써 동년배와 후배들에게 '거룩한 내려놓음'의 본을 보이는 것이 이 시대 목사의 사명이라는 생각이 든다. 30대 나이의 제1야당 당수가 출현한 시대에 우리나라의 큰 교단에서 75세 정년 연장 시도를 하고 있다는 소식이 들리니 답답한 마음이다. 부족한 글이지만 한국교회의 문제와 과제를 사회학의 시각에 힘입어 구조적으로 이해하고자 하였고, 간절한 마음으로 기도하면서 한국교회가 앞으로 나가야 할 방향을 제시하였다. 세속화의 거대한 쓰나미 앞에서 눈물로 기도하며 교회를 섬기는 동료, 후배 교역자들과 곳곳에서 이름 없이 빛도 없이 교회를 섬기는 여러 평신도들이 이 책을 통해 위로받고 작은 힘이라도 얻게 되기를 간절히 기도한다. 이 기도가 응답되는 주님의 은혜가 임하여 한국교회가 변화되고 새로이 빛을 발하게 된다면 말할 수 없는 기쁨이요 영광이 되겠다.

이 책을 출간하면서 감사해야 할 분들이 참 많이 있다. 이 책에서 인용된 책과 글을 쓴 많은 교역자와 평신도 그리고 여러 교수들과 기자들에게 감사한다. 그분들의 연구와 저술과 기사에 힘입어 이 책을 완성할 수 있었다. 필자의 신학교 시절 은사이시며 여러모로 격려해 주시고 지도해 주신 총회 한국교회연구원 노영상 원장님께 감사한다. 부족한 목사를 위해 늘 기도하는 광주와 남원의 한기교회 모든 식구들, 자신의 바쁜 일과 중에도 필자의 일상생활에 아무 불편함 없도록 배려해준 아내, 이제는 훌쩍 성장하여 아버지를 위로하고 격려하게 된 자녀들 모두에게 감사한다. 그동안 섬기던 교회를 떠나게 되었을 때, 평안함과 기쁨으로 예배드리고 연구할 수 있는 공간과 삶의 자리를 마련해 주시고 격려해 주신 남원 용북중학교 류정수 박사님, 이지원 이사장님 내외분에게 감사한다. 어려운 출판 현실 속에서도 이 책의 출간을 흔쾌히 맡아 주신 도서출판 동연과 모든 직원들에게 감사하며, 주님께서 복 내려 주시고 하나님 나라가 이 땅 위에 세워지는 일에 크고 아름답게 쓰임받기를 기도한다.

2021년 7월
노치준 목사

차례

서론

1. 문제 제기: 한국교회의 현황과 위기

1980년대 이후 한국교회의 외형적 특징을 서술하는 것은 그리 어렵지 않다. 우선 신도 수의 증가를 들 수 있다. 한국교회는 20세기 세계 선교 역사의 기적이라고 불릴 만큼 폭발적인 신도 증가의 역사(役事)를 경험했다. 1960년 60만, 1970년 300만, 1980년 600만, 1990년 1,000만 성도로 급성장하였다. 최근 하트포드 종교연구소 보고에 따르면, 미국을 제외하고 세계적으로 가장 많은 대형 교회를 가진 곳은 한국으로 '여의도순복음교회'를 비롯해 38개의 대형 교회를 가졌으며, 아프리카의 나이지리아가 25개, 영국이 15개, 싱가포르가 14개 순으로 조사됐다.[1] 세계 최대교회, 장로교 세계 최대교회, 감리교 세계 최대교회가 한국에서 나왔다. 지금까지도 세계 10대 교회의 절반 정도가 한국에 있다.

그러나 1990년대로 들어서면서 성장률이 급격히 떨어지기 시작했

---

[1] 뉴스M 편집부, "왜 한국 대형 교회가 미국보다 더 큰가?", 「뉴스 M」 (2015.08.29.).

고 2000년대부터 성장의 정체 혹은 감소 현상이 나타났다. 특별한 대처와 변화가 없으면 이러한 추세는 계속될 전망이다. 기독교 미래학자는 "① 2028년부터 교회의 몰락 현상이 급속하게 전국적으로 나타날 것이며 ② 2050년경이면 한국 개신교의 수는 300~400만 명으로 줄어들고 ③ 교회학교의 교육부서가 전체 기독교인의 5~10%로 감소하며 ④ 한국교회의 주력 세대는 70~80대가 될 것"이라는 어두운 예측을 하고 있다.[2] 미래학자 최윤식과 최현식은 한국교회의 미래를 예측하면서 경제와 재정, 인구구조의 변화를 중요한 변수로 보았다. 설상가상으로 2020년 뜻하지 않은 코로나19 위기가 닥쳐왔고 불과 몇 달 사이에 회중 예배 참석 인원수와 헌금 액수가 30~40% 정도 감소하였다. 물론 코로나19 사태가 가라앉으면 많이 회복되겠지만 온전히 회복되지는 못할 것으로 여겨진다.[3] 코로나19로 인한 경제적, 사회적 파장이 세계적으로 장기간 계속될 것으로 예측된다. 따라서 이들 미래학자가 예측한 한국교회의 어두운 미래는 더 빨리, 더 심하게 나타날 가능성이 커지고 있다.[4]

1980년대 이후 한국교회에 나타난 또 다른 특징은 교회의 사역(事役)이 급격히 증가하였다는 것이다. 여러 종류의 소그룹 제자훈련, 큐티, 전도와 선교, 봉사, 문화, 교육 영역 등에서 많은 사역이 이루어졌다. 특별히 선교 영역에서의 약진이 두드러져서 2018년 현재 약 3만 명의 선교사가 해외 여러 나라로 파송되었고, 한국은 미국에 이어 둘째로 많은 개신교 선교사를 파송한 나라가 되었다.

---

[2] 최윤식·최현식, 『2020-2040 한국교회 미래지도 (2)』(생명의말씀사, 2015).
[3] 우성규, "예장통합 전체 교인 수 10년째 내리막길", 「국민일보」 2020.8.20.
[4] 노영상 외(편), 『전염병과 마주한 기독교』(다함, 2020).

이렇게 교회의 사역과 활동은 증가하였는데 한국교회의 공신력 즉 사회적 신뢰가 점점 떨어져 심각한 수준에 이르고 있다. 기독교윤리실천운동이 국민 1,000명을 대상으로 실시한 '2020년 한국교회의 사회적 신뢰도 여론조사'에 따르면 응답자의 63.9%가 한국교회를 '전혀 신뢰하지 않는다'(32.4%), '별로 신뢰하지 않는다'(31.5%)고 부정적으로 답했으며, '매우 신뢰한다'(6.7%)와 '신뢰한다'(25.1%)는 응답은 31.8%에 불과했다. 종교별 사회적 신뢰도의 순위를 살펴보면 천주교, 불교, 개신교 순이며, 성직자별 사회적 신뢰도의 순위는 신부, 승려, 목사의 순으로 나타났다. 이러한 순위는 1980년대 이후 변함없이 계속되고 있다.[5] 더욱이 코로나19가 장기간 지속되었고 일부 교회와 선교단체가 중요한 코로나19 감염경로가 되면서 교회의 사회적 신뢰도가 급격하게 하락하였다. 개신교 여론조사기관인 목회데이터연구소가 낸 '코로나19 정부 방역 조치에 대한 일반 국민평가 조사' 결과에 따르면 한국교회를 '매우·약간 신뢰한다'는 응답은 21%인 반면 '별로·전혀 신뢰하지 않는다'는 비율은 76%로 조사됐다.[6]

　이상 살펴본 바와 같이 1980년대 이후 한국교회는 ① 성장의 정점에 이르렀다가 정체 혹은 침체의 시대를 맞이했고 ② 교회 안에서 이루어지는 사역과 활동은 증가하였지만 ③ 사회적 공신력이 크게 떨어진 상태에 있다. 이러한 한국교회의 현상에 대해서 많은 논의가 있는데, 그 논의는 크게 세 가지로 분류할 수 있다. 즉 사회적·환경

---

5) 도재기, "국민 10명 중 6명 교회와 목사 불신", 「경향신문」 2020.02.07.
6) 조현, "코로나 1년 한국교회 신뢰도 급락⋯76% 신뢰하지 않아", 「한겨레신문」 2021. 01.30.

적 요소를 강조하는 사회학적 설명, 교회의 조직과 구조의 측면에 초점을 맞춘 제도적 설명, 교역자와 성도들 개개인의 도덕적·신앙적 측면에 초점을 맞춘 영적·신학적 설명이 있다. 이러한 설명은 모두 필요하고 유익하다. 그러나 다양한 측면에서 여러 변수를 병렬적으로 열거하면서 진행하는 논의는 평면적인 서술에 머물기 쉬우며, 인과관계나 역동성 혹은 메커니즘을 설명하는 데는 한계가 있다. 설명이 없으면 대책을 세우기도 어렵다. 따라서 한국교회 현실에 대한 이해를 위해 설명력이 있는 논의가 필요하다. 이 책에서는 한국교회의 현실과 작동 메커니즘에 대한 인과적 설명과 해석을 위해서 교회조직(구조)에 초점을 맞추어 논의하겠다.

1980년대 이후 한국교회에 나타난 중요한 현상을 분석적으로 이해하기 위해서는 핵심적인 변수를 고찰해야 하는데, 그 중요한 변수가 바로 평신도의 성장이다. 1980년대 이후 그동안 잠자던 평신도가 깨어났고, 교회 안에서 소극적이고 피동적인 위치에 있던 평신도가 적극적이고 주체적인 위치로 올라갔다. 양적으로나 질적으로나 평신도는 크게 성장했다. 카리스마와 뛰어난 지도력을 가진 담임목사를 구심점으로 해서, 평신도들은 교회 공동체를 위해서 놀라운 헌신을 하였다. 이러한 평신도의 헌신과 참여가 교회 성장의 견인차 역할을 했다. 그러나 2천년대 들어 교회에 큰 영향을 미치는 급속한 사회변화가 일어났고 이와 더불어 한국교회의 성장을 이끌던 지도적인 목사들이 대거 은퇴하였다. 그 결과 교회의 성장 역시 정체되거나 감소하였다. 카리스마를 발휘하던 교회 성장 1세대 목사들의 은퇴로 말미암은 공백을 새로운 교역자의 지도력이 채우지 못한 결과, 교회의 지도력과 주도권이 자연스럽게 평신도에게 넘어갔다.

뒤에서 자세히 논하겠지만 교역자는 교회 일을 직업적으로 하는 프로페셔널이고 평신도는 교회 일을 비직업적으로 하는 아마추어이다. 그러한 아마추어 평신도가 교회의 중심에 서게 된 것이 2020년대 한국교회의 간과할 수 없는 특징이다. 그러므로 현재의 한국교회를 이해하고, 개혁하고, 변화시키기 위해서는 교회 내에서 아마추어인 평신도의 속성과 활동의 메커니즘을 바르게 이해하는 것이 필요하다. 본서에서는 교회 안에서 아마추어 혹은 비직업적인 위치에 있는 평신도의 속성, 활동, 변화 추세 등을 총괄하는 의미로 '평신도 아마추어리즘'이라는 개념을 사용하고자 한다. 즉 평신도 아마추어리즘이란 '① 교회 안에서 직업적으로 일하지 않는 평신도의 지위와 역할과 활동, ② 평신도의 기능과 역할이 증대됨에 따라 교회 안에서 평신도의 비중이 커지는 현상, ③ 아마추어 평신도의 힘과 영향력이 커지면서 나타나는 긍정적 결과와 부정적 결과'를 의미하는 포괄적인 개념이다. 1980년대 이후 한국교회의 평신도에게 나타난 특징적인 여러 현상을 포괄하는 '평신도 아마추어리즘'이라는 개념이 현재 한국교회의 현실을 이해하고 앞으로 교회개혁의 방향을 설정하는 데 많은 도움이 될 것이다.

2. 연구의 목적과 의미

1980년대 이후 한국교회 평신도의 힘과 능력이 크게 성장하였다. 반면에 교역자의 힘과 능력은 상대적으로 저하되는 추세이다. 앞으로 살펴보겠지만 평신도 파워의 성장과 교역자 파워의 약화는 여러 사회적, 시대적 요인이 작용한 결과이다. 그리고 평신도와 교역자 개개인의 특성에 따른 요인과 교회조직과 시스템의 요인이 함께 작용한 결과이다. 평신도의 성장과 교역자의 약화는 교회 안에서 평신도의 비중이 커지고 교역자의 비중이 작아지는 결과를 초래했다. 과거 한국교회는 교역자 프로페셔널리즘이 더 중요한 역할을 했지만, 미래의 한국교회는 평신도 아마추어리즘이 더욱 중요한 역할을 하게 될 것이다. 따라서 앞으로 한국교회의 운명은 평신도 아마추어리즘의 건강성 여부에 의해 크게 좌우될 것이다.

이같이 교회와 사회 안에서 평신도의 힘과 능력이 증대되는 시대를 맞이하여 평신도와 평신도 아마추어리즘에 대한 이해와 연구는 매우 중요하다. 프로페셔널 교역자의 사역과 신앙인격 그리고 리더십은 공개적이고 눈에 띄는 현상이다. 그래서 교역자 프로페셔널리즘의 장·단점, 공과(功過), 성공과 실패, 빛과 어둠은 쉽게 드러나고 그 의미나 메커니즘을 이해하고 해석하는 것도 비교적 용이하다. 교역자의 카리스마나 리더십에 대한 학문적, 사회적 관심도 높고 관련된 정보나 지식도 많다(기독교 서적을 보면 교역자의 이름이 평신도의 이름보다 압도적으로 많다). 그러나 상대적으로 아마추어 평신도의 사역과 신앙인격과 리더십과 팔로우십은 잘 드러나지 않는 현상이다. 그래서 평신도 아마추어리즘의 장·단점, 공과, 성공과 실패, 빛과 어둠은 드러나지 않고 대개 숨겨져 있다. 그리하여 그 의미나 메커니즘을 이해하고 해석하기가 쉽지 않으며, 학문적·사회적 관심도 낮고 그와 관련된 정보나 지식도 많지 않다.

따라서 이 연구는 평신도와 교회에 대한 사실적·경험적 연구에서 출발하고자 한다. 그리고 역사적 접근보다는 사회학적, 구조적으로 접근하고자 한다. 현재 진행되고 있는 현상에 대해서 역사적 접근을 우선하면 수없이 많이 생산되고 또한 사라지는 '사실과 현상'의 늪에 빠지기 쉽다. 즉 과잉정보의 늪에 빠질 위험이 있다. 또한 현재 진행형 가운데 있는 인물이나 사건의 의미를 설명하고 해석하는 과정에서 불필요한 오해와 다툼이 일어날 수 있다. 그러므로 본 연구에서는 특정 교회와 단체, 특정 인물과 사건들을 언급할 때에도 그 현상 자체를 상세히 기술하기보다는, 평신도 아마추어리즘 현상의 구조와 작용 메커니즘에 초점을 맞추어 논의하겠다.

이러한 논의는 목회자가 교회 안에서 리더십을 세우고 성도들을 섬기는 데 큰 도움을 줄 수 있다. 또한 평신도가 자신의 위치를 이해하고 건강한 하나님 나라의 일꾼으로 살아가는 데 도움이 될 것이다. 신학자들에게는 교회와 하나님 나라를 새롭게 이해하기 위한 신학적 작업의 통찰력을 줄 수 있다. 이 연구는 교회 구조와 제도에 초점을 맞추어 행하지만, 교회 밖 일반 사회의 조직과 제도의 메커니즘을 이해하는 데도 도움을 줄 수 있을 것이다. 프로페셔널리즘과 아마추어리즘의 형성과 상호작용, 경쟁과 갈등, 협조와 보완은 일반 사회에서도 중요한 현상으로 나타나고 있기 때문이다. 정치, 경제, 교육, 언론, 문화와 예술 심지어 과학과 의료의 영역에서도 프로페셔널을 능가하는 아마추어가 부상하고 있으며 그들이 보여주는 아마추어리즘은 국가와 사회 전체에 큰 영향을 미치고 있다.

3. 이론적 배경과 연구 방향

이 책을 통해 진행되는 논의는 그 이론이나 방법론이 복합적이고 융합적인 성격을 띤다. 사회과학, 인문학, 신학의 이론과 방법론이 복합적으로 나타난다. 현상의 분석(analysis)과 해석(interpretation) 그리고 실천(practice)의 방향 모색이 함께 이루어질 것이다. 가능한 한 객관적이고 치밀한 학문적·과학적 탐구를 위해 노력하겠지만 때로 논단 형식의 주장도 나올 것이다. 이것은 사회학자와 목사라는 두 가지 정체성을 가진 필자의 개인적 특성에서 기인한 것이다.

본 연구를 진행하면서 신학적으로는 '평신도 신학'을 가장 중요한 이론적 배경으로 하였다. 종교개혁가 루터의 직업소명설과 만인제사장설은 개신교 평신도 신학의 출발점이요, 중심이다. 선교론적 입장에서 현대 평신도 신학의 기초를 놓은 크래머의 신학을 참고하였다.[7] 그리고 한국 평신도 신학의 발전과 평신도 제자훈련에 큰 영향을 미친 옥한흠 목사의 평신도 신학을 상세하게 살펴보면서 그 의미를 고찰하였다.[8] 이와 아울러 조직신학 가운데 '교회론'을 연구의 중요한 틀로 삼고, 장로교 교단 조직신학의 기틀을 마련한 이종성 교수의 『교회론』 가운데 '교회 제도의 여러 유형', '교회의 정치제도', '교회의 권위' 등과 관련된 논의를 이론적 틀로 삼았다.[9] 그 외에 다양한 교회론에 대한 신학적 논의들을 참고하였다.

본 연구는 종교사회학적 관점에서 교회를 연구한다. 종교사회학

---

7) 핸드릭 크래머/홍병룡 역, 『평신도 신학』 (아바서원, 2014).
8) 옥한흠, 『평신도를 깨운다: 개정판』 (국제제자훈련원, 2000).
9) 이종성, 『교회론 (II)』 (대한기독교출판사, 1989).

의 기초를 놓은 베버나 뒤르켐의 종교사회학 이론을 바탕으로 하며, 종교사회학의 이론적 흐름을 잘 소개한 국내외의 여러 종교 사회학자들의 저술과 연구에 많은 도움을 받았다.[10] 이와 아울러 그동안 사회학적 시각에서 한국교회를 연구한 여러 종교 사회학자들의 연구를 통해서 많은 통찰력을 얻었고 이 책의 세부적인 내용을 구성하는 데 많은 도움을 받았다.[11] 본 연구는 조직으로서의 한국교회에 초점을 맞추어서 진행될 것이다. 그러므로 다양한 '조직 이론'을 참고하였다. 블라우, 에치오니 등 중요한 조직론 연구자들의 연구를 통해서 조직으로서의 교회를 이해하는 데 도움을 받았다.[12] 그리고 경영학적 조직관리론의 입장에서 접근한 한국교회 연구[13]와 조직 내부의 권력과 영향력을 다룬 연구[14] 등도 본 연구의 중요한 이론적 배경이 되었다.

본 연구는 기본적으로 한국교회에 관한 문헌 연구의 성격을 띠고

10) 오경환, 『종교사회학』(서광사, 1990); 이원규, 『종교의 세속화』(대한기독교출판사, 1987); 이원규, 『종교사회학의 이해』(사회비평사, 1997); 토마스 F. 오데아/권규식 역, 『종교사회학 입문』(대한기독교서회, 1969); 로랜드 로버트슨/이원규 역, 『종교의 사회학적 이해』(대한기독교출판사, 1984); 메르디스 B. 맥과이어/김기대·최종렬 역, 『종교사회학』(민족사, 1994).
11) 김성건, 『21세기 종교사회학』(다산출판사, 2013); 김승호, 『새로 쓰는 10년후 한국교회』(하명출판, 2015); 김승호, 『이중직 목회: 21세기의 대안적 목회 모델』(하명, 2016); 노치준, 『한국의 교회조직』(민영사, 1995); 노치준, 『한국 개신교 사회학』(한울, 1998); 정재영, 『교회 안나가는 그리스도인: 가나안 성도』(IVP, 2015); 강인철, 『경합하는 시민종교들』(성균관대학교 출판부, 2019).
12) A. 에치오니/김채윤 역, 『현대조직론』(법문사, 1968); 오석홍, 『조직이론』(박영사, 1980); 유홍준, 『조직사회학』(경문사, 1993).
13) 배종석·양혁승·류지성, 『건강한 교회 이렇게 세운다』(IVP, 2008).
14) 송복, 『조직과 권력』(전예원, 1980); 전성표, 『권력과 조직: 교회권력관계의 이론과 실제』(울산대학교출판부, 1998).

있다. 일차적으로 한국교회의 현실을 연구한 신학자와 사회학자 그리고 여러 목회자와 평신도의 연구를 기본 자료로 삼았다. 이와 아울러 한국교회의 현장에서 일어난 일들을 상세하게 보도한 여러 언론사 기자들이 작성한 기사 역시 중요한 자료가 되었다. 특히 한국교회에서 일어난 일들을 세세하게 기록한 교계 언론의 글들이 한국교회의 현실과 상황을 이해하는 데 큰 도움이 되었다. '한국기독교 분석 리포트'와 같은 대규모 프로젝트를 통한 한국교회 현실에 대한 연구보고서는 한국교회를 이해하는 데 많은 도움을 주었다. 특히 2013년부터 2018년까지 한국교회 탐구센터(IVP)에서 발행한 8권의 '한국교회 탐구포럼 시리즈'는 본 연구에 많은 도움을 주었다. 이 포럼의 주저자인 송인규 교수는 1980년대 이후부터 현재까지 한국교회의 여러 측면을 신학적으로 잘 정리 분석하였으며, 정재영 교수는 한국교회의 현실에 대한 통계적 자료를 많이 남겨서 이 연구에 큰 도움이 되었다.

본 연구는 한국교회의 현실을 이해하고 앞으로 나가야 할 방향과 개혁 과제를 논의하는 것을 목적으로 한다. 이 연구는 일차적으로 교회조직의 구조와 그 조직을 구성하는 평신도에게 초점을 맞추고 있다. 교회조직에 대한 지금까지의 연구는 대부분 교역자에 관한 것이다. 즉 교역자의 영성과 신앙, 지도력, 카리스마, 헌신, 도덕성 등에 초점이 맞추어져 있다. 교역자에 초점을 맞춘 교회조직의 연구와 논의는 매우 중요하며 그것을 통해서 많은 것을 배울 수 있다. 그러나 이러한 연구는 교회 안에서 평신도에게 나타나는 속성이나 특성을 제대로 이해하지 못하는 약점이 있다. 그리고 평신도에 의한 교회조직의 변화에 대해 충분히 설명하지 못한다. 평신도를 여전히 소극적이고 수동적인 대상으로 이해하기 때문이다.

그러나 필자가 판단하기로 1980년대 이후 교회 안에서 평신도의 힘, 영향력, 지위가 크게 상승하였다. 그에 따라 한국교회의 현실, 특별히 개별교회 안에서 이루어지는 조직의 메커니즘을 이해하기 위해서는 평신도에 대한 이해가 반드시 필요하다. 한국교회의 성장과 발전에 교역자가 기여(寄與)한 만큼 평신도들도 기여하였다. 그리고 한국교회의 침체와 관련하여 교역자에게 책임이 있는 만큼 평신도에게도 책임이 있다. 한국교회 전체가 아니라 개별교회 안에서는, 때로 교회에 대한 기여와 책임의 정도가 교역자보다 평신도에게 더 많이 나타나는 모습도 볼 수 있다. 따라서 본서에서는 1980년대 이후 나타난 평신도의 힘과 영향력 증대 현상을 '평신도 아마추어리즘'이라는 용어로 개념화하여 설명하고자 한다.

이 책은 한국교회의 현실에 대한 분석과 설명이라는 학문적·이론적 관심에만 머물지 않고 실천신학 혹은 목회신학의 측면에서 한국교회 개혁의 문제에 특별한 관심을 기울이고자 한다. 교회의 개혁은 신앙과 신학의 개혁, 개인적·사회적 실천의 개혁, 조직과 제도의 개혁으로 나눌 수 있는데,[15] 본서에서는 한국교회가 당면한 조직과 제도의 개혁에 초점을 맞추어 논의할 것이다. 교회의 조직과 제도는 개별교회의 조직과 교단 조직 즉 노회나 지방회 조직, 전국적인 규모의 총회 조직 등으로 나눌 수 있다. 이러한 개별 교회 상위조직이 가진 문제와 개혁의 과제도 많이 있다.[16] 그러나 평신도 아마추어리

---

15) 노치준, "한국교회 조직과 직제개혁", 대한예수교장로회 종교개혁 500주년 기념사업위원회 편, 『한국교회, 개혁없이 미래 없다』(한국장로교 출판사, 2018).

16) 구교형, "교단과 총회의 답답한 현실 속에서 개혁의 소망을 꿈꾸다", 『한국교회 개혁

즘이 가장 확연하게 드러나는 영역이 개별적인 지교회 혹은 지역교회이다. 그러므로 본 연구에서는 개별교회 조직에 초점을 맞추어서 교회 개혁의 문제를 논의하도록 하겠다.

먼저 한국교회 조직과 제도의 특성을 평신도 아마추어리즘과 관련하여 논의한 후, 단순한 제안의 정도가 아니라 구체적이고 체계적인 교회개혁의 방안을 논의할 것이다. 즉 ① 개별교회 조직의 대표요 책임자인 교역자의 정체성 확립과 도덕성 회복, ② 교역자 배출의 근원지가 되는 신학교(신학대학원) 정원의 현저한 축소, ③ 당회와 장로 직분의 개혁, ④ 교회 안에 주로 머무는 평신도 사역의 사회에로의 방향 전환, ⑤ 소형 교회의 통폐합과 대형 교회의 분립 등에 대한 개혁방안을 논의하도록 하겠다.

필자는 반교회(anti-church) 운동가들처럼 악의적이고 공격적인 태도가 아니라 목회자로서 교회와 성도를 사랑하는 마음으로 교회 개혁의 방안을 논의하고자 한다. 객관적이고 냉철한 조직분석가의 눈으로만 교회를 바라보지 않고, 교회의 성장 발전과 성도의 믿음 성장을 간절히 소원하는 목사의 눈으로 교회의 미래를 바라보고자 한다. 세속화, 인구구조의 변화, 사회변화, 조직의 원리 등을 변수로 하는 사회학자의 시각을 견지하면서도, 한국교회에 애정을 가진 목사의 마음 역시 잃지 않을 것이다.

의 길을 묻다』(새물결플러스, 2013).

제1부

평신도 아마추어리즘의 시대

1980년대 이후의 한국교회는 평신도의 시대를 맞이하였다. 경제
성장, 정치 민주화, 정보화 사회의 도래와 함께 평신도의 역량(力量)
이 크게 증대하였다. 역량이 늘어난 평신도가 믿음, 열정, 사랑을 가
지고 교회에서 헌신하였다. 그 결과 교회는 크게 부흥하였다. 그러
다 2000년대 들어 교회 정체의 시대가 도래하였고, 교역자의 지위가
많이 약화되었다. 그 결과 교회 안에서의 평신도의 지위는 상대적으
로 강화되고 그 비중도 커지게 된다. 이처럼 교회 안에서 아마추어
인 평신도의 역량, 지위, 비중이 커지는 현상을 평신도 아마추어리
즘이라고 지칭할 수 있다. 제1부에서는 평신도 아마추어리즘 현상
속에 들어있는 의미를 살펴보고, 그 형성의 사회적 배경과 신학적
배경을 고찰한다. 그리고 평신도 아마추어리즘 형성의 교회 내부적·
조직적 요인을 고찰한다.

1장
평신도 아마추어리즘의 의미

교회는 예수 그리스도를 머리로 하면서 교역자와 평신도라는 두 기둥 위에 서 있다. 교역자와 평신도의 차이와 구분에 대해서 다양한 논의가 있다. 그런데 교회를 사회 조직의 측면에서 접근할 때 둘 사이의 가장 큰 차이는 프로페셔널과 아마추어의 차이이다. 즉 교역자는 교회 일이 직업으로서의 의미를 가지며 평신도는 교회 일이 직업이 아니라 봉사이다. 현재의 한국교회를 이해하기 위해서는 교역자 프로페셔널리즘과 평신도 아마추어리즘의 의미를 분명히 알아야한다. 이 장에서는 평신도 아마추어리즘의 의미를 교역자 프로페셔널리즘과 대비하면서 고찰하겠다.

1. 프로페셔널리즘과 아마추어리즘

프로페셔널의 사전적 의미를 보면 형용사로 사용될 때는 '직업적인' 혹은 '전문적인'이라는 뜻이 되고 명사로 사용될 때는 '직업', '전문가'와 같은 의미로 사용된다. 프로페셔널이라는 말의 어원은 라틴어 프로페시오(professio)이다. 이것은 '고백한다'는 의미이다. 그러므로 프로페셔널은 고백할 수 있는 사람이라는 뜻이다. 종교적인 의미에서는 다른 사람이 듣지 못한 신의 계시를 듣고 그것을 자신의 입으로 또한 자신의 생명을 걸고 고백하는 사람을 의미한다. 세속적인 의미에서는 자신의 분야에서 남다른 지식과 기술과 경험을 가지고 다른 사람에게 자신만의 어떤 것을 말(고백)하고 전할 수 있는 사람을 의미한다. 여기에서 프로페서(professor) 즉 교수라는 말이 나왔고 또한 프로페셔널은 전문직 혹은 전문가라는 의미로 사용되고 있다.

엄밀한 의미에서 프로페셔널은 일반적인 용어이지 학문적인 개념은 아니다. 프로페셔널을 직업으로 이해하는 경우 학문적인 관점에서 관심을 끌 만한 글은 막스 베버가 행한 2편의 연설문이다. 베버는 1919년 뮌헨대학에서 연설했는데 그 연설의 제목은 "직업으로서의 정치"(Politik als Beruf)와 "직업으로서의 학문"(Wissenschaft als Beruf)이다. 이때의 Beruf는 '직업'이라는 의미와 '소명'(召命)이라는 의미를 함께 가지고 있다. 마르틴 루터의 '직업소명설'에서 말하는 그 소명으로서의 직업과 같은 의미이다. 베버는 이 두 개의 연설을 통해서 프로페셔널로서의 정치가와 학자가 가져야 할 태도, 윤리의식, 사명감 등을 말하였다.[1] 막스 베버의 입장에 따르면 프로페셔널은 그 어떤 분야에서 일하든지 전문가로서의 능력, 지식, 태도, 윤리의식을 가진 사람을 의미한다.

---

[1] 막스 베버/전성우 역, 『직업으로서의 학문』 (나남, 2006); 막스 베버/전성우 역, 『직업으로서의 정치』 (나남, 2011).

프로페셔널이라는 말이 일반인에게 많이 오르내리게 되는 데는 피터 드러커가 중요한 역할을 했다. 그는 뛰어난 프로페셔널이 되기 위한 방법을 자신의 경험에 근거해서 말했다. 즉 진정한 프로페셔널이 되려면 "① 목표와 비전을 가져야 하며, ② 완벽을 추구해야 하고, ③ 새로운 주제를 계속 탐구하며, ④ 자신의 일을 정기적으로 점검하며, ⑤ 피드백 활동을 잘 해야 하고, ⑥ 다른 사람의 삶에 변화를 일으킬 수 있는 사람이 되어야 한다"고 하였다.[2] 이러한 주장은 프로페셔널리즘의 의미, 형성 배경, 구조와 기능, 행동의 메커니즘 등에 대한 학술적인 논의는 아니다. 뛰어난 프로페셔널에게 필요한 태도나 자세를 자신의 경험에 근거해서 말하는 '자기 계발서'의 성격을 띤다.

프로페셔널은 '전문직'이라는 이름으로 다양하게 논의되고 있다. 대부분의 논의는 의사, 변호사, 간호사, 약사, PD, 교사, 회계사, 수의사, 방송작가, 공무원, 스튜어디스, 만화가, 요리사, 디자이너, 건축가, 출판인 등 전문적인 지식과 기술 혹은 자격증과 면허증을 가진 사람들의 직업 세계를 소개하는 내용이 주를 이루고 있다. 예를 들어 '부키' 출판사에서는 '부키 전문직 리포트' 시리즈를 통해 수십 종의 전문직을 소개하였다. "간호사가 말하는 간호사"와 같은 제목에서 볼 수 있는 바와 같이 다양한 전문 직업에 종사하는 사람들의 입을 통해 그 직업의 특징, 애환, 장·단점, 근무조건, 보람, 취업 방법 등을 소개하고 있다.[3] 이러한 전문직에 대한 소개와 연구는 해당 전문 직업의 일에 관심 가지거나 그 직업을 선택하고자 하는 사람들에

---

[2] 피터 드러커/이재규 역,『프로페셔널의 조건』(청림출판사, 2001).
[3] 권혜림 외,『간호사가 말하는 간호사 – 부키 전문직리포트 04』(부키, 2004).

게는 많은 도움을 줄 것이다. 그러나 이러한 특정 직업 세계에 대한 소개는 교회 안에서 나타나는 프로페셔널 교역자와 아마추어 평신도 사이의 관계와 상호작용의 메커니즘을 연구하는 본서와는 거리가 있다.

케이스 M. 맥도날드의 『전문직의 사회학』은 의사, 변호사, 회계사 등 한 사회에서 영향력이 크면서 또한 상위의 사회계층에 속하는 전문직을 분석하였다. 영국, 미국, 프랑스, 독일 등 4개국의 전문직 종사자들이 배타적 특권을 쟁취하고 그것을 유지 존속하는 과정을 역사적으로 검토하면서 규명하였다. 그리하여 전문직과 사회계층의 관계, 전문직이 사용하는 문화적 자본, 자격증 혹은 면허증이라는 이름으로 전문직을 보호하는 국가기관의 기능, 가부장제 시스템에 따른 전문직 안에서의 여성들의 소외, 전문직이 가진 독점적 지식의 특징 등을 연구하였다. 전문직의 조직행위와 집단적 행위를 '전문직 프로젝트'라고 지칭하면서 비판적으로 검토하였다.[4] 이러한 연구는 전문직으로서의 교역자들이 가진 성직주의(聖職主義/clericalism)의 성격과 교회 안의 기득권 집단이 어떻게 자신들의 지위를 유지 보전하는가를 이해하는 데 도움을 준다.

프로페셔널과 대비되는 아마추어(amateur)의 어원은 라틴어 아마토르(amator)이다. 아마토르는 사랑이라는 의미의 '아모르'에서 나왔다. 따라서 아마추어는 사랑하는 사람, 영어로 말하면 'lover'이다. 그래서 아마추어를 '애호가', '어떤 일을 사랑하는 사람' 등으로 부른다. 사전적인 의미에서 아마추어란 "예술이나 스포츠, 기술 등을 본업으

---

4) 케이스 M. 맥도날드/권오훈 역, 『전문직의 사회학』(일신사, 1999).

로 삼지 않고 취미로 애호하는 사람, 순화어는 비전문가"를 의미한다. 그리고 아마추어리즘의 사전적 의미는 "① 아마추어 정신, ② 비전문가의 기예(技藝), ③ 아마추어의 자격"을 의미한다. 국어사전을 보면 아마추어리즘이란 "스포츠 따위에서, 직업으로서가 아니라 즐기기 위하여 경기하는 정신이나 태도"라 하였다. 백과사전에는 "예술·기술·스포츠 등을 본업으로 삼지 않고 취미로 애호하는 사람. 주로 스포츠 용어로 쓰이는데, 영리를 목적으로 하지 않고 즐기기 위해 또는 신체의 건강이나 정신수양을 위해 경기하는 사람을 아마추어라고 하며, 그런 정신과 태도를 아마추어리즘"이라고 하였다. 이러한 사전적인 의미를 정리하면 "아마추어리즘은 ① 스포츠나 예술 분야에서 많이 나타나며 ② 직업적 성격을 띠는 프로페셔널리즘과 대비되며 ③ 금전적인 목적보다는 일 자체를 즐기는 것을 목적으로 하는 사람(아마추어)이 간직한 태도와 행위 양식"이다.

아마추어의 탄생은 경제성장, 기술발전, 사회발전과 밀접하게 연결되어 있다. 아마추어란 예술과 기예, 체육활동이나 여행, 취미 생활, 독서와 학문, 사회봉사, 사회 운동, 종교활동 등을 비직업적으로 그 자체의 즐거움을 위하여 행하는 사람을 의미한다. 이러한 활동을 직업(생업)과 상관없이 하려면 상당한 물질과 시간이 있어야 하며 노동에 매이지 않아야 한다. 따라서 기술과 경제가 성장하지 못한 전근대 사회에서의 아마추어는 주로 귀족이나 성공한 부르즈와 계급에서 나왔다. 베블렌의 표현을 빌린다면 과시 소비를 할 수 있는 유한계급에서 나왔다.[5] 전 근대사회의 사람들은 대부분 가난하였

---

5) 소스타인 베블런/김성균 역, 『유한 계급론』(우물이있는집, 2005).

고, 생존 자체를 위해서 노동에 매인 삶을 살 수밖에 없었다. 따라서 그들은 즐기기 위한 목적의 비직업적인 활동을 할 수가 없었다. 즉 아마추어가 될 수 없었다. 그러나 경제가 성장하고 사회가 발전하면서 중간층이 많이 형성되었고 아마추어와 아마추어리즘이 크게 대두되었다. 사회발전의 과정에서 본다면 한국 사회는 1980년대 이후 아마추어리즘이 일반화되었다고 할 수 있다.

현대 사회에서 아마추어리즘은 세 가지 측면에서 이해된다. ① 중립적인 의미에서 아마추어리즘은 여가선용과 취미활동을 의미한다. 아마추어 선수, 아마추어 바둑, 아마추어 시인, 아마추어 음악가 등의 표현에서 이러한 모습을 볼 수 있다. ② 부정적인 의미에서 아마추어리즘은 해당 분야에서 지식과 전문성이 떨어지는 사람의 행위양식을 일컫는 용어이다. 직장에서 맡은 일을 제대로 하지 못하고 그것을 극복하려는 의지도 부족한 사람을 일컬을 때, 프로정신이 없는 아마추어 같은 사람이라고 말한다. ③ 긍정적인 의미에서 아마추어는 프로페셔널과는 달리 물질적이고 직업적인 동기에서 벗어나 그 일 자체의 가치를 추구하는 순수하고, 열정적이고, 이상적인 동기를 가진 사람으로 이해된다. 이러한 의미의 아마추어는 프로페셔널이 만들어 놓은 집단 이기주의와 집단사고(group thinking)의 벽을 넘어 공동체 전체의 이익과 사회발전을 이루어내는 역사 창조의 전위대를 뜻한다.

앤디 메리필드가 말한 바 『아마추어: 영혼 없는 전문가에 맞서는 사람들』이 이러한 의미의 아마추어이다. 앤디 메리필드는 현대 사회를 지배하는 사람들을 프로페셔널 즉 전문가라고 하였다. 그들은 관료주의에 빠져있고 전문가의 권위와 자격증을 이용하여 자신들의 이익을 위하여 일한다. 권력자의 눈치를 보면서 일하는 관료와 법률가, 기관에 빌붙어 양심을 파는 교수, 권력의 입맛에 맞는 뉴스만 짜깁기하는 언론인 등이 타락한 프로페셔널의 대표적인 모습이다. 그는 뉴욕과 영국에서 전문가들에 의해 자행된 무책임한 도시계획의 실패 사례를 통해 프로페셔널 집단이 운영하는 시스템에 의문을 제기한다. 그리고 수익과 보상에 따라 움직이지 않고 자신이 좋아하는 일에 이끌리는 아마추어리즘이 병든 프로페셔널리즘을 극복할 수 있으며 민주주의와 사회발전을 이룰 수 있다고 하였다.[6]

톰 니콜스는 아마추어와 관련하여 메리필드와 반대의 입장을 취한다. 그는 『전문지식의 죽음』(*The Death of Expertise*, 『전문가와 강적들』이라는 제목으로 번역됨)이라는 책에서 전문가에 대항하는 일반인 즉 아마추어에 대해서 논의한다. 우리는 곳곳에서 아마추어가 전문가를 무시하고 자기주장을 펼치는 모습을 볼 수 있다. 정치문제와 관련하여 정치학자나 정치 전문기자를 무시하고 자기주장이 옳다고 말하는 사람이 많이 있다. 인터넷을 통해서 자기 병을 스스로 진단하고 처방까지 한 후 의사를 찾아가 그대로 해 주기를 요구하는 환자들이 있으며, 중요한 사건들과 관련하여 근거 없는 음모론을 펴는 사람들이 있다. 이런 사람들은 모두 전문가와 그들이 가진 전문지식을 무시하고 거부하는 아마추어이다. 톰 니콜스는 이렇게 전문가를 무시하는 풍조는 ① 인터넷에 떠도는 수많은 나쁜 정보와 그것을 받아들이는 확증편향심리, ② 비판적 사고와 능력을 키워주지 못하고 지적인 나르시즘에 빠지도록 만드는 대학교육의 문제, ③ 자극적이

---

6) 앤디 메리필드/박준형 역, 『아마추어: 영혼 없는 전문가에 맞서는 사람들』 (한빛비즈, 2018).

고 편향적인 뉴스를 생산하는 신저널리즘 등이 원인이 되어 나타났다고 하였다.[7] 앤디 메리필드가 말하는 아마추어는 전문가의 문제를 해결하고 사회를 발전시키는 주체가 되지만 톰 니콜스의 아마추어(일반인)는 반지성주의와 사회 혼란 그리고 민주주의의 위기를 가져올 수 있는 위험한 존재가 된다.[8]

본서에서 아마추어 혹은 아마추어리즘이라는 용어를 사용할 때는 위에서 말한 세 가지 측면을 모두 포괄하는 의미이다. 즉 아마추어리즘은 일차적으로 비직업적인 활동이라는 중립적인 의미를 가진다. 아울러 아마추어 활동 속에 들어있는 꿈과 이상, 열정과 헌신, 변화와 발전 등의 긍정적인 의미와 가치를 인정한다. 그와 아울러 아마추어리즘 속에 들어있는 비전문성과 무책임성, 비현실성 등을 고려하면서 앞으로의 논의를 전개하겠다.

아마추어 혹은 아마추어리즘이라는 말은 체육 분야에서 가장 많이 사용되며 예술과 취미활동 등에서도 많이 사용되고 있으나 인문학이나 사회과학에서는 많이 사용되지 않는 용어이다. 그러나 아마추어리즘 현상은 국가와 대비되는 시민사회에서, 시민사회 가운데서도 시장의 영역이 아닌 비경제적인 영역에서 이미 많이 나타나고 있다. 시민사회의 비경제적인 영역에서 나타나는 아마추어리즘의 대표적인 모습을 시민운동 단체와 종교단체에서 볼 수 있다. 우리나라에는 수많은 종류의 시민운동 단체가 있고 많은 사람이 그러한 단체에 소속하여 생업을 목적으로 하지 않는 비직업적인 동기에서 활동하고 있다.

---

7) 톰 니콜스/정혜윤 역,『전문가와 강적들』(오르마, 2017).

8) 신준봉, "누구나 똑똑하다는 나르시즘에 빠져 전문가 조언 안들어", 「중앙일보」2017.5.7.

또한 한국에는 수많은 종교단체와 그 단체에 소속된 신자들이 있다. 통계청에서 발표한 2015년 종교통계에 따르면 우리나라의 종교인구는 총 2,155만 4천 명(불교 761만 9천 명, 개신교 967만 6천 명, 천주교 389만 명 등)으로 전체 인구의 43.9%를 차지하고 있다. 정도의 차이는 있지만, 한국종교의 신도들은 특정 종교단체(교회, 사찰, 성당 등)에 소속되어 있으며 그 단체 안에서 지위와 역할을 가지고 일정한 종교활동을 하고 있다.[9]

종교단체에 속하여 활동하는 신도들의 수만 놓고 본다면 경제활동 인구수(2,774만 8천 명)에 버금가는 수이다. (통계청에서 발표한 2017년 통계에 따르면 우리나라의 경제활동 가능 인구 즉 15세 이상의 인구는 4,393만 1천 명이며 경제활동 인구는 2,774만 8천 명으로 63.2%가 경제활동에 참여하고 있다.) 이렇게 본다면 종교단체에 속하여 종교활동에 참여하는 인구는 경제활동에 참여하는 인구와 근접한 수이다. 경제활동에 참여하는 사람들은 거의 다 직업으로서 일하기 때문에 프로페셔널리즘에 속한다. 그러나 종교단체에 속하여 종교활동에 참여하는 신도들은 대부분 직업 활동으로 참여하는 것이 아니다. 따라서 프로페셔널리즘이 아닌 아마추어리즘에 속한다. 이처럼 아마추어활동 혹은 아마추어리즘은 종교의 영역에서 가장 많이 나타나고 있다.

정치 영역에서 아마추어리즘 활동을 하는 정당원의 수는 변동이 심하고 정확한 수가 공개되지 않고 있어 그 수를 알기가 어렵다. 그러나 대략 추정하여 적게 잡으면 40~50만 명, 많이 잡으면 100~150만 명 정도로 추산된다. 지난 2020년 3월 13일 비례연합정당 창당과 관

---

9) 한국학 중앙연구원,『2018년 한국의 종교현황』(문화체육관광부, 2018), 85, 123.

련하여 민주당의 전 당원 찬반투표가 있었다. 이때 나타난 권리당원의 수가 79만 명이고 투표에 참여한 당원의 수가 24만 1,500명이었다.[10] 이것은 정당 활동에 아마추어로 참여하는 사람의 수가 종교활동에 아마추어로 참여하는 수보다 훨씬 적다는 것을 보여준다.

시민단체와 종교단체는 아마추어리즘 활동이 가장 활발하게 이루지는 곳이다. 행정안전부에 따르면 2019년 현재 중앙행정기관에 등록된 비영리민간단체의 수가 1,675개이며 시·도에 등록된 단체는 12,729개로 도합 14,404개의 비영리민간단체(시민단체)가 등록되어 있다. 그리고 우리나라에는 현재 10만 개 이상의 종교단체가 활동하고 있다. 그 가운데 한국의 개신교회는 6만여 교회에 신도 수가 967만 6천 명으로 아마추어리즘이 가장 많이 나타나는 영역이다. 그리고 한국교회는 신도들이 가장 잘 조직된 단체이다. 그러므로 한국교회는 그 수에 있어서나 조직화의 정도에 있어서 아마추어리즘이 가장 활발하다. 따라서 한국교회를 이해하기 위해서는 한국교회에 나타나고 있는 평신도 아마추어리즘에 대한 이해가 필수적이다.

2. 교역자 프로페셔널리즘과 평신도 아마추어리즘

본서의 목적은 한국교회 평신도에게 나타나는 아마추어리즘을 통해 1980년대 이후 한국교회를 이해하는 것이다. 이 목적을 위하여 먼저 평신도 아마추어리즘의 의미를 생각해 보겠다. 평신도 아마추

---

10) 류호, "민주당, 비례연합정당 참여키로…찬성 74.1%", 「한국일보」 2020.03.13.

어리즘이란 교역자 프로페셔널리즘과 대비되는 용어로 교회 안에서 나타나는 평신도의 태도와 행위 양식을 의미한다. 가톨릭교회의 경우 중세시대는 말할 것도 없고 현재에도 성직주의(clericalism)가 강하게 작용하고 있다. 성직주의란 "성직자와 평신도를 신분적으로 구별하고 교회 안에서의 지도력과 권한이 성직자에게 집중된 체제"를 의미한다. 개신교는 종교개혁 당시부터 이러한 성직주의를 강하게 비판했다. 종교개혁은 가톨릭의 성직주의에 반대해서 나온 개혁 운동이라고 말할 수 있다.

성직주의에 반대하는 종교개혁가들은 '만인(萬人)제사장설'을 주장하였다. 만인제사장설이란 "모든 신자는 그가 성직자이든 아니든 상관없이 예수 그리스도를 통해서 누구나 직접 하나님께 나아가 하나님께 예배하며 교제할 수 있다"는 교리이다. 만인제사장설은 "죄사함과 예배"에서 교역자가 가진 중재자의 지위를 인정하지 않는다. 그리하여 개신교에서는 교역자와 평신도 사이의 신분적 차이를 인정하지 않으며 둘 사이에는 사명의 차이, 기능과 역할의 차이가 있을 뿐이다.

또한 개신교에서는 루터의 '직업소명설'에 근거하여 모든 직업은 다 하나님의 소명 가운데 이루어지는 것으로 본다. 그러므로 반사회적이고 비도덕적인 직업이 아닌 한 모든 직업은 다 하나님이 주신 성직이다. 그리하여 개신교에서는 목사를 성직자라고 부르기보다는 교역자라고 부른다. 최근 들어 평신도 사역자 혹은 평신도 선교사, 평신도 목자 등과 같은 말이 많이 사용되고 있다. 그 결과 평신도와 교역자 사이의 구분이 점점 모호해지고 있다. 더 나아가서 평신도와 교역자의 구분 자체를 부정하는 사람도 있고 평신도라는 호칭의 사용을 받아들이지 않는 사람도 있다.

본서에는 평신도와 교역자를 대비하기보다는 평신도 아마추어리즘과 교역자 프로페셔널리즘을 대비하는 데 더 많은 관심을 기울이도록 하겠다. 이렇게 할 때 ① 평신도와 교역자의 개념을 둘러싼 신학적 논쟁을 피할 수 있으며, ② 평신도와 교역자의 지위나 역할과 관련된 차이점이 분명하게 드러나고, ③ 그 기능과 상호작용에 대한 평가가 용이할 것이다.

평신도 아마추어리즘이 가진 특성을 교역자 프로페셔널리즘과 대비하여 정리하면 다음과 같다.

① 비직업적 사역: 프로페셔널이 담당하는 일은 직업 혹은 생업의 성격을 띤다. 그러나 아마추어가 하는 일은 직업이나 생업의 성격을 띠지 않는다. 그러므로 교역자 프로페셔널리즘 속에는 교역자가 교회 사역을 직업 혹은 생업으로서 행한다는 의미가 들어있다. 그리고 평신도 아마추어리즘의 관점에서 볼 때 평신도의 교회 사역은 직업 혹은 생업의 의미를 갖지 않는다. 프로페셔널 입장의 교역자가 행하는 사역의 동기 가운데 중요한 것은 직업 활동에 따른 금전적 보상이다. 그러나 아마추어리즘 입장의 평신도가 행하는 사역의 동기에는 금전적인 보상이 거의 없다. 따라서 평신도의 경우 교역자와 비교하여 영적, 신앙적, 심리적 동기가 더욱 크게 나타날 수 있다.

② 책임: 교역자는 교회 일을 생업 혹은 직업으로 하므로 교회 일에 대해서 직업적 책임을 진다. 즉 자신이 맡은 일을 제대로 수행하지 못했을 때는 직장을 잃게 된다. 그러나 평신도는 교회 일을 직업으로 하지 않기 때문에 자신이 맡은 일을 제대로 수행하지 못한다 해도 도덕적 비난을 받을 수는 있지만, 직장을 잃지는 않는다. 그러

므로 평신도 아마추어리즘은 교역자 프로페셔널리즘과 비교할 때 책임이 주는 압박이 훨씬 약하다.

③ 자격 조건: 교역자의 자격을 얻기 위해서는 비교적 장기간에 걸친 교육과 훈련이 필요하다. 우리나라의 경우 목사가 되기 위해서는(예수교장로회 통합교단을 예로 들면), 4년제 대학을 나온 후 신학대학원 3년 과정을 마쳐야 한다. 그리고 2년 정도의 수습과정을 거치고 총회에서 실시하는 목사고시에 합격한 후 교회나 기독교 기관에서 전임 사역자로서 청빙되었을 때 목사의 자격을 얻을 수 있다. 그러나 평신도 사역자의 경우 이같이 길고 복잡한 과정이 없다. 세례를 받은 후 일정 기간이 지난 다음 교회에서 임명되거나 선거 등을 통해서 추대되면 평신도 사역자가 될 수 있다. 따라서 평신도 아마추어리즘의 자격 취득이 교역자 프로페셔널리즘보다 훨씬 쉽다.

④ 멤버십과 사역의 기간: 특정 교회 안에서의 평신도의 사역 기간이 교역자의 사역 기간보다 길어질 수 있다. 교역자의 경우 청빙을 통해 특정 교회의 사역을 맡게 되며, 사역 도중 다른 교회로 적을 옮기는 경우도 많다. 그리고 임기나 정년이 정해져 있다. 그러나 평신도의 경우 본인이 원하고 여건이 허락되면 일평생 같은 교회에서 멤버십을 유지하면서 사역할 수 있다. 따라서 특정 교회 안에서의 멤버십과 사역 기간을 비교하면 평신도가 교역자보다 훨씬 긴 편이다.

⑤ 기대와 요구의 수준: 평신도 사역자에 대한 신앙, 인격, 열심, 전문성 등과 관련된 교회의 요구와 기대의 수준이 교역자의 그것보다 훨씬 낮다. 교역자는 직업으로서(즉 월급을 받고) 교회 일을 감당하고 있으며 교회에서 이루어지는 중요하고 핵심적인 사역에서 일한다. 따라서 교역자에 대해서는 평신도 사역자보다 신앙, 인격, 열

심, 전문성 등에서 더 높은 수준을 요구한다. 그리고 이러한 요구에 응하지 못하면 그 지위가 흔들리게 된다. 따라서 지위 안정성의 측면에서 평신도가 교역자보다 훨씬 안정적이다.

⑥ 수와 관계망: 한 교회 안에는 평신도의 수가 교역자의 수보다 훨씬 많다. 평신도의 수가 교역자보다 적게는 수십 배, 많게는 수백 배 많다. 이러한 수의 차이는 관계망의 차이를 가져온다. 즉 평신도보다 교역자는 훨씬 더 많고 복잡한 관계망 속에서 사역한다. 평신도 아마추어리즘은 교역자 프로페셔널리즘보다 훨씬 단순한 관계망 속에서 만들어진다.

이상의 특성을 전제로 평신도 아마추어리즘을 다음과 같이 정의할 수 있다. 평신도 아마추어리즘이란 "① 교회 안에서 직업적으로 일하지 않는 평신도의 지위와 역할 그리고 그 기능과 작동의 메카니즘, ② 평신도의 기능과 역할이 증대되어 교회 안에서의 비중이 커지는 현상, ③ 아마추어인 평신도의 힘과 영향력이 커지게 되면서 나타나는 긍정적인 결과(교인들의 신앙 성장, 교회의 성장과 활성화, 복음 전파 등)와 부정적인 결과(평신도의 전횡과 이권 다툼, 교회 내부 갈등 등)"를 말한다. 반면 교역자 프로페셔널리즘이란 "① 교회 안에서 직업적으로 일하는 교역자의 지위와 역할 그리고 그 기능과 작동의 메커니즘, ② 교역자의 기능과 역할이 약해져 교회 안에서의 비중이 작아지는 현상, ③ 프로페셔널인 교역자의 힘과 영향력이 작아지게 되면서 나타나는 긍정적인 결과(교역자의 전횡 감소, 교회의 민주화 등)와 부정적인 결과(교회의 리더십 약화, 교회의 무질서와 혼란 등)"를 말한다.

교역자 프로페셔널리즘과 평신도 아마추어리즘이 건전하게 작동될 때 시너지 효과가 나타나면서 교회는 부흥성장 발전하고, 사회에서의 존재 이유가 커지게 되며, 하나님 나라가 임하게 된다. 그러나 교역자의 프로페셔널리즘과 평신도의 아마추어리즘이 건전하지 못하게 작동될 때 교회는 혼란에 빠지고 침체되며, 사회에서는 지탄의 대상이 될 수 있다. 건전한 평신도 아마추어리즘은 교회와 사회에 감동을 선사하지만 불건전한 평신도 아마추어리즘은 교회와 사회에 환멸을 가져온다. 앞으로 논의를 전개하면서 필요한 경우 아마추어리즘 혹은 프로페셔널리즘 앞에 건전한 혹은 불건전한 이라는 수식어를 붙이도록 하겠다. '건전하다'는 것은 그 기능과 역할이 바르고 질서 있게 작용한다는 의미이며 불건전하다는 것은 그 기능과 역할이 바르지 못하고 무질서하게 작용한다는 의미이다. 이것은 에리히 프롬이 『건전한 사회』에서 말한 바 sane(건전한), insane(불건전한)과 유사한 개념이며,[11] 에밀 뒤르켐의 『사회학적 방법의 규칙들』에서 말한 바 '정상적인', '병적인'의 개념을 포괄하는 개념이다.[12]

---

11) 에리히 프롬/김병익 역, 『건전한 사회』(범우사, 1999).
12) 에밀 뒤르켐/민혜숙 역, 『사회학적 방법의 규칙들』(이른비, 2021).

2장
평신도 아마추어리즘 형성의 사회적 배경

1980년대 이후 한국교회 평신도는 그 이전 시대와 비교할 때 훨씬 더 성장했다. 그리고 교회 안팎에 미치는 영향력도 매우 커지게 되었다. 평신도의 성장 배경을 크게 두 가지 측면에서 생각할 수 있다. 즉 사회적 배경과 교회 내부적 배경인데, 이번 장에서는 사회적 배경을 먼저 고찰하도록 하겠다.

해방 후 한국 사회는 분단과 6.25 전쟁을 겪으면서 극심한 혼란과 파괴를 경험하였다. 해방 직후의 혼란과 파괴가 어느 정도 수습된 1960년대부터 한국 사회는 모든 면에서 성장 발전하였다. 정치와 경제의 영역에서는 경제성장과 민주화를 함께 이룬 한강의 기적이 나타났다. 그리고 사회문화적으로는 근대화, 도시화, 교육 수준의 상승, 문화 예술의 발전이 이루어졌다. 이러한 사회적 변화와 발전의 과정에 가장 발걸음을 잘 맞춘 종교가 한국의 개신교이다. 미국, 근대화, 자본주의, 도시화 등과 같은 사회발전의 요소들과 가장 친화력이 높은 종교 즉 선택적 친화성(selective affinity)이 높은 종교가 기독교였다. 한국 사회발전의 가시적 열매가 가장 잘 나타나는 서울의 강남이 가장 기독교 인구가 높은 지역이라는 것은 둘 사이의 친화적 관계를 잘 보여준다. 1980년대는 한국 사회발전의 열매가 일부 계층이 아닌 전 국민의 삶 가운데서 가시화되기 시작한 시대이다. 이러한 변화 양상을 교회 안에 나타나는 평신도의 성장과 연결하여 고찰해 보겠다.

1. 사회발전과 시민의식의 성장

한국교회 평신도 성장의 사회적 배경 가운데 거시적인 측면은 시민사회의 형성이다. 우리나라는 1960년대 이후 이른바 한강의 기적이라 불리는 급격한 경제성장을 이루었다. 이것은 가장 간단한 1인당 국민소득의 변화만 가지고도 충분히 설명될 수 있다. 1960년 79달러, 1970년 254달러, 1980년 1,645달러, 1990년 6,147달러, 2000년 10,841달러, 2010년 22,151달러, 2015년 27,226달러를 기록하였다. 아울러 지난 2018년 1인당 국민소득 31,349달러로 세계에서 일곱째로 3050클럽(1인당 국민소득이 3만 불이 넘고 인구가 5천 만이 넘는 국가)에 속하게 되었다. 지난 1960년부터 2000년까지 1인당 국민소득이 137배가 늘어나는 기록적인 성장을 기록하였다.[1]

우리나라는 경제성장뿐 아니라 민주화와 정치발전도 성공적으로 달성하였다. 1979년 박정희 대통령의 서거와 함께 유신독재가 종말을 고했다. 그리고 1980년 신군부의 등장과 5.18 민주화운동의 어려

---

[1] 조윤제 외, 『한국의 경제성장과 사회지표의 변화』 (한국은행, 2012).

운 과정을 극복하고 민주화를 이루게 된다. ① 6월 항쟁의 결과로 얻어낸 대통령 직선제(1987년), ② 61년 군사 쿠데타에서 시작하여 31년간 계속된 군인 대통령의 통치를 마감한 민간인 대통령의 출현(1992년), ③ 김대중 대통령에 의한 수평적 정권교체(1997년), ④ 보수정권과 진보정권 사이의 정권교체 등의 과정을 거치면서 민주화가 진전되었다.[2]

국민소득이 1,000달러를 넘어서면서 중산층이 형성되었고, 민주주의가 정착되면서 시민의식이 높아지기 시작했다. 국가와 시장에 눌려 그 발전이 지체되었던 시민사회가 발전하기 시작했다. 1980년대는 시민의식, 시민운동, 시민사회가 급속하게 발전하기 시작한 시대이다. 경제성장은 중산층을 만들어낸다. 그리고 생활이 어느 정도 안정된 중산층은 시민으로서의 의식을 가지게 된다. 자신과 자신이 속한 공동체의 삶에 주체적으로 참여하고 기여하는 시민적 삶에 대한 의식 곧 시민의식이 1980년대 이후 크게 발전하였다.[3]

1980년대 이후 시민의식의 성장은 교회 안에도 직접·간접으로 영향을 미쳤다. 평신도들이 객체적 지위를 벗어나 주체적인 지위를 가지기 시작했다. 교회 안에서 이루어지는 일들에 대해서 목회자의 지시를 받고 협조하는 위치에서 주도적으로 계획하고 참여하는 주체로서의 지위를 가지게 되었다. 1980년대 이후 많은 평신도의 활동과 헌신에 힘입어 교회 성장이 이루어졌다. 아울러 경제력이 증대된 평

---

2) 신명순 편,『한국의 민주화와 민주화운동: 성공과 좌절』(한울아카데미, 2016).

3) 한국정치학회,『한국의 국가와 시민 사회』(한국사회학회·한국정치학회 공동학술발표회 연구 논문집 / 한울, 1992); 정수복,『시민의식과 시민참여』(아르케, 2002); 김호기,『한국시민사회의 성찰』(아르케, 2007).

신도들의 헌신으로 수많은 교회에서 대규모 건축이 이루어졌다. 1980년대 이후에 나타난 신도 수 증가와 '메가 처치'(초대형 교회)의 형성에는 평신도들의 참여와 헌신이 크게 기여했다. 그리고 사회에서의 민주적인 사고와 행위 양식의 확산과 발맞추어 교회 안에서도 평신도들이 의사결정과 교회 행정에 더 많이 참여하게 되었다. 경제 성장과 민주주의의 발전 그리고 그에 따른 시민의식의 성장이 교회라는 공동체 안에서 평신도를 각성시켰다. 그 결과 교회 안에서 평신도의 의식이 높아졌고, 교회의 많은 일에 더욱 주도적으로 참여하게 되었다.

2. 학력의 신장과 정보화(지식) 사회

1980년대 이후의 시대는 대학이 양적으로 크게 팽창하는 시대였다. 한국교육개발원의 통계에 근거하여 대학진학률을 살펴보면 1980년 27.2%, 1990년 33.2%, 2000년 68.0%, 2008년 83.8%로 정점을 찍었다. 그 후 취업난 등을 이유로 대학진학률이 70%대의 비율을 유지하고 있다. 한국인 특유의 학력 중시 전통과 경제성장의 결과로 1980년대 이래 세계적으로 가장 높은 대학진학률을 보였다. 사회 일반의 높은 대학진학률은 교회 안에도 영향을 미치게 되었다. 한국의 3대 종교 가운데 개신교는 젊은 세대의 수가 가장 많고 학력 수준이 높다.[4] 그리하여 1980년대 이후 한국교회 평신도의 교육 수준이 일반

---

4) 한국갤럽, 『한국인의 종교와 종교의식』(한국갤럽, 1997).

사회의 평균이나 다른 종교보다 높아졌다. 그 결과 교회 안에서 평신도와 교역자 사이의 교육 수준의 차이가 점점 줄어들어 같은 수준이 되거나 일부 교회에서는 역전되는 현상이 나타나게 되었다.

1970년대까지만 해도 고등학교 졸업 후 대학과정에 해당하는 신학교를 졸업한 교역자들은 교회 안에서 평신도와 비교할 때 학력 수준이 높은 편이었다. 그러나 1980년대 이후 평신도들의 학력 수준이 급격히 높아짐에 따라 그 격차가 점점 줄어들게 되었다. 더욱이 신학교 입학생의 학력 수준이 일반대학 입학생의 학력 수준보다 떨어지는 현상이 나타나게 되었다. 아울러 교단 분열의 결과로 수많은 군소(群小) 교단의 신학교가 세워졌고 그러한 신학교 학생의 학력 수준은 더 낮았다. 그 결과 교회 안에서 대학을 졸업한 평신도와 비교할 때 교역자의 지적 수준이 더 낮아졌고 이러한 추세는 시간이 흐름에 따라 더욱 심화되었다. 물론 많은 신학교가 목회자 양성기관을 신학대학원 체제로 전환하여 목회자의 교육 수준을 높이기 위하여 노력하고 있지만, 평신도 교육 수준의 향상에 미치지 못하는 형편이다. 그 결과 1980년대 이후 교회 안에서 교역자가 가졌던 지적으로 우월한 지위가 많이 약해졌다. 1980년대 이후 확연하게 나타난 평신도의 학력 신장은 평신도 아마추어리즘의 형성과 성격을 규정하는 중요한 요소가 되었다. 즉 평신도의 분별력, 판단력, 비판의식이 점점 커지게 되었으며 이것은 목회자와의 관계를 맺는 양상이나 교회의 행정이나 사역에 참여하는 양상의 변화를 가져오게 되었다. 평신도는 점점 더 교역자와 동등한 위치에서 결정하고 교회의 중요한 일들을 독립적으로 실행하게 되었다.

1980년대 이후 정보, 통신, 미디어 수단의 급격한 발달이 이루어졌다. 더욱이 컴퓨터와 인터넷 그리고 스마트 폰의 발달은 정보화 사회를 넘어서서 기술 융합을 특징으로 하는 4차 산업혁명 시대를 가져오게 되었다.[5] 인터넷의 발달과 검색 엔진의 발달은 현대인의 정보와 지식의 습득 능력을 폭발적으로 증대시켰다. 어느 정도의 지식과 교양을 가진 사람이면 인터넷을 통해서 자신이 원하는 지식과 정보를 빠르고 쉽게 얻을 수 있다. 더욱이 인터넷을 통해서 온라인 (on-line) 상의 소통이 쉬워짐에 따라 '집단지성'이 나타나게 되었다. 집단지성이란 다수의 사람이 모여 의견, 정보, 지식 등을 교환하게 될 때 특정 전문가 한 사람의 지성보다 더 높은 지성이 나타나는 현상을 말한다. 사용자 제보로 만들어지는 '우리 모두의 백과사전'인 '위키피디아', 네이버 '지식인', 사용자의 신고로 스팸을 구별하는 앱 '후후', '후스콜' 등은 우리가 쉽게 접할 수 있는 집단지성의 산물이다. 이러한 집단지성은 정보 평등사회를 만든다는 장점이 있지만, 전문가보다 비전문가의 견해를 더욱 신뢰한다는 단점도 있다.[6]

정보화 사회의 도래 역시 평신도 아마추어리즘의 형성과 밀접한 관계가 있다. 예전에는 신학을 전공한 목회자의 소개나 안내를 통해서 신학이나 성경에 대한 지식을 얻었다. 그러나 정보화 사회의 도래와 함께 평신도들이 정보 검색을 통하여 직접 지식을 습득하고 있다. 예전에는 자신이 소속된 교회 목회자의 설교를 통해서 말씀을 접했다. 그러나 정보화 사회의 도래와 함께 평신도들은 여러 개의

---

5) 클라우스 슈밥/송경진 역, 『제4차 산업혁명』(새로운 현재, 2016).
6) 김민희, "집단지성의 명과 암: 대중이 만든 정보 평등사회", 「주간조선」 2015.6.22.; 찰스 리드비터/이순희 역, 『집단지성이란 무엇인가』(21세기북스, 2009).

기독교 방송 채널을 통해 설교를 들을 뿐 아니라 널리 유포된 녹음 테이프와 CD를 통해서 설교를 듣는다. 더 나가서 타 교회 홈페이지에 접속하여 이름 있는 목사의 설교를 언제든지 들을 수 있다. 스마트 폰 안에 들어있는 유튜브 등을 통해서 언제 어디서나 쉽게 수많은 유명 설교자들의 설교를 들을 수 있다. 2020년 코로나19 사태로 인하여 여러 달 동안 교회에서 함께 모여 드리는 주일 예배가 이루어지지 못하고 각 가정에서 인터넷을 이용한 영상예배를 드리게 되었다. 이 과정을 통해서 평신도들은 유명한 교회의 유명한 목사의 설교에 더 쉽게, 더 자주 접하게 되었다.

정보화 사회의 도래와 함께 평신도들은 신학이나 성경과 관련된 지식을 쉽고 빠르게 얻을 수 있고, 수많은 이름 있는 설교자의 설교를 쉽게 접할 수 있게 되었다. 그리하여 평신도들은 높은 지식에 근거한 판단력과 분별력을 구비(具備)하였다. 그리고 자신이 속한 교회의 목사에게 자신이 아는 것과 기대하는 것을 요구하게 되었다. 1980년대 이후 학력의 신장은 교회, 성경, 설교 등에 대한 평신도들의 판단 능력을 높였고, 정보화 사회의 도래는 평신도들의 판단 근거가 되는 지식과 신앙의 콘텐츠를 확장시켰다. 그리하여 정보화 사회는 평신도의 정체성 형성, 외부 문화수용의 방식, 신앙적 실천의 양식 등을 변화시켰다. 아울러 교회의 구조와 교역자와 평신도의 관계 유형의 변화를 요구하고 있다.[7] 정보화 사회를 사는 평신도는 신앙생활과 교회 생활에서 좀 더 자유롭고, 독립적인 성향을 지니게

---

7) 김의원, "디지털시대 속의 교회의 역할", 「기독교교육정보」 제5집 (한국기독교교육정보학회, 2002); 조은하, "정보화 시대의 영성과 신앙공동체", 「기독교교육정보」 제5집 (한국기독교 교육정보학회, 2002).

되었다. 1980년대 이후 한국교회 목회자들은 그동안 유래를 찾을 수 없는 똑똑하고, 자유롭고, 독립적인 평신도들을 만나게 되었고 그들과 함께 교회를 세워나가야 하는 상황에 처하였다. 이처럼 빠르고 넓게 진행되는 정보화 사회의 상황은 한국교회 평신도 아마추어리즘의 형성과 진행에 많은 영향을 주고 있다.

3. 욕구와 의미의 추구

사회가 발전하고 경제와 교육의 수준이 높아짐에 따라 사람들의 욕구 수준 역시 높아지게 된다. 이것을 잘 보여주는 발달심리학 이론이 매슬로(A. H. Maslow)의 욕구 단계(Hierarchy of Needs) 이론이다. 즉 인간은 1단계로 생리적 욕구(Physiological Needs)를 가진다. 이것은 인간의 생명을 유지하기 위한 기본적인 욕구를 말한다. 의식주와 건강에 대한 욕구가 그 대표적인 예이다. 2단계로 안전의 욕구(Safety Needs)가 있다. 위험하지 않고, 안전하고, 잘 정리되고, 예측 가능한 환경 가운데서 살고자 하는 욕구를 말한다. 전쟁의 위험이 없는 나라, 안전한 주거환경, 안전하고 안정된 직장 등에 대한 욕구가 그 예이다. 3단계는 소속과 애정에 대한 욕구(Needs for Belonging and Love)이다. 이것은 가족이나 친구, 친지 등과 교제하고 원하는 집단에 소속되기를 원하는 욕구이다. 이것은 인간의 사회적 욕구로서 고독, 소외, 배제 등에서 벗어나고 싶은 욕구이다. 4단계는 자기 존중의 욕구(Self-esteem Needs)이다. 이것은 집단구성원으로서 명예나 권력을 누리고 싶은 욕구이다. 다른 사람에게 인정과 존경을 받고 집단이나 공동체에서 명예로운 지위나 신분을 가지고 싶은 욕구를 말한다. 5단계는 자아실현의 욕구(Self-actualization)이다. 이것은 인간이 자신의 재능과 잠재력을 최대한 발휘하여 자신이 이룰 수 있는 것을 온전히 성취하고 싶은 욕구이다. 이 욕구는 제한이 없다. 충족되면 충족될수록 더욱 증대되는 욕구이다. 지식에 대한 욕구, 심미적인 욕구, 자아실현의 욕구 등이 여기에 해당된다. 이것은 자기 성장의 욕구이고 삶의 가장 높은 의미를 찾는 욕구이기도 하다.[8]

이러한 욕구의 5단계는 피라미드의 형태를 띠고 있다. 즉 아래 단계의 욕구가 어느 정도 충족되어야 다음 단계의 욕구를 향하여 올라간다. 그러나 욕구 충족의 정도는 개인마다 차이가 있다. 어떤 사람은 아래 단계의 욕구를 거의 100% 충족할 때 그 위 단계로 올라가는가 하면 어떤 사람은 60~70%만 충족되어도 위 단계를 향하여 간다. 예외적인 어떤 사람들은 아래 단계의 욕구가 거의 충족되지 못하였음에도 불구하고 위 단계에 몰두하기도 한다. 빼앗긴 나라를 되찾기 위해서, 혹은 위대한 예술 활동을 위해서, 혹은 위험 가운데 있는 이웃들을 돕기 위해서 자기 자신의 생명과 안전을 돌보지 않고 몰두하는 위대한 인물들도 있다.

매슬로의 욕구 이론을 한국교회 평신도의 성장과 연결하여 생각할 수 있다. 절대 빈곤의 시대에는 대다수 사람이 1단계 생리적 욕구와 2단계 안전의 욕구에 주로 관심을 기울이기 마련이다. 그리고 직장이나 직업의 이동, 거주지의 이동, 가족관계 혹은 지위나 신분의 변화, 도시화와 지역공동체의 변화 등이 일어나면 사람들은 3단계

---

8) 에이브러햄 매슬로/소슬기 역, 『매슬로의 동기이론』(유엑스리뷰, 2018).

소속과 애정에 대한 욕구를 추구한다. 우리나라의 1960년대와 1970년대는 매슬로가 말한 바 1~3단계의 욕구에 주로 관심을 기울이는 시대였다. 1960~1970년대 한국교회의 폭발적인 성장은 이러한 욕구 충족과 무관하지 않다. 농촌에서 도시로 생활 근거지가 변하고, 계층 구조 안에서의 지위 상승의 흐름을 타면서, 많은 사람이 생존과 안전의 욕구를 충족하고 소속감과 새로운 공동체를 얻기 위하여 교회를 찾아왔다.

1980년대 이후 한국 사회는 절대 빈곤에서 벗어나 어느 정도의 풍요를 누리기 시작했고 생활도 많이 안정되었다. 즉 1~3단계의 욕구가 어느 정도 충족되었다. 그 다음으로 4~5단계의 욕구 즉 자기존중과 자아실현의 욕구를 향하게 된다. 교회는 평신도에게 자기존중과 자아실현의 욕구를 실현하는 아주 비옥한 토양이다. 믿음 생활을 잘하면서 교회와 성도들을 잘 섬기면 교회 안에서 명예와 존경을 얻을 수 있다. 즉 장로, 집사, 권사와 같은 직분 그리고 구역장, 부장, 위원장, 회장 등과 같은 명예가 있는 지위를 교회 안에서 얻을 수 있다. 아울러 주의 일을 위하여 열심히 봉사하면 하나님의 나라와 그 의를 이루는 일에 참여하는 것이 되어 자아실현과 삶의 의미를 얻을 수 있다. 비록 사회적인 경쟁에서 높은 자리에 이르지 못했다 해도, 교회에서 믿음 생활 열심히 하고 잘 섬기면, 자기존중과 자아실현의 욕구를 상당 부분 만족시킬 수 있다. 교회를 통해서 자기존중과 자아실현이 이루어지게 될 때 빅터 프랭클이 로고테라피에서 말한 바 삶의 의미를 찾을 수 있다.[9] 삶의 의미는 생존의 힘이 될 뿐 아니라

---

9) 빅터 프랭클/이시형 역, 『삶의 의미를 찾아서』(청아출판사, 2005).

더 나은 삶을 향한 내적인 에너지가 된다. 1980년대 이후 한국교회는 생활이 안정된(즉 매슬로의 1, 2차 욕구가 충족된) 신도들에게 소속감, 자기존중, 자아실현, 삶의 의미를 제공하는 비옥한 토양이 되었다. 이러한 토양 가운데서 한국교회 평신도 아마추어리즘이 형성되고 발전하였다.

4. 프로슈머와 팬덤의 사회

1980년대 이후 우리 사회는 프로슈머와 팬덤의 사회로 발전하고 있다. 프로슈머란 생산자(producer)와 소비자(consumer)라는 말의 합성어이다. 이것은 제품을 사용하는 소비자인 동시에 제품 개발 및 생산 과정에 참여하는 생산자의 역할을 함께 담당하는 사람을 의미한다. 마샬 맥루한과 배링턴 네빗은 함께 쓴 저서 *Take Today*(1972)에서 소비자가 곧 생산자가 될 것이라는 주장을 제기한 바 있다. 그리고 미래학자인 앨빈 토플러는 1980년에 발표한 『제3의 물결』에서 프로슈머라는 말을 처음 사용하였다.[10] 즉 소비자가 생산 단계에도 직접 참여하는 사회가 도래하게 될 것을 말하였다. 소비자가 곧 생산의 주체가 되는 고객 중심의 시대에는 소비자의 생각을 읽고 그러한 요구를 반영해야만 경쟁력을 유지할 수 있다. 최근 들어 휴대전화, 자동차, 화장품 등의 생산 영역에서 소비자가 생산에 참여하여 커다란 성공을 거두는 사례가 점점 더 많아지면서, 프로슈머라는 개

---

10) 앨빈 토플러, 『제3의 물결』 (대일서관, 1982).

넘은 현대 사회의 또 하나의 큰 흐름 즉 트렌드가 되고 있다.[11]

프로슈머라는 말은 평신도 아마추어리즘과 밀접한 관계를 가진다. 이전까지는 교회 안에서 교역자가 영적인 생산자였고 평신도는 영적인 소비자였다. 그러나 1980년대 들어 평신도들의 활약이 두드러지면서 평신도의 프로슈머적인 성격이 일반 시장(market)보다도 더욱 두드러지게 나타나고 있다. 예배, 음악, 교육, 선교, 봉사, 친교 등의 영역에서 평신도들은 교회 안에서 중요한 지위와 역할(각 부서의 부서장, 구역장 등)을 담당하고 있다. 그리하여 교역자들이 생산하는 영적인 서비스를 단순히 소비하는 위치가 아니라 교역자들과 함께 영적인 생산에 참여한다. 예배를 드릴 때도 찬양대, 찬양 팀, 기도인도, 방송 시스템 관리 등을 모두 평신도가 담당한다. 장로교(통합교단) 헌법을 보면 목사와 전도사만 교회의 직원이 되는 것이 아니라 장로, 권사, 집사 등도 교회의 직원이 된다.[12] 때로 분야에 따라서는 (예를 들어 음악과 찬양) 교역자보다 평신도들이 더 중요한 생산자가 되기도 한다. 전도 활동, 구역관리, 식탁교제 등과 같은 일은 평신도의 참여 없이는 불가능한 일이며 교역자보다 평신도가 더 중요한 역할을 한다. 교회 안에서 나타나는 평신도 아마추어리즘은 프로슈머의 사회적 추세를 보여주는 두드러진 예이다.

프로슈머가 주로 물질적인 재화(goods)와 관련한 생산소비자의 의미라면, 팬덤(fandom)은 문화 자원과 관련된 생산소비자라는 의미이다. 팬덤은 열광적인 지지자, 열렬한 애호가라는 의미의 'fan'에 '영토, 상태, 지위' 등을 의미하는 접미사 '-dom'을 붙인 단어이다. 그러

---

11) 임동학,『프로슈머 마케팅』(인스미디어, 2003).

12) 대한예수교장로회 총회,『헌법』(한국장로교출판사, 2007), '정치편' 21~24조.

므로 팬덤이란 특정한 스타(운동선수, 가수, 배우 등)나 장르(영화, 만화, 음악, 운동, 취미)를 선호하는 팬들의 자발적인 모임(voluntary associa-tion)을 의미한다. 처음에는 좋아하는 스타의 공연장에 나타나 열정적으로 응원하는 '오빠 부대'나 '열성 응원단'의 형태를 띠었다. 이때의 팬덤은 다분히 수동적인 입장에서 스타나 기획사에서 제공하는 상품이나 서비스를 소비하는 개별적인 열렬 팬의 형태를 띠었다. 그러다가 헌신적인 팬이(혹은 스타 자신이나 기획사가) 여러 팬들을 조직하면서 하나의 조직체가 되었다. SNS의 발전에 따라 조직화와 커뮤니케이션의 수준이 점점 높아지게 되었고 온라인(on-line)과 오프라인(off-line)을 오가며 소통하면서 집합행동(collective behavior)을 하게 되었다. 또한 스타가 만든 스타일과 취향을 자신들의 기호에 맞게 재가공하는 작업을 한다. 그리하여 팬들 스스로가 스타를 매개로 상대적으로 자유롭고 자발적인 문화형식을 창출해낸다. 여기에서 한 걸음 더 발달하면 팬덤은, 스타나 팬덤 자신과 관련된 문제와 관련해서 혹은 사회적 이슈들과 관련해서, 담론을 생산하는 주체 즉 문화 운동적 실천의 주체가 되어 그 주도권을 행사하게 된다.[13] BTS가 세계 최정상의 가수가 된 것은 물론 멤버 자신들의 재능과 노력 그리고 기획사의 뛰어난 비즈니스도 중요한 역할을 했지만, '아미'라는 강력한 팬덤이 있었기에 가능하였다.[14]

팬덤 현상은 평신도 아마추어리즘과 밀접하게 관련된다. 팬덤 현상의 기본 구조는 스타덤(star-dom)과 팬덤(fan-dom)의 관계와 상호

---

13) 이동연, "팬덤의 기호와 문화정치", 「진보평론」 제8호 (2001년 여름); 김현정, 원용진 "팬덤 진화 그리고 그 정치성," 한국언론학회, 「한국언론학보」 제46권 (2, 2002).

14) 이지행, 『BTS와 아미 컬처』 (커뮤니케이션북스, 2019).

작용에 따라 이루어진다. 현재의 팬덤 현상은 스포츠나 대중문화의 영역에서 그 범위를 넓혀가는 추세이다. 그 두드러진 현상을 정치영역에서 볼 수 있다. 문재인 팬덤, 조국 팬덤 현상이 나타나고 있다. 동영상을 올리면 순식간에 조회수 수십만 수백만을 돌파하는 유튜버(YouTuber)나 방문객 수가 수십만에 이르는 파워 블로거(power blogger)가 있다. 이들은 모두 스타덤에 있는 인물이고 그를 따르는 사람들은 팬덤에 해당된다. 이러한 현상은 종교와 교회의 영역에서도 나타난다. 법륜 스님의 즉문즉설(卽問卽說) 유튜브 동영상은 수십만, 수백만 조회 수를 기록하고 있다. 행복을 찾는 수많은 사람이 그를 찾아오고 있다.[15] 개신교의 경우에는 법륜 스님처럼 전 국민을 대상으로 스타덤에 오른 목사는 없지만, 방송이나 유튜브, 블로그 등을 통해서 수만, 수십만 명의 팔로어(follower)를 가진 목사들이 적지 않다. 카리스마를 가진 대형 교회 목사가 시무하는 교회는 교회 자체가 팬덤 조직이 될 수 있다. 팬덤은 스타덤에 있는 특정 개인이 있어야만 가능한 것은 아니다. 특정한 관심사, 취향, 이념, 가치 등이 팬덤을 구성할 수 있다. 이런 측면에서 보면 한국의 이름 있는 교회 그 자체가 팬덤 형성의 기반이 되고 그 교회의 교인이 팬덤이 되는 현상이 나타날 수 있다.

팬덤 현상은 처음에는 수동적인 팬클럽 형식을 띠면서 시작하지만, 시간이 갈수록 적극적이고 주도적으로 변하고 있다. 그리고 그 정도가 심해지면 부작용이 나타나기도 한다. 이와 마찬가지로 교회 안에서 평신도의 열정과 헌신, 지식과 정보가 모이고 조직화되면서

---

15) 법륜, 『법륜 스님의 행복』(나무의 마음, 2016).

팬덤 현상이 나타날 수 있다. 팬덤과 같이 된 평신도는 교역자와 꿈과 비전을 나누고 함께 협력하면서 교회의 성장 발전과 하나님 나라 건설에 크게 기여할 수 있다. 그러나 팬덤이 문화현상의 주도권을 쥐고 자가발전(自家發電) 형식으로 전개될 때 부작용이 생겨날 수 있는 것처럼, 교회 안에서 평신도의 활동이 팬덤처럼 될 때 새로운 문제가 생길 수 있다. 즉 팬덤이 스타를 만들어 가듯 평신도가 교역자를 만들어 갈 수 있다. 즉 평신도 아마추어리즘이 교역자 프로페셔널리즘을 능가할 수 있다. 이런 점에서 최근 일어나고 있는 팬덤 현상은 교회 안에서 평신도 아마추어리즘을 규정하고 그 방향을 설정하는 좌표와 추세(trend)가 되고 있다.

5. 다종교사회와 시장 상황

한국은 세계적으로 유래를 찾기 어려울 정도의 다종교(多宗敎)사회이다. 물론 종교의 수와 종류로만 본다면 미국 같은 나라가 한국보다 훨씬 더 많은 종교가 있는 다종교사회라고 할 수 있다. 그러나 미국의 경우 아직은 그리스도교 중심의 사회이다. 한국의 경우에는 개신교, 천주교, 불교, 민족종교, 무신론이 균형을 이루고 있으며 비교적 평화롭게 공존하는 사회이다. 유럽이나 이슬람권 지역에서 볼 수 있는 바와 같은 국교 혹은 국가종교도 존재하지 않는다. 국가적으로나 사회적으로나 거의 완벽에 가까운 종교의 자유를 누리고 있다.16)

다종교사회에서 종교의 자유를 누리게 되면 필수적으로 나타

나는 현상이 바로 시장 상황이다.[17) 시장이란 복수의 생산자가
복수의 소비자에게 상품(재화와 용역)을 판매하고 구매하는 공간
이다. 국교, 국가종교 혹은 단일종교의 사회는 시장 상황이 아니
다. 특정 종교가 종교적 서비스의 생산을 독점하며 신도는 다른
종교적 서비스를 선택할 수 없기 때문이다. 우리나라의 경우 균
형 잡힌 다종교사회이며 종교의 자유가 극대화된 사회이기 때문
에 시장 상황이 잘 나타나고 있다. 한국 사회는 불교, 개신교, 천
주교, 민족(전통)종교가 자유롭게 종교적 서비스(宗敎財)를 생산
하여 공급하고 있다. 천주교는 단일교단이고 불교의 경우 조계
종이 절대다수를 차지하고 있다. 종교적 서비스 생산의 시스템
(혹은 신앙유형 혹은 종교조직 시스템)이 어느 정도 통일성을 유지한
다. 그러나 개신교의 경우 10여 개의 중요 교단과 100개 이상의
군소 교단이 종교적 서비스를 자유롭게 생산하기 때문에 통일성
이 매우 약하며 종교시장에서 교단 사이의 경쟁도 치열하다. 개
신교의 경우 교단과 상관없이 개교회주의가 강하다. 따라서 개
별교회에 따라 다양한 종교적 서비스를 제공하며 개별교회 사이
의 경쟁 또한 치열하다.

　　이러한 상황에서 신도들의 종교 혹은 교회의 선택폭이 매우 넓다.
특정 종교를 선택할 수 있고 무(無)종교로 살 수 있다. 종교를 선택
할 경우 불교, 개신교, 천주교, 민족종교 가운데 하나를 자유롭게 선
택할 수 있다. 개신교를 선택할 경우, 장로교, 감리교, 성결교, 침례

16) 이원규, "종교다원주의 상황과 한국교회", 『한국교회의 사회학적 이해』 (성서연구사,
　　1992), 27-37.
17) 피터 버거/서광선 역, 『이단의 시대』 (문학과지성사, 1981).

교, 하나님의 성회 등 여러 교단 가운데 하나를 선택할 수 있다. 장로교를 선택하는 경우 통합, 합동, 기장, 백석 등 수십 개에 이르는 다양한 교단 가운데 하나를 선택할 수 있다. 도시에 사는 신도가 장로교 통합측 교회를 선택하는 경우 승용차로 30분 이내에 갈 수 있는 교회의 수가 수십 개에 이른다. 그 가운데 하나를 선택하면 된다.[18]

경제가 성장하고 기술이 발달한 시대는 늘 수요에 비해 공급이 많은 공급과잉의 시대이다. 이것은 종교시장에서도 마찬가지이다. 지금도 한국의 종교시장에서는 10만 명 이상의 교역자들과 수많은 종교단체가 다양한 영적, 종교적 서비스를 생산하여 공급하고 있다. 이러한 공급과잉은 개신교의 경우 가장 심하다. 공급과잉의 시장 상황에서는 소비자의 힘이 커진다. 같은 이유로 개신교의 경우 영적 서비스의 소비자인 평신도의 힘이 다른 어느 종교보다 크다. 그리하여 개신교는 평신도를 위해서 다양한 영적 서비스와 프로그램을 제공하고 있다. 타 종교와 비교할 때 개신교의 두드러진 특징은 영적 서비스의 생산에 평신도가 많이 참여한다는 것이다. 타 종교의 경우 영적 서비스의 생산자가 주로 교역자이다. 그러나 개신교에서는 평신도가 영적 서비스의 생산자 역할을 상당 부분 담당한다. 즉 평신도가 영적인 프로슈머의 역할을 한다. 앞서 소개한 바와 같이 개신교에서 가장 많은 프로슈머가 나오게 된 것은 한국의 종교시장 상황과 밀접하게 관련되어 있다. 평신도가 영적 프로슈머가 되는 것은 개신교의 특징(만인제사장설)이면서 또한 시장 상황에서 개신교가 적응하기 위한 전략이기도 하다.

---

18) 강인철, "해방 후 한국의 종교적 시장 상황의 구조적 특징-개신교를 중심으로", 「경제와 사회」 제22권 (1994.06).

3장
한국교회 평신도 신학의 형성

1980년대 이후 한국 사회가 시민사회의 성장과 시민의식의 발전을 특징으로 하는 것처럼 한국교회의 특징은 평신도의 성장과 각성이라고 할 수 있다. 그리고 평신도의 성장과 각성에 큰 영향을 끼친 책은 옥한흠 목사의『평신도를 깨운다』이다. 1980년대 이후 한국교회 평신도의 성장과 그에 따른 평신도 아마추어리즘의 발전은 평신도 신학을 그 이념적 기반으로 하고 있다. 한국교회의 평신도 신학은 대부분의 신학 분야가 그렇듯이 일차적으로 해외에서 유입된 것이었다. 그러나 한국교회의 성장과 발전에 힘입어 '평신도 신학'은 한국에서 새로운 형태로 발전되었다. 해외의 평신도 신학을 받아들이고 발전시킨 주체가 신학자가 아니라 목회자였다. 즉 목회자인 옥한흠 목사가 자신의 제자훈련과 평신도 신학을 결합하여 새로운 평신도 신학을 전개하였다. 옥한흠 목사의 평신도 신학은 목회와 평신도의 훈련을 목적으로 한다. 따라서 이를 '평신도 목회신학'이라고 부를 수 있겠다. 옥한흠 목사의 제자훈련에서 영향을 받은 여러 목회자에 의해 다양한 형태의 평신도 목회신학이 나타났다. 평신도 목회신학은 목회자의 직임과 그 필요성에 대해 긍정적 입장에 있다. 그러나 목회자의 직임 자체를 비판적 혹은 부정적으로 보는 평신도 신학이 있다. 이러한 입장을 '비판적 평신도 신학'이라 부를 수 있다.

1. 평신도 신학의 뿌리

평신도의 각성과 평신도 아마추어리즘 형성의 가장 강력하고 중요한 이념적, 신학적 자원은 평신도 신학이다. 평신도 신학의 기원은 종교 개혁가들에게까지 소급된다. 그 대표적인 것이 마르틴 루터의 만인제사장설과 직업소명설이다. 루터는 『독일 기독교 귀족에게 고함』이라는 소책자에서 교회 안의 일과 교회 밖의 일을 구분하는 가톨릭적인 세계관을 비판하였다. 가톨릭적인 세계관은 교회 일을 담당하는 교황, 주교, 사제, 수도사 등을 영적 계층이라 하고 교회 밖에서 세상의 일을 담당하는 군주와 영주, 농부와 직공들을 세속적 계층이라고 구분하였다. 그리고 영적 계층을 우월하게 여기고 세속적 계층을 열등하게 여겼다. 마르틴 루터는 이러한 이분법에 반대하였다. 둘 사이에는 기능과 역할의 차이만 있을 뿐 신분적, 도덕적 우열이 존재하지 않는다. 이른바 세속적 일에 종사한다 해도 그 직업이 죄에 물든 부도덕한 직업이 아닌 한 하나님의 부르심 즉 소명이 있는 거룩한 직업이다. 이것이 루터의 직업소명설이다. 이 입장에 따르면 교회의 직을 담당하는 성직자나 세상의 직을 담당하는 평신도 사이에 아무런 차별이 없다. 모두 다 하나님의 부르심에 따른 거룩한 일이다.[1]

루터는 교황만이 성경을 해석할 수 있고, 교황과 그의 대리인 사제들을 통해서 하나님께 예배하고 죄 사함을 얻을 수 있다는 가톨릭의 주장도 거부하였다. 성경은 사제가 아니라도 누구나 다 읽고 해석할 수 있다. 그래서 그는 성경을 일반 평신도가 읽을 수 있는 민족어(독일어)로 번역하여 배포하였다. 그리고 꼭 사제라는 교직을 갖지 않아도 누구나 거룩한 은혜의 보좌 앞으로 나가 예수 그리스도를 통해서 은혜를 받고 예배를 드릴 수 있으며 죄 사함을 받을 수 있다. 모든 그리스도인은 사제를 통하지 않고도 하나님 앞으로 나갈 수 있다는 의미에서 이러한 입장을 '만인제사장설'이라고 한다.[2]

루터의 만인제사장설이 교회 안에서 교역자의 직제를 폐지한다는 의미는 아니었다. 교역자가 가지는 특별한 기능과 사역을 인정하지만, 하나님 앞에서는 같은 성도 혹은 같은 제사장으로서 하나님 앞으로 차별 없이 나갈 수 있다는 의미로 이해했다. 칼뱅의 경우 말씀과 설교를 강조하였기 때문에 이 일을 감당하는 목회자의 직분을 더욱 중요시하고 강조하였다.[3] 반대로 재(再)세례파와 같은 급진주의 종교 개혁가들은 교역자의 직제 자체를 부정하는 데까지 이르기도 하였다. 개신교는 루터의 만인제사장설과 관련하여 가톨릭의 성직주의에는 공통적으로 반대하지만 목회자의 신분, 기능, 지위 등과 관련해서는 내부적인 차이를 보이면서 현재에 이르고 있다.

이러한 과정에서 20세기 들어 평신도 신학이라는 용어를 만들고 그것을 크게 고취시킨 신학자가 핸드릭 크래머인데 그의 책『평신도

---

1) 우병훈, "루터의 소명론 및 직업윤리와 그 현대적 의의", 「한국개혁신학」 제57권 (2018).
2) 우병훈, "루터의 만인 제사장직 교리의 의미와 현대적 의의", 「신학논단」 제87권 (2017).
3) 존 칼뱅/원광연 역,『기독교 강요』(크리스찬 다이제스트, 2003), 제4권 제3장.

신학』은 지금도 고전이 되어 많이 읽히고 있다. 크래머에 따르면, 영어에서 사용하는 평신도 즉 lay라는 말은 본래 성경에서는 하나님의 백성을 의미하는 laos에서 나온 말이다. 라오스라는 말 속에는 평신도와 사제를 구분하지 않고 포괄하는 하나님의 백성이라는 의미가 들어있다. 그런데 1세기 말 제자, 장로, 감독, 교사, 목사 등의 직분이 등장하고 그러한 직분이 안수를 통해서 주어지게 되었다. 이렇게 안수를 받은 직분자들이 성직자 계급으로 발전하면서 안수받지 않은 성도들을 평신도 즉 lay라고 부르기 시작했다. 그리고 이것이 중세 시대로 가면서 점점 고착되어 엄격한 성직주의가 나타났다. 이에 반대하여 개신교의 만인제사장설이 나왔지만, 교회 안에서의 실질적인 현실은 여전히 교역자와 평신도가 구분되는 실정이다. 그리고 평신도는 교역자 밑에 있는 2급의 계급처럼 여겨지고 있다. 이러한 잘못된 생각을 버리고 모든 그리스도인이 초대교회 당시의 라오스 즉 하나님의 백성으로 돌아가 교역자와 평신도의 구분 없이 함께 하나님 나라를 세우는 일을 담당해야 한다. 이러한 크래머의 평신도 신학은 에큐메니칼 진영의 선교 신학적 입장에서 나온 것으로 진보진영의 평신도 운동에 상당 부분 기여하였다.[4]

크래머의『평신도 신학』은 1963년에 번역되어 나왔는데 홍병룡에 의해 2014년 재번역되었다. 그 외에 한스 큉의『교회란 무엇인가』,[5] 폴 스틴븐스의『21세기를 위한 평신도 신학』,[6] 맥스 튀리앙의『평신도의 제사장적 역할』,[7] 레오나드 두한의『평신도 중심의 교회』[8] 등

---

[4] 헨드릭 크래머/홍병룡 역,『평신도 신학』(아바서원, 2014).
[5] 한스 큉/이홍근 역,『교회란 무엇인가』(분도출판사, 1978).
[6] 폴 스틴븐스/홍병룡 역,『21세기를 위한 평신도 신학』(IVP, 2008).

이 번역되어 '평신도 신학'의 형성과 유포에 지대한 역할을 하였다.

2. 옥한흠 목사의 평신도 목회신학

다음으로 목회 신학적 입장에서 나온 평신도 신학과 평신도 운동이 있다. 여기서 목회신학이라고 지칭하는 이유는 이러한 논의가 조직신학보다는 목회신학 혹은 실천신학과 더 가깝기 때문이다. 이러한 평신도 목회신학과 평신도 운동의 중심에 옥한흠 목사와 그의 저서 『평신도를 깨운다』가 있다. 그리고 옥한흠 목사의 평신도 신학이 실천으로 나타난 것이 제자훈련이다. 옥한흠 목사는 크래머와는 달리 에큐메니칼 진영의 목회자가 아니라 복음주의 진영의 목회자이다. 그는 자신의 평신도 신학이 크래머의 영향을 받았음을 인정하면서도,[9] 존 스토트의 말을 인용하면서 평신도 신학은 성경적인 신학이라고 하였다. "평신도가 교회에서 아무에게도 빼앗길 수 없는 자신의 권리와 의무를 찾아 수용할 수 있는 단 하나의 길이 있다면 그것은 그들이 하나님의 말씀 앞으로 나와 자기 백성을 향하신 하나님의 뜻으로 그들 자신을 인정하는 것이다."[10]

그는 "평신도가 누구인가?"라는 질문의 답을 찾아가면서 다음과 같이 결론지었다. "그러므로 평신도는 교회의 객체가 될 수 없다. 그

---

7) 맥스 튀리앙/김현애 역,『평신도의 제사장적 역할』(WPA, 2014).

8) 레오나드 두한/심광섭 역,『평신도 중심의 교회』(평신도신학연구소, 1994).

9) 옥한흠,『평신도를 깨운다: 개정판』(국제제자훈련원, 2000), 34-35.

10) 옥한흠,『평신도를 깨운다』, 35.

들은 정기적으로 예배에 나와 경건한 의식에 잠간 감명을 받고 돌아가는 관람객이나 교회 운영에 보탬을 주는 단골손님이 아니다. 더욱이 주인의 명령에 마지못해 움직이는 하인의 신분도 아니다. 평신도는 그 말의 본래 의미대로(즉 성경에 나오는 라오스 곧 하나님의 백성이라는 의미: 필자) 하나님의 백성이며 교회의 주체이다. 성직자와 평등하게 그리스도의 몸에 속한 지체이다. 그들 모두가 머리 되신 주님으로부터 소명을 받았다. 이 소명을 위해 성령은 각자 분수에 맞는 은사를 주어 몸의 지체로서 그 기능을 다하게 하신다."[11] 한 마디로 평신도는 교회의 객체가 아니라 교회의 주체라고 하였다.

옥한흠 목사는 이러한 평신도가 현재의 한국교회 상황에서 잠들어 있다고 하였다. 탁월한 평신도의 대부분이 교회조직의 기능을 유지하는데 필요한, 소위 통상적인 봉사활동의 범위를 벗어나지 못하고 있다. 교회의 본질적인 사역에 직접 참여하고 있는 소수의 평신도도 소극적인 시녀의 역할에 머물고 있다. 이러한 소극적인 평신도의 역할마저도 극히 소수의 독점물이 되고 있다. 이것은 평신도의 몸에 밴 폐습이기도 하지만 이러한 평신도를 방치하거나 병들게 한 책임은 교역자에게 있다.[12]

교역자의 개념은 평신도 신학에서도 중요하다. 왜냐하면, 평신도라는 용어는 교역자와 대비되는 용어이며 동전의 양면과 같기 때문이다. 부모와 자식, 선생과 학생, 지도자와 추종자의 개념과 같이 교역자와 평신도도 서로 대비되는 관계 가운데서 그 의미가 나타나는 개념이다. 옥한흠 목사는 '교역자와 평신도의 관계'라는 장을 통해서

---

11) 옥한흠, 『평신도를 깨운다』, 45.

12) 옥한흠, 『평신도를 깨운다』, 45-47.

이 문제를 잘 정리하였다. 옥한흠 목사는 평신도를 무시하는 교권주의(혹은 성직 중심주의)와 교역자를 무시하는 반교권주의(혹은 반성직주의) 양자 모두를 배척한다. 옥한흠 목사는 칼뱅 신학에 근거하여 목회자의 문제를 정리하였다. 즉 성직 제도를 폐지하려고 애쓰거나 필요 없는 것으로 여기는 자는 누구나 교회의 분열 내지는 파멸과 멸망을 바라는 자들이다. 지상의 교회를 보존하기 위해서는 사도직과 목사직이 반드시 필요하다. 교역자 제도는 성경에 근거한 합당한 제도로 인정해야 한다. 그러나 이것은 질서의 문제이지 교리의 문제는 아니다. 신학교육을 거쳐 안수를 받고 임직을 받는 것이 다 질서에 속하는 것인데, 이런 질서를 부정하면 교회는 무질서에 빠질 수밖에 없다. 교역자 직(職)을 거부하다가 제도상의 교회마저 부정하는 탈선을 조장할 수 있다.

계속해서 옥한흠 목사는 교역자의 구분된 권위를 다음과 같이 말하였다. 교역자에게는 평신도에게 없는 사역상의 권위가 있다. "목사와 다른 신자 사이에 어떤 차이 특히 신분상의 차이는 존재하지 않는다 할지라도, 하나님의 특별한 명령으로 어떤 봉사가 하나의 직분으로 바뀔 수 있다는 점에서 목사의 직분은 다른 것과 확실히 구분된다."[13] 즉 목사와 평신도 사이에 신분의 차이는 없지만, 직분의 구별이 있고 그 직분에는 평신도에게는 없는 사역상의 권위가 있다. 이러한 목사의 권위는 불편한 권위이다. 높아지는 권위가 아니라 속박당하는 권위이다. 그러나 이러한 권위는 함부로 취급되어서는 안 되는 신성한 권위이다. "목사는 단순히 교회에 고용된 종처럼 취급

---

13) 옥한흠, 『평신도를 깨운다』, 53.

을 당해서는 안 될 것이다. 하나님의 뜻을 행하는 사람으로서, 사람들의 변덕에 이리저리 끌려다니지 않는 하나님의 종으로 인정을 받아야 할 것이다."[14]

그리고 교역자와 평신도를 구분하는 안수식(按手式)에 대해서 다음과 같이 말하였다. 전통적으로 교회는 교역자의 권위를 안수라는 의식을 통해 공인해 왔다. 안수식은 하나님께서 명령한 신적 기원을 가진다(민수기 27:18, 23). 안수의 권위는 그리스도께서 교회의 양무리를 치기 위해 선택하시고 보내신 자를 공적으로 인정하는 방법에 있다. 이 방법을 통하여 전 교회는 예수 그리스도의 부르심이 안수받는 그 한 사람에게서 인격화되어 가시적으로 나타나게 되는 것을 본다. 안수는 전교회가 목사의 영적 권위를 고백하는 믿음의 행위이다. 안수받은 목회자의 권위는 섬김과 모범을 통해서 오는 권위이다. 그러므로 안수의 권위는 교역자가 임직받은 자로서 모범적인 섬김의 사역을 하는 자리에서만 그 영광을 찾을 수 있다. 만일 교역자로 부름받은 성직이 평신도를 억압하며 그들로 하여금 열등감과 무력감을 느낄 수밖에 없는 자리로 몰고 가는 비대한 교권주의로 타락해 버린다면, 이것이야말로 교회를 해치고 성직의 신성함을 더럽히는 악이라고 보아야 한다.[15]

교역자와 평신도의 관계를 바로 유지하려면 평신도는 교회요, 교역자는 그 교회를 섬기고 하나님이 원하시는 대로 그들을 온전케 하는 일에 전력을 다하기 위해 임명된 종이라는 사실을 확신하는 길밖에 없다. 현대 교회에서 교역자는 좀 더 낮은 자리로 내려앉을 필요

---

14) 옥한흠, 『평신도를 깨운다』, 53.
15) 옥한흠, 『평신도를 깨운다』, 54-55.

가 있다. 그리고 평신도는 그들을 섬기는 교역자가 지닌 종의 권위에 겸손하게 복종하면서 평신도 본연의 역할을 다시 회복해야 한다.16)

옥한흠 목사는 평신도 목회신학에 근거하여 교회론을 전개하였다. 그는 전통적인 교회론이 선교에 대해서 너무 소극적으로 다루고 있어서 이것이 지상 교회의 소명 의식을 약화시키는 결과를 가져왔다고 하였다. 종교개혁가의 전통에서 나온 교회의 3대 표지가 있다. 교회는 말씀 선포, 성례전의 집례, 권징의 집행에서 그 순결성을 유지할 때 예수 그리스도의 교회가 된다. 이것은 우리가 받은 대단히 귀중한 역사적 유산이다. 그러나 이러한 전통적인 교회론은 참 교회일수록 세상과 거리를 멀리 두어야 하는 것처럼 보이게 했다. 그들의 교회론이 정적 개념에 치우쳤다는 비난의 여지를 남겼다. 종교개혁가들은 또한 개혁의 정신을 남겼다. 따라서 어느 시대를 막론하고 교회는 성경 말씀이 허용하는 조건 안에서 성령의 인도하심을 따라 그 시대의 요구에 대처할 자유를 가지고 있다. 이렇게 교회론을 정리한 후 교회론을 평신도 목회신학으로 연결하여 결론을 지었다. 오늘의 교회는 선교를 위한 가장 큰 잠재력인 평신도를 초대교회의 제자들처럼 복음의 증인과 사랑의 봉사자로 무장하는 일이 무엇보다 시급하다.17)

교회는 또한 사도적 사명을 계승하고 이루어야 하는 사명이 있다. 이 사명은 교역자에게만 주어진 것이 아니라 평신도에게도 주어졌다. 그러므로 평신도를 깨운다는 것은 바로 그들 각자가 사도의 사

---

16) 옥한흠, 『평신도를 깨운다』, 59.
17) 옥한흠, 『평신도를 깨운다』, 79-80.

역을 물려받은 소명자임을 고백하고 순종하도록 가르치는 것을 말한다. 통계상 천이백만에 가까운 이 나라 교회의 평신도를 세상으로 보냄 받은 사도의 계승자라는 투철한 소명의식으로 무장시키는 것이 이 시대 목회자의 책임이다.[18]

이상과 같이 평신도 목회신학을 정립한 옥한흠 목사가 그것을 실천으로 옮긴 것이 제자훈련이다. 그는 제자도가 무엇인가를 정의하면서 평신도가 제자가 되어야 함을 역설하였다. 그리고 제자를 만들기 위한 제자훈련의 원리와 실제를 소개하였다.[19] 옥한흠 목사의 평신도 신학은 그의 제자훈련과 연계되면서 '사랑의 교회'의 기초가 되었다. 그리고 사랑의 교회는 1990년대에서 2000년대 초반까지 한국교회를 이끌어간 대표적인 교회로 자리매김하였다.

옥한흠 목사의 평신도 신학 이후 그 영향을 받은 여러 사람이 그 나름의 평신도 신학을 세우고 또한 제자훈련을 실행하여 많은 열매를 거두었다. 최홍준 목사의『잠자는 교회를 깨운다』,[20] 박정식 목사의『평신도는 없다』,[21] 장학일 목사의『평신도를 흥분시켜라』,[22] 김점옥 목사의『평신도 사역자를 키우라』[23] 등이 발표되어 한국교회의 부흥성장에 많이 기여했다. 아울러 평신도의 계발과 성장을 위한 많은 외국 서적들이 번역 소개되었다. 짐 그래험의『잠자는 거인을

---

18) 옥한흠,『평신도를 깨운다』, 102-103.

19) 옥한흠,『평신도를 깨운다』, 3-5부.

20) 최홍준,『잠자는 교회를 깨운다』(규장, 1998).

21) 박정식,『평신도는 없다』(국제제자훈련원, 2003).

22) 장학일,『밴드목회, 이론과 실제』(밴드목회연구원, 1999); 장학일,『평신도를 흥분시켜라』(밴드목회연구원, 2000).

23) 김점옥,『평신도 사역자를 키우라』(기독신문사, 1998).

깨운다』,[24] 폴 스티븐스와 필 콜린스의『평신도를 세우는 목회자』,[25] 로렌스 리차드와 길버트 마르틴의『평신도 사역』[26] 등이 소개되어 평신도 목회신학의 발전에 도움을 주었다.

1980년대 이후 한국교회에서 형성된 평신도 목회신학 가운데 관심을 끄는 것이 최홍준 목사의 "목양장로론"이다. 최홍준 목사는 옥한흠 목사의 제자로서 그의 평신도 신학과 제자훈련을 잘 계승하였고 '부산 새중앙교회'(현재의 호산나교회)를 맡아 건강하게 부흥시킨 목사이다. 그는 2009년『장로, 걸림돌인가? 디딤돌인가?』라는 다소 자극적인 제목의 저서를 통해서 '목양장로론'을 펼쳤다. 그는 이 책에서 평신도가 아닌 장로에 초점을 맞추면서 '장로론'을 다음과 같이 전개한다.

제자훈련을 통해서 세워진 소그룹 지도자(순장)의 수가 증가함에 따라 장로들이 소그룹 지도자의 자리를 떠나는 현상이 나타났다. 이렇게 되면 장로와 일반 성도들 사이에 거리가 생긴다. 그리고 장로들은 한국교회에서 일반적으로 볼 수 있는 바와 같이 행정에 몰두하게 된다. 이것은 제자훈련의 정신이나 목적과 상치되는 것이다. 이 문제를 해결하기 위해서 목양을 감당하는 장로 즉 '목양장로'를 세워야 한다. 목양장로는 교구 목사와 순장(소그룹 지도자) 사이에 있으면서 성도들을 돌보고 세우는 목양의 일을 감당한다. 성도를 섬기는 일에 있어서 교역자가 담당하기에는 적합하지 않고, 소그룹 지도자

---

24) 짐 그래함/윤준서 역,『잠자는 거인을 깨운다』(두란노, 1990).

25) 폴 스티븐스 · 필 콜린스/최기숙 역,『평신도를 세우는 목회자』(미션월드 라이브러리, 1997).

26) 로렌스 리차드 · 길버트 마틴/여상기 역,『평신도 사역』(평신도신학연구소, 1994).

(순장이나 구역장)가 담당하기에는 힘에 부치는 일들이 많다. 이러한 일들을 목양장로가 담당한다. 한 마디로 목양장로는 성도들을 돌보는 일 즉 목양의 일에 동참하고 소그룹 지도자보다 더 중요한 위치에서 책임을 진다.[27]

최홍준 목사는 목양장로론을 장로론의 틀 안에서 전개하며 소개하였다. 구약과 신약에 나오는 장로의 본질, 바울 신학의 교회유기체론, 칼뱅 신학, 토마스 카트라이트, 사무엘 밀러, 은준관, 루이스 벌코프, 변종길 등의 신학을 통해서 목양장로론을 전개하였다. 그리고 장로교헌법을 통하여 장로의 가장 중요한 사역이 목양의 사역임을 말한다. 아울러 실천신학적 측면에서 목양장로 사역의 준비와 진행, 지침과 매뉴얼을 상세히 체계적으로 소개하였다.

최홍준 목사의 목양장로론은 평신도 신학의 초점을 장로에게 맞추었다는 점에서 독창적이고 뛰어난 발상이라고 할 수 있다. 한국의 장로교회를 비롯한 대다수 교회에서 장로의 역할은 매우 중요하다. 앞으로 계속 논의하겠지만 교회의 조직상의 특성으로 말미암아 장로의 역할이 점점 크고 중요해지고 있다. 최홍준 목사는 자신이 개척한 교회가 아닌 역사가 깊은 기성교회에 부임하여 제자훈련을 통해서 교회를 성장시켰다. 이러한 경험을 통해 장로의 중요성을 깨닫고 목양장로론에 근거한 평신도 목회신학을 수립하였다. 그리고 지금도 '목양사역 콘퍼런스'를 통해서 자신의 목양장로 경험을 한국교회에 소개하는 일에 힘쓰고 있다.[28]

---

[27] 최홍준, 『장로, 걸림돌인가? 디딤돌인가?』(국제제자훈련원, 2009), 109-115.

[28] 윤봉학, "국제 목양사역원 제31차 목양사역 콘퍼런스 성황리 개최", 「국민일보」 2016. 10. 26.

3. 비판적 평신도 신학

  평신도 신학의 고전이라고 할 수 있는 크래머의 평신도 신학은 선교론적 평신도 신학이다. '에큐메니칼 운동'과 '하나님의 선교'의 흐름 가운데서 나타난 크래머의 신학은 선교론적 평신도 신학이다. 즉 평신도가 교회 안에서 소극적이고 객체적인 입장에서 벗어나 선교의 주체가 되어야 한다는 입장이다. 단순한 복음 전도를 넘어선 사회 선교를 이루기 위해서는 교역자의 관심이나 능력만으로는 부족하다. 사회 선교를 이루기 위해서는 평신도의 각성, 관심, 노력이 절대적으로 필요하다. 이러한 입장에서 크래머는 평신도 신학을 전개했다. 옥한흠을 비롯한 전통적 교회의 목회자들이 설파(說破)한 평신도 신학은 평신도의 영적 성숙, 교회의 성장과 발전을 목적으로 한 신학이었다. 그래서 필자는 이들의 평신도 신학을 평신도 목회신학이라고 불렀다. 이러한 선교론적 입장이나 목회론적 입장과는 다른 또 다른 평신도 신학이 있는데, 그것이 '비판적 평신도 신학'이다.

  비판적 평신도 신학의 형성 배경은 교회와 목회자에 대한 비판의식이다. 한국교회의 현실, 특별히 한국교회 교역자들의 행태를 바라보면서 탄식하고 분노하고 슬퍼하는 성도들(목회자를 포함한)이 한국교회의 현실을 타파하기 위해 평신도 신학에 천착(穿鑿)하였다. 이재근 교수는 "종교개혁은 어떻게 사제주의를 무너뜨리고 평신도를 재발견했나"라는 글에서 종교개혁의 과정에 나타난 평신도 신학을 고찰한 후 다음과 같이 결론을 내렸다. "평신도와 성직자 구분을 폐지한 개신교 내에 말씀을 받은 자로서의 설교자나 목사가 스스로를 '신령한 자들'로 인식하고 함께 동역해야 할 일반 평신도를 '육신에 속한 자 곧 그리스도 안에서 어린 아이들'(고전 3:1)로 취급하는 현상이 보편화되면서 교회가 다시 계급주의화 했다는 것은 비극이다."[29] 이재근 교수는 이러한 결론을 통해서 종교개혁 이후 개신교의 역사를 볼 때, 목사와 평신도의 구분이 여전히 남아있고 평신도가 어린 아이처럼 취급되며 교회가 다시 계급주의화 되는 것을 비판하였다.

이러한 문제의식에 근거하여 목사 없는 '평신도 교회'를 개척하여 섬기고 있는 최승호 장로는 실천적인 평신도 신학을 전개하였다. 즉 평신도 신학을 학문적으로 전개하는 것이 아니라 평신도 교회 운영의 실천적 원리로서 전개한다. 그에 따르면 평신도란 신학교를 나오지 않은 사람을 의미하며 신학교를 나왔더라도 목회직을 갖지 않고 일반 직장에 다니는 사람을 의미한다. '평신도 교회'는 평신도와 교역자의 구분이 없는 교회를 말한다. 신학교를 나오지 않은 사람들 또는 신학교를 나왔어도 일반 직장을 다니는 사람들이 평신도 교회의 사역자가 된다. 평신도 교회와 대비되는 기성교회는 신학교를 나온 사람이 전임으로 사역하는 교회를 말한다.[30]

그는 평신도와 교역자의 구분을 두지 않고 평신도가 교회의 모든 일을 담당하는 평신도 교회를 세우기 위한 원리로서 평신도 신학을 전개하였다. 예배당은 교회가 아니고 성전도 아니다. 교회는 예수의 몸으로서 예수의 명령에 절대 순종해야 한다. 몸이 머리의 통치를 받듯이 예수 그리스도의 통치를 받는 회중들이 교회이다.[31] 그의 교

---

29) 이재근, "종교개혁은 어떻게 사제주의를 무너뜨리고 평신도를 재발견했나", 한국교회 탐구센터, 『종교개혁과 평신도의 재발견』(IVP, 2017), 44.
30) 최승호, 『평신도 교회 이야기』(대장간, 2008년 개정판), 11.
31) 최승호, 『평신도 교회 이야기』, 23.

회론과 평신도 신학의 핵심은 평신도와 성직자의 구분에 대한 부정이다. "오늘날 교회 내에는 평신도와 성직자 두 계급이 있다. 이 두 계급은 결코 좁혀질 수 없는 간격으로 벌어져 있어, 평신도들이 성직자의 사역을 한다는 것은 상상도 할 수 없다. 성직자들은 특별한 위치의 상징으로 하나님의 대리인 또는 하나님의 종으로 불리기도 한다. 그러나 이러한 구분은 성경적이 아니다."[32] "우리는 목사가 대제사장이고 평신도들은 백성에 불과하다는 사고방식이나 심지어 어떤 사람처럼 예배당이 성전이며 강대상이 지성소라는 엉터리 사고방식은 버려야 한다."[33]

목사의 자격과 관련하여 다음과 같이 주장한다. "중세 때는 수도원 출신에 교황의 서품이 그 자격이었고 오늘날에는 일반적으로 신학교의 졸업과 안수가 그 자격이다. 다시 말해서 신학교를 졸업해서 일정 기간이 지나면 목사 안수를 받을 자격이 생기고 안수 후 그는 정식으로 목사가 된다. 그때부터 그는 소위 성직자가 되는 것이다."[34] 이러한 방식으로 목사가 되는 것은 성경적이 아니다. 에베소서 4장 11-12절에 따르면 "사도, 선지자, 복음 전하는 자, 목사, 교사는 사람들에 의해서 뽑히고 임명되는 직분이라기보다는 하나님께서 그 원하시는 사람에게 주시는 하나님의 은사다. … 하나님의 은사란 하나님께서 주신 선물이라는 뜻인데 이것을 인간의 제도로 양산할 수 없다는 것은 자명한 일이다."[35] "우리가 어떤 사람을 목사나 교사로 세

32) 최승호, 『평신도 교회 이야기』, 24.

33) 최승호, 『평신도 교회 이야기』, 28.

34) 최승호, 『평신도 교회 이야기』, 34.

35) 최승호, 『평신도 교회 이야기』, 35.

울 때는 그가 어떤 과정을 마쳤는기보다는 그에게 그러한 은사가 있는가를 먼저 확인해야 할 것이다. 신학교의 교육과정은 더 나은 질적 향상을 위해서 필요할 수도 그렇지 않을 수도 있다.… 그러나 신학대학이 (목사의) 자격을 수여하는 기관이 되는 것에는 절대적으로 반대한다. 신학대학은 교육 기관이지 자격을 주는 기관이 아니다. 결코 그렇게 되어서는 안 된다." "사도가 주님으로부터 나온 것처럼 선지자도 목사도 동일한 원리가 적용된다. 절대적으로 그렇다. 어떤 사람에게 목사의 은사를 주시는 분은 주님이시고 그러한 은사를 받은 사람이 목사 노릇을 할 수 있다. 그리고 그가 진실로 하나님께로부터 목사의 은사를 받았는지 아닌지는 그의 사역의 열매가 나타내 줄 것이다."[36]

교회에도 행정적인 지도자가 필요하다. 이러한 지도자를 성경에서는 장로와 감독이라고 불렀다. 이러한 지도자는 회중들에 의해서 선출된다. 사도나 목사나 교사 가운데서 선출되어 장로와 감독의 직분을 맡는 사람이 나올 수 있다. 예수의 제자 베드로나 요한은 은사직으로서 사도이면서 또한 행정직으로서의 장로의 직분을 가졌다. 교회의 직분은 은사에 따라 세워진 목사와 교사가 있으며 바울 사도의 목회 서신에 나오는 기준에 따라 인격과 신앙과 지도력을 갖춘 사람 가운데 선출한 집사, 장로, 감독이 있다. 이러한 시스템에 따르면 신학교 출신으로 안수를 받았다는 이유로 계급화되고 과도한 권위를 주장하는 목사가 나와서는 안 된다. 목사가 은사에 따라 세워지는 것이 아니라 평신도와 구분되는 특별한 신분이 된 것은 목사

---

36) 최승호, 『평신도 교회 이야기』, 39.

자격의 필수 요건이 되는 신학교 제도에서 나왔다. 그러므로 신학교는 목사 자격증 취득을 위한 필수 기관으로서의 지위를 내려놓고 목사나 교사 혹은 장로나 감독의 교육과 훈련을 위한 기관이 되어야 한다.[37] 최승호 장로의 평신도 신학(혹은 평신도론)은 교회론과 목사론에 초점이 맞추어져 있다. 특별히 신학 과정 이수를 교회 내 신분제 혹은 계급제의 발판으로 삼고 과도한 권위를 주장하는 목사들에 대한 비판에서 나온 평신도론이다. 그는 이러한 평신도론에 근거하여 '평신도 교회'를 설립하여 월급을 받지 않는 목회자가 되어 설교와 목회를 하고 더 나가 '평신도 교회 운동(movement)'을 하면서 교회를 이끌어 가고 있다.

또 다른 형태의 비판적 평신도 신학이 있는데 이것은 평신도의 사명과 역할을 구분하여서 전개하는 신학이다. 송인규 교수는 깁스(Mark Gibbs)와 모턴(T. Ralph Morton) 그리고 스티븐 닐(Stephen Neill)의 개념을 차용하여 교회 속의 평신도(교회적 평신도)와 세상 속의 평신도(세상적 평신도)를 구분한다. 세상적 평신도는 교회 밖(사회, 직장, 가정 등)이 자신의 주된 관심 영역이고 이 영역에서의 활동을 통해서 성도의 본분을 다하고자 한다. 교회적 평신도는 교회당 경내에 머물면서 봉사하고 헌신하는 성실한 평신도 계층을 말한다. 그들의 삶 속에서의 주된 관심은 교회와 그 조직을 중심으로 한다.[38] 평신도 목회신학은 교회적 평신도를 중요시하고 관심을 기울였을 뿐 세상적 평신도에 대해서는 상대적으로 관심을 기울이지 못했다. 평신도

---

37) 최승호, 『평신도 교회 이야기』, 43-59.
38) 송인규, "한국교회는 평신도 신학을 수용할 수 있는가", 한국교회탐구센터, 『종교개혁과 평신도의 재발견』 (IVP, 2017), 72-76.

들 역시 세상 속에서의 평신도 사명에 대한 의식이나 성취 의지가 약하다. 따라서 세상적 평신도의 역할과 사명에 초점을 맞춘 평신도 신학은 취약한 상태이다.

그러므로 앞으로의 평신도 신학은 세상적 평신도에게 관심을 가지고 그들의 역할과 사명을 중요하게 다루어야 한다. 이 일을 위해서는 교회보다 넓은 개념인 하나님 나라에 대한 이해가 깊어져야 하고 교회를 세상 속에 흩어진 신앙공동체로 파악하는 것이 필요하다. 그리고 예배당 안에서 이루어지는 의식으로서의 예배에만 관심 기울이지 말고 일상생활에서 이루어지는 영적 예배에 관심을 기울여야 한다. 또한 성도는 세상에 살면서도 세상에 속하지 않아야 하며 이 일을 위해서는 자신이 세상 속으로 보내심을 받은 존재라는 선교 사명을 늘 간직해야 한다. 루터의 소명 의식을 다시 회복하여 목회자나 선교사로의 일만이 소명이 아니라 세상(가정, 일터, 사회, 국가) 속에서 맡은 크고 작은 일들을 하나님의 소명으로 받아들여야 한다.[39]

이상 살펴본 평신도 신학이 한국교회 성도들에게 얼마나 유포되어 있는가를 정재영 교수의 연구에 근거하여 살펴보면 다음과 같다. "평신도가 어떤 사람인가?"라는 질문에 "목회자를 제외한 모든 성도"라는 답변이 65.8%이고 "목회자를 포함한 모든 성도"라는 답변이 27.9%로 아직까지 한국교회에는 목회자와 평신도를 구분하는 사람들이 더 많다. 성경 구절 "왕 같은 제사장"에 대한 인식에서 "모든 성도가 제사장이므로 나도 곧 제사장이라고 생각한다"라는 의식이

---

39) 송인규, "한국교회는 평신도 신학을 수용할 수 있는가", 101-107.

47.6%이고 "상징적인 표현일 뿐 모든 성도를 다 제사장으로 생각하기는 어렵다"라는 답변이 44.5%에 이르고 있다. 평신도의 교회 활동에 대해서 "문제 없다"는 답변이 "교회 공예배 때 찬양 인도를 하는 것"(63.9%), "선교사로서 선교 활동을 하는 것"(69.0%), "안수기도를 하는 것"(29.4%), "교회 공예배 때 설교를 하는 것"(29.3%), "성찬식을 집례하는 것"(20.6%), "축도를 하는 것"(25.9%) 등으로 나왔다. 찬양 인도나 선교 활동과 관련해서는 평신도의 일과 교역자의 일을 크게 구분하지 않지만. 안수기도, 설교, 성찬식 집례 등의 사역에서는 여전히 평신도와 교역자의 역할을 구분하는 모습을 보이고 있다.

목회자와 평신도의 차이에 대한 인식을 보면, "목회자와 평신도는 직분에 따른 역할 차이가 있을 뿐 신분상의 차이는 없다"(60.8%), "목회자는 영적 지도자이고 평신도는 이에 따라야 하므로 신분상에도 차이가 있다"(35.3%)는 답변이 나와 목회자와 평신도의 신분 차이를 인정하지 않는 입장이 훨씬 많다. 그러나 평신도라는 용어 자체에 대해서는 "교회 내의 일반성도라는 뜻으로 사용되고 있으므로 문제 없다"(66.3%), "평신도라는 말 자체가 목회자나 직분자의 개념과 구분을 짓기 때문에 바람직한 표현이 아니다"(28.4%)로 나왔다. 이러한 답변은 한국교회 성도들이 평신도라는 말에 대해서는 수용하는 편임을 보여준다.

직업선택의 기준으로 "소명"(23.3%), "소명보다는 연봉, 적성, 이동 거리 등 현실적인 상황"(69.1%)로 나온다. 한국의 평신도들은 직업선택에서 소명보다는 현실적인 상황에 더 많이 치우칠 수밖에 없는 형편에 있다. 그러나 현재 직업과 소명의 일치 여부에 대해서는 "매우 그렇다"(19.2%), "약간 그렇다"(47.8%)가 도합 67.0%로 나와 자신의 직업을 소명으로 받아들이는 모습을 보인다.

교회의 중요 의사결정 시(時) 목회자 역할에 대한 인식의 정도는 다음과 같다. "목회자가 큰 틀만 제시하고 교인들이 자율적으로 결정하여 행하게 한다"(68.7%). "성경적으로 틀리지만 않는다면 목회자가 개입하지 않고 교인들이 알아서 하도록 한다"(14.5%). "가능한 한 교회 일의 세세한 부분까지 목회자가 지도한다"(13.3%). 그리고 교회의 중요 의사결정의 주체로는 "전 성도의 다수 의견"(61.4%), "담임목사"(24.1%), "목회자를 제외한 중직자"(10.4%) 순이다. 중요 의사결정 시 목회자는 큰 틀만 제시하고 성도 다수의 의견을 따라 행해지기를 바라고 있다.[40]

한국교회 평신도는 성직주의(clericalism)에서 많이 벗어나 있지만 그렇다고 극단적인 반성직주의(anti-clericalism)를 택하지는 않고 있다. 교회 안에서 평신도의 활동과 의사결정을 중요하게 여기지만 설교나 성례전과 같은 종교 의례와 관련해서는 교역자의 영역을 많이 인정하는 편이다. 본 설문 조사는 정답이라고 여겨지는 것을 답하기 쉬운 의식(意識) 혹은 태도에 대한 조사이다. 응답자가 교회에서 실제 경험하는 사실에 대한 조사를 하면 조금 다른 결과가 나올 수도 있었을 것이다.

---

40) 정재영, "평신도 소명의식에 대한 조사", 한국교회탐구센터, 『종교개혁과 평신도의 재발견』(IVP, 2017).

4장
한국교회 평신도 성장의 교회 내적 요인

1980년대 이후 사회발전과 교회 성장의 흐름 속에서 한국교회 평신도들의 역량은 크게 성장하였고 그 활동과 사역의 범위는 넓어지게 되었다. 이러한 평신도의 성장은 교회 성장과 연결되면서 선순환 구조를 이루었다. 즉 교회 성장이 평신도의 성장을 가져오고 평신도의 성장이 교회 성장을 가져오는 순환구조가 나타났다. 평신도의 역량을 강화하는 데 크게 기여한 대표적인 활동 혹은 프로그램을 살펴보도록 하겠다.

1. 제자훈련과 평신도의 지적 성장

제자훈련이 한국교회 평신도의 질적 성장 특별히 성경과 교리의 지식적 측면의 성장에 중요한 작용을 했다는 데는 거의 이견이 없다. 한국교회 제자훈련은 선교단체에서 시작되었다. 특히 1960년대부터 시작된 네비게이토 선교회(Navigators)의 제자훈련 사역과 제자훈련 교재는 한국교회 제자훈련 사역의 모태와 같았다. 1970년대 들면서 대학생성경읽기(UBF, University Bible Fellowship) 선교회의 1:1 성경공부를 통한 제자 양육, 대학생 선교회(CCC, Campus Crusade for Christ)의 10단계 교재를 이용한 제자훈련이 널리 진행되었다. 그리고 대학생 선교단체를 통해서 시작된 제자훈련의 방식과 교재가 각 교회의 대학부 혹은 청년부에 유입되면서 제자훈련은 그 폭을 넓혀 나갔다.

이러한 배경에서 1980년대에 제자훈련을 교회의 평신도 일반에 도입하고 정착시킨 대표적인 인물이 옥한흠 목사이다. 그는 대학생 선교회의 방법론을 전통적 목회의 틀 안에 정착시켰고 한국교회 제자훈련에서 가장 널리 알려진 교재를 집필 제작하였다. 그리고 그가 개척한 사랑의 교회 안에서 제자훈련을 잘 실행하여 큰 성과를 거두었다. 아울러 그는 '국제제자훈련원'을 세워서 많은 교역자에게 제자훈련의 정신과 방법론을 전수하여 제자훈련이 한국교회에 널리 실행될 수 있도록 하였다. 그러나 옥한흠 목사 별세 이후 제자훈련의 본산지라 할 수 있는 '사랑의 교회'가 분규에 휘말림으로써 제자훈련까지 그 빛이 바래게 된 것은 한국교회 입장에서 큰 손실이라 하겠다.

1980년대부터 본격화되어 2000년대 초반까지 큰 영향력을 행사하고 한국교회의 부흥과 성장에 큰 도움을 주었던 제자훈련의 공로를 인정한다는 전제하에 그 문제점을 송인규 교수는 다음과 같이 정리하였다. ① 제자도와 관련하여 신학적 조망이나 성찰이 약하다. ② 제자훈련 내용 가운데 공적 제자도에 대한 가르침이나 훈련이 부족하다. ③ 제자훈련이 교회성장을 위한 수단으로 전락하였다. ④ 제자도가 제자훈련 프로그램(1:1양육 프로그램, 전도 프로그램 등)으로 환원(축소)되었다. ⑤ 제자훈련이 정해진 교재의 내용을 숙지하는 것과 단계별 성경공부 과정을 수료하는 것으로 이루어지는 양 착각한다.[1]

이러한 문제의식에 근거하여 앞으로의 제자훈련의 방향을 다음과 같이 제시하였다. ① 제자도와 제자훈련의 의의를 소속 공동체의 발전과 흥성에만 두지 않고 항시 하나님 나라에의 기여 여부와 정도에서 찾아야 한다. ② 제자도의 함양과 실천을 교회 생활에만 국한하지 말고 자신이 참여하는 삶의 모든 영역과 연관시켜야 한다. ③ 제자훈련의 목표는 정해진 프로그램을 통해 특정 분야의 기능인을 만드는 데 있지 않고 하나님 나라의 가치관을 실현할 줄 아는 인물을 키우는 데 있다. ④ 제자훈련이 그 의도한 목표를 달성하려면 지식이나 정보 전달 위주의 학습 방식에서 벗어나 전인격적 변화와 삶에서의 실천을 겨냥해야 한다.[2]

제자훈련과 관련된 여러 가지 평가와 의견이 있을 수 있지만, 제자훈련이 가진 가장 중요한 의미는 잠자는 평신도 혹은 교회 일에 소극적인 평신도를 깨워 교회의 일꾼 혹은 교회의 사역자가 되도록 한 것이었다. 제자훈련을 교회에 접목시키는 데 크게 기여한 옥한흠 목사가 쓴 제자훈련의 원리와 실제를 다룬 저서의 제목이『평신도를 깨운다』이다. 그리고 이 책 속에서 제자훈련의 중요한 목적을 다음과 같이 말하였다. "첫 번째 종교개혁이 성직자의 손에 독점적으로 남아있던 하나님의 말씀을 교인들의 손에 넘겨준 것이라면, 두 번째

---

[1] 송인규, "하나님나라의 제자도: 오늘날 우리는 무엇을 잃어버렸나", 한국교회탐구센터, 『한국교회 제자훈련 미래 전망 보고서』(IVP, 2016). 139-140.

[2] 송인규, "하나님나라의 제자도", 140.

의 개혁은 성직자의 손에 독점적으로 남아있는 사역을 빼앗아 교인들의 손에 넘겨주는 것이다."[3]

제자훈련은 잠자는 평신도를 깨웠다. 제자훈련을 통해서 평신도가 제자가 되었다. 평신도는 교역자와 대비되는 개념이다. 평신도라는 표현은 성도들을 교회 안에서 수동적이고 소극적인 자리에 머물도록 만든다. 그러나 제자라는 말은 적극적이고 역동적인 개념이다. 예수의 열두 제자는 모두 순교의 길을 갔다. 이처럼 제자가 된다는 것은 교회 안팎에서 적극적으로 하나님의 나라와 그 의를 이루며 살아간다는 것을 의미한다.[4] 옥한흠 목사가 집필한 제자훈련 교재는 3권으로 되어 있다. 제1권은『제자훈련 터다지기』이며, 제2권은『아무도 흔들 수 없는 나의 구원』, 제3권은『작은 예수가 되라』이다. 제자훈련은 이러한 교재를 소그룹 형식으로 공부하고 훈련하면서 평신도가 구원받은 하나님의 자녀임을 확신하고 그 기반 위에서 제자 곧 작은 예수로 변화되는 훈련이다. 이 같은 방식으로 제자훈련은 평신도를 깨워 그 정체성(identity)을 작은 예수 곧 제자로 만들었다. 제자훈련 2단계는 평신도 사역훈련이다. 사역훈련 교재 제1권은『성령, 새 생활의 열쇠』, 제2권은『소그룹, 환경과 리더십』, 제3권은『교회와 평신도의 자아상』이다. 제자훈련 2단계를 통해서 평신도는 교역자가 주도하는 사역의 수동적인 대상이 아니라 교회 안팎에서 사역의 주체로 바뀌게 된다. 제자훈련은 평신도를 각성시켰고 평신도를 성경 말씀과 교리로 무장하도록 하였다. 제자훈련을 통해 평신도가 작은 예수 곧 제자가 되었고 교회의 사역자가 되었다. 제자가 된 평신

---

3) 옥한흠,『평신도를 깨운다』, 36-37.
4) 후안 카를로스 오르티즈/성웅 역,『제자입니까』(두란노, 2005).

도는 한국의 다른 어떤 종교의 신도들에게서도 볼 수 없는 놀라운 헌신을 하였다. 그 결과 한국교회는 크게 부흥하였고 그 부흥의 모습을 대표적으로 보여주는 것이 서울 강남의 '사랑의 교회'이다. 1980년대 이후 한국교회 평신도 파워(power)의 질적·양적 성장에 가장 크게 기여한 요인 가운데 하나가 제자훈련이었고, 이것은 현재 한국교회에 나타나고 있는 평신도 아마추어리즘 형성의 중요한 배경이 되었다.

2. 큐티 운동과 평신도의 영적 성장

한국교회의 큐티 운동을 송인규 교수의 연구에 근거하여 정리하면 다음과 같다. 성경 말씀을 묵상하여 자신의 삶에 적용하는 경건 훈련으로서의 큐티(Quiet Time)는 영국의 케임브리지 기독학생회(1877년 설립) 및 성서유니온(1867년 설립)의 경건 훈련과정으로 시작되었다. 미국의 경우 1, 2차 대각성 운동의 결과로 19세기 중후반부터 기도와 성경 읽기가 결합되면서 큐티 운동이 시작되었다. 그리고 네비게이토 선교회를 창립한(1943년) 도슨 트로트맨(Dawson Trotman, 1906-1956)이 큐티를 체계화하였고 그 회원들에게 널리 훈련시켰다. 대학생 선교회(Campus Crusade for Christ)를 창시한(1951년) 빌 브라이트(Bill Bright, 1921~2003)는 대학생들의 영적 훈련에서 큐티를 중요시하였다. 그리고 미국 '기독학생회'(InterVarsity Christian Fellowship, IVCF)에서 1945년 큐티(Quiet Time)라는 소책자가 발간되었다. 이 문서 사역은 큐티가 널리 유포되고 정착하는 데 크게 기여하였다.

한국의 경우 미국과 마찬가지로 대학생 선교단체들이 큐티의 유포와 정착에 크게 기여하였다. 대학생 성경 읽기 선교회(University Bible Fellowship, UBF)가 1968년 3월부터 발행하기 시작한 계간지「일용할 양식」이 한국 최초의 큐티 안내서로 알려지고 있다. 한국대학생선교회(CCC)는 1981년 7월부터『CCC편지』에 큐티 안내서인 '오늘의 양식'(Daily Bread)을 소개하였고, 이것이 발전하여 1996년 7월 큐티 교재『풍성한 삶』이 격월간으로 출간되기 시작하였다. '한국 기독학생회'(Korea InterVarsity Christian Fellowship, KIVCF)는 1997년부터 큐티 안내서 월간『시냇가에 심은 나무』를 발행하기 시작하였다.

대학생 선교단체에 의해 시작된 큐티 운동은 전문 큐티 사역 단체라고 지칭할 수 있는 한국 성서유니온 선교회(Scripture Union)와 두란노서원에 의해 크게 발전하였고 큐티 운동이 한국교회 전체로 퍼져나갈 수 있었다. 성서유니온의『매일 성경』(1973년 창간)과 두란노서원의『생명의 삶』(1987년 발간)이 현재까지 한국교회 큐티의 대표적인 안내서가 되고 있다.[5]

한국 큐티 운동의 역사와 관련해서 김양재 목사를 언급할 필요가 있다. 그는 현재 '우리들교회' 담임목사이고 또한 '큐티 선교회' 대표직을 맡고 있다. 그의 목회는 큐티 목회이며 큐티 목회를 통해서 그가 섬기는 '우리들교회'를 성도 1만 명이 넘는 대형 교회로 성장시켰다. 또한『날마다 큐티하는 여자』[6]를 비롯하여『날마다 살아나는 큐티』,『큐티하는 자는 복이 있나니』,『로마서 큐티 노트 세트』등 큐티와 관련된 여러 저서와 목회경험을 통해서 한국교회에 큰 영향을 미

---

[5] 송인규, "한국교회와 경건 훈련 – 새벽기도회에서 큐티로", 155-165..
[6] 김양재,『날마다 큐티하는 여자』(홍성사, 2012).

치고 있다.

이러한 큐티 운동은 사회변화 및 신앙적 생태 변화와 밀접한 관계를 맺고 있다. 즉 한국 사회 자체가 공동주의에서 개인주의로 급속하게 변화되고 있으며 그 영향을 받아 큐티 운동도 널리 퍼지게 되었다. 한국교회 경건 훈련의 대표적인 형태는 새벽기도를 비롯한 여러 종류의 기도 모임이었다. 특히 길선주 목사님 시절부터 시작되었다고 전해지는 새벽 기도는 한국교회 경건 훈련의 대표적인 형태였다. 그런데 이러한 여러 기도회와 새벽 기도회는 공동적(共同的)인 특성을 띤다. 일정한 시간에 함께 모여, 인도자가 전해 주는 말씀을 함께 듣고, 정해진 기도 제목에 따라 함께 기도한다. 그러나 사회가 점점 개인주의화 되고 일찍 자고 일찍 일어나는 농경 문화적인 생활 방식이 밤늦게까지 일하고 활동하는 도시적인 생활 방식으로 변화되는 현상이 일반화되었다. 이러한 사회변화에 맞추어 그리스도인의 경건 훈련도 공동적인 (새벽)기도회에서 개인적인 큐티로 옮겨지게 되었다. 큐티는 일정한 시간에 함께 모여 함께 말씀을 듣고 기도하는 것이 아니라 자신이 편리한 시간에 개인적으로 말씀을 묵상하고 개인적으로 기도하는 경건 생활이다. 사회의 개인주의화와 아울러 한국교회 성도들의 교육 수준 향상도 큐티 운동에 큰 영향을 주었다. 큐티 운동이 대학생 선교단체에서 시작된 것을 통해서 알 수 있는 바와 같이 큐티는 어느 정도의 지적 능력을 요구한다. 1970년대 이후 급격하게 높아진 한국교회 성도의 교육 수준의 향상은 큐티를 통한 경건 훈련을 가능하게 하였다.

사회의 개인주의화 역시 큐티 경건 훈련의 성장에 큰 영향을 주었다. 그리고 큐티의 성장은 역으로 한국교회의 신앙적 생태를 개인주의화시켰다. 즉 경건의 연습이 교회 공동체와 교회의 기도 모임을 통해서 이루어지는 것이 아니라 개인적으로 행해지게 되었다. 이러한 개인주의적 경건의 연습이 진행됨에 따라 교회와 신앙생활의 양식이 변화되었다. 즉 새벽 기도회에 나오는 전통적인 교인들과는 달리 큐티를 잘하는 교인은(혹은 현대 교인은) ① 교회를 우선시하는 공동체로 간주하지 않게 되었다. 그리고 교회와 연관된 일을 성도의 가장 우선해야 할 활동으로 생각하는 마음이 약해졌다. ② 경건 훈련과 관련하여 목회자의 지도와 인도를 받을 필요를 점점 느끼지 않게 되었다. 목회자의 영적 지도와 권위에서 벗어나고자 하는 탈권위주의적 태도가 증대되었다. ③ 신앙생활과 경건 생활을 자기 주도로 행하게 되었다. 그리하여 성도들의 자의식이 강해지고 주체적인 태도가 널리 형성되었다.[7]

이러한 큐티가 한국교회 성도들 사이에 널리 유포됨에 따라 경계의 목소리도 함께 나오고 있다. 그 내용을 보면 ① 큐티를 할 때 성경 본문을 그릇 해석하고 적용하는 경우가 많다. 이것은 성경 전체의 주제나 본문의 맥락을 제대로 이해하지 못하기 때문에 생겨나는 오류이다. ② 큐티를 통해서 성도들이 자신의 그릇된 욕망을 정당화할 수 있는 위험이 있다. 즉 성경 말씀을 자신의 욕망을 만족시키는 수단으로 오용할 수 있다. ③ 주어진 해당 본문을 가지고 큐티를 할 때 그것이 잘 되면 과도한 자부심이나 교만이 생겨날 수 있고, 큐티가 잘 안되면 죄책감에 빠질 수 있다. 이것은 은혜의 신앙이 아니라 자기 의(義)의 신앙이 될 수 있다. ④ 주어진 본문에서만 하나님의 뜻

---

[7] 송인규, "한국교회와 경건 훈련 – 새벽기도회에서 큐티로", 193-200.

을 발견할 수 있다고 생각하거나 오직 큐티만이 하나님의 뜻을 발견하는 길이 된다는 편향적인 태도가 나올 수 있다. 이것을 송인규 교수는 큐티 쇼비니즘이라고 칭했다.[8]

1980년대 이후 한국교회에 널리 유포된 큐티는 새벽기도회를 대신하는 경건 훈련의 방식이 될 만큼 한국의 성도들에게 큰 영향을 미쳤다. 특별히 지식층 성도들이 많이 선호하는 경건 훈련의 방식이 되었다. 큐티 운동은 한국교회 평신도에게 많은 영향을 주었다. 수동적이 아닌 능동적인 신앙 태도, 교역자에게 의존하는 경건 훈련이 아니라 독립적인 경건 훈련의 태도를 가지게 되었다. 교역자의 전문 영역이라고 할 수 있는 성경의 해석과 삶에의 적용에 평신도들이 많이 참여하였다. 그 결과 교역자들보다 더 뛰어난 성경 해석 및 적용의 능력을 가진(혹은 가졌다고 생각하는) 평신도들이 많이 나타났다. 이러한 평신도들은 목회자의 설교나 성경 해석에 대한 날카로운 비판의식을 가지게 되었고 그것은 교회의 질서와 운영과 관련하여 긍정적 혹은 부정적 결과를 가져올 수 있는 양면성을 보여주었다.

이상 살펴본 바와 같이 큐티 운동은 평신도가 신앙생활의 영역 가운데 성경 해석과 말씀의 적용과 관련하여 주체적이고 주도적인 입장에 서도록 한다. 말씀의 해석과 적용은 개신교의 신앙생활에서 매우 중요한 위치에 있다. 그리고 교역자 권위의 가장 중요한 근거가 말씀 전파와 말씀의 해석이다. 큐티는 평신도로 하여금 자신의 신앙생활에 말씀의 권위를 부여하였다. 그 결과 영적인 영역에서도 아마추어인 평신도의 힘과 영향력이 증대되는 현상이 나타났다. 이런 측

---

8) 송인규, "한국교회와 경건 훈련 – 새벽기도회에서 큐티로", 207-218.

면에서 큐티는 평신도 아마추어리즘 형성의 중요한 기반이 된다. 즉 큐티를 통해서 평신도는 교역자로부터 영적 독립을 이루게 되었다.

3. 해외 선교와 평신도의 영향력 증대

한국교회의 해외 선교의 역사는 일제 강점기 1910~1930년대의 산둥반도 선교로 거슬러 올라갈 수 있다. 6.25전쟁 이후 폐허 속에서도 최찬영, 김순일 선교사가 홍콩과 태국으로 파송되었다. 그 후 KIM선교회를 창설한 조동진 목사가 아시아 선교에 중요한 역할을 하였다. 아울러 대한예수교장로회 통합, 합동 교단을 필두로 주요 교단들이 선교사를 파송하면서 1980년대에는 약 100여 명의 해외선교사를 파송하기에 이르렀다. 1988년 서울 올림픽을 계기로 해외여행 자유화가 이루어졌다. 이러한 분위기에 편승하여 1988년 곽선희, 김명혁 목사를 중심으로 세계 선교계와 함께하는 선교를 추구하였다. 고석희, 박종순 목사 등의 수고와 노력의 결실로 미국의 세계한인선교협의회(KWMC)와 한국의 한국세계선교협의회(KWMA)가 탄생하게 되었다.

대학생과 청년들의 해외 선교도 크게 증가하였다. 한국 UBF선교회는 한국 선교의 비주류인 듯하지만 한국 선교의 모라비안적 선구자 역할을 행하여 2010년까지 2,000여 명의 회원이 자비량 해외 사역자로 활동하였다. 김인호 목사의 리더십으로 1988년 서울신학대학에서 시작된 '선교한국'은 20세기 말 한국 선교의 전략적 화두를 계속 던지면서 한국 선교의 방향을 선도하였다.

그리고 평신도 중심의 선교단체 예수전도단과 인터콥도 중요한 역할을 하였다. 예수전도단은 로스 목사에 의해서 시작된 제자훈련과 전도 그리고 선교로 이어지는 선순환 구조로 발전되었고, 국제 YWAM과의 동역이 이루어지면서 선교에 더욱 박차를 가할 수 있었다. 인터콥은 KTM(Korea Tentmaking Mission)으로 시작한 전문인 선교단체였다. 최바울 선교사의 리더십으로 빠르게 성장하여 한국에 전문인 선교운동과 미전도종족 입양 운동, 전방개척 선교운동에 크게 기여했다. 한편 국제 OMF가 한국에서 설립한 KOMF(한국OMF)는 김인수 박사의 리더십으로 한국에 뿌리를 내리면서 GMF(Global Missionary Fellowship)선교회를 결성하는 데 이르렀다. GMF는 개척 전문인 GMP, 전문인 선교기구인 HOPE 그리고 선교연구기구인 KRIM을 별도로 신설하면서 서구 선교계의 노하우와 한국교회의 선교 열정을 엮어 한국 선교에 견인차가 되었다.

한국 선교계는 1980년대까지 여러 선교 전문단체가 주도하였다. 그러나 1990년대 들어서는 예장 합동의 GMS, 예장 통합의 한국장로교 선교부를 포함하여 기독교감리회, 기독교침례회, 예장 고신, 예장 대신, 예장 합신 등의 교단 선교가 크게 발전하였다. 그 결과 교단 파송 선교사의 수가 전체 선교사의 절반에 이르렀다. 이와 아울러 온누리교회, 사랑의교회, 여의도순복음교회, 수영로교회 등과 같은 대형 교회가 한국의 선교 운동에 큰 역할을 하였다. 온누리교회는 2,000명의 해외선교사와 1만 명의 사역자 비전을 가지고 지난 30년 간 누적 합계로 약 1,900명의 선교사를 파송하였다. 사랑의교회는 제자훈련(CAL)과 함께하는 선교 프로그램을 통해 한국 선교에 큰 역할을 담당했다. 여의도순복음교회는 매년 약 600여 명의 선교사를 초청하여 선교대회를 열어왔고 원주민 사역자 파송에 심혈을 기울이고 있다. 수영로 교회는 정필도 목사의 선교 열정으로 지방 선교의 선구자 역할을 잘 감당하였고 부산세계선교협의회가 그를 중심으로 탄생하여 운영되고 있다.

한국세계선교협의회(KWMA)가 내놓은 2016년 말 한인 선교 통계에 따르면, 2016년 현재 172개국에서 2만 7,205명의 선교사가 교회개척, 제자훈련, 교육사역 등에 참여하고 있다. 이는 2015년 말의 선교사 파송 숫자와 비슷한 수치로 한국 선교가 정점에 도달하였다는 평가도 나오고 있다.

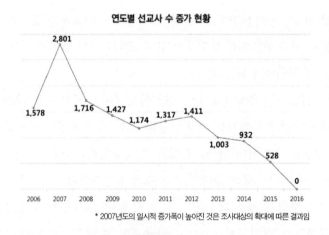

연도별 선교사 수 증가 현황

* 2007년도의 일시적 증가폭이 높아진 것은 조사대상의 확대에 따른 결과임

KWMA의 통계에 따르면 한국에서 파송한 선교사의 수가 1990년 약 1,000명 정도 되었는데 10년 후인 2000년에는 1만 1,000명을 기록하여 매년 1,000명씩 늘어났다. 또한 20세기 말인 1997년부터 21세기 초인 2002년까지 매년 1,300여 명씩 증가하였다. 앞으로 3~4년간 선교사 증감은 플레토우(고원) 현상을 보일 것으로 전망

된다. 이 시기를 어떻게 보내느냐에 따라 도약 혹은 하락의 국면이 전개될 것이다. 현재 한국 선교계는 'TARGET 2030' 운동을 벌이면서 2030년까지 5만 2천명(최대 10만 명)의 선교사를 파송할 계획이다. 이것은 2030년 세계 선교 전체에 필요한 선교사 46만명의 18%에 해당하는 수치이다. 9)

한국교회는 피선교 지역(선교사를 받는) 교회로서 지난 한 세기 동안 비약적으로 발전하였을 뿐 아니라, 20세기 말부터 선교하는(선교사를 보내는) 교회로서도 놀라운 역사를 이루었다. 이러한 해외 선교 활동은 평신도의 성장에도 큰 영향을 미쳤다. 1988년 서울 올림픽과 해외여행 자유화는 섬나라와 다름없던(대륙과 연결되는 육로가 북한에 의해 막혔다는 의미에서) 남한의 한국인이 가졌던 밖으로의 에너지가 분출되는 통로가 되었다. 정부는 북방정책을 쓰면서 중국, 러시아 등과 수교하였다. 기업은 해외로 진출하였고 해외 유학생들이 폭발적으로 증가하였다. 해외여행도 이 시기 급속하게 늘어났다. 이러한 흐름 속에서 한국교회의 해외 선교 활동도 급속하게 증가하였다. 이러한 해외 선교의 활성화의 바탕에는 선교에 대한 평신도의 관심 증대와 경제력의 성장이 중요한 밑거름이 되었다. 해외 선교는 평신도의 영적 에너지가 제약받지 않고 흘러갈 수 있는 통로가 되었다. 국내교회 안에서의 평신도의 활동은 교회 제도와 교역자들에 의해 제약되거나 통제될 수밖에 없지만 해외선교 활동은 그러한 제약과 통제에서 비교적 자유롭기 때문이었다.

---

9) 박기호,『한국교회 선교운동사』(아시아선교연구소 출판부, 1999); 한정국, "한국선교의 어제와 오늘 그리고 내일",「기독교사상」(2017년 7월호); 조명순, "수치로 보는 한국 선교 현황",「기독교사상」(2017년 7월호).

그리하여 인터콥이나 예수전도단 등과 같은 평신도 중심의 해외 선교단체가 활발하게 활동하였고 평신도 간사가 중심이 되는 여러 대학생 선교회의 해외 선교활동 역시 크게 성장하였다. 이러한 평신도 중심의 선교 활동은 단기 선교와 해외 봉사활동의 형태로 나타난다. 단기 선교와 해외 봉사활동은 교역자의 사역이 아니라 평신도의 사역이다. 중대형 교회에서 사역하면서 선교에 관심을 가진 교역자를 제외한 대다수의 교역자는 해외 선교지를 방문할 기회와 경험이 매우 제한되어 있다. 해외 선교지를 다녀오는 데 필요한 비용을 마련할 수 있는 능력도 없다. 따라서 해외 선교와 관련된 논의나 사역에서 많은 교역자가 해외선교에 관심과 경험이 있는 평신도보다 뒤떨어질 수밖에 없다.[10]

해외에 파송된 장기사역 전문 선교사들은 국내에 있는 평신도들과 개인적 연결망(후원자)을 구축하는 데 늘 관심을 기울이게 된다. 전문 선교사의 입장에서 자신들의 선교 활동에 필요한 인력과 비용을 충당할 수 있는 중요한 통로가 국내에 있는 평신도들이기 때문이다. 선교사들은 국내의 개인적 연결망이 되는 평신도들과 함께 자신들의 영적 비전 및 하나님 나라의 꿈을 나눈다. 그리고 국내의 평신도들은 열정, 헌신, 지식, 비전을 가진 선교사들과의 교류를 통해서 영적인 힘과 지식을 얻는다. 아울러 하나님 나라의 백성으로서의 전도와 봉사 그리고 하나님 나라 확장에 기여한다는 보람과 기쁨을 느끼게 된다.

대부분의 해외 선교지는 목회자보다는 평신도가 활동하기에 용

---

10) 김창환, "평신도 선교와 단기 선교", 「선교소식」 2010.08.12.

이하다. 한국 선교사가 많이 진출한 이슬람권, 불교권, 힌두교권, 공산권 지역의 경우 대부분 기독교라는 종교에 대해서 적대적이다. 반면에 선진국인 한국의 의료, 교육, 봉사, 비즈니스 등에 대해서는 호의적인 반응을 보인다. 따라서 목사라는 신분을 가진 목회자보다는 의사, 교사, 기술자, NGO 직원, 사업가 등의 이름을 가진 평신도(선교사)에게 더욱 우호적이다. 따라서 해외 선교지에서 평신도 선교사들이 교역자 선교사들보다 더 많은 선교의 열매를 맺는 경우도 많다. 이러한 이유로 인해서 교역자 선교사들도 선교지의 형편에 따라 목사로서의 활동보다는 교사, 사업가, NGO 직원 등의 신분을 가지고 활동하기도 한다.[11]

해외 선교와 평신도의 성장이라는 측면에서 볼 때 선교사라는 이름이 가지는 의미도 중요하다. 선교사라는 이름은 교역자에게 붙일 수 있고 평신도에게도 붙일 수 있다. 그리고 선교사라는 이름 속에는 신약성경과 교회의 역사 속에 나오는 위대한 자산이 들어있다. 우리 주님께서는 선교의 지상명령을 주셨다. 즉 "너희는 가서 모든 민족을 제자로 삼아 아버지와 아들과 성령의 이름으로 세례를 베풀고 내가 너희에게 분부한 모든 것을 가르쳐 지키게 하라"(마 28:19-20) 말씀하셨다. 또한 "성령이 너희에게 임하시면 너희가 권능을 받고 예루살렘과 온 유대와 사마리아와 땅끝까지 이르러 내 증인이 되리라"(행 1:8)고 말씀하셨다. 그리고 신약성경의 가장 위대한 인물인 바울 사도는 선교사의 모습을 가장 많이 보여주고 있다. 예수의 열두 제자는 문화, 국가, 언어가 다른 사람들에게 가서 전도하다가(즉

---

11) 주태근, "평신도 선교사의 역할과 협력문제", 「선교소식」 2010.08.04.

해외 선교를 하다가) 순교의 길을 갔다. 한국교회의 역사를 보아도 언더우드, 아펜젤러, 에비슨 등 위대한 선교사들에 의해 한국교회가 세워졌다. 따라서 선교사라는 이름 속에는 예수의 지상명령을 수행하는 하나님의 종이라는 아름답고 영광스러운 이름이 있다. 한국의 많은 성도의 마음에는 목사보다 선교사가 더 신실하고 헌신적이고 위대한 하나님의 종이라는 의식이 깔려있다. 그러므로 믿음 좋고 선교에 관심이 많은 평신도의 입장에서 선교사를 돕는 일, 더 나아가서 자신이 선교에 참여하고 선교사가 되는 것을 매우 귀하고 자랑스럽게 생각한다. 평신도 입장에서 선교사의 이름을 가지는 것은 목사보다 더 귀한 이름을 가지는 것이요, 목사보다 더 큰 상급을 받는 길이기도 하다.

해외 선교 활동은 믿음이 좋다고 참여할 수 있는 것이 아니다. 어느 정도의 물질과 시간, 지식과 기술이 있어야 가능한 활동이다. 해외 단기 선교를 다녀왔다는 것은 신앙이 좋다는 의미도 되지만 생활의 여유가 있다는 의미도 된다. 해외 선교는 부르디외가 말한 바, 평신도의 '문화자본'이 되고 교회 안에서의 '구별 짓기'가 된다.[12] 한국교회의 해외 선교는 평신도의 협력과 헌신에 힘입어 크게 성장하였다. 또한, 평신도들이 해외 선교에 많이 참여함으로 인해 선교사라는 이름을 가진 평신도의 위상이 목사나 교역자들보다 높아지게 되었다. 활발한 해외 선교와 평신도의 적극적인 참여는 선교의 열매를 많이 거두었을 뿐만 아니라 교회 내에서 평신도의 지위와 위상을 높이는 결과를 가져왔다.

---

[12] 피에르 부르디외/최종철 역, 『구별짓기』 (새물결, 2005).

그리하여 1980년대 이후 크게 성장한 해외 선교 활동은 평신도 아마추어리즘 형성에도 중요한 작용을 하였다. 해외 선교에 관심을 가지고 해외 선교를 후원하고 단기간의 해외 선교 활동에 참여한 평신도들이 그렇지 못한 교역자들보다 영적으로 우월한 위치를 차지하게 되었다. 선교에 관심이 많고 재력이 있는 평신도는 교역자 선교사나 혹은 해외 선교에 관심을 가진 교역자를 통제(control)할 수 있는 자리에 서게 되었다. 1980년대 이후 해외 선교가 활발해지는 가운데 평신도가 교역자보다 더 큰 비중을 가지고 더 많이 활동하는 평신도 아마추어리즘이 확연하게 나타나기 시작했다.

4. 소그룹의 활성화와 평신도의 지위 상승

1980년대 이후 한국교회의 중요한 특징 가운데 하나는 소그룹 운동이 활발하게 전개되었다는 것이다. 물론 그 이전에도 구역 혹은 감리교의 속(屬) 등의 명칭을 가진 전통적인 소그룹이 있었다. 이러한 소그룹은 성도들의 지역적 구분과 관리의 방편으로 만들어졌다. 신실한 구역장(속장)이 구역원(속원)들을 돌보고 그들에게 있는 영적인 문제를 교역자에게 보고하여 목회가 잘 이루어지도록 하는 소그룹이었다. 그러나 1980년대 이후 평신도가 중심이 된 소그룹 운동이 크게 성장하였다. 그 대표적인 사례가 셀 교회와 가정교회 운동이다.

셀 교회는 1992년 목포 성서침례교회에서 개최된 목회자 세미나에서 처음 소개되었다. 이 세미나에서 박영철 교수가 랄프 네이버

(Ralp Neighbour, Jr.)의 *Where Do We Go from Here?*(후에 이 책은 『셀 목회 지침서』 또는 『셀 교회 지침서』로 번역되었다)를 소개하였다.[13] 이 세미나에 참석하였던 미국 버클랜드 침례교회의 이남하 목사는 미국으로 돌아가 자신이 섬기던 교회를 셀 교회로 전환하여 크게 성공하였다. 그는 1995년 4월 '셀교회 개발 컨퍼런스'(Cell Church Development Conference, C.C.D.C.로 약칭함)를 개최하였고 그 후 미국과 한국을 번갈아 가면서 '셀교회 개발 컨퍼런스'를 여러 차례 개최하였다. 이러한 컨퍼런스를 통해 셀 교회가 한국교회에 널리 소개되었고 많은 교회가 셀 교회로 전환하였다. 그 후 셀 교회와 유사하면서 감리교의 전통을 이은 장학일 목사의 '밴드 목회'가 소개되었다.[14] 2000년부터는 네이버(Ralph Neighbour)의 *Touch Ministry*를 정진우 목사가 *Touch Korea*라는 이름으로 한국에 소개하였다. 또한, 미국 휴스턴 서울침례교회의 최영기 목사가 랄프 네이버의 책과 중국 가정교회로부터 도전을 받고 1994년경부터 가정교회를 시작하여 많은 열매를 거두었고 1997년도부터 '가정교회목회자 세미나'를 통해 가정교회를 미국과 한국의 교회들에 널리 소개하였다.[15]

셀 교회, 가정교회, 밴드 목회 등은 그 구조와 기능이 평신도 아마추어리즘과 밀접하게 관련된다. 셀 교회는 교회의 구성 요소가 소그룹 셀이다. 즉 10여 명 내외의 성도들이 모여 하나의 셀을 구성한다. 그리고 5개 정도의 셀이 모여 지역 회중을 이룬다. 그리고 지역 회중들이 매 주일 혹은 4주나 6주에 한 번씩 모여 축제 예배(주일 예배)를

---

13) 랄프 네이버/장학일 역, 『셀 목회 지침서』 (서로사랑, 1999).

14) 장학일, 『밴드목회, 이론과 실제』 (밴드목회연구원, 1999).

15) 최영기, 『가정교회에서 길을 찾는다』 (두란노서원, 2015).

드린다. 전통적인 교회의 시각에서 본다면 주일 예배를 드리는 개개인 신도의 예배 공동체가 교회이다. 그리고 교회 안에 있는 여러 부서와 소그룹들은 예배 공동체의 하위 조직이다. 신도 개개인은 교회 안의 여러 하위 조직들에 참여할 수도 있고 그렇지 않을 수도 있다. 또한 2개 이상의 소그룹에 속할 수 있다. 전통적인 교회의 구성 요소는 개개인이고, 개개인의 예배 공동체가 교회이다. 그러나 셀 교회는 셀이 교회의 가장 기본적인 구성 요소이다. 셀에 속하지 않은 개개인 신도는 그 교회의 구성원이 될 수 없다. 그러므로 교회 공동체에 처음 들어온 새 가족이 거쳐야 하는 첫째 과정은 셀에 속하는 것이다.[16)]

기능적인 측면에서 볼 때 교회의 본질적인 기능이라고 할 수 있는 예배, 선교, 교육, 친교, 봉사의 기능이 셀 안에서 혹은 5~6개의 셀이 모인 회중 안에서 이루어진다. 가정교회의 경우 소그룹 가정이 곧 교회이며 소그룹 가정교회가 모이는 대그룹 교회는 가정교회 연합체로서의 성격을 가진다. 셀 교회나 가정교회의 경우 소그룹 혹은 회중(5개 정도의 소그룹 연합) 안에서 교회의 기능이 수행되기 때문에 셀이나 가정 단위 교회가 전체 예배 공동체(혹은 축제 예배 공동체)에 우선한다.[17)]

이처럼 셀 교회나 가정교회는 교회의 가장 기초적인 구성 요소가 소그룹이며 교회의 중요한 기능이 소그룹 안에서 이루어진다. 이러한 구조와 기능은 평신도의 기능과 영향력이 증대되는 평신도 아마추어리즘 현상을 가져오게 된다. 구조적인 면에서 볼 때 소그룹이

---

16) 랄프 네이버/박영철 역, 『셀 리더 지침서』(NCD, 2001), 21-27.
17) 랄프 네이버, 『셀 리더 지침서』, 25.

교회의 기초적인 구성 요소가 되면 소그룹 지도자의 역할이 더욱 중요해진다. 소그룹 지도자 즉 셀 리더, 혹은 가정교회 목자가 제 역할을 하지 못하면 교회의 기초가 흔들리게 된다. 전통적인 교회의 경우 구역장이 제 역할을 하지 못해도 교역자나 남녀 전도회 회장, 여러 제직회 부서의 임원 등이 그 역할을 할 수 있는 여지가 있다. 그러나 셀 교회나 가정교회의 경우 리더나 목자가 제 역할을 담당하지 못하면 그를 대신할 사람이 없다. 또한 교회의 중요한 기능이 셀이나 가정교회 안에서 이루어진다. 리더나 목자가 제 역할을 하지 못하면 교회의 중요한 기능들이 장애를 입을 수 있다. 이처럼 셀 교회는 전통적인 교회에 비하여 소그룹 지도자의 역할이 중요하며 교회의 소그룹 지도자에 대한 의존도가 커지게 된다. 그리고 소그룹 지도자는 모두 평신도이다. 그러므로 셀 교회와 가정교회에서는 평신도의 비중이 커지고 그 권한과 힘이 증대되는 평신도 아마추어리즘 현상이 많이 나타나게 된다.

5. 교회 사역의 확장과 평신도의 능력 향상

1980년대 이후 한국교회는 외적으로 성장하였을 뿐 아니라 교회 안에 다양한 프로그램들이 등장하였다. 1970년대까지만 해도 주일예배와 수요예배, 새벽기도회가 교회 안에서 이루어지는 주된 프로그램이었다. 그리고 연간 1~2회 행해지는 정기 심방, 부흥회, 부활절과 성탄절 등 절기 행사가 행해졌다. 그리고 어린이, 학생, 청년들을 중심으로 이루어지는 여름성경학교와 수련회 및 하계 봉사활동이 중요한 행사였다. 교회 안에서 이루어지는 이러한 행사들은 주로 교역자들이 주도하였고 평신도들은 수동적으로 참여하거나 교역자에게 협조하는 일을 담당하였다. 그러나 1980년대를 기점으로 하여 교회에서 이루어지는 행사와 사업이 증가하고 그 질적 수준이 높아지게 되었다. 그 결과 평신도의 역할과 영향력이 커지는 평신도 아마추어리즘이 나타나게 되었다.

찬양 사역: 1980년대 이후 평신도의 역할이 가장 두드러지게 나타난 영역이 찬양이다. 1980년대 이전에는 평신도들이 주로 성가대원으로 활동하였고 그 순서는 주일 오전 예배의 특별찬송 순서에 국한되었다. 그러나 1980년대 이후 이른바 CCM(Contemporary Christian Music)이 한국교회에서 크게 성장하였다. CCM은 같은 시대의 음악적 흐름을 따르는 대중적 스타일의 기독교 음악을 말한다. 1960년대 말 미국에서 발전하기 시작한 CCM은 1980년대 들어 일반 팝의 흐름과 대등한 위치에서 성장하였다. 우리나라에서도 1970년대 들어 기타 반주의 가스펠 송(복음성가)이 널리 퍼져나갔고 1980년대 중반에는 본격적인 CCM이 등장하였다. 최덕신과 주찬양 선교단, 온누리교회 '경배와 찬양 팀'의 목요 찬양 집회, CBS의 복음성가 경연대회 등을 통해서 많은 CCM 사역자들이 나왔다. 이때 등장한 박종호, 송정미, 하덕규, 소리엘, 김선경 등이 CCM계를 이끌면서 1990년대는 CCM의 최전성기를 이루게 되었다. 수많은 음반과 시디(CD)가 나왔고 『찬미 예수』와 같은 찬양곡집이 발간되어 전국 교회에서 사용되었다. 2,000년대 들어서는 인터넷의 보급으로 인한 앨범 판매의 위축으로 대중음악계와 마찬가지로 CCM계 역시 많이 위축되었다.[18]

그러나 1980년대부터 시작되어 지금까지 계속되고 있는 CCM 찬양은 교회 안에 깊이 자리잡고 있다. 여러 교회마다 성가대와는 별도로 찬양팀이 구성되어 예배를 섬기고 있다. 일반적으로 오후 예배 혹은 저녁 예배를 '주일 찬양 예배'라고 부른다. 찬양 예배 시간에는 찬양팀이 중요한 역할을 한다. 수요예배나 금요기도회 등에서도 찬양팀의 찬양은 중요한 순서이다. 주일 오전 예배를 찬양 예배 형식으로 드리는 교회들도 적지 않다. 그리고 찬양팀은 대부분 평신도, 특별히 젊은 청년들이 이끌고 있다. CCM은 젊은 평신도가 예배에서 중요한 역할을 담당하게 하였고 그 영향력이 크게 나타나는 대표적인 통로가 되었다.

CCM은 평신도 아마추어리즘의 성장에 중요한 역할을 하였다. 찬양팀은 성도들 특별히 젊은 층의 성도들이 가장 선호하는 교회 사역 가운데 하나이다. CCM은 그 멜로디가 시대의 흐름을 반영한다. 전통 찬양대의 찬양이 전통적인 성가곡의 범위 안에 있다면 찬양팀의 찬양은 매우 자유로운 형식을 가진다. 그래서 많은 사람이 찬양팀에서 찬양하기를 좋아하고 또한 많은 성도는 그것을 즐긴다. 쉬우면서도 영성 깊은 찬양은 성도들에게 많은 은혜를 끼친다. 음악의 세대라고 할 수 있는 청년들의 경우 찬양팀의 찬양이 없으면 교회 오는 재미가 없고, 찬양팀의 찬양이 없는 예배는 생각할 수 없을 정도이다. 찬양팀의 리더나 전문 찬양 사역자는 대부분 평신도이다. 찬양팀은 전통적인 찬양대보다 훨씬 많은 시간 동안 전체 회중의 찬양을 인도한다. 1980년대 이후 찬양팀의 찬양은 교회의 부흥에 많이 기여

---

18) 김종성, "현대 교회음악의 출현배경과 찬양사역의 역할", 「신학과 목회」 제27집 (2007); 운영자, "CCM 역사와 사역의 이해", http://www.ccmsongs.com/.

했다. 평신도 찬양팀이 인도하는 찬양은 예배의 순서 가운데 성도들이 가장 적극적이고 능동적으로 참여하는 순서가 되었다. 1980년대 이후 급성장한 CCM과 찬양팀으로 인해 교회 안에서 평신도의 역할은 더욱 중요해지고 그 비중은 더욱 커지게 되었다.

전도 활동: 한국교회의 역사 속에서 전도는 언제나 중요한 사업이고 관심사였다. 1980년대 이전까지의 전도는 그 방법과 행사가 비교적 단순하였다. 그리고 한국교회 신도 수의 증가에는 산업화와 도시화, 인구 이동과 전통적인 지역공동체의 약화 등 사회적인 요인이 많이 작용하였다. 그리하여 전도지를 이용한 노방전도, 성도들 개개인의 이웃 전도 등이 주를 이루었고 이러한 방식의 전도를 통해서도 상당한 성과를 거둘 수 있었다. 그러나 1980년대 이후부터 경제 수준과 의식 수준이 높아짐에 따라 좀 더 다양하고 세련된 전도 프로그램이 필요하게 되었다. 다양한 형태의 전도 초청잔치, 가수나 탤런트와 같은 유명인을 초대하여 찬양과 간증을 듣는 전도 집회, '알파'와 같은 새가족 초청과 섬김의 프로그램, 빌립 전도, 관계 전도 등이 많이 진행되었다. 전도와 아울러 새가족을 정착시키는 다양한 사역 프로그램들이 개발되었다. 새가족 예배, 1:1 양육, 새가족 교육, 바나바 사역, '40일 말씀 양육' 등 다양한 새가족 정착 및 훈련을 위한 프로그램이 소개되었다.[19)]

이러한 전도와 새가족 양육 프로그램은 1980년대 이후 한국교회의 부흥과 성장에 크게 기여하였다. 전통적인 대형 교회가 아닌 1980

---

19) 김영욱, 『21세기 전도전략』 (기독교문서선교회, 2002); 이상만, 『오이코스 전도 이야기』 (생명의말씀사, 2009); 송경호, 『예수초청잔치』 (예찬사, 1998).

년대 이후 크게 성장한 교회들의 경우 뛰어난 전도와 정착 프로그램을 가지고 있다. 이러한 전도와 정착 프로그램 역시 평신도 아마추어리즘의 형성에 크게 기여하였다. 1980년대 이후 나타난 전도와 양육 프로그램은 계획과 실행 그리고 인원동원 등에 있어서 평신도의 역할이 매우 중요하다. 전도 초청잔치 계획을 세우고 전도 대상자를 초청하고, 프로그램을 진행하고, 행사 후의 사역을 진행하고, 등록한 새 가족을 교육하고 정착시키는 데는 많은 평신도 인원이 동원되어야 한다. 따라서 평신도 역할의 중요성과 비중이 커질 수밖에 없다. 더욱이 전도와 새가족 양육 프로그램이 해를 거듭하고 반복되면서 일정한 매뉴얼(manual)이 나오게 된다. 그리고 전도와 새가족 양육 프로그램을 개발한 교회나 전문단체를 통해서 방법과 매뉴얼을 전수받기도 한다. 전도와 새가족 정착 프로그램은 교회의 성장 발전과 관련된 중요한 사업이다. 이러한 사업에 다수의 평신도가 투입되어 상당한 성과를 올리고 평신도들이 사업프로그램과 관련된 매뉴얼과 경험을 가지게 되면서 평신도 아마추어리즘이 성장하였다. 전도행사와 관련된 평신도의 지식, 경험, 헌신의 정도가 새로 부임한 교역자보다 높아지면서 교회 내에서 평신도 아마추어리즘이 발전하게 되었다.

영성 훈련: 1980년대 이후 사회가 복잡해지고 성도들의 영적인 욕구와 필요가 다양해지면서 여러 영성 훈련의 방법들이 소개되었다. 교회 안에서 설교와 심방 그리고 기도회와 성경공부 등을 이끌어 가는 목사들의 경우 1980년대 이후 급격하게 성장한 성도들의 영적인 욕구와 필요를 채울 수 없게 되었다. 이러한 상황에서 성도들의 영

적인 욕구를 채워주는 다양한 단체와 프로그램들이 교회 안팎에서 나타났다. 전국 곳곳에 많은 기도원이 생겼고 기도의 특별한 은사를 받은 목사나 전도사 혹은 권사들이 나타났다. 다양한 형태의 영성훈련원 혹은 영성수련 센터가 세워졌고 특색 있는 3~5일간 집중 교육을 받는 영성 훈련이 이루어졌다. 상담 사역과 가정 사역, 치유 사역, 교회에서 이루어지는 성경공부보다 높은 수준의 성경 대학, 아버지 학교(어머니 학교) 등이 소개되었다.

이러한 사역들은 대형 교회의 경우 자체 내 프로그램을 통해서 이루어지지만, 많은 경우 전문 단체들에 의해 교회 밖에서 이루어진다. 담임목사의 지도에 따라 교회적으로 이러한 프로그램에 참여하는 경우도 있지만 성도들이 개별적으로 해당 프로그램에 참여하기도 한다. 그리고 자기 교회 담임목사보다 훨씬 뛰어난 해당 전문가(기도원 원장, 치유사역자, 영성 훈련가, 교수)들을 만나고 배운다. 이러한 프로그램은 교회의 목사가 채워줄 수 없는 영적인 욕구와 필요를 채워주고 성도들의 믿음을 성장 성숙시킨다는 긍정적인 기능이 있다. 그리고 이러한 프로그램을 통해 한국교회가 발전하고 성장한 것도 사실이다. 그러나 이러한 영성 훈련을 받은 성도들이 교회로 돌아와 자신의 자리매김을 할 때 스스로를 영적으로 높은 자리에 있다고 생각하며 또한 주변의 성도들도 그렇게 생각한다. 그리하여 교회 안에서 아마추어인 평신도의 영적인 지위가 높아지고 그 권위가 커지면서 평신도 아마추어리즘 현상이 나타나게 된다.

기독교 단체의 증대: 1980년대 이후 교회가 성장하고 그 규모가 커짐에 따라 다양한 사역들이 나타나게 되었다. 앞서 소개한 전도와

선교 사역 외에도 다양한 형태의 사회봉사(디아코니아) 활동이 이루어지게 되었다. 이러한 활동들은 지역교회 안에서 이루어지는 사역인 경우도 있지만 월드비전이나 다일복지재단, 밀알재단처럼 교회 밖에서 이루어지는 사역인 경우도 있다. 1980년대 이후 수많은 사회봉사 사역들이 다양한 형태로 이루어졌다. 사회봉사 이외에도 통일, 환경, 도덕과 정의 문제 등과 관련된 여러 기독교 계통 NGO 단체들이 등장하여 활발한 활동을 하고 있다. '평화통일을 위한 기독인 연대', '기독교 윤리실천 운동', '기독교 환경 연합', '경실련' 등이 널리 알려진 단체이다. 개별교회 안에서도 다양한 문화와 사회봉사 단체가 만들어졌고, 다양한 문화교실, 교회 카페, 자원봉사와 같은 활동이 이루어졌다. 전통적인 미션 스쿨이 국가의 개입으로 기독교 학교로서의 정체성이 약해지는 추세 가운데서 다양한 기독교 대안학교들이 등장하였다. 그리고 CBS나 극동방송, 「한국기독공보」와 같은 교단신문, 「기독교사상」이나 「신앙세계」와 같은 잡지 등 전통적인 언론 기관 외에도 1980년대 이후 「국민일보」, 「목회와 신학」, CTS 등의 기독교 언론기관이 만들어졌다. 언론 자유화, 유선방송 시스템, 인터넷 방송 등의 발전과 함께 2000년대 이후 수많은 기독교 방송, 신문, 잡지들이 나왔고 최근에는 수많은 유튜브 방송 혹은 1인 방송이 등장하여 활발하게 활동하고 있다. 최근 들어 기독교의 이름을 표방한 정당이 출현하여 정치 영역에서 직접 활동하고 있다.[20]

이렇게 늘어난 기독교 관련 단체의 활동과 사역은 대체로 전문적

---

[20] 노치준, "한국교회 조직과 타종교 조직의 비교", 『한국의 교회조직』 (민영사, 1995); 문화체육관광부, "종교별 주요 연혁, 조직, 활동 현황", 『2018 한국의 종교 현황』 (문화체육관광부, 2019), 123, 171, 185, 194, 217.

인 지식과 기술을 요한다. 따라서 이러한 단체들은 해당 분야의 전문적인 지식과 기술을 가진 평신도들이 주도하고 있다. 평신도는 이런 여러 단체의 직원(프로페셔널)으로 종사할 뿐 아니라 자원봉사자로서 많이 일하고 있다. 이러한 단체의 전문성이나 사회적 영향력이 교회보다 훨씬 큰 경우도 많다. 예를 들어 평신도인 연세대학교 총장의 사회적 지위(영향력)는 장로교 중요 교단 목사 총회장의 지위(영향력)보다 높다. 평신도인 세브란스 병원 의사의 사회적 지위는 웬만한 교회 담임목사의 사회적 지위보다 높다. 전문성과 열정, 헌신으로 무장한 평신도들이 기독교 단체를 통해서 기독교 정신으로 많은 활동을 하고 있다. 다양한 기독교 단체의 대사회적 활동 혹은 교회와 성도들을 향한 활동이 활발해짐에 따라 평신도의 사회적 지위가 높아질 뿐 아니라 교회 내의 영적인 권위도 커지게 되었다. 그리고 이러한 단체에서 일하는 평신도는 교역자 못지않은 소명감을 가지고 일한다. 예를 들어 기독교 계통 신문사나 출판사에서 근무하는 평신도 직원은 '문서 선교사'로서의 정체성을 가지고 일한다. 이처럼 평신도 해외 선교사의 수와 활동이 증대되는 것과 마찬가지로 정치, 경제, 언론(출판), 교육, 의료, 문화 등 각계의 기독교 단체에서 일하는 평신도(직원, 봉사자)의 수와 활동 그리고 그 중요성이 증대되었다. 그 결과 기독교계 전체에서는 말할 것도 없고 개별적인 지역교회 안에서도 평신도의 힘과 영향력이 현저하게 증대되었고 평신도 아마추어리즘 형성의 배경이 되었다.

5장
교회조직과 평신도 아마추어리즘

평신도 아마추어리즘의 연구는 교회 안에서 이루어지는 평신도의 활동, 영향력, 지도력 등을 다룬다. 그러므로 평신도 아마추어리즘의 형태와 속성은 교회조직과 밀접한 관련성을 가진다. 사회적으로 평신도들의 경제적, 정치적 능력이 증대하고 지식과 욕구 수준이 높아졌다 해도 교회조직이 그것을 담지(擔持)하지 못하면 평신도 아마추어리즘은 잘 나타날 수 없다. 1980년대 이후 일어난 사회변화의 영향은 개신교뿐만 아니라 불교나 천주교에서도 나타났다. 그러나 불교나 천주교에서는 개신교와 비교하여 평신도 아마추어리즘이 크게 드러나지 않고 있다. 이것은 개신교의 교회조직이 다른 종교에 비해서 평신도 아마추어리즘이 더 잘 나타날 수 있는 구조이기 때문이다. 같은 개신교 안에서도 장로교에서 평신도 아마추어리즘이 가장 잘 나타난다. 그 이유는 장로교 교회조직 안에는 평신도 아마추어리즘이 가장 활성화될 수 있는 '당회'라는 치리 기관이 있기 때문이다.

평신도 아마추어리즘의 작동 메커니즘은 교역자와 평신도, 평신도와 평신도 사이의 관계 유형에 따라 달라진다. 즉 양자(교역자와 평신도) 혹은 다자(多者: 교역자와 분화된 평신도 그룹) 사이의 상호작용, 협력, 견제, 경쟁, 갈등 속에서 평신도 아마추어리즘이 작동한다. 아울러 평신도 아마추어리즘은 교회 안에 있는 영적·인적·물질적 자원의 동원·관리·배분과 관련하여 작동한다. 그리하여 평신도 아마추어리즘 속에서는 리더십과 팔로우십, 통제와 관리, 권력과 지배 등의 요소가 나타나게 된다.

한국교회와 관련하여 지금까지 이런 문제들에 대한 다양한 논의가 있었다. 예를 들어 김동호 목사는『생사를 건 교회개혁』에서 교회 안에서 목사가 전횡하는 문제에 대한 경고, 장로의 역할과 당회 운영의 문제 등을 상세하게 다룬 바 있다.[1] 오덕호 목사의『교회의 주인은 사람이 아니다』,『목사를 갈망한다』에서도 한국교회 안에서 이루어지는 인간관계와 리더십, 목사와 평신도의 올바른 정체성과 사명 등에 대해서 논의하였다.[2] 또한 공헌배 목사는『목사들을 위한 변호』에서 교회 현장에서 일어나고 있는 목사의 애환과 평신도의 전횡을 고발 형식으로 소개하였다.[3] 그리고 교회 안에서의 리더십과 관련된 많은 저술이 있지만 그런 책들은 사회적 조직으로서의 교회를 이해하는 것보다는 일반적인 리더십 이론을 신학적 혹은 신앙적으로 수정하여 교회나 그리스도인 지도자들에게 적용한 것이 대부분이다.[4] 그 외에『성공한 개혁 실패한 개혁』,[5]『날마다 개혁하는 교회』,[6]『예수 없는 예수교회』,[7]『목사 그리고 목사직』,[8]『10년후 한국

---

[1] 김동호,『생사를 건 교회개혁』(규장, 1999).
[2] 오덕호,『교회 주인은 사람이 아니다』(규장, 2000);『목사를 갈망한다』(규장, 2001).
[3] 공헌배,『목사들을 위한 변호』(한국학술정보, 2012).
[4] 한홍,『거인들의 발자국』(두란노, 2000); 헨리 블랙커비,『영적 리더십』(두란노, 2002).
[5] 김진홍,『성공한 개혁, 실패한 개혁』(두레시대, 1997).

교회』,9)『교회거품빼기』,10)『재편』,11)『다시 프로테스탄트』,12)『신정주의 교회를 회복하라』,13)『맞아 죽을 각오로 쓴 한국교회 비판』,14)『한국교회는 개혁되어야 산다』,15)『헬조선에 응답하는 한국교회 개혁』,16)『제2종교 개혁이 필요한 한국교회』,17)『한국교회 개혁의 길을 묻다』18) 등 다양한 저자들에 의해 다양한 시각과 형태로 제시된 한국교회 내부 조직의 문제에 대한 논의를 찾아볼 수 있다.

우리는 이러한 여러 저술을 통해서 많은 것을 배울 수 있으며, 한국교회의 문제점을 이해하고 교회개혁의 과제와 방향을 설정하는데 도움을 받을 수 있다. 그러나 이런 논의들의 다수는 개인적·윤리적 접근의 형식을 띠고 있으며 인상적이고 단편적인 서술에 그치는 경우가 많다. 그 결과 교회조직의 구조적 요인과 메커니즘에 대해서 충분히 고찰하지 못한 한계가 나타난다. 이런 문제를 염두에 두고 그동안 한국교회의 현실과 조직 내부의 메커니즘을 논의한 여러 연구와 저술을 참고하면서 한국교회 조직의 구조와 평신도 아마추어

---

6) 정성진,『날마다 개혁하는 교회』(예영커뮤니케이션, 2012).

7) 한완상,『예수 없는 예수 교회』(김영사, 2008) .

8) 이재철,『목사 그리고 목사직』(홍성사, 2020)

9) 김승호,『10년후 한국교회』(에큐메니칼연구소, 2005).

10) 김동환,『교회 거품빼기』(나침반, 1998).

11) 이진오,『재편』(비아토르, 2017).

12) 양희송,『다시 프로테스탄트』(복있는 사람, 2012).

13) 소강석,『신정주의를 회복하라』(쿰란출판사, 2006).

14) 조엘 박,『맞아 죽을 각오로 쓴 한국교회 비판』(박스북스, 2008).

15) 이병삼,『한국교회는 개혁되어야 산다』(영문, 2002).

16) 황홍렬 편,『헬조선에 응답하는 한국교회 개혁』(동연, 2018).

17) 제2종교개혁연구소 편,『제2종교 개혁이 필요한 한국교회』(기독교문사, 2015).

18) 강영안 외,『한국교회 개혁의 길을 묻다』(새물결플러스, 2013).

리즘 형성에 대해서 논의하도록 하겠다.

1980년대 이후 한국교회의 상황을 보면, 평신도 아마추어리즘이 발전할 수 있는 교회 내부의 조직과 구조가 마련되었음을 알 수 있다. 아울러 1980년대 이후 심하게 나타난 교회의 양극화와 대형 교회의 출현은 평신도 아마추어리즘의 비옥한 토양이 되었다. 이상 논의한 문제의식을 가지고 교회의 대형화, 리더십, 개신교의 정치제도, 개교회주의 등과 관련하여 평신도 아마추어리즘의 속성과 작동 메커니즘을 고찰하도록 하겠다.

1. 교회의 대형화와 평신도 아마추어리즘

1980년대 이후 한국교회의 중요한 특성 가운데 하나는 수많은 대형 교회의 등장이다. 1980년대 이전에는 대형 교회가 많지 않았으며, 영락교회, 새문안교회, 정동교회 등과 같이 대형 교회라 불리는 교회들은 대부분 역사 깊은 교회들이었다. (영락교회는 해방 이후에 세워졌지만 그 뿌리를 놓고 보면 북한의 역사 깊은 교회가 서울로 이주한 것이라 할 수 있다.) 그러다가 1970년대를 지나 1980년대에 이르면서 해방 후에 세워진 주안장로교회(1948년), 충현교회(1953년), 광림교회(1953년), 금란교회(1957), 여의도 순복음교회(1958) 등과 같은 교회들이 크게 성장하였다. 그러나 현재 초대형 교회를 이룬 많은 교회는 1970~1980년대에 세워져서 1980년대와 1990년대에 비약적으로 성장하였다. 부산 수영로교회(1975년 설립), 소망교회(1977년), 사랑의교회(1978년), 명성교회(1980년), 은혜와진리교회(1982), 온누리교회

(1985년), 지구촌교회(1993년) 등이 여기에 해당된다.

한국의 초대형 교회를 연구한 홍영기 교수에 따르면, 초대형 교회는 ① 영락교회와 같은 전통적 유형의 초대형 교회, ② 순복음 중앙교회와 같은 카리스마적 유형의 초대형 교회, ③ 소망교회와 같은 중산층 유형의 초대형 교회 등으로 나눌 수 있다. 이러한 초대형 교회들은 서로 다른 사회적 배경 가운데서 나타났다. 전통적 유형의 초대형 교회는 분단과 한국전쟁, 월남(越南) 피란민의 결속 등과 같은 역사적·정치적 요인이 작용하면서 형성되었다. 카리스마적 유형의 초대형 교회는 산업화와 도시화, 새로운 정체성과 공동체성에 대한 요구 등과 같은 사회적, 경제적 변화의 결과로 형성되었다. 그리고 중산층 유형의 초대형 교회는 새로이 등장한 중산층이 간직하고 있는 교육과 지역, 직업과 생활 수준 등을 통한 계층적 동질감이 중요한 형성 배경이 되었다.[19]

이러한 초대형 교회 등장의 사회적 배경이 다르고 각 교회의 설립 연도에도 편차가 있지만 대체로 1980년대에 이르러 초대형 교회로서의 모습이 확연하게 나타났다. 이처럼 1980년대 들어 많은 초대형 교회가 등장하게 된 것은 교회 성장의 시대라는 영적인 이유도 있지만, 서울과 수도권의 메가로폴리스(megalopolis, 복합 대도시)의 형성과 교통통신의 발달 그리고 산업화와 경제성장의 결실에 힘입은 바 크다. 1980년대 나타난 한국교회의 성장은 단순히 교회 수와 교인 수의 증가만을 의미하지 않는다. 교회의 대형화를 의미한다. 1990년대 이후 신도 수 증가가 정체되어 갈 때도 수평 이동으로 대형 교회

---

19) 홍영기, 『한국 초대형 교회와 카리스마 리더십』(교회성장연구소, 2001), 65-75.

는 교회 규모에 있어서 꾸준히 성장했다. 그러다가 2000년대에 들어오면서 대형 교회의 성장도 멈추어진 상태이다.

전체적으로 볼 때 한국교회는 대형 교회라고 말할 수 있다. 30대 대형 교회에 소속된 성도의 수가 전체 교인의 30%가량 되며 한국교회 교인의 70퍼센트 정도가 신도 수 1,000명 이상 규모를 가진 교회에 소속된 성도이다. 따라서 한국교회 대다수 교역자는 소형 교회에서 일하고 있지만, 한국교회 평신도의 대다수는 대형 교회에서 신앙생활을 하고 있다.[20)

교회가 대형화되면 평신도들의 역할과 사역과 힘이 증가될 수밖에 없다. 대형 교회는 연간 교회 예산이 적게는 수십억 원에서 많게는 수백억 원에 이른다. 이 많은 예산의 주(主) 수입은 평신도의 헌금이다. 한국교회의 재정 수입은 국가의 지원이나 특별한 수익 사업에 의존하지 않고 대부분 평신도의 헌금에 의존하고 있다. 재정의 지출도 평신도들의 손에 의해 이루어진다. 물론 다수의 개척교회나 소형 교회의 경우, 교역자가 교회 예산의 집행에 관여하는 것이 사실이다. 그러나 자립조차 어려운 소형 교회에서 목회자가 교회 재정에 관여하는 것은 힘과 권력이 되기보다는 오히려 무거운 짐과 부담이 된다. 몇몇 교회를 제외하고는 중대형 교회의 경우 담임목사가 재정을 독점적으로 관리하는 일은 별로 없다. 한국교회 대다수는 평신도들이 교회 재정을 담당한다. 따라서 수십억 원 혹은 수백억 원의 재정을 움직이는 대형 교회의 경우, 재정과 관련된 평신도의 권한과 책임이 매우 커진다. 따라서 교회의 규모가 크고 재정의 규모

---

20) 김근수 외, 『지금, 한국의 종교』(메디치, 2016); 신광은, 『메가처치를 넘어서』(포이에마, 2015).

가 클수록 평신도 아마추어리즘 현상이 더 많이 나타날 수밖에 없다.

교회의 규모가 커지면 교회의 조직이 크고 복잡해질 수밖에 없다. 조직이 크고 복잡해지면 그 조직 관리를 교역자나 유급직 원에게만 맡길 수가 없다. 평신도가 조직의 운영과 관리에 상당 부분 관여하게 된다. 즉 크고 복잡한 교회조직 안에서는 교역자 혹은 직원의 프로페셔널리즘보다 평신도 아마추어리즘이 더 활성화된다. 교회의 규모가 커지면 행사와 활동도 증가한다. 교회 안에서 이루어지는 많은 행사와 활동이 잘 이루어지기 위해서는 평신도들의 참여와 수고가 절대적으로 필요하다. 교역자나 직원 들의 힘만으로는 그 일을 감당할 수 없다. 따라서 평신도 아마추 어리즘이 더욱 발전하게 된다.

1980년대 이후 한국교회는 대형화 추세가 뚜렷하게 나타났다. 교회의 대형화는 재정의 확대, 조직의 대규모화와 복잡화를 의미한다. 아울러 교회의 활동과 행사가 많아지고 다양해지는 것을 의미한다. 이것은 평신도의 참여와 활동의 증대를 가져온다. 더욱이 교회가 대형화되면 교회 일에 방관적인 성도들의 수가 늘어나게 된다. 그러면 교회의 핵심적인 평신도들의 교회 안에서의 비중, 부담, 책임감, 영향력 등이 커질 수밖에 없다. 교회의 대형화와 그에 따른 교회조직의 특징은 평신도 아마추어리즘 형성의 중요한 요소가 된다.

2. 리더십 이양과 평신도 아마추어리즘

평신도 아마추어리즘은 교역자 프로페셔널리즘과 대비되고 짝을 이루는 개념이다. 교회조직의 운영 관리는 교역자와 평신도의 협동적 작업이다. 이러한 협동이 원활하게 이루어지지 못하면 갈등과 혼란이 일어날 수 있다. 그러므로 평신도 아마추어리즘은 교역자 프로페셔널리즘과 맞물리면서 그 성격이 드러난다. 교회 성장의 시대와 교회 대형화의 시대에는 능력 있고 카리스마가 넘치는 대형 교회 목사가 등장하면서 교역자 프로페셔널리즘의 힘이 강했다. 교역자의 카리스마와 헌신에 의해 대형 교회로 성장한 교회는 조직의 규모가 커진다. 즉 성도 수, 교회 예산, 교회의 시설, 교회의 사업과 행사, 조직의 복잡성 등이 모두 커진다. 그에 따라 평신도 아마추어리즘도 함께 성장한다. 비록 평신도 아마추어리즘의 비중이 카리스마를 가진 개척 교역자의 프로페셔널리즘보다 작지만, 그 힘과 영역의 크기는 꾸준히 증가한다.

지금까지 이루어진 한국의 대형 교회에 대한 고찰은 주로 교역자 프로페셔널리즘 특히 담임목사의 카리스마적인 능력과 지도력에 맞추어져 있었다. 그리하여 대형 교회 성장의 과정에서 함께 나타난 평신도 아마추어리즘의 성장에는 상대적으로 관심을 기울이지 못했다. 그러나 성장 지체의 시대가 되면 교역자 프로페셔널리즘의 힘이 약화될 수밖에 없고(교역자의 카리스마나 영향력이 약해지고) 교회는 침체되며, 교회조직의 규모와 힘도 축소된다. 그에 따라 평신도 아마추어리즘의 힘도 어느 정도 약해진다. 그러나 교역자 프로페셔널리즘이 약해지는 정도가 평신도 아마추어리즘의 그것보다 훨씬 심하다. 그 결과 교회 전체에서 차지하는 힘과 영향력의 비중이 역전된다. 즉 성장시대와는 반대로 평신도 아마추어리즘의 비중이 교역자 프로페셔널리즘보다 커지게 된다.

2000년대 들어서면서 성장 지체의 시대가 도래하고 이와 아울러 대형 교회의 리더십이 다음 세대로 넘어가기 시작했다. 대형 교회의 리더십 이양은 교회 내외의 중요한 관심사이다. 그리고 리더십 이양과 관련하여 다양한 모습이 나타나고 있다. 리더십 이양의 과정에서 연착륙하는 교회도 있고 혼란을 겪는 교회도 있다.[21] 여기서는 리더십 이양과 평신도 아마추어리즘의 관계에 초점을 맞추어 살펴보겠다.

2000년대 들어 그동안 한국교회를 크게 성장시킨 담임목사 리더십이 이양되었고, 그에 따라 교역자 프로페셔널리즘은 약해지고 평신도 아마추어리즘은 강화되는 추세가 나타나고 있다. 이름만 대면 다 아는 조용기, 김삼환, 곽선희, 하용조, 옥한흠, 김창인, 김선도, 김홍도, 이동원, 정필도, 서임중, 나겸일 목사 등이 카리스마와 특별한 지도력으로 교회를 크게 부흥시켰다. 이런 과정에서 교역자 프로페셔널리즘이 강화되었지만, 평신도 아마추어리즘 역시 크게 상승하였다. 그리고 두 힘이 합해지면서 이들이 이끄는 교회는 초대형 교회로 성장할 수 있었다. 그러나 이들이 은퇴하거나 소천한 후 부흥이 정체되는 시대를 맞이하였다. 그리하여 이들의 뒤를 이은 교역자들의 프로페셔널리즘은 크게 약화되었고 평신도의 상대적인 교회안 영향력과 비중이 더 커졌다. 그리하여 여러 개별 대형 교회 안에서 평신도 아마추어리즘이 교역자 프로페셔널리즘보다 우위에 서는 시대가 도래하였다.

새로 부임한 담임목사는 교회를 성장시킨 전임(前任) 목사와 비교

---

21) 송영락, "한국교회 리더십 이양 유형과 형태 분석", 「기독교연합신문」 2006.04.19.; 노윤식, "한국교회 성장을 위한 '리더십 이양'에 대한 선교학적 고찰", 「복음과 선교」 28권 0호 (한국복음주의선교신학회, 2014.12).

118 | 제1부_ 평신도 아마추어리즘의 시대

할 때 카리스마가 약할 수밖에 없다. 물론 지위가 주는 카리스마가 없는 것은 아니지만 ① 개인적 자질, ② 성도들과의 결속감, ③ 교회 성장의 업적, ④ 담임목사 지위, 이 네 가지를 모두 갖춘 전임목사와 비교할 때 그 카리스마의 힘은 훨씬 떨어질 수밖에 없다. 더욱이 성장 지체의 시대를 맞이하여 부임한 후 시간이 흘러도 교회가 부흥하지 못하는 경우가 대부분이다. 반면에 후임 목사는 급여나 대우 면에서 혹은 공식적 지위의 측면에서 전임자가 누리던 것을 거의 그대로 승계하지만, 대형 교회를 일구어낸 전임자(원로목사)가 가진 희생과 헌신의 신화도 없다. 그 결과 목회자 프로페셔널리즘은 약화(弱化)되고 그 약화된 빈자리를 평신도 아마추어리즘이 차지하게 된다. 성장 지체의 시대에 리더십이 이양된 대다수 대형 교회는 평신도 아마추어리즘의 시대를 맞이하게 되었다.

3. 교회의 정치제도와 평신도 아마추어리즘

교회의 정치제도란 교회가 그리스도로부터 분부받은 임무와 사명을 수행하는 데 필요한 교회의 행정체제를 말한다.[22] 이러한 행정체제는 교단에 따라 다양한 형태를 띠고 있다. 현재에도 통용되는 중요한 직제를 보면 교황제, 감독제, 장로제, 회중제 등이다. 이러한 직제는 교회 정치의 기본 원리에 따라 구분한 것이다. 이러한 직제가 실제적으로 작동하는 모습은 교단, 국가, 시대에 따라 많은 차이

---

22) 이종성, 『교회론 (II)』 (대한기독교출판사, 1989), 115.

점을 보인다. 세계 교회의 다양한 직제와 변화의 모습을 모두 살펴
보는 것은 복잡하고 어려운 작업이다. 따라서 본서에서는 한국교회
의 경우를 중심으로 고찰하겠다. 그리고 직제의 성격을 평신도 아마
추어리즘과 관련하여 살펴보기 위해서 다음과 같은 측면에 초점을
맞추어 논의하겠다. ① 특정 지역교회에 교역자가 어떤 방식으로 부
임하고 이임하는가? ② 교회의 운영 관리에 평신도들이 어떤 방식으
로 참여하는가? ③ 교회 안에서 평신도가 가지는 직위는 무엇인가?
④ 평신도의 교회 안에서의 영향력(힘)이 어느 정도 되는가?

교황제는 천주교에서 볼 수 있는 직제로서 교회 체제가 교황을 정
점으로 한 견고한 성직자 위계(位階)의 형태를 띠고 있다. 교황제에
서는 특정 교회 신부(사제)의 임면권이 궁극적으로 교황에게 있으며
교황의 위임을 받아 각 관구의 주교가 실행한다. 평신도는 자기 교
회의 사제 부임과 관련해서 법적으로 아무런 권한이 없다. 그리고
천주교에서는 평신도에게 장로, 집사, 권사와 같은 교회의 직분이
주어지지 않는다. 임기가 정해진 평신도협의회나 사목회의 회장 혹
은 임원이 있을 뿐이다. 미국 천주교의 경우 '평신도 교회직무자'(lay
ecclesial minister) 제도가 있다. "평신도 교회 직무자는 공식적인 인
준의 과정을 거쳐서 선발되고 파견된다. 인준의 과정은 대체적으로
개별적인 부르심, 교회의 식별, 직무를 수행하기 위한 적절한 양성
과정 수료, 교구장 주교의 인준, 직무를 수임하는 전례예식의 형태
로 구성된다."[23] 그러나 한국천주교의 경우, 평신도가 특별한 훈련
과정과 인준을 거쳐 교회의 지도자가 되는 '평신도 교회직무자' 제도

---

23) 정희완, "향후 교회의 변화와 평신도의 역할 (II)", 「평신도」 (2016년 겨울호), 15-16.

조차 없다. 교황제를 채택한 천주교에서는 교역자들이 교회의 모든 것을 운영하고 지배한다. 따라서 평신도의 지위나 역할은 개신교에 비해 훨씬 약한 편이다. 평신도는 교역자에게 배움을 받고, 그 말씀을 듣고 복종하고 협조하는 일을 할 뿐이다.[24] 물론 천주교에서도 평신도의 역할과 기능 그 중요성에 대한 논의가 많은 것은 사실이다. 그러나 개신교와 비교할 때 천주교에서는 평신도의 기능과 영향력이 교역자(성직자) 이상으로 성장하는 평신도 아마추어리즘은 나타나지 않는다.

감독제는 영국성공회, 미국의 감독교회, 감리교회, 루터교회 등에서 따르는 교회 정치제도이다. 감독은 교회의 사도성을 보수(保受)하는 자로서 사도들로부터 받은 은사를 보유하고 있다. 감독은 사도적 은사를 사제(혹은 목사)들에게 위임하여 그들로 하여금 교회를 이끌어 가도록 한다. 근본 원리에 있어서 감독제와 교황제는 비슷하지만, 복수의 감독이 가능하다는 점에서 1인 교황제와 차이가 있다.[25] 한국교회 가운데 감독제를 행하는 교단은 성공회이다. 한국 성공회 관구는 3개의 교구로 이루어지며 각 교구에 주교(감독)가 있다. 주교는 예하(隷下) 지역교회의 사제 및 부제 인사권을 가지고 있다. 성공회의 평신도에게는 일반 개신교에서 볼 수 있는 장로, 집사, 권사와 같은 평신도 직제가 주어지지 않는다. 그러나 '교회위원회'라는 공식적인 기구가 있어서 선거로 선출된 2년 임기의 교회위원들이 사제와 함께 교회의 행정(운영, 관리)에 참여한다. 또한, 평신도가 교구 및 관구 대의원이 되면 교구나 관구의 행정에도 참여할 수 있다. 이런

---

24) 이종성,『교회론 (II)』, 118.
25) 이종성,『교회론 (II)』, 119-122.

점에서 볼 때 감독제를 따르는 한국의 성공회의 경우, 의회제를 채택한 한국장로교보다는 평신도의 조직력과 힘이 약하지만, 천주교의 평신도와 비교할 때 제도적으로나 실제적으로나 힘과 영향력이 크다.

한국의 감리교는 제도상으로는 감독이 있는 감독제이다. 그러나 실제로는 감독제의 특성이 많이 약화되어 있다. 감독에게 지역교회 목회자 파송권이 있지만, 이것은 형식적인 성격이 강하다. 실질적으로는 "교회구역 인사위원회" 2/3의 의결이 이루어지면 감독은 특별한 이유가 없는 한 담임목사를 파송한다. 따라서 지역교회 담임목사의 경우 장로교와 마찬가지로 청빙제에 가깝다. 성공회의 주교는 65세 정년까지 주교직을 수행하지만, 감리교의 감독은 2년 임기, 감독회장은 4년 임기이다. 그리고 감독은 연회마다 1명씩 선출되어 현재 11명의 감독이 시무하고 있다.[26] 한국 감리교의 감독과 감독 회장은 장로교의 노회장이나 총회장에 비해 임기가 길지만, 그 역할과 권한에는 큰 차이가 없다. 또한 한국의 감리교에는 장로, 권사, 집사 등 평신도 직제가 있으며 그 사역은 장로교와 별반 차이가 없다. 따라서 한국의 감리교는 감독제이지만 실질적으로 장로교 체제와 유사한 점이 더 많다. 따라서 한국의 감독제 감리교에서도 평신도 아마추어리즘이 많이 나타나고 있다.

장로제 혹은 의회제 정치제도는 장로교 정치제도로서 한국의 가장 일반적인 교회 정치체제이다. 장로교 정치체제는 당회, 노회, 총회라는 3단계 치리 기관으로 이루어진다. 이 치리 기관은 개별 교회(당회), 일정 지역 교회(노회), 나라 전체 교회(총회)를 운

---

26) 김홍기, "감리교 교회의 직제", 『제10회 바른교회아카데미 연구위원회 세미나 자료집』 (2011).

영하고 관리하는 데 필요한 입법, 사법, 행정 기능을 다 가지고 있다. 교황제나 감독제 교회의 경우 교황 혹은 감독(주교)이라는 성직자의 직분에 권위가 집중되어 있다면, 의회제 장로제에는 당회, 노회, 총회라는 회의체에 권위가 집중되어 있다. 장로교회 치리 기관은 목사와 평신도인 장로로 구성된다. 그 구성 비율이 당회의 경우 장로가 많고, 노회의 경우 목사가 많으며, 총회는 목사와 장로의 구성 비율이 동일하다. 장로교 평신도에게는 장로, 집사, 권사 등과 같은 직분이 있으며, 이 직분은 교역자가 임명하는 것이 아니라 선거를 통해 선출된다. 그리고 임기는 70세 은퇴할 때까지 계속되는 종신직이다. 특정 교회 담임목사의 부임은 형식상으로는 노회의 위임으로 이루어지지만, 실제적으로는 개별 교회의 청빙에 의해 이루어진다.[27] 이처럼 장로교의 정치제도는 치리 기관(회의체)에 권한이 집중되어 있고, 개별교회의 경우 그 치리 기관인 당회에 종신직 평신도 장로가 다수를 차지하는 구조이다. 따라서 교회 안에서 평신도의 권한과 기능이 커지는 평신도 아마추어리즘이 다른 정치구조보다 훨씬 강하게 나타난다.

회중제 정치체제는 회중교회(조합교회), 침례교회, 미국의 그리스도 교회, 형제단 교회 등에서 볼 수 있는 교회 조직체제이다. 회중제를 택하는 교회는 개별교회의 자치권과 자유를 매우 중시한다. 따라서 교황제를 부정하는 것은 말할 것도 없고 개별교회 위에서 권위를 행사하는 감독이나 주교, 국가의 왕, 상위 기관(장로교의 노회나 총회 등)의 권위도 인정하지 않는다. 회중제 교회는 개별교회 중심의 자유 교회이고 자치 교회이다. 교역자도 개별교회에서 세운다. 장로교

---

27) 손병호, 『장로교회론』(그리인, 1993), 6장, 8장.

와 같이 노회에서 안수받은 목사를 교회의 심의에 의해 청빙하는 것이 아니라 개별교회에서 목사를 자체적으로 세울 수 있다. 위계적인 교회조직을 거부하는 회중제 교회에서는 평신도에게도 장로의 직분을 주지 않고 집사의 직분만 준다. 교회의 모든 행정은 평신도 회의를 통해서 이루어진다. 회중제 정치는 직접 민주주의 형태와 유사하다. 회중제 체제 아래 있는 침례교의 경우 교회 행정의 중심은 '사무처리회'이다. 사무처리회는 회중 모두의 회의체로서 교회 내의 중요한 결정이 최종적으로 이루어지는 기관이다. '교회협의회'는 교회의 사역 방향과 활동을 기획, 감독, 평가하는 일을 감당하는 임원회의 성격을 띤다. '교회위원회'는 교육, 선교, 행정, 재정 등 교회에서 행해지는 다양한 사역들을 실행하는 부서이다.[28] 회중제 교회의 경우 목사를 세울 수 있는 권한이 지역교회의 평신도들에게 있으며, 교회 안의 모든 회의에 평신도들이 참여한다는 점에서 평신도 아마추어리즘이 가장 강하게 나타날 수 있는 교회이다. 그러나 평신도 장로가 없으므로 평신도들의 힘과 조직력이 분산되어 있다. 따라서 장로가 조직화되어 있는 장로교와 비교할 때 평신도 아마추어리즘이 약한 경우가 더 많다.

4. 개교회주의와 평신도 아마추어리즘

한국교회 조직의 운영원리는 개(個)교회주의이다. 그리고 개교회

---

28) 박영철, "침례회 교회협의회의 구성과 운영"(1)(2)(3)(4), 「침례신문」 2013년 3월.

주의는 한국교회 평신도 아마추어리즘을 형성하는 중요한 요인이 되고 있다. 개교회주의란 "교회가 그 목표를 설정하고 활동을 전개하며 교회 내의 인적, 물질적 자원을 사용하는 데 있어서 개별교회 내부의 문제 특별히 개별교회의 유지와 확장에 최우선권을 부여하는 태도와 방침"을 말한다.[29] 모든 조직은 유지의 메커니즘과 목적성취의 메커니즘이 함께 작용한다. 조직은 특정한 목적을 위해서 처음 만들어지지만 일단 만들어진 조직은 조직 자체의 유지에 일차적인 관심을 기울이게 된다.[30] 한국교회의 개교회주의는 종교자유와 정교분리의 사회에서 교회가 그 조직을 유지하기 위한 수단으로 나온 것이다. 한국교회는 유럽의 교회와 같은 국가교회가 아니며, 가톨릭과 같은 세계적인 조직망과 연결되어 있지도 않다. 교단 조직도 약한 편이다. 감독제를 채택하는 감리교회조차도 형식적인 감독제이며, 장로교의 노회, 총회 역시 견고하지 못하다. 한국교회는 대부분 개교회에서 목사를 청빙하며, 개교회에서 나온 헌금으로 목사의 생활비를 지급하고 교회의 운영과 관리에 필요한 비용을 마련한다.

한국교회의 개교회주의는 일차적으로 교회 구조에서 나온 것이다. 종교자유가 무제한으로 보장되는 한국 사회에서 교회의 설립은 매우 자유롭다. 그러나 정교분리의 원칙에 따라 국가로부터 교회는 아무런 재정적 도움을 받을 수 없다. 교회는 그 구성원들이 책임지는 철저한 자원단체(voluntary association)로서의 성격을 띤다. 자원단체는 그 구성원들의 회비(헌금)로 운영된다. 자원단체로서의 성격이 강한 한국교회는 교인들의 헌금에 의해 운영된다. 목회자들은 교

---

29) 노치준, "한국교회 운영의 원리: 개교회주의", 『한국의 교회조직』 (민영사, 1995), 32.
30) 송복, 『조직과 권력』 (전예원, 1980), 46-60.

인들의 헌금에 의존하여 생활한다. 따라서 개교회주의가 강한 한국교회에서는 교회의 유지와 관리, 교역자의 급여 등에 필요한 재정을 절대적으로 평신도에게 의존한다. 일정 수 이상의 평신도와 그들이 내는 헌금이 없으면 교회 자체의 존속이 불가능하다. 가정을 이루는 개신교 목사의 경우 불교의 승려나 천주교의 신부에 비해서 더 많은 생활비가 필요하다. 따라서 목사는 승려나 신부에 비해 재정적으로 평신도의 헌금에 더 많이 의존할 수밖에 없다. 교회 건축에 필요한 재정이나 교회 시설의 관리 운영비 역시 개별교회 평신도의 헌금에서 나온다. 따라서 한국교회 평신도들의 헌금 액수는 불교나 천주교 신도들과 비교할 때 가장 높은 수준이다. 2017년 조사에 따르면 종교별 신도 1인당 월평균 헌금 액수가 개신교 175,700원, 불교 58,000원, 천주교 78,000원으로, 개신교 신도의 헌금 액수가 타종교 신도의 그것보다 2~3배에 이르고 있다.[31]

개교회주의 원리가 작용하는 한국교회는 조직 운영과 관리의 비용을 해당 교회 평신도의 헌금에 주로 의존한다. 교역자의 청빙도 개별교회 평신도에 의해 이루어진다. 그리고 가정을 가진 개신교 교역자는 타종교 교역자보다 더 많은 생활비가 필요하므로 재정적으로 평신도에게 더 많이 의존할 수밖에 없다. 이러한 여러 가지 이유로 개신교의 개별교회 안에서 평신도 아마추어리즘이 타 종교에 비해 더 많이 나타나게 되었다.

---

[31] 한국기독교 목회자 협의회, 『한국기독교 분석 리포트』 (URD, 2018), 117.

한국의 개별 지역교회에 초점을 맞추어 그 행위자를 구분하면, 크게 교역자와 평신도로 나눌 수 있다. 또한 교역자는 담임목사, 부목사, 전도사로 구분되며 평신도는 장로, 권사와 집사, 일반 성인(成人)성도, 청년, 학생, 어린이 등으로 구분된다. 이렇게 구분되는 행위의 주체가 가지고 있는 이해관계나 관심은 상황과 사안에 따라 같아지기도 하고 달라지기도 한다. 개별교회 안에서 이루어지는 다양한 조직 메커니즘 즉 의사결정, 영향력, 자원 배분, 리더십 등과 관련해서는 목사(특별히 담임목사)와 장로가 가장 중요한 주체가 된다. 그러므로 평신도 아마추어리즘의 시각에서 한국교회의 조직구조와 조직행위를 이해하고 교회개혁의 방향을 탐구하기 위해서는 목사와 장로의 직분에 대한 이해가 필수적이다. 제2부에서는 목사와 관련해서 교역자 프로페셔널리즘의 위기, 목사의 도덕성 문제, 교역자 수급의 열쇠를 쥐고 있는 신학대학원 문제를 살펴보겠다. 그리고 장로와 관련해서는 당회 제도의 개혁에 초점을 맞추어 논의를 진행하겠다.

6장
교역자 프로페셔널리즘의 위기

평신도 아마추어리즘과 교역자 프로페셔널리즘의 관계는 동전의 양면과 같다. 앞서 논의한 바와 같이 평신도의 사역은 비직업적 성격을 띠지만 교역자의 사역은 직업(생업)적 성격을 띤다. 따라서 교역자는 자신의 책무에 대해서 직업적 책임을 져야만 한다. 교역자는 교회 대표와 지도자로서 평신도가 가지지 못한 권한과 책임이 있다. 교역자는 평신도와 달리 정해진 교육 및 훈련 기간을 거쳐야 하고 목사 고시 합격 및 목사 안수와 같은 자격 조건을 구비해야 그 직을 얻을 수 있다. 평신도는 자신이 원하면 특정 교회에서 일평생 신앙생활을 할 수 있는 데 비해 교역자에게는 사역의 기간이 정해져 있다. 교회에서 교역자에게 기대하는 신앙, 인격, 열심, 전문성 등의 수준은 평신도의 그것보다 훨씬 높다. 교회 안에서 교역자의 수는 평신도의 수보다 훨씬 적다.

이상과 같이 교역자와 평신도는 서로 다른 위치에서 함께 교회를 섬기기 때문에 교역자 프로페셔널리즘과 평신도 아마추어리즘은 서로가 영향을 주면서 협력과 견제, 평화와 갈등, 독립과 의존, 결속과 이완 등 다양한 관계들이 나타나게 된다. 근육의 길항(拮抗)작용처럼 둘 사이의 관계가 균형을 이룰 때 건강한 교회를 이룰 수 있다. 그러나 균형이 깨어지면서 한쪽으로 치우치면 교회 공동체는 어려움을 당하고 하나님 나라의 확장은 지체될 수밖에 없다. 최근 들어 한국교회는 교역자 프로페셔널리즘은 약화되고 평신도 아마추어리즘이 강화되는 추세이다. 그리하여 둘 사이의 균형이 깨지면서 한국교회는 위기에 봉착하고 있다. 본장(本章)에서는 교역자 프로페셔널리즘이 어떤 측면에서 약화되고 있는가를 살펴보겠다.

1. 교역직의 지위 저하

1980년대 이후 한국교회 더 나아가서 한국종교 전반에 걸쳐 교역직(教役職, 성직)의 전문직으로의 지위가 현저하게 약화되는 모습이 나타나고 있다. 유럽의 국가교회나 미국의 주류 교회들의 경우 전통적으로 목사의 직분이 전문직에 포함되었다. 즉 서양의 역사 속에서 대표적인 3대 전문직을 든다면 의사, 법조인, 사제(목사)였다. 현재까지 서구사회나 우리나라를 막론하고 의사와 법조인의 직업은 전문직으로서의 위치가 견고하다. 의사나 법조인은 국가의 엄격한 통제와 감독을 받는 공적(公的) 영역에서 활동한다. 그래서 의사나 법조인이 되는 과정과 자격을 국가가 법으로 정해 놓았다. 의사나 법조인이 되려면 국가에서 발급하는 면허증이나 자격증, 임용장이 있어야 한다. 그리고 이러한 자격 요건이 엄격할 뿐 아니라 자격을 갖추지 않은 사람의 의료행위 혹은 법률행위는 법으로 금지된다. 시대

변화에 따라 우리 사회의 전통적인 전문직의 지위가 많이 떨어졌다고 한다.[1] 그러나 목사의 지위는 훨씬 더 많이 떨어졌다.

세속화의 과정을 겪고 있는 서구사회나 비기독교 사회인 우리나라의 경우, 목사 혹은 종교인의 자격을 국가가 법으로 정하지 않는다. 종단(宗團) 혹은 개별 종교단체(교회)에서 정한다. 목사(혹은 종교인)의 경우는 의사, 변호사, 약사, 교수(사) 등의 전문직과 비교할 때 그 자격 요건이 국가적으로 표준화되어 있지 않고 그 수준도 높지 않은 편이다. 한국교회의 경우 어떤 교단에서 어느 과정을 거치든 목사 안수만 받으면 목사로서 일할 수 있다. 종교나 신앙 활동을 사적인 영역으로 여기는 세속화된 사회에서 목사의 직분을 얻거나 목사의 사역 수행과 관련하여 국가는 아무런 제한이나 통제를 하지 않는다. 제한이나 통제를 하지 않기 때문에 또한 국가에서 그 직을 법적으로 보호하지도 않는다. 의사나 변호사 혹은 교사 등과 같이 국가에서 그 직과 관련한 제한과 통제를 하는 직은 또한 국가에서 법으로 보호해준다. 그 자격을 갖추지 못한 사람이 함부로 의사나 변호사 혹은 교사의 이름을 사칭(詐稱)하지 못하도록 하며 그러한 행동을 했을 때는 법에 따라 제재를 한다.

그러나 목사의 경우 그 자격 취득과 관련하여 국가의 제한이나 통제가 없을 뿐 아니라 또한 그 직무 수행을 보호하는 어떤 법적인 장치도 없다. 따라서 목사는 한국 사회에서 전문직의 지위를 가지지 못하고 있다. 이러한 사회적 상황의 영향을 받아 교회 안에서도 목사의 전문성에 대한 평신도의 인식이 점점 약해지고 있다. 예를 들

---

[1] 이창균, "위상 떨어지는 '사자 전문직'", 「이코노미스트」 1480호 (2019.04.22.).

어 우리 사회에서 그 누구도 의사가 수술하는 것과 판사가 판결하는 것에 대해서 이의를 제기하지 않는다. 그리고 아무리 똑똑한 사람도 자신이 직접 수술을 하거나 재판을 하려고 하지 않는다. 또 그런 행위를 했을 경우 법의 제재를 받는다. 그러나 전문직으로서의 특수한 기능을 사회적으로 인정받지 못하는 목사직의 경우, 평신도들에 의해 계속 도전을 받고 있다. 평신도가 목사의 허락이나 지도 없이 설교하고 은사를 행하며 교회의 행정과 재정의 일을 처리하는 경우가 많이 나타난다. 법적으로 목회자는 전문직에 속하지 못하며 목회자의 전문성에 대한 관습적인 태도도 많이 변하고 있다. 이러한 상황적 조건이 1980년대 이후 한국교회 교역자 프로페셔널리즘의 약화를 가져왔고 그것은 반대로 평신도 아마추어리즘의 강화를 초래했다.

2. 교역자의 양산

한국교회 교역자의 수는 해마다 늘어나고 있다. 한국교회 교역자 수의 변화를 보면 1945년 5,923명(신도수: 459,721명)에서 1985년 40,717명(신도수 6,489,282)으로 증가하였고[2] 2015년에는 98,305명(신도수 9,675,761명)으로 증가하였다.[3] 해방 후부터 1985년까지 교역자 수는 6.9배 증가하였고 신도 수는 14.1배 늘어났다. 1985년에서 2015년까지의 기간에는 교역자 수는 2.4배 증가하였고 신도 수는 1.5배

---

[2] 노치준, "한국교회 조직과 타종교 조직의 비교", 『한국의 교회조직』 (민영사, 1995) 71.
[3] 한국학중앙연구원, 『2018년 한국의 종교현황』 (문화체육관광부, 2018), 99-105, 108-116, 119.

증가하였다. 통계의 출처와 내용을 잘 살펴보면 2015년 교역자 수 가운데는 누락 된 부분이 많다. 따라서 실제 교역자 수의 증가는 1985년에 비해 3배 이상 늘어난 것으로 보아야 한다. 그리고 신도 수 통계의 경우, 성도로서의 정체성은 가지고 있지만 교회에는 나오지 않는 '가나안 교인'과 이단에 속한 사람들을 제외하면 실제는 1.0배 혹은 마이너스 성장을 보여준다고 할 수 있다. 이렇게 놓고 볼 때, 1985년에서 2015년 사이 교역자 수의 증가가 신도 수 증가보다 3배 이상 많은 것으로 추정할 수 있다. 1985년 교역자 1인당 성도 수는 159명 정도 되고 2015년 교역자 1인당 성도 수는 98명 정도 된다. (다른 교단에 비해 허수가 덜한 대한예수교장로회 통합 측의 통계를 보면 2018년 말 현재 성도 수 2,554,227명이며 교역자 수는 목사와 전도사 합하여 27,270명으로 교역자 1인당 성도 수는 94명 정도 된다.)

통계의 왜곡을 어느 정도 보정해서 추정하면, 2018년 현재 교역자 1인당 성도 수는 많이 잡으면 70~80명, 적게 잡으면 50~60명까지 떨어질 수 있다. 여기에는 해외선교사 수가 포함되지 않았다. 2017년 현재 해외선교사가 27,436명으로 집계되었다. 이 수까지 포함해서 추정하면 한국교회 교역자 1인당 성도 수는 50명 이하로 떨어지게 될 것이다. 또한 타종교의 교역자 통계를 보면, 2018년 현재 천주교 신부 1인당 신도 수가 732명이며, 불교 승려 1인당 신도 수는 207명 정도 된다. 교역자 1인당 신도 수 기준으로 타 종교와 비교하면, 개신교 교역자 수는 불교보다 2~4배 많고 천주교보다는 7~15배 많다. 한국교회 교역자 수를 신도 수와 비례하여 추정할 때 또 하나 생각 해야 할 것이 있다. 그것은 교역자의 배치 문제이다. 한국 교인의 70% 가까이는 재적 1,000명 이상의 대형 교회에 출석하고 있다. 대형 교회의 경우 목회자 1인당 성도 수가 적게는 200~300명, 많게는 500~600명가량 된다. 이것을 염두에 두고 추정하면, 대형 교회에 속하지 않은 소형 교회 교역자의 경우, 교역자 1인당 성도 수가 30명 이하로 떨어질 수 있다.

사람이든 물건이든 흔해지면 천(賤)해지는 법이다. 한국교회의 경우, 성도 수는 늘지 않는데 교역자 수는 계속 늘고 있다. 어느 정도 규모 있는 교회에서 교역자 청빙 공고를 내면 수십 통의 청빙 원서가 들어간다. 교역자는 많은데 임지는 적으므로 부목사와 전도사 자리 구하기도 어렵다. 임지가 없는 목사가 선택할 수밖에 없는 길이 교회 개척이기에 개척교회는 해마다 늘어나고 있다. 그러나 개척된 교회가 자립하는 경우는 많지 않고 장기간 미자립 상태에 머무는 경우가 다반사이다. 1990년대에 정점에 이른 후 성장이 정체된 현재의 한국교회 교역자는 신도 수와 사역지(事役地)에 비하여 너무 많은 상황이다. 그 결과 교역자가 임지를 선택하는 것이 아니라 평신도가 교역자를 선택한다. 그 과정에서 교역자들끼리 경쟁하고 살아남기 위해서 평신도의 눈치를 보게 된다. 그리하여 평신도의 힘과 영향력이 교역자의 지도력을 넘어서는 평신도 아마추어리즘 현상이 널리 나타나게 되었다.

3. 세속화와 교역자의 정체성 약화

1980년대 이후 한국교회에 나타난 중요한 변화 가운데 하나가 세속화 현상이다. 세속화란 사회제도와 가치가 신앙에서 멀어지고 분리되고 독립적으로 되며, 세속적 가치가 영적·종교적 가치보다 우위에 서는 것을 말한다. 세속화는 어느 사회, 어느 시대를 막론하고 일어나는 현상이며 또한 그 반대의 성화(sacralization) 역시 자주 일어나는 현상이다. 근대사회의 형성과 과학적 세계관의 유포, 경제성장과 물질적 풍요는 세속화를 촉진하는 대표적인 요인들이다.[4] 한국교회의 경우 1980년대 이후 경제성장, 번영 신학, 물량주의 등이 등장하면서 세속화의 물결에 급속하게 휩쓸리게 되었다. 그 결과 절대자 하나님, 구원자 예수 그리스도, 보혜사 성령에 대한 신앙이 약해졌다. 성도들도 현세주의적 가치에 동조하고 있으며 내세와 초월적 가치에 대한 관심과 믿음이 약해졌다. 거룩함에 대한 감각이나 관심이 현저하게 약화되는 비성화(非聖化, desacralization) 현상이 나타났다. 최근 한국교회의 핵심적인 쟁점이 되는 담임목사직 세습과 같은 교회의 사사화(私事化) 현상 역시 교회 내부의 세속화의 한 단면이다.

1980년대 이후 교회 안에서 두드러지게 나타난 세속화는 평신도뿐만 아니라 교역자에게도 큰 영향을 미쳤다. 즉 전통적인 교역자 상(像)이 무너지고 세속화에 부응하는 새로운 교역자 상이 나타났다. 전통적인 교역자 상은 말씀을 전하는 설교자였다. 그러나 세속화에 영향을 받은 새로운 목회자 상은 연예인이다. 말씀을 깊이 묵상하면서 하나님의 음성을 듣고 진지하게 말씀을 전하는 설교자의 모습이 점점 약해졌다. 화려한 언어, 뛰어난 말솜씨, 감동적인 표정과 몸짓, 마음을 움직이는 노래 솜씨 등이 목회자에게 더 필요한 요

---

4) 이원규, 『종교의 세속화』(대한기독교출판사, 1987).

소가 되었다. 세속화에 의해 교역자는 설교자에서 예배기획가 혹은 연예인으로 그 정체성이 변하게 되었다.

세속화는 교역자를 목회자가 아닌 교회 행정가 혹은 경영자로 만들었다. 교회의 규모가 작고 교회에서 이루어지는 사역이 단순할 때는 교역자의 주 업무가 목회 업무가 된다. 그러나 교회의 규모가 커지고 예산이 늘어나며, 교회의 사역이 증가하고 복잡해지면 교역자의 주 업무가 목회에서 행정이나 경영으로 바뀌게 된다. 교회의 조직은 점점 기업체를 닮아가게 된다.[5] 교회의 규모가 커지면 커질수록 교역자에게 돌아오는 세속적인 부와 위신(prestige)도 커지게 된다. 그래서 교역자들은 큰 교회 목사로 청빙 받기를 원하고 큰 교회를 만들려고 한다. 그리고 교회의 규모가 커지면 커질수록 목회 업무보다 행정이나 경영의 업무가 더 중요해진다. 교회의 존속과 발전 여부가 목회 업무보다는 행정이나 경영 업무에 의해서 더 많이 결정되기 때문이다. 더욱이 일정 규모 이상으로 교회가 커지면 전체 교인을 대상으로 한 직접적인 목회가 불가능해진다. 그래서 목회를 부목사나 전도사에게 맡기고 담임목사는 부교역자를 관리하는 행정가가 된다. 세속화와 교회의 대형화 물결 속에서 담임 교역자의 목회자로서의 모습은 점점 희미해지고 있다. 반면에 교회 행정가, 경영자, 관리자의 모습이 더 많이 나타나게 되었다.

교역자의 모습이 연예인, 행정가, 경영자, 관리자의 모습으로 변해 가면서 그 성품, 재능, 관심, 훈련 등의 모습도 변하게 되었다. 기도와 말씀의 훈련보다는 컴퓨터와 인터넷 사용 능력과 업무 기획 능

---

5) 더글러스 웹스터/오현미 역,『기업을 닮아가는 교회』(기독교문사, 1995).

력을 기르는 일에 더 많은 관심을 기울이게 되었다. 성도들의 영적 상태를 진단하고 거룩한 모습으로 변화시키는 일에 관심 기울이기보다는 성도들에 대한 정보를 얻어 그것을 교회 운영과 관리에 어떻게 사용할 수 있을지에 더 관심을 기울이게 되었다. 평신도 지도자인 장로나 권사들과 함께 거룩한 하나님 나라를 세워나가며 성도들을 섬기는 일에 관한 관심이 약해졌다. 반대로 그들의 눈치를 보고, 그들과 개인적인 관계를 돈독히 하므로 자신의 자리를 견고하게 지키는 일에 더 관심을 기울이게 되었다. 목사가 기도하고 말씀 묵상하는 일보다 힘 있는 평신도의 개인적인 일을 챙기는 데 더 많은 시간과 관심을 기울이게 되었다.

세속화의 결과, 교역자는 설교자와 목회자의 모습을 점점 잃어가고 세속적인 조직의 지도자와 관리자의 모습으로 변해 가는 것, 이것이 교역자 프로페셔널리즘의 위기이다. 더 나아가 한국교회와 한국 사회의 위기이기도 하다. 교역자가 설교자나 목회자로서의 영적인 권위를 상실하면 교역자의 직분은 밥벌이의 수단이 되고 교회조직 관리를 맡은 직원(staff)이 된다. 종교 개혁가는 세상의 직업도 거룩한 성직이 되는 하나님 나라를 꿈꾸고 소망하였다. 그러나 세속화의 파도에 휩쓸린 우리 시대에는 거룩한 성직의 마지막 보루인 교역자의 직(職)까지도 세상의 직업과 똑같은 모습으로 변하고 말았다. 이것이 우리 시대 교역자 프로페셔널리즘의 위기이자 교회의 위기이다.

4. 교역자 지도력의 위기

한국교회의 교역자는 전문직 지위 상실, 신학교의 난립에 따른 교역자의 과잉 배출, 세속화에 따른 교역자의 정체성 위기, 도덕성의 저하 등이 나타난 결과 심각한 지도력의 위기를 경험하고 있다. 교역자들은 초창기 한국교회가 보여주었던 사회적인 지도력을 잃어버렸다. (3.1운동 당시 독립선언서에 서명한 33인 가운데 16명이 그리스도인이었고 그 가운데 10명이 목사 혹은 전도사였다.)[6] 아울러 교회 안에서도 지도력을 잃어버리게 되었다. 세상 사람이 목사를 존경하고 인정하지 않을 뿐 아니라 교회 안에서도 목사에 대한 존경과 인정이 점점 낮아지고 있다.

한국교회의 절대다수를 차지하는 소형 교회 목회자는 사회 지도자로서 책임감과 자부심을 잃었을 뿐 아니라 경제적으로도 하층의 자리에 있다. 대학원 이상의 학력과 목사라는 사회적 지위와 비교해서 현저하게 차이 나는 경제적 지위는 사회학에서 말하는 지위 불일치(status inconsistancy) 현상을 가져올 수 있다. 자립하지 못하는 개척교회 목사, 지역사회의 특성과 인구구조의 변화로 성장하기 어려운 소형 농어촌 교회 목사 등은 사회적인 무능력자 혹은 부적응자처럼 여겨지면서 지도자로서의 위치가 흔들리고 있다. 사회에서뿐 아니라 교회 안에서도 소형 교회 목사를 영적 지도자로서 인정하고 존중하는 것이 아니라 가볍게 여긴다. 평신도들 가운데 어떤 이들은 교역자를 가볍게 생각하고 하인 부리듯 하려고 한다. 장로교 통합

---

6) 노치준, 『일제하 한국기독교 민족운동 연구』(한국기독교 역사연구소, 1993), 218-220.

측 통계에 따르면, 2018년 현재 전체 9,190교회 가운데 6,109교회 (66.5%)가 100명 이하의 신도를 가진 교회이다. 한국교회의 절대다수는 100명 이하의 소형 교회이며 그 교회의 목회자는 설사 담임목사라 해도 지도자로서의 존경과 대우를 받지 못하고 있다.

반면에 재적 신도 1,000명 이상의 대형 교회(전체 교회 수의 약 5%) 목사는 내부적으로 지도력에 대한 도전을 받고 있다. 대형 교회 담임목사의 경우 급여의 수준이나 사회적인 지위 등에 있어서 비교적 좋은 대우를 받고 있다. 그런데 문제는 이러한 대우에 대해서 불만족을 표하는 성도들이 자꾸 늘어나고 있다는 것이다. 대형 교회 목사의 전문성(설교의 능력) 혹은 사역(목회와 교회 운영)에 대한 평가의 척도가 점점 높아지고 있다. 비슷한 수준의 지위를 가진 다른 직종들(의사, 변호사, 교수, 고위직 공무원, 회사 중역 등)과 비교할 때 대형 교회 담임목사의 헌신, 능력, 도덕성 등이 떨어진다고 생각한다. 예전에는 성도들이 '주의 종을 잘 섬기면 복을 받는다'는 생각으로 교역자를 잘 섬기는 것을 기쁘고 자랑스럽게 생각했다. 그러나 현재의 성도들에게는 이러한 생각이 점점 사라지고 있다. 교회를 성장시켜 대형 교회를 만든 목회자가 아닌, 청빙에 의해 세워진 대형 교회 담임목사에 대해서는 그 정도가 더욱 심하다.

대형 교회 평신도들은 자신들이 헌신하여 성장시켜 놓은 교회에 청빙되어 들어온 담임목사에 대해서 늘 비판적인 시각을 가지고 있다. 그에게 대형 교회 담임목사로서의 자격과 능력이 있음을 보여 달라고 요구한다. 이러한 요구에 가장 쉽게 부응하는 방법은 교회를 성장시키는 것이다. 그러나 대다수 대형 교회는 성장의 한계에 이른 교회이다. 여간한 능력과 은사를 가진 목사가 아니면 대형 교회를 부흥시키는 것은 쉬운 일이 아니다. 더욱이 2000년대 들어 뚜렷이 드러난 저성장 혹은 성장감소의 시대를 맞이하여 이미 성장의 한계에 부딪힌 대형 교회를 부흥·성장시키는 일은 더욱 어려운 일이다. 그리하여 청빙된 목사의 경우 애써 수고하여도 성도 수가 늘지 않거나 반대로 줄어들게 되는데, 그러면 그 지도력은 심각하게 도전을 받게 된다.

대형 교회에 청빙된 목사는 교회를 성장시킨 전임(前任) 목사(은퇴한 원로목사)와 항상 비교를 당하게 된다. 성장에 유리한 사회적·교회적 상황에서 특별한 카리스마·은사·능력을 행사하며 교회를 이끌어 크게 부흥시킨 전임 목사와 비교하여 당당히 설 수 있는 후임 목사는 많지 않다. (한경직, 조용기, 옥한흠, 하용조 목사 등과 비교하여 당당히 설 수 있는 후임 목사가 얼마나 되겠는가! 교회조직론과 리더십 이론의 관점에서 보면 이러한 비교 자체가 불합리한 일이다.) 더욱이 전임 목사가 원로목사라는 이름으로 교회에 남아있으면서 이런저런 방식으로 영향력을 행사하면 청빙된 후임 목사의 지도력은 더욱 불안정할 수밖에 없다.

연간 예산이 수십억 수백억 원에 이르며 여러 산하(傘下) 기관을 가지고 사업을 하는 대형 교회의 경우 기득권을 가진 평신도 그룹이 있다. 교회의 성장에 기여한 이들 평신도 그룹은 장로·권사와 같은 교회의 중요한 직분을 가지고 있으며 또한 중요한 직책을 돌아가면서 맡는다. 대형 교회를 형성하는 데 크게 공헌한 중심적 위치의 평신도는 세월이 흐르면서 교회 내의 기득권 세력이 되는 경우가 많다. 이들은 자신의 기득권을 지키려고 애쓴다. 이들에게 있어서 새로 부임한 담임목사가 자신들의 뜻을 따르지 않을 경우, 자신의 기득권 유지에 위협적인 존재로 느껴질 수 있다. 그래서 새 담임목사를 견제한다. 기득권 세력이 된 중심부 평신도 그룹에 대해서 불만을 가진 다른 평신도들은 새로 부임한 담임목사에게 그 구조를 깨뜨려 주기를 기대한다. 더욱이 기득권 중심부 평신도 그룹이 비리나 전횡을 했을 경우, 문제는 더욱 복잡해진다. 자신들의 잘못을 감추기 위해서 새로 청빙된 목사에게 압력을 가하며 이러한 압력을 담임목사가 거부할 경우 교회는 자칫 분규에 휩쓸릴 수 있다. 평신도 개개인이 가진 지식, 경험, 경제력, 정보, 사회적 지위 등이 점점 높아지고 있다. 더 나가서 교회 안에서의 평신도의 결속력과 조직력은 교회의 역사가 길어짐에 따라 계속 증대되고 있다. 그리고 이들이 교회의 기득권 세력이 되는 경우 담임목사의 지도력은 현저하게 약해질 수밖에 없다.

평신도 사이에서도 신앙의 유형, 사회경제적 지위, 교육과 문화의 수준, 연령 혹은 성별 등에 따라 분화가 일어나고 있다. 평신도의 분화는 쉽게 분열과 분파로 이어지고 더 나아가 성도들 사이에 갈등을 일으키기도 한다. 성도들 사이에 분파와 갈등이 생기면 교역자의 리더십은 현저하게 떨어진다. 성도들 사이에 이해관계가 부딪치고 갈등이 일어나면 교역자는 그것을 해결할 수 있는 수단이 거의 없다. 사회조직이론에 따르면 조직은 그 구성원에 대한 통제 방식에 따라 분류할 수 있다. 군대나 감옥과 같은 '강제 조직'은 그 구성원들을 힘과 강제력에 의해 통제할 수 있다. 회사와 같은 '공리조직'은 그 구성원을 돈으로 통제할 수 있다. 그러나 교회나 봉사단체와 같은 '규범조직'은 구성원을 통제할 수 있는 강제력이나 경제력이 없다. 사랑, 신뢰, 존경, 명예 등으로 통제해야 한다.[7] 그러나 성도들 사이에 이해관계가 부딪치고 갈등이 일어나면 교회와 같은 규범조직의 통제 수단은 아무 소용이 없다. 평신도들 사이에 분규가 일어나면 담임목사의 지도력은 심각한 위기에 처한다. 어느 한편으로 기울어지면, 상대편이 극심하게 반발한다. 중립적인 위치에 있으면 양쪽으로부터 소신이 없다고 비난받는다. 적극적으로 개입하면 목사가 문제를 더 복잡하게 한다고 말한다. 거리를 두고 있으면 목사가 교회 일에 관심이 없다고 말한다. 평신도 사이에 분규가 일어나면 목사가 어떤 태도를 취하든지 그 지도력은 현저히 약화될 수밖에 없다.

이상 살펴본 바와 같이, 우리 시대 한국교회 교역자들의 지위는 전반적으로 낮아지고 있다. 교역자는 전문직으로서의 사회적 지위와 자격을 상실하였다. 최근 들어 교회의 성장(성도 수의 증가)이 지체 혹은 감소의 추세인 데 비해 신학교의 증대로 인해 교역자의 수는 계속 늘어나고 있다. 그 결과 교역자는 천해지고 사회적인 위신(prestige)은 저하되었다. 교역자의 성직자로서의 정체성과 자존감은 저하되고 교회 행정가 혹은 교회관리자로서의 모습이 더 많이 나타나고 있다. 그 결과 사회에서는 말할 것도 없고 교회 안에서도 교역자에 대한 존경심이 떨어지고 있다. 교역자가 성직자로서의 자존감을 상실함에 따라 도덕성의 수준도 저하되고 있다. 그리하여 돈이나 성(性)과 관련된 범죄에 많이 연루되고 있다. 여기에 덧붙여 평신도 아마추어리즘이 강화됨에 따라 교역자의 지도력은 더 많이 떨어진다. 이것은 한국교회 교역자 프로페셔널의 위기이고 더 나가 한국교회, 한국 사회의 위기이기도 하다.

---

7) A. 에치오니/김채윤 역, 『현대사회조직론』(법문사, 1968), 41-67.

7장
교역자의 정체성과 도덕성 위기

1. 교역자의 정체성 위기

한국교회의 위기는 교역자의 위기이고 교역자의 위기는 정체성의 위기이다. 발달 심리학자 에릭 에릭슨은 인간 발달의 8단계를 말하였는데, 그 단계는 사실상 정체성 혹은 자아감을 만들어가는 단계이기도 하다.[1] 그는 종교개혁가 마르틴 루터의 생애를 정체성에 초점을 맞추어 분석하여 세계적인 명성을 얻기도 하였다.[2] 정체성은 인간 행위의 동기나 태도의 형태로 표출된다. 인간의 행동 가운데 가장 합리적이고 계산적인 행동이 경제 활동인데, 이러한 경제 활동에서도 정체성은 중요한 작용을 한다. 아이덴티티 곧 정체성으로 경제적 행위를 분석하는 것이 바로 아이덴티티 경제학이다.[3]

모든 직업은 한 사람의 정체성 형성에 큰 영향을 미친다. 모든 직

---

[1] 에릭 에릭슨/송제훈 역, 『유년기와 사회』 (연암서가, 2014).

[2] 에릭 에릭슨/최연석 역, 『청년 루터』 (크리스천다이제스트, 2013).

[3] 조지 에커로프·레이첼 크랜턴/안기순 역, 『아이덴티티 경제학』 (랜덤하우스, 2010).

업 가운데 정체성이 가장 뚜렷하게 나타나는 것이 교역자의 직이다. 교역자의 직은 성직(聖職)으로서 소명(Beruf)을 가장 중요하게 여긴다.[4] 교사나 의사와 같이 사람의 생명과 인격을 다루는 직업에 종사하는 사람을 특별히 구분해서 말할 때 성직자와 같다고 말하기도 한다. 교역자의 직은 정체성이 가장 중요한 작용을 하는 성직이라 불린다.

교역자(목사)의 정체성을 결정하는 직(職)은 크게 네 가지로 나누어서 생각할 수 있다. ① 교역자는 성직자이다. 즉 교역자는 성직자로서 거룩하신 하나님과 영원한 진리를 위해서 일하는 사람이다. 성직자로서의 교역자는 늘 기도함으로 거룩하신 하나님과 교통해야 한다. 거룩하신 하나님의 말씀을 묵상하고 가르치고 선포하는 일을 담당한다. 거룩하신 하나님께 드리는 예배와 성례전을 주관한다. ② 교역자는 목회자이다. 교역자는 목회자로서 성도들을 돌보고 그들을 하나님 앞으로 인도한다. 성도들이 어려운 인생길 잘 걸어갈 수 있도록 격려하고 지치고 쓰러졌을 때는 위로하고 일으켜 세운다. ③ 교역자(담임목사)는 교회의 행정 책임자이다. 주 예수 그리스도의 위임을 받아 특정 교회의 대표자가 되고 조직체로서의 교회가 질서 있게 운영되도록 지도하고 이끌어가는 역할을 담당한다. ④ 교역자는 교회의 관리 책임자이다. 교회 안에 있는 인적·물적 자원을 잘 관리하여 하나님 나라의 귀한 자산이 낭비되거나 헛되이 소진되지 않도록 하는 역할을 담당한다.

세속화된 사회에서는 교역자의 첫째 직인 성직과 둘째 직인 목회

---

4) 정진경, 『목회자의 정체성과 리더쉽』 (미드웨스트, 2002).

직을 부인하거나 그 가치를 폄하(貶下)한다. 평신도 신학의 만인제사장설은 교역자만이 성직자가 아니고 모든 성도가 다 성직자라고 말한다. 직업소명설은 교역자의 직만이 소명이 아니라 평신도의 모든 직도 다 소명이라고 말한다. 참으로 소중한 진리를 담고 있는 거룩한 가르침이다. 그러나 만인제사장설이나 직업소명설이 단순히 선포하는 것으로 끝나서는 안 된다. 삶과 믿음의 길에서 증거해야 한다. 그러나 현실은 세속화의 거친 파도 앞에서 만인제사장설과 직업소명설의 평신도 신학은 초라해지고 말았다. 이론(logos)은 있지만 실천(praxis)이 되지 못하고 있다. 평신도들은 제사장으로서의 거룩한 삶을 살지 못하고 있다. 평신도들은 자신의 직업을 하나님의 소명으로 알고 직업을 통해서 하나님 나라를 세우는 일을 제대로 행하지 못하고 있다. 여기에서 한 걸음 더 나가서 교역자마저도 성직자로서의 정체성이 흔들리고 있으며, 양들을 돌보는 목회자의 소명감이 점점 약해지고 있다. 평신도의 영적인 지위와 수준을 높이기 위해 선포된 만인제사장설과 직업소명설이 그 역할을 제대로 하지 못하였을 뿐 아니라 교역자의 영적인 지위와 수준을 떨어뜨리는 역설(paradox)이 나타나고 말았다. 요즈음 흔히 말하는 하향평준화가 되고 말았다. 평신도는 말할 것도 없고 교역자들까지도 거룩한 제사장이 되지 못하고 자신의 직에 대한 소명을 잃어버리고 말았다.

한국교회는 평신도 아마추어리즘의 시대로 들어가고 있다. 지식과 돈과 수(數)와 조직력으로 무장한 아마추어 평신도가 교회 안에서까지도 프로페셔널 교역자를 능가하는 시대가 되었다. 이러한 시대에 교역자는 리더십을 잃고 사회적 지위가 떨어질 뿐 아니라 성직자로서의 자존감과 목회자로서의 소명감도 점점 잃어가고 있다. 그 결과 교역자의 자리가 점점 위축되고 있다. 돈도 많고 사회적 지위도 높으며 지식도 많은(심지어는 성경 지식이나 신학 지식까지 많은) 평신도가 성직자로서의 품위와 목회자의 소명을 잃은 교역자를 존경하고 따를 것을 기대하는 것은 연목구어(緣木求魚)이다. 나무 위에서 물고기를 구하는 격이다. 힘 있는 평신도가 교역자보다 교회 안에서도 우월한 지위를 가지는 평신도 아마추어리즘의 시대를 맞이하여, 교역자가 가야 할 길은 명약관화(明若觀火)하다. 어둠 속에서 불을 보듯이 분명하다. 즉 성직자로서의 권위와 품위 그리고 목회자로서의 소명감을 더욱 확실하게 해야 한다. 평신도 아마추어리즘의 성장에 따라 교역자보다 우위에 서서 전횡(專橫)을 하는 평신도는 여전히 소수이다. 교역자의 돌봄과 위로를 받아야 하는 연약한 평신도가 훨씬 더 많다. 목회자의 소명을 받은 교역자는 이들을 돌보는 일에 몸을 던져야 한다. 양을 위하여 목숨을 버리는 선한 목자가 되어야 한다(요 10:11).

교역자는 교회의 행정 책임자요, 또한 교회의 모든 자산을 잘 관리해야 하는 관리 책임자이기도 하다. 이러한 책임 역시 귀하고 교역자가 소홀히 할 수 없는 소중한 책임이요, 직무이다. 그러나 교역자는 성직자와 목회자라는 정체성을 우선적으로 생각하고 확실히 한 다음에 교회의 행정 책임자나 관리 책임자라는 직임을 담당해야 한다. 성직자와 목회자의 정체성은 약하면서 교회조직의 행정 책임자와 관리 책임자의 역할에만 몰두하면 교회는 거룩한 하나님의 집이 되지 못하고 세속적인 조직과 비슷해지고 만다. 교회의 법은 거룩한 주님의 교회를 견고히 세우는 성벽이 아니라 교회 안에서 기득권을 가진 자의 이익을 지키는 방패가 된다. 당회는 회사의 이사회

처럼 되고 교회의 부흥과 성장의 방식이 기업의 마케팅 전략과 비슷해지고 만다.[5]

성직자와 목회자의 정체성을 확실히 가지고 일하는 것은 교역자의 사명이요 이루어야 할 목표이자 큰 영광이다. 아울러 교회 행정가와 관리자의 정체성을 가지고 일하는 것은 교역자의 현실이요 자신의 자리를 지키는 방편이기도 하다. "설교는 잘못해도 당회만 잘 이끌어 가면, 또 성도들을 잘 돌보지 못해도 당회원만 잘 관리하면 목사 일하는 데 큰 어려움 없다"라는 말이 교역자들 사이에서 떠도는 혼탁한 시대를 살고 있다. 그리하여 교역자는 알게 모르게, 원하든 원하지 않든지 성직자와 목회자의 정체성을 잃어버리고 교회 행정가와 관리자로 살아가게 된다. 교역자가 성직자와 목회자의 소명과 자부심을 잃은 채 교회를 이끌어 가면, 일시적으로는 교회가 부흥하고 발전하는 경우도 있겠지만, 결국 교회는 침체되고 만다. 그리고 교역자 자신은 풀이나 짚으로 집을 지은 자가 되어 그 공적은 불타버리고 부끄러운 구원을 받는 것으로 그치게 될 것이다(고전 3:15). 평신도 아마추어리즘의 시대는 교역자 프로페셔널 위기의 시대이다. 교역자 프로페셔널의 가장 큰 위기는 성직자와 목회자로서의 정체성을 잃어버리는 것이다. 이 시대 교회의 개혁과 부흥을 위한 가장 중요한 발걸음은 교역자가 성직자와 목회자로서의 정체성을 회복하는 일이다.

교역자가 성직자와 목회자로서의 정체성을 간직하는 일은 일차적으로 교역자 자신에게 달려있다. 그러나 이 일과 관련하여 평신도

---

5) 더글러스 웹스터, 『기업을 닮아가는 교회』(기독교문사, 1995).

의 책임도 많이 있다. 교역자가 성직자와 목회자로 살아갈 수 있도록 최선을 다해 뒷받침해 주어야 한다. 교회의 행정과 관리를 맡은 평신도들이 맡은 바 사명을 정직하고 바르게 수행해야 교역자가 성직자와 목회자의 일에 몰두할 수 있다. 평신도가 행정과 관리의 일을 제대로 수행하지 못하면(혹은 잘못 수행하면), 교역자는 행정 책임자와 관리 책임자의 일에 매몰될 수밖에 없다. 왜냐하면, 평신도들이 행정과 관리의 일을 제대로 하지 못한다 해도 그 최종적인 책임이 교역자에게 돌아오기 때문이다. 행정과 관리에 몰두하는 교역자는 성직자와 목회자로서의 정체성이 약해지고 그 직을 제대로 수행하지 못하게 된다. 사도행전 6장을 보면 과부를 돌보는 행정과 관리의 일이 제대로 수행되지 못했을 때 베드로 사도가 말하기를 "우리가 하나님의 말씀을 제쳐 놓고 접대를 일삼는 것이 마땅하지 아니하다"고 하였다. 그리고 일곱 집사를 세워 이 일을 맡기고 "우리는 오로지 기도하는 일과 말씀 사역에 힘쓰리라"고 하였다. 평신도가 구제와 접대의 일을 잘 수행할 때, 즉 교회의 행정과 관리를 잘할 때 교역자는 성직자와 목회자로서의 정체성을 잘 지킬 수 있다.

2. 교역자의 도덕성 위기

교역자가 자신의 사명을 잘 감당하기 위해서는 성직자라는 정체성이 확실해야 한다. 그래야 자신의 소명을 일평생 간직할 수 있으며, 코람 데오(하나님 앞에 서 있는 존재)의 삶을 살 수 있다. 그러나 한국교회 교역자들의 성직자로서의 정체성이 자꾸 약해지고 있다. 이것은 일차적으로 세속화의 결과이며 또한 교회 안에서 행정과 관리 책임자의 일에 매몰되어 나타난 결과이다. 교역자가 전문직의 지위를 잃은 것이 사회적 지위를 떨어뜨리는 결과를 가져왔다면 교역자가 성직자로서의 정체성을 잃은 것은 도덕적 지위를 떨어뜨리는 결과를 가져오게 된다. 이재철 목사는 목사들을 향하여 목사의 정체성에 대한 일곱 가지 질문을 던지면서 그러한 질문에 바르게 답변하지 못하면 도덕적 위기와 타락에 빠진다고 하였다.[6] 양희송 목사 역시 개척교회의 문제, 교회 세습, 교역자의 신뢰성 저하와 같은 문제들이 모두 목사의 정체성 문제에서 출발한다고 하였다. 특별히 목사가 프로페셔널 전문직의 정체성을 가지지 못하고 성직주의에 빠진 것이 한국교회 문제의 근본 뿌리가 된다고 하였다.[7] 성직자로서의 정체성을 잃은 교역자들의 도덕성 저하, 이것이 한국교회의 현실이며 교역자 프로페셔널리즘의 가장 심각한 위기 현상이다. 기윤실과 예장 통합 교단에서 나온 '목회자 윤리강령'에 근거하여 교역자 도덕성의 문제를 교회 구조의 측면에 초점을 맞추면서 살펴보도록 하겠다.[8]

재정 비리: 성직자의 정체성을 잃어버린 교역자는 돈과 관련되어 범죄 혹은 도덕적 비리 행위를 저지르기 쉽다. 여기에는 교역자 자신의 문제와 교회 재정관리 시스템의 문제 두 가지가 함께 작용한다. 한국교회 다수의 교역자가 받는 급여는 목사에 대한 사회적 평

---

[6] 이재철, 『목사 그리고 목사직』 (홍성사, 2020).
[7] 양희송, 『다시 프로테스탄트』 (복있는 사람, 2012), 제4장.
[8] 송준인·임성빈 외, 『목회자 윤리강령 28』 (홍성사, 2016).

판이나 교육 및 훈련의 기간(대학 4년 + 신학대학원 3년 + 전도사 인턴 2 년)에 비하여 매우 낮은 편이다. 한국기독교목회자협의회에서 발간한『2018 한국기독교 분석 리포트』에 따르면 조사에 응한 500명 담임 목회자의 사례비 평균 액수가 2017년 현재 176만 원으로 나온다. 이 것은 같은 기관에 의해 이루어진 2012년 조사 당시 213만 원에 비해 37만 원이 줄어든 액수이다. 2017년 현재 월사례비 150만 원 이하가 46.5%(2012년 33.8%), 151~250만 원이 30.4%(2012년 34.2%), 251만 원 이상 17.8%(2012년 23.8%)이다. 150만 원 이하의 사례비를 받는 교역 자의 수가 5년 동안 12.7%가 늘어나 절반 가까운 수를 차지하고 있 다.[9]

조사대상 교회를 교인 수(장년 출석 기준)에 따라 분류하면, 49명 이하가 49.7%, 50~99명이 15.6%, 100~299명 19.3%, 300명 이상이 15.4% 를 차지하고 있다. 전체 교회 교인 수의 평균값(mean)은 226명이고, 중앙값(median)은 50명으로 집계되었다.[10] 중앙값은 교인 수가 많은 순서대로 교회를 나열했을 때 중앙(즉 500교회 가운데 250째)에 있는 교회의 교인 수를 말한다. 이 조사 결과 한국교회 교인 수의 평균값 (226명)과 중앙값(50명) 사이에 큰 편차가 나타난다. 이것은 한국교 회의 양극화가 매우 심하다는 것을 보여준다. 즉 소수의 큰 교회와 다수의 작은 교회로 이루어져 있다는 것을 의미한다. 위의 통계가 보여주는 바와 같이 한국교회 담임목사의 평균 사례비는 176만 원에 불과하며 담임목사의 50%가 50명 이하의 소형 교회에서 목회하고 있다. 이처럼 적은 사례비를 받으며 소형 교회에서 목회하는 교역자

---

9) 한국기독교 목회자 협의회,『한국기독교 분석 리포트』, 589.
10) 한국기독교 목회자 협의회,『한국기독교 분석 리포트』, 606.

들은 정재영 교수의 표현대로 '강요된 청빈' 가운데서 살아가고 있다.[11] 그 결과 자칫 돈과 관련된 범죄나 비리를 저지르기 쉽고 돈에 약한 모습을 보이기 쉽다.

여기에 더하여 교회의 재정 운영 방식도 문제가 된다. 교회와 목회의 특성상 목회자 개인의 생활과 목회 활동의 구분이 어려운 경우가 많다. 목회자의 가정생활이나 자녀 양육과 관련된 비용, 목회자가 교회 안의 성도들을 개인적으로 만나거나 교회 밖의 사람들을 만났을 때 들어가는 비용, 목회자의 교회 밖 사회활동을 할 때 들어가는 비용 등을 목회자 개인 지출로 처리해야 하는가 아니면 교회의 지출로 처리해야 하는가의 문제가 생긴다. 사례비조차 제대로 받기 어려운 작은 교회 교역자의 경우, 자녀 교육비 혹은 판공비 형태의 목회활동비를 받기는 더욱 어렵다. 그 결과 교역자 개인이 처리해야 할 비용을 교회의 비용으로 처리하는 경우가 많다. 교역자가 성직자 혹은 목회자로서의 정체성과 자존감을 확실히 가지지 못하는 경우 교회 재정의 사용과 관련하여 평신도 혹은 사회 일반의 도덕적 기준에 미치지 못하는 행동을 하게 된다. 그리고 돈 있는 성도를 대할 때 성직자의 자존심과 품위를 잃는 행위를 하기 쉽다. 일부 평신도에게 해당되는 일이지만, 평신도가 개인적이고 비공식적으로 교역자에게 돈을 주면서 교역자를 통제하기도 한다. 사사기 17장에 나오는 '미가'처럼 교역자를 개인 집 제사장처럼 다루려는 경우도 있다.

소형 교회 교역자의 경우 적은 사례비와 가정 경제의 책임이 주는 압박 때문에 돈과 관련된 비도덕적인 행위를 하는 경우가 많이 생긴

---

11) 정재영,『강요된 청빈』(이레서원, 2019).

다면 대형 교회 담임목사의 경우 다른 이유로 비도덕적 행위를 하기 쉽다. 대형 교회 안에는 사회경제적으로 상류층에 속한 사람이 항상 있기 마련이다. 또한 대형 교회 목사는 그러한 상류층 사람들과 개인적인 교제를 나누는 기회가 많다. 성직자로서의 정체성이 확실하지 못하면 개인 생활의 준거 집단(referance group)이 상류층 성도가 되기 쉽다. 즉 상류층의 생활양식과 소비 패턴을 자신의 것으로 여기게 된다. 그리하여 고급 외제차를 타고, 값비싼 명품을 사용하며, 상류층의 여가 활동을 흉내 내게 된다. 그 결과 공식적인 연봉보다 더 많은 판공비를 쓰고 교회 재정을 오용, 남용하기 쉽다.

대형 교회 목사들은 교회의 이권에 개입될 수 있는 위험 요소가 있다. 교회의 규모가 커지면 커질수록 예산의 규모도 커진다. 교회 건축을 할 때는 말할 것도 없고 교회에서 큰 행사를 하거나 큰 장비를 구입할 때는 억대의 돈이 오가게 된다. 그리고 이러한 예산의 집행과 관련하여 엄격하게 정해진 법칙이나 절차가 국가기관이나 기업과 비교할 때 미비(未備)된 상태이다. 그 결과 교역자가 재정을 다루는 평신도와 결탁하기 쉽다. 교역자가 평신도와 돈의 문제로 결탁되면 평신도에게 도덕적 문제로 약점을 잡힌다. 그 결과 영적 리더십이 떨어지고 교역자 프로페셔널리즘이 약화되며 교회도 침체된다. 더 나가서 심각한 교회 분규의 씨앗이 될 수 있다.

성적 부도덕성: 교역자가 성직자 혹은 목회자로서의 정체성을 잃으면 성적으로 부도덕한 행위에 빠지기 쉽다. 최근 들어 교역자의 성범죄가 급격하게 늘어나고 있다. 2019년 9월 국정감사에서 경찰청이 보고한 "최근 5년간 전문직군별 강간·강제추행 피의자 입건 현

황"에 따르면 종교인이 의사와 함께 가장 높은 비율을 차지하고 있다. 지난 2014년부터 2018년까지 510명의 종교인이 성범죄 혐의로 입건되었다. 물론 종교인 속에는 개신교 교역자뿐 아니라 천주교나 불교의 교역자도 포함되어 있다. 그러나 한국개신교는 그 규모에 있어 한국 제일의 종교이며 교역자의 수도 가장 많다. 즉 2018년 현재 종교별로 개신교 교역자 98,305명, 천주교 신부 5,318명, 불교 승려가 36,877명이다. 한국 종교인의 2/3 이상이 개신교 교역자라고 할 때 성범죄 피의자 역시 개신교 교역자가 가장 많이 차지하고 있음을 쉽게 알 수 있다.

최근 5년간 전문직군별 강간·강제추행 피의자 입건 현황 (단위: 명)

구분 (연도)	소계	의사	종교인	예술인	교수	언론인	변호사	기타 전문직
2014	638	71	83	57	20	13	2	392
2015	730	99	105	51	33	5	1	436
2016	863	112	98	74	24	8	9	538
2017	1,191	121	98	115	35	20	2	800
2018	1,338	136	126	110	55	13	14	884
총계	4,760	539	510	407	167	59	28	3,050
비율(%)	100	11.3	10.7	8.6	3.5	1.2	0.6	64.1

* 기타전문직: IT전문가, 간호사, 강사, 변리사 등   (자료: 경찰청)

또한 기독교여성상담소의 성폭력 관련 상담 건수 통계를 보면, 2016년 3월부터 2018년 3월까지 300건 정도에 달한다. 2018년 미투 운동 열풍이 일어난 이후 관련 상담이 급격히 늘어나고 있다.[12] 교회 내 성범죄는 일반 언론의 관심사가 되어 종교인(목사) 성범죄와 관련된 기사나 특집방송이 적지 않게 나오고 있다. 2019년 7월 9일

---

12) 최현호, "끊이지 않는 목사 성범죄…교회 '세습'이 은폐 키운다", 「뉴시스」 2018.11.7.

KBS 1TV '시사기획 창'은 "나는 폭로한다 교회 성폭력" 편을 통해 목사 성범죄를 집중 탐사하는 방송을 했다. '기독교여성상담소' 홈페이지를 방문하면 교회 내 성범죄와 관련된 수많은 사례들을 열람할 수 있다.

교역자의 성범죄는 다양한 구조적 상황에서 나오고 있다. 개신교 교역자뿐 아니라 다른 종교 교역자의 성범죄도 늘어가고 있으며 또한 의사나 교수와 같은 전문직에 속한 성범죄도 많이 늘어났다. 2018년도에는 '미투 운동'에 의해 사회 각계의 엘리트층에 의한 성범죄가 드러나서 온 국민에게 충격을 주었다. 이러한 사건들의 의미를 분석하고 이해하기 위해서는 또 하나의 책이 필요할 것이다.

한국교회 교역자 성범죄의 경우 ① 하나님의 종이라는 이름으로 이루어지는 종교적 권력의 악용, ② 성범죄를 사랑과 은혜의 수단인 양 포장하는 위선과 악행, ③ 영적인 지도자는 도덕법을 넘어서는 존재라는 교역자들의 허위의식과 망상, ④ 약한 자를 도와주고 섬긴다는 명분으로 접근하여 이루어지는 그루밍 성범죄, ⑤ 교회의 폐쇄된 공간, ⑥ 사랑의 교제라는 이름으로 이루어지는 신체적 접촉, ⑦ 교회 사역 가운데 이루어지는 남자 교역자와 여자 신도 사이의 잦은 접촉, ⑧ 신도 수 감소를 우려하여 사건을 축소·은폐하기에 급급한 교회 지도자 등 많은 요인이 작용하고 있다. 한국교회 안에서 일어나는 성범죄의 양상은 성직자와 목회자로서의 정체성을 잃어버린 교역자 프로페셔널리즘의 위기와 몰락을 적나라하게 보여주고 있다.

신체적·언어적 폭력: 교역자에게서 나타나는 언어적·신체적 폭력도 도덕성 저하와 관련하여 심각한 문제로 대두된다.[13] 교역자가 교회 안에서 행하는 폭력은 크게 세 가지 측면에서 나타난다. ① 담임목사가 부교역자들에게 행하는 폭력이 있다. 이러한 폭력은 교역자회의와 같은 교역자들만의 공간에서 주로 이루어진다. 이때 폭력을 행사하는 담임목사는 교회 안에서는 말할 것도 없고 교단 안에서도 힘이 있는 목사이다. 피해를 당한 부교역자는 교회 안의 성도나 교단의 다른 교역자들 가운데 호소할 대상이 없다. 개별적으로 저항하다가는 자신의 앞날이 막히게 된다. 힘 있는 교역자가 힘없고 약한 교역자에게 행하는 폭력 행위는 교역자 프로페셔널리즘의 가장 심각한 타락 현상이다. 사도의 전승을 이어받은 거룩한 교역자의 공동체를 조직폭력배의 모임으로 전락시키기 때문이다.

② 교역자가 평신도에게 행하는 폭력이 있다. 이 경우 교역자의 인격이 가장 중요한 요인이 된다. 교역자들 가운데는 특별한 영적 경험이 있어서 교역자가 되었지만, 인격이 성화되지 못한 사람이 적지 않게 있다. 더욱이 신학교(목회자 양성기관)의 난립과 필터링(걸러내기) 기능의 약화에 따라 교역자의 인격적 자질을 갖추지 못한 사람이 교역자가 되는 경우가 많다. 이러한 폭력은 평신도 아마추어리즘이 확립되지 못한 소형 교회에서 많이 나타난다. 이 경우 힘없는 성도들은 교역자의 폭력에 맞서지 못한 채 참고 견디든지 교회를 떠나는 길을 택하게 된다. 평신도의 힘은 약하고 교역자의 인격이 저하된 구조에서 생겨나는 최악의 도덕적 타락이 평신도를 향한 교역자의 폭력 행위이다.

③ 교역자가 자기 가족에게 행하는 폭력이 있다. 이러한 폭력에는

---

13) 정형권, "목회자 폭언에 권위가 있다고?", 「기독신문」 2020.01.14.

심리적인 요소가 많이 작용한다. 교역자는 교회 안에서 많은 스트레스를 받으면서 산다. 특별히 감정노동 가운데서도 가장 힘든 감정노동을 해야 하는 교역자는 많은 스트레스 가운데서 생활한다.[14] 교역자 가운데 이러한 스트레스를 이길 만한 정신적·영적 힘이 모자라고 또한 스트레스를 풀 수 있는 수단을 가지지 못한 이들이 있다. 이런 사람들이 자신의 억눌린 감정을 배우자나 자녀들에게 쏟을 때 가정 폭력이 나타나게 된다. 특별히 목회자 사모의 경우 남편의 폭력에 대응할 수 있는 마땅한 방법을 찾기 어려워 스스로를 억압함으로 이러한 폭력이 반복 재생산되는 경우가 많다.[15]

교역자에게 나타나는 도덕성의 문제는 이상 논의한 것 외에도 다양한 측면에서 나타나고 있다. 이러한 위기 상황을 반영하여 목회자 윤리 강령을 제정한 교단들도 적지 않다. 대한예수교 장로회(통합) 교단의 "목회자 윤리강령"은 교역자의 비도덕적 행위로 다음과 같은 항목들을 열거하고 있다.

설교 표절: 설교의 표절은 성직자로서의 정체성을 잃을 때 나타나는 대표적인 비윤리적인 행동이다. 한 주간을 기준으로 볼 때 목사의 가장 중요한 사역은 설교이다. 그리고 설교는 평신도와 그 책무를 나누어 감당할 수 없는 교역자 고유의 사역이다. 그리고 설교는 시간이 확정되어 있으므로 연기할 수 없는 사역이다. 그러므로 교역자는 설교와 설교 준비에 최우선순위를 두어야 한다. 그러나 목사가

---

14) 앨리 러셀 혹실드/이가람 역, 『감정노동』 (이매진, 2009).
15) 최유리, "사모님…더 이상 맞지 마세요: 정푸름 교수와의 대담", 「뉴스앤조이」 2016. 09.30.

성직자 곧 하나님의 말씀을 전달하는 자로서의 정체성을 잃으면 다른 일에 더 많은 관심과 시간을 사용하게 된다. 그리고 주일이 다가오면 다른 목사의 설교를 표절하기 쉽다. 더욱이 요즘은 인터넷과 유튜브 등이 발달하여 다른 교회 유명 목사의 설교를 쉽게 접할 수 있어서 그만큼 표절에의 유혹을 많이 받을 수 있다.

그러나 표절 설교는 아무리 좋은 설교라 할지라도 성령께서 역사하지 않으신다. 그리고 정보화의 시대를 맞이하여 표절 설교는 평신도들에게 쉽게 드러난다. 논문의 표절이 교수의 권위와 위신을 땅에 떨어뜨리는 것과 마찬가지로 설교의 표절은 교역자의 권위와 위신을 땅에 떨어뜨린다. 표절로 인한 교역자의 도덕성 저하는 사소한 일처럼 여겨지지만, 교역자의 성직자 됨을 무너뜨리고 성령을 속이려는 죄이기 때문에 그 결과는 참혹하다. 한국교회 교역자의 설교 횟수가 지나치게 많다. 따라서 설교 표절의 유혹에 굴복하기 쉽다. 따라서 이 문제를 해결하기 위해서 새벽예배 말씀은 성경 읽기 혹은 큐티 형식으로 바꾸고, 수요예배 말씀은 성경공부 형태로 하는 것도 하나의 방법이 될 수 있을 것이다. 그리고 최소한 주일 오전 예배 설교 하나만은 하나님 앞에서 자신의 혼과 영을 다 쏟아 준비하고 설교 시간에는 성령님의 인도하심 가운데 혼신의 힘을 다하여 선포해야 한다. 설교의 표절은 단순한 도덕과 윤리의 문제가 아니라 성직자로서의 정체성을 무너뜨리는 일이요, 주님과의 관계와 성령과의 소통을 무너뜨리는 심각한 문제임을 기억해야 한다.

학력 위조: 목사에게 늘 신경 쓰이는 성도는 교수와 교사이다. 목사의 공개적인 직무가 여러 면에서 이들과 비슷하고 또한 쉽게 비교

되기 때문이다. 목사의 설교는 교수나 교사의 강의와 유사하며, 설교의 준비는 강의 준비와 유사하다. 설교를 듣는 성도는 학생과 유사하며 설교의 방식은 교수 방식과 비슷하다. 『헌법』(예장 통합) 정치편 24조 4항을 보면 "목사는 그리스도의 말씀으로 교인을 깨우치는 교사"라고 하였다. 따라서 목사는 평신도 교수나 교사와 자신을 비교하게 되고 또한 그들을 자신의 권위를 위협하는 존재로 여기기 쉽다. 신학대 교수직을 맡은 목사를 제외하면 목사 가운데 교수보다 학력이 높은 경우는 극소수에 불과하다. 그리고 일반 성도들 가운데도 목사보다 높은 학벌을 가진 사람들이 많다. 학력이나 학벌은 평신도가 목사를 비교하고 평가하는 손쉬운 기준이 된다. 이러한 여러 요인이 작용하면서 목사는 학력 위조의 유혹을 받기 쉽다. 그리하여 정체가 불분명한 외국 대학에서 가짜 학위를 사오는 경우도 있으며, 비정상적이고 불법적인 방법으로 학위를 취득하는 경우도 있다.[16)]

이러한 학력 위조 역시 목사의 정체성과 관련된 범죄이다. 목사의 권위는 하나님의 말씀과 성령이 주시는 은사에 의해서 주어지는 것이지 학벌에 의해 주어지는 것이 아니다. 학력의 위조는 목사의 권위를 하나님의 말씀과 성령의 은사 위에 두는 것이 아니라 세상적인 학력 위에 두기 때문에 나타나는 결과이다. 사업가나 운동선수나 연예인 등은 자신의 재능(탤런트)이나 노력을 통해 자기 자신을 표현하지 학력으로 자신을 표현하지 않는다. 이와 마찬가지로 목사 역시 말씀과 은사로 자신을 표현하고 스스로에 대한 권위를 세워야 한다.

---

16) 이용필, "박사 학위 쉽게 준다는 말에 … 어느 비인가 신학교에서 벌어진 일", 「뉴스앤조이」 2019.08.08.; 구권효·이용필, "학위 없는 목사, 전광훈뿐인가", 「뉴스앤조이」 2020.01.14.

학력 표절은 표절 행위 자체의 비도덕성 이전에 성직자의 정체성과 자존감의 상실이라는 더 근본적인 문제를 보여준다.

검소한 생활: 예장 통합 측 윤리강령에 따르면 "나는 주거와 차량 등 일상생활에서 절제 및 검소한 삶을 실천하므로 성도에게 모범이 된다"고 하였다. 동서고금의 역사를 막론하고 고위 성직자들은 그 사회의 최고 지위를 차지하였다. 예수 당시의 대제사장, 중세가톨릭 교회의 교황과 추기경, 인도의 브라만 계급, 이슬람의 칼리프, 고려 시대의 승려 등 그 사회 주류(主流) 종교의 고위 성직자들은 사회적으로 최고의 위치에 있었고, 그 지위에 걸맞은 물질적인 부(富)도 누렸다. 이것은 종교가 정치, 경제 영역의 상류층에게 정당성을 제공해 주고 하류층에게는 영적, 정신적, 물질적 자원을 분배하므로 사회통합과 질서유지에 기여하기 때문에 나타난 결과이다. 한국 사회와 같이 국교를 인정하지 않는 세속화된 사회라 할지라도 주류 종교의 경우 어느 정도 그런 기능을 담당하고 있다. 더욱이 사회경제적인 성장에 따라 대형 교회 안에는 상당수의 정치·경제·사회 영역의 엘리트가 신도로서 신앙생활을 하고 있다. 그리고 사회의 엘리트 성도들이 교역자(특별히 담임목사)를 영적인 지도자로서 대우한다. 대형 교회의 교역자는 성직자라는 직위 외에도 학력, 경력, 사회적 배경, 인맥 등에 있어서 엘리트 성도들 못지않은 요소를 가지고 있다. 그리고 교회에서 제공하는 영적 서비스(예배와 설교 등)의 가장 큰 생산자는 교역자(담임목사)이다. 더욱이 대형 교회 안에는 비교적 풍성한 물질적 자원이 있다. 이런 요소들이 합쳐지면서 대형 교회 교역자는 그 사회의 엘리트층으로 규정되고 그에 걸맞은 물질적 자원이

제공된다. 그 결과 의식주와 여가 활동 등에서 최상류층의 생활이 이루어지게 된다. 그리하여 계층이나 계급의 구분을 넘어서야 하는 교역자가 상류 계층의 생활이나 문화를 자신의 것으로 동일시하는 문제가 생긴다. 대형 교회 담임목사의 소비생활과 문화를 선망하는 중소형 교회의 교역자들이 그것을 모방하게 된다. 그리하여 성도들의 귀한 헌금을 가지고 교역자들이 상류층의 생활을 하는 문제가 생겨난다.

이와는 반대로 평신도 아마추어리즘이 발달한 일부 대형 교회 가운데는 '목사는 청빈해야 한다'고 주장하는 경우가 있다. 그리하여 다른 영역에서는 대형 교회 혹은 상류층 교회에 걸맞은 지출을 하면서도 목사를 대우하는 데는 인색하다. 그리고 이것을 가장 개혁적인 교회의 길이며 또한 바른 신앙이라고 말하기도 한다. 이러한 주장이나 태도 속에는 나름 기독교적 가치와 의미가 들어있다. 그러나 또한 그 뒤에는 숨겨진 역기능이 있다. 그 속에는 교역자의 가치와 소중함을 인정하지 않는 것, 교역자에 대한 시기심, 교역자에 대한 통제 등과 같은 숨겨진 동기가 있다.

교역자의 생활과 관련된 윤리적 문제를 해결하기 위해서는 교역자와 평신도 모두 바른 믿음과 경건함을 가져야 한다. 평신도는 교역자에게 사회의 발전 정도와 교회의 형편에 적합한 대우를 해 주어야 한다. 그리고 대형 교회 교역자는 넉넉한 대우를 받아도 자신의 생활을 검소하게 하고 노후 준비도 잘하며 어려운 다른 교역자들과 성도들을 섬기는 일에 힘쓰는 것이 좋다. 교역자의 노후 준비는 매우 중요한 일이다. 현직에 있을 때 검소하게 생활하며 아끼고 저축하여 퇴임 후에 교회와 성도들에게 부담을 주지 않는 것이 진정한 교역자 프로페셔널리즘이다. 한국교회의 신화와 같은 이야기가 있다. 한경직 목사는 일평생 개인 통장 없이 사셨으므로 참된 교역자는 개인 저금통장이 없어야 한다고 한다. 영락교회는 한경직 목사를 남한산성에 있는 사택에 모시고 의식주와 건강관리에 아무런 부족함이 없도록 공궤하였고 도우미까지 두어 일평생 평안하게 모셨다. 교역자는 저금통장이 없어야 한다는 말은 영락교회가 한경직 목사를 모시듯 할 수 있는 교회에만 해당되는 말이다.

목회 세습과 은퇴 목사: 교역자의 도덕성 문제는 현직에 있는 교역자에게만 해당되는 것이 아니라 은퇴한 목사에게도 해당된다. 은퇴목사의 도덕성 문제는 목회 세습과 은퇴 후의 영향력 행사에서 잘 드러난다. 예장 통합 윤리강령에 따르면 "나는 목회 현장을 가족에게 세습하지 않겠으며 은퇴와 동시에 지교회의 문제에 관여하지 않는다"고 했다. 그러나 이 문제는 현재 한국교회의 살아있는 현안이다.

1980년대 이후 한국교회는 크게 성장하였고 수많은 중대형 교회가 나타나게 되었다. 이러한 교회의 성장에서 가장 중요한 역할을 한 사람은 해당 교회 담임목사이다. 담임목사와 성도들이 서로 협력하면서 헌신하고 수고한 덕분에 교회가 크게 성장하였다. 그리고 성장의 열매로서 명예와 존경 그리고 부와 영향력(교회 혹은 교단 내의 권력)을 얻게 되었다. 그리고 은퇴하면서 자신이 가졌던 담임목사직을 자녀에게 물려주는 교회 세습 현상이 적지 않게 나타났다. 2019년 현재 전국에서 교단 구분 없이 300여 교회에서 세습이 이루어졌다.17) 한국교회의 세습은 해당 목회자의 도덕성의 문제이면서 또한 한국교회 구조의 문제이다. 즉 한국교회의 교역자 임용은 개교회 청빙주의이다. 개별교회의 평신도들이 합의하여 교역자를 청빙한다. 따라서 교회에 기여한 바가 있고 성도들에게 영향력이 있는 목사는 자기 자녀를 청빙하도록 만들 수 있다. 이러한 교회 세습은 신앙적인 측면에서 '교회의 주인이 예수 그리스도가 아닌 사람'이 되는 문제가 생기게 하며 교회가 개인 기업과 같이 되는 현상 즉 '교회의 사사화(私事化) 현상'을 가져오게 된다. 교회 세습은 불공정 게임이다. 우리 시대의 시대정신은 공정이다. 특별히 젊은 세대의 경우 더욱 그러하다. 목회지 세습이 이루어지면 그것을 불공정으로 여기는 젊은 세대들이 교회를 떠나게 되고 교회는 더욱 침체되고 말 것이다.[18]

한국교회의 담임목사직 세습은 일찍부터 행해졌지만, 예전에는 큰 문제가 되지 않았다. 작은 규모의 농어촌 지역에서 어려운 교회를 대를 이어 목회를 할 경우 세습이라 부르지 않았고 오히려 칭찬과 존경을 받았다. 그러나 2000년대 들어와서 부와 명예가 있는 대형 교회에서 목회 대물림이 나타났고 그것이 '목회 세습'으로 불리면서 전교회적인 관심사가 되었다. 그 결과 2012년 11월 '교회세습 반대운동 연대'가 구성되어 "세습금지를 위한 입법운동을 목표로 교회 리더십 교체의 바람직한 방향 제시와 건강한 청빙문화 확산"을 위해 노력하고 있다. 이러한 수고에 힘입어 2012년 9월 감리교에서 '세습방지법'이 통과되었다.[19] 그리고 2013년 9월 한국기독교장로회 98회

---

17) 최승현, "교회 세습은 계속된다, 2019년 3분기 '세습 지도'", 「뉴스앤조이」 2019.07.30.

18) 노치준, "103회 총회의 주요 결의와 그 의미", 『명성교회 불법 세습에 관한 총회 결의 분석 세미나 자료집』(2018.10.15.).

19) 김은실, "감리회, 세습 방지법 통과", 「뉴스앤조이」 2012.09.25.

총회에서 교회 세습방지법이 통과되었다. 그러나 대한예수교장로회 합동 측 교단 총회에서는 '교회 세습 불가' 결의는 했지만 법제정은 하지 않았다.[20] 예장 통합 교단에서는 2014년 99회기 총회에서 '세습방지 헌법 개정안'이 통과되었다.[21] 그러나 예장 통합 교단에서 가장 큰 대형 교회인 명성교회에서 2017년 세습이 이루어졌다. 그리고 2018년 103회 총회에서 명성교회 부자세습을 무효화하는 결의가 이루어졌으며, 우여곡절 끝에 2019년 104회 총회에서는 조건부로 세습을 허용하는 수습안이 통과되었다.[22] 명성교회의 세습은 그 것을 정당화하는 어떤 논리를 편다 해도[23] 불법이고 부도덕한 일이다. 또한 명성교회 세습사태는 대형 교단까지도 좌우할 수 있는 초대형 교회가 가진 힘의 위험성, 한국교회의 개교회주의 속에 나타나는 문제점과 건강하지 못한 평신도 아마추어리즘 등을 보여주었다.

2000년대 이후 은퇴한 목사의 도덕성도 한국교회의 문제로 대두되고 있다. 교회를 성장시키는 데 크게 공헌한 담임목사가 은퇴한 후 자녀들에게 세습을 시키지는 않더라도 원로목사의 지위에 있으면서 교회에 영향력을 행사하는 경우가 많이 나타난다. 물론 대부분의 은퇴목사는 조용히 물러가서 그동안 섬겨오던 교회가 잘되기를 위해 기도하고 있다. 그리고 후임 목사가 목회를 잘할 수 있도록 도와준다. 그러나 교회의 성장에 공이 많고, 능력과 카리스마가 있으며, 성도들에게 신임을 받고, 20년 이상 오래 시무하여 원로목사가

---

20) 박인영, "한국기독교장로회, 교회 세습방지법 도입", 「연합뉴스」 2013.09.27.

21) 최경배, "예장통합, 세습방지법 통과", 「CBS 노컷뉴스」 2014.09.24.

22) 이 웅, "'명성교회 부자세습' 교단 76% 찬성", 「연합뉴스」 2019.09.26.

23) 황규학, 『법으로 읽는 명성교회』 (하야BOOK, 2018).

된 분들 가운데는 은퇴 후에도 계속 교회에 영향력을 행사하려는 분들이 적지 않게 있다. 그 결과 드러나지 않게는 후임 담임목사의 목회에 큰 부담을 주며, 때로 후임 담임목사 및 그를 따르는 성도들과 갈등하기도 한다. 더 나가서 자신이 영향력을 행사할 수 있는 평신도를 통하여 후임 목사를 쫓아내기도 한다. 그래서 원로목사 제도 자체를 부인하는 주장이 나오기도 한다.[24] 그러나 원로목사의 문제는 제도 자체의 문제보다는 도덕성의 문제가 더 크다. 그 속에는 노욕(老慾)이 들어있고 천국에 대한 소망이 약해진 불신앙의 요소가 들어있다. 고은 시인은 "내려 갈 때 보았네 / 올라갈 때 못 본 / 그 꽃"이라는 뛰어난 시를 쓴 시인이었다. 그러나 내려가는 길 잘못 내려가서 본인의 명예가 실추되고 그의 시를 좋아하던 많은 사람에게 큰 상처를 주었다.[25] 목사의 도덕성은 현직에 있을 때뿐 아니라 은퇴한 후에도 계속 지켜야 하는 소중한 가치이다.

한국교회의 위기는 교역자 프로페셔널리즘의 위기이다. 교역자의 직이 전문직의 지위를 가지지 못하게 되었고 교역자가 과다하게 배출되고 있다. 이러한 과정에서 교역자가 성직자 혹은 목회자로서의 정체성을 적지 않게 상실하였다. 그 결과 심각한 도덕성의 위기에 처하게 되었다. 이러한 교역자 프로페셔널리즘의 위기는 목회자 개인에게 가장 큰 책임이 있지만, 사회적·제도적 요인도 많이 작용하였다. 아울러 한국교회 교역자 프로페셔널리즘의 쇠퇴는 평신도 아마추어리즘이 강화되는 원인이 되기도 하고 또한 결과로서 나타

---

24) 정주채, "원로목사 제도는 폐지되어야 한다", 「코람데오 닷컴」 2014.1.6.(고신대).
25) 이지영, "최영미, '고은, 손배소 상고 안해…대법원 안가고 끝났다'", 「중앙일보」 2019.12.05.

나기도 하였다.

3. 목회자 이중직과 공동목회

예장 통합 측 자료를 통해서 보면 2018년 현재 신도 수 50명 이하의 교회 수가 전체의 49.4%에 해당된다. 이러한 교회들은 교회의 재정적 자립이 불가능하다. 이렇게 자립이 불가능한 교회들이 지난 20~30년 동안 꾸준히 명맥을 이어오고 있다. 그것이 가능한 이유가 무엇인가? 여기에는 크게 두 가지 요인이 작용하였다. 그 첫째는 교단 혹은 타 교회(혹은 타 교회 성도)의 지원이다. 개신교 가운데 교단 지원 시스템이 잘 갖추어져 있는 예장 통합 측 교단의 경우, 총회와 노회별로 자립화 위원회(동반성장위원회)가 있어서 미자립교회들을 지원하고 있다. 그 액수는 다양하지만 적게는 30~40만 원, 많게는 100만 원 이상 지원하고 있다. 이러한 지원은 미자립교회에 적지 않은 도움이 되고 있지만, 앞날이 밝지만은 않다. 한국교회 성장 지체의 추세에 따라 대형 교회나 자립교회들 역시 헌금이 줄어들어 미자립교회를 지원하는 지원금도 줄어들기 때문이다. 그동안 타 교회 성도나 가까운 친인척의 비공식적 헌금이나 후원금도 많은 도움이 되었다. 이러한 후원 역시 감소의 추세이다. 한국경제와 한국교회의 성장에 중요한 역할을 했던 해방 후 세대와 베이비 붐 세대가 점차 물러나고 있다. 그리고 그 뒤를 잇는 세대들은 신앙과 경제력이 약해졌을 뿐 아니라 개인주의적 의식이 강하여 이들에 의한 미자립교회 지원이 점차 줄어들고 있다. 미자립교회가 존속되는 둘째 요인은 목회자 이중직(二重職)이다. 목회자 이중직이란 목회자가 생활비를 얻기 위하여 목회 이외에 다른 경제 활동의 직무를 담당하는 것을 말한다. 목회자 이중직을 교회법으로 허용하는 교단은 없다. 그러나 직접적으로 금지하는 교단 역시 없다. 개교회주의가 강한 한국개신교 교단은 일선 목회자의 생활을 책임지지 못하기 때문에 생활비를 얻기 위한 이중직을 현실적으로 막을 수 없기 때문이다. 그리고 이중직 목회에 대한 역사적·신학적 논의도 이미 이루어져 있다.[26] 그리고 2014년에 행한 「목회와 신학」의 설문조사에 따르면 목회자의 73.9%가 목회자 이중직을 찬성하였으며, 904명의 응답자 가운데 343명이 실질적으로 생활비 마련의 방편으로 이중직에 종사하고 있었다. 그리고 종사하는 직무를 보면 교육 분야(31.6%), 아르바이트 일용직(19.5%), 사회복지(9.0%), 기관 사역(6.6%), 사무관리(4.7%), 영업서비스(3.9%), 기타(24.7%) 등으로 나온다.[27]

미자립교회가 문을 닫지 않고 유지되는 것은 목회자 이중직 덕분이다. 특별히 목회자 사모(배우자)의 직장생활 덕분이다. 일반적으로 미자립교회 목회자 사모는 목회자 자신보다 안정된 직장에서 일하고 있다. 목회자의 이중직은 일반적으로 불안정한 임시직이 더 많지만, 사모들의 경우 학교나 유치원(어린이집) 교사, 간호사, 사회복지사, 사무직 등 비교적 안정된 직장에서 일함으로써 목회자 가정의 가계를 꾸리고 있다.

---

[26] 김승호, 『이중직 목회: 21세기의 대안적 목회 모델』(하명, 2016); 임성빈, "목회자의 이중직 문제, 어떻게 보아야 하는가"(1부, 2부), 「임성빈 문화칼럼」(2015, 문화선교연구원).

[27] 조성돈, "목회자 이중직에 대한 설문조사 분석", 「목회와 신학」(2014년 5월).

남자 목회자의 경우 배우자의 경제 활동으로 가계생활이 가능할 수 있다 해도, 비록 적은 돈밖에 벌지 못할지라도, 경제 활동에 종사하는 것이 좋다고 생각한다. 그동안의 경험에 비추어 볼 때 배우자(특별히 사모)의 수입으로 가계를 꾸리는 미자립 소형 교회의 목회자는 정신적·영적 위기에 처하기 쉽다. 집에서는 부인의 눈치를 보고 교회에서는 성도의 눈치를 보는 약하고 자존감이 떨어진 교역자가 되기 쉽다. 그러나 힘들고 어렵지만 경제 활동에 종사하면서 피곤한 가운데서도 말씀 준비를 하고 심방을 하면 가족이나 성도들 모두에게 떳떳하고 자존감도 가질 수 있다. 현재 도토리교회를 담임하는 김수열 목사의 경우, 동네 슈퍼를 운영하면서 목회를 한 바 있고 그러한 경험을 통해서 성도들의 삶의 현장을 생생하게 이해할 수 있었다. 그리고 미자립교회 목사들이 잃기 쉬운 목회자로서의 자존감과 자신감을 간직할 수 있었다.[28] 미자립교회 목사의 어려움은 생활문제에 국한되는 것이 아니다. 생활비를 벌지 못하면 목사와 남편, 아버지로서의 자존감을 가지기 어렵다. 교회 부흥이 되지 않는 어려운 시대를 맞이하여 미자립교회의 목사는 목회자 이중직의 어려운 강을 건너야만 주님께서 예비하신 가나안 땅으로 들어가 흔들리는 한국교회를 견고히 세울 수 있을 것이다.

　　이중직 목회를 하는 교역자들이 뜻을 맞추어 공동목회(팀 목회)를 하는 것도 시도할 만하다. 이중직 목회자의 생활이란 참 힘들고 어렵다. 이 시대 생활인의 한 사람으로 사는 것이 결코 쉬운 일이 아니며 목회자로서 사는 것 또한 쉬운 일이 아니다. 그런데 이 두 가지를

---

28) 김성호, "생계 활동, 목회 병행했던 김수열 도토리교회 목사", 「서울신문」 2017. 5. 19.

한꺼번에 감당하는 이중직 목회자의 길이란 여간 어려운 것이 아니다. 이중직 목회자 2~3명이 뜻을 모아 함께 공동목회를 하면 쉽게 개척을 할 수 있으며 과잉 배출된 목회자의 수급 조절에도 도움이 된다.[29] 공동으로 개척을 하면 서로가 서로에게 위로와 힘이 될 뿐 아니라 목회의 무거운 짐도 함께 나누어질 수 있다. 공동목회의 어려움과 위험은 목회를 통해 이루어진 교회 안의 인적·물적 자원의 배분과 권위와 위신의 배분이다. 그 가운데 어려운 것이 물적 자원의 배분 즉 급여의 배분이다.[30] 그러나 이중직 목회자의 경우 자비량 목회를 하므로 이러한 문제에서 벗어날 수 있다. 바울과 바나바, 실라와 같은 뛰어난 하나님의 종들이 함께 힘을 합쳐 자비량 공동목회를 할 때 한국교회에 크고 놀라운 역사가 일어날 수 있을 것이다.

이제 시대가 바뀌었다. 목회자 한 가정의 생활비 마련도 어려웠던 시절 한국교회 평신도들은 밥을 지을 때마다 쌀 한 줌을 따로 떼어 놓았다가 주일에 가져오는 성미(誠米)로 목회자를 공궤(供饋)했다. 그러나 지금은 비록 시골이라 하지만, 살 만큼 사는 집사나 장로가 자기 교회 목사를 책임질 생각은 하지 않고, 도시 큰 교회에 가서 후원금을 받아서 살아가라고 재촉하는 사례도 나타난다. 애써 수고하며 교회를 섬기고 또한 교회도 적지 않게 발전시켰지만 19년 만에 교회를 사임한 목사도 있다. 20년이 넘으면 원로목사가 될 수 있는데 그것이 "부담되니 나가 달라"는 평신도의 말이 비수에 찔린 듯 상처가 된 목사가 있다. 한국교회와 한국 사회를 감동시켰던 평신도 아마추어리즘이 환멸로 변하는 시대를 살고 있다. 그러나 프로페셔

---

29) 김대조 외, "팀 목회, 이렇게 생각한다" 「목회와 신학」 2017년 8월호, 79.
30) 구교환, "팀 목회를 위한 목회 구조" 「목회와 신학」 2017년 8월호.

널인 목사는 시대를 탓할 수도 없고, 평신도를 탓할 수도 없다. 누구를 탓한다면 그는 아마추어이지 프로가 아니다. 평신도 아마추어리즘이 어둠 속으로 기울어지고 있는 이 시대 프로페셔널인 목사는 "차라리 죽을지언정"(고전 9:15) 하는 바울 사도의 피맺힌 절규를 가슴에 안고 앞으로 나가야 하겠다. 자비량 목회, 목회자의 이중직은 목회자의 부끄러움이나 무능력이 아니다. 이 어지러운 시대에 주님의 몸 된 교회를 세울 수 있는 위대한 능력이다.

8장
신학대학원의 정원조정과 재편

한국교회 교역자 프로페셔널리즘의 위기는 내적으로는 교역자의 정체성과 도덕성의 위기이고 외적으로는 성도 수에 비해 교역자의 수가 너무 많다는 것, 즉 목회자 과잉의 위기이다. 교역자 수가 성도나 교회 수에 비해 너무 많으면 교역자들 사이에 임지(任地)를 얻기 위한 경쟁이 치열해진다. 이 과정에서 교역자의 품위와 자존감을 잃기 쉽다. 개교회 중심의 교역자 청빙제(실제는 고용제) 아래서 담임목사 청빙은 평신도에 의해 이루어진다. 그 결과 평신도는 고용인이 되고 교역자는 피고용인이 된다. (형식상 장로교에서는 노회의 위임, 감리교에서는 감독의 파송이라는 절차가 있지만, 실질적으로는 개별교회의 평신도에 의한 고용과 유사하다.) 피고용인의 위치에서 담임목사가 되면 교역자의 리더십이 제약된다,

전도사 인턴과정이나 부목사 과정을 마친 교역자의 다수는 안정된(자립된) 교회에 청빙 되지 못한다. 그리고 청빙 되지 못한 교역자가 선택할 수 있는 길은 교회 개척밖에 없다. 그리하여 신도 수가 정체되어 있음에도 불구하고 교회 수는 늘어나고, 늘어난 개척교회의

다수는 미자립 상태에 머문다. 결국 안정된 교회에 청빙 된 교역자는 지도력의 위기를 겪게 되고, 개척교회 교역자는 미자립교회의 어려움 속에서 사역해야 한다. 여기에 교역자의 무능, 나태, 비도덕성 등과 같은 요소가 합해지면 교회는 더욱 침체되고 교역자에 대한 평신도의 신뢰감은 더욱 떨어지게 된다. 이것이 목회자 과잉이 가져온 교역자 프로페셔널리즘 위기의 악순환이다. 이러한 악순환에서 벗어나기 위해서는 교역자의 과잉 배출을 막아야 하며, 이 일을 위해서는 신학교(신학대학원)의 개혁이 급선무이다.[1]

1. 한국교회 교역자 양성의 현실

한국교회의 교역자는 다음과 같은 과정을 통해서 세워진다. 체제가 잘 정비된 교단에서는 산하 신학대학 안에 신학대학원이 있다. 신학대의 학부 혹은 일반대학을 졸업한 후 신학대학원 3년 과정을 마치면 교역학 석사(Master of Divinity) 학위를 받는다. 수료 후 목사고시에 합격하고 2년 정도의 전도사 인턴과정을 마친 후 안수를 받음으로 교역자(목사)가 된다. 신학대학원 수료는 목사고시에 응할 수 있는 필수조건이다. 교단에서 지정하는 신학대학원을 수료하지 않고서는 목사가 될 수 없다.

정재영 교수의 연구조사에 따르면, 1990년대 초 신학교는 약 250개 수준이었고, 2014년 현재 약 400여 개에 달하고 있다. 400여 개 신

---

[1] 조성돈, "신학교 구조조정이 절실하다",『한국교회 개혁의 길을 묻다』(새물결플러스, 2013).

학교 중 인가받은 곳은 57개교, 나머지는 모두 비인가 신학교라 할수 있다. 그리고 한 해 동안 배출되는 목사후보생의 수는 정확하게 알기 어렵지만 7천 명에서 1만 명 정도로 추산된다.[2] 그동안에 문을 닫은 신학교도 있고 교단마다 신학생 수를 조절하고 있으므로 그 수가 감소했다 해도 현재 최소 연간 5천 명 전후의 목사후보생이 배출된다고 볼 수 있다.

한국교회 신학교의 증가는 교회 성장 및 교단분열과 밀접한 관계가 있다. 교회가 성장하여 신도 수가 늘어나면서 교회를 섬길 교역자에 대한 수요가 늘어났다. 그리하여 신학교가 세워지고 또한 학생수도 늘어났다. 이와 아울러 교단분열도 중요한 작용을 했다. 교단이 분열되는 경우 기존 교단에서 떨어져 나와 새로운 교단을 만든 측에서는 새로운 목회자 양성기관을 만들게 된다. 왜냐하면 특정 교단에서 목사안수를 받으려면 그 교단이 인가한 신학교를 졸업해야하기 때문이다. 이러한 이유로 교단이 분열될 때마다 새로운 신학교가 세워졌고, 많은 교역자가 배출되었다.

신학교가 만들어지면 그 신학교는 대학으로 변모하게 된다. 한국의 중요 교단에서 세운 신학교들은 일찍부터 이 길을 가서 1990년을 전후한 시기에 이르면 거의 다 대학이 되었다. 그리고 중소교단의 여러 신학교도 신학대학 혹은 신학과를 포함하는 일반대학으로 전환되었다. 그리고 사회의 발전과 교육수준의 증가에 따라 많은 신학대에 목회자 양성을 위한 전문대학원 즉 신학대학원을 세우게 되었다. 이처럼 신학교가 대학 혹은 대학원이 되면서 국가기관인 교육부

---

[2] 정재영, 『강요된 청빈』, 48-49.

의 행정 체제 아래로 들어가게 되었다. 그리고 대학으로 남아있기 위해서는 교육부에서 요구하는 기준에 학교의 교육여건이나 시설 등을 맞추어야 하고 그 지도를 받아야만 한다.

1980~1990년대까지는 교회와 대학이 모두 성장하는 시기였다. 그래서 신학교가 대학으로 전환하는 것이나 또한 대학을 운영하는 것 모두 크게 어려운 일이 아니었다. 그러나 인구구조의 변화, 인구의 수도권 집중, 교회 성장의 침체 등이 작용하면서 대학 지원자가 줄어들게 되고 그 결과 대학으로 변모한 신학교는 큰 어려움에 부딪히게 되었다. 학생들의 등록금에 크게 의존하는 한국의 대학 현실에서 학생 수를 채우지 못하면 학교의 운영이 매우 어렵기 때문이다. 신학대학은 사립대학이다. 사학(私學)에 대해서 항상 의구심을 가지는 국가 권력은 사립대학을 통제하기는 하지만 지원하는 일에는 국립대학과 비교할 때 매우 부족한 형편이다. 그 결과 사립대학들은 각자도생(各自圖生)의 상태에 있고 학생 정원을 채우지 못하면 문을 닫을 수밖에 없는 형편이다. 더욱이 신학대학의 경우 종립(宗立) 대학이라는 이유로 국가의 지원이 일반 사립대학보다도 미흡하다.

목회자 수급의 문제는 신학교와 밀접하게 관계된다. 현재의 신학대학은 한국대학이 부딪힌 문제를 그대로 안고 있다. 즉 학생 수가 줄어들어 학교 운영이 어렵다. 그래서 신학교도 학교 운영을 위해서 입학정원을 줄이지 못하고, 목회자의 자질이나 소명이 부족한 사람들을 여과 없이 받아들이고 있다. 또한 학교 운영의 어려움은 신학생의 교육에도 지장을 준다. 이런 상태에서 많은 학생이 신학대학원을 수료하고 안수를 받아 목사가 되지만 일할 수 있는 임지가 제대로 마련되어 있지 못하다. 그리하여 자신이 동원할 수 있는 모든 인적, 물적 자원을 다 동원하여 교회를 개척한다. 그리고 힘들고 어려운 가운데서 개척한 미자립교회를 섬기는 것이 현재 한국교회 교역자의 형편이다.

한국교회와 평신도 아마추어리즘의 문제는 교역자 프로페셔널리즘의 위기와 직접적으로 관련된다. 교역자 프로페셔널리즘의 위기는 크게 세 가지 측면에서 나타난다. 그것은 교역자의 정체성과 도덕성 문제, 교회 안에서의 지도력 문제, 교역자 양산(量産)의 문제(교역자 과잉 배출의 문제)이다. 그리고 교역자 양산은 신학교(신학대학원)의 문제와 직결된다. 신학교에서 현재 교역자를 양산하는 문제를 해결하려면 다음과 같이 해야 한다. 즉 "신학교는(한국교회는) ① 적정한 수의 ② 목사의 자질이 좋은 목사 후보생을 선발하여 ③ 하나님의 종으로 잘 훈련·교육하여 목회 현장으로 보낸다"는 원칙에 따라 행해야 한다.

신학교 개혁의 문제는 교단별로 접근해야 한다. 신학교는 교단별로 운영되고 있으며 교단 총회의 지도와 통제를 받는다. 그리고 교단의 높은 벽이 있어서 해당 교단에 소속된 신학교를 나오지 않으면 그 교단의 목회자로 안수받고 일하는 것이 매우 어렵다. 한국교회에 속한 수많은 신학교의 문제를 다 같이 논의하기는 어려운 형편이다. 그러므로 필자가 소속된 예장 통합교단을 예로 들어 신학교 개혁의 문제를 논의하겠다.

2. 신학대학원의 적정 정원

신학교 개혁의 첫걸음은 적정 수의 신학생(목사 후보생)을 선발하는 것이다. 여기에서 말하는 적정 수란 해당 교단에서 필요로 하는 목회자의 수를 의미한다. 즉 각 교단에서 필요로 하는 수만큼 신학대학원 학생을 선발해야 한다. 현재까지는 목사가 되는 길이 여럿이었지만 앞으로는 신학대학원 하나로 통합될 것이다. 그러므로 목회자의 수급(需給) 조절은 신학대학원 입학생 정원 조절이라는 단순한 방식에 의해 이루어지게 될 것이다.

예장 통합측 교단의 신학대학원 즉 목회자 양성기관은 전국에 7개가 있다. 예장 통합 102회 총회(2017년 총회)에서 2018학년도부터 2020학년도까지 신학대학원 입학정원을 매해 4%씩 감축하기로 하였다. 이 결의에 따라 2020학년도 통합측 신학대학원 입학정원은 7개 대학원 도합 632명이 되었다(장신 264명, 호신 105명, 영신 74명, 서울장신 59명, 한일장신 50명, 부산장신 50명, 대전신 30명: 대학원정보사이트 '전국대학원' 홈페이지 자료). 그러나 신학대학원 지원자 수가 해마다 줄어들어 2020년도 실제 입학생 수는 입학정원에 미치지 못하고 있다(이인창, 장창일).[3] 그리하여 예장 통합 102회 총회의 선제적(先制的) 조치는 빛이 바래고 말았다. 2021학년도 신대원 학생 충원 역시 하락세가 계속되고 있다. 2021년 "일반전형 결과 장로회신학대와 총신대, 합동신학대학원대가 각각 2.41대1, 1.44대1, 1.20대1로 지원자가 입학정원을 초과했다. 하지만 서울신학대(0.54대1), 침례교신학대

---

[3] 이인창, "신대원 경쟁률과 충원률 3년 전보다 더 심각", 「기독교연합신문」 2018. 10.15.; 장창일, "신학대학원 지원자 줄고 있다", 「국민일보」 2019.12.11.

(0.53대1), 한신대(0.43대1), 성결대(0.40대1), 아세아연합신학대(0.28 대1) 등은 정원에 미달해 추가모집이 불가피해졌다."[4]

목회자 수급 조절과 관련하여 "적절한 신학생의 수가 얼마인가" 를 결정하는 것은 쉽지 않은 일이다. 이 수를 정하기 위해서는 다음 두 가지 사실에 관한 판단이 우선되어야 한다. ① 한국교회 교역자 의 수가 성도 수 혹은 교회 수와 비교하여 적절한가, 과잉인가, 모자 라는가를 판단해야 한다. ② 한국교회 성장의 미래에 대한 예측 혹 은 기대치가 나와야 한다. 한국교회 성장의 장기예측이 성장세라면 현재의 신학생 정원을 감소시킬 필요가 없다. 장기예측이 감소세라 면 그 감소의 정도에 따라 신학생 정원을 감소해야 한다. 현재 한국 교회의 상황은 정체 혹은 감소이다. 미래학자들의 추정에 따르면, 2050년경에 이르면 성도 수가 현재의 절반 이하로 떨어질 것으로 예 측된다.

적절한 목사후보생의 수를 정하기 위해서는 현재의 목회자 수급 상황을 살펴보아야 한다. 총회 고시위 보고에 따르면 2020년도 목사 고시에 1,355명이 응시하여 659명이 합격하였다. [5] 2018년 말 현재 통합 측 교단 목사 20,506명에다 해마다 이 수만큼 더해지고 있다. 한국교회 목회자들의 지향점은 자립교회 담임목사이다. 그런데 통 합 측 교회 가운데 성도 100명이 넘는 교회는(즉 자립 교회) 3,081 교 회이다. 즉 현재의 목회 환경은 목사 수는 2만 명이 넘는데 안정된 목회를 할 수 있는 교회의 담임목사 자리는 3,000여 개에 불과하다. 그리고 불안정한 교회(즉 100명 이하 성도를 가진 교회)의 담임목사가

---

4) 장창일, "신학대학원 미달 사태… 목회자 양성 기반 흔들", 「국민일보」 2020.12.30.
5) 이수진, "목사고시 합격자 발표", 「한국기독공보」 2020. 8. 27.

약 6,000명 정도 된다. 나머지 11,000명은 일시적으로는 안정된 자리이지만 장기적으로는 불안정한 부목사와 다양한 기관이나 단체에서 일하는 목사이다. 이렇게 놓고 볼 때 통합측 교단의 목회자가 안정적으로 일할 수 있는 자리가 (부목사 자리를 포함하여) 대략 15,000개 정도 된다. 이 수치가 크게 변하지 않는다는 것을 전제로 30년(목회자 1인의 근무연수) 동안 이 자리를 채우기 위해서는 연간 500명 정도의 교역자가 배출되어야 한다. 그런데 현재 불안정한 상태에서 목회하는 목회자의 수가 6,000명 정도 되며 이분들이 앞으로 30년이 지난 후 모두 은퇴한다면 그동안 연간 200명 정도는 불안정한 지위의 목회자가 된다. 그러므로 불안정한 생활의 교역자 문제를 해소하려면 유입되는 교역자를 연간 200명 정도는 줄여야 한다. 따라서 앞으로 30년 동안 유입되는 목회자의 적절한 수는 500명에서 200명을 제외한 300명 정도가 될 것이다.

적정한 입학생 수를 산정하는 공식은 A/30 − B/30 + C/100이다(A는 교단 내 안정된 교직의 수, B는 교단 내 불안정한 교직의 수, C는 연간 신도 증가 수). 즉 교역자 1인이 평균 30년 사역한다는 것을 전제로 하면 해마다 공급이 필요한 교역자 수는 안정된 교직의 1/30이다. 여기에서 목회자 과잉을 해소하려면 해마다 불안정한 교직의 1/30을 감소시켜야 한다. 여기에 신도 수 증감을 반영하려면 (교인 100명에 교역자 1명이 필요하다는 것을 전제로) 해마다 증감되는 신도 수의 1/100을 더하든지(증가의 경우) 빼야(감소의 경우) 한다.

이것을 정리하면 다음과 같다. 현재의 신도 수와 교역자가 일할 수 있는 자리를 고정시켜 놓고 계산할 때, ① 연간 500명의 목회자가 유입되면 지금과 같은 과포화 상태가 상당 기간 계속된다. ② 현재처럼 연간 500명 이상의 교역자가 유입되면 현재의 과포화 상태는 더욱 심화된다. ③ 연간 300명 정도의 목회자가 유입되면 앞으로 30년의 세월이 지난 후 균형이 이루어진다. 그러므로 적절한 신대원 입학생 수는 최대 300명이며, 목회자 과잉의 문제를 가능한 한 빨리 해결하려면 당분간 연간 200명 정도의 교역자를 배출하는 것이 바람직하다.

앞으로 어느 정도 기간에 100명 이상 신도를 가진 자립교회 3,000여 교회는 존속할 것이다. 물론 신도 수가 100명 이하 교회로 떨어지는 교회도 많이 나오겠지만 100명 이하 교회에서 올라가는 교회들이 상쇄할 것으로 기대한다. 그리고 100명 이하 신도를 가진 6,000여 교회들은 성장 발전하여 자립하는 교회, 통폐합되어 없어지는 교회, 새로운 교회 개척을 통해서 유입되는 교회 등 다양한 모습을 띠게 될 것이다. 현재 추세가 계속된다면 통폐합되어 문을 닫는 교회들의 수가 많이 늘어날 것이고 현재의 40대 목회자들이 은퇴하는 20~30년 후에는 100명 이하의 교회가 2~3천 개 정도 남을 것으로 추산된다. 이런 상황에서 소명감이 투철하고 목사의 자질을 잘 갖춘 200~300명 정도의 신학생을 선발하여 잘 교육한 후 배출하면, 20~30년 후 즉 현재의 과잉 배출된 목회자들이 대부분 은퇴하고 난 다음에 어느 정도 균형을 이루게 될 것이다.

그러나 현재처럼 신학교의 재정확보를 위해서 해마다 600~700명의 목사후보생이 여과 없이 입학하고, 들어온 학생들을 제대로 훈련·교육하지 못한 채 자리 경쟁이 치열한 목회현장으로 내보내면 혼란이 더욱 가중될 것이다. 목회자의 품위는 떨어지고 살아남기 위해서 수단 방법을 가리지 않는 목회를 하게 된다. 이 과정에서 영적 그레

샴의 법칙이 나타나 악화가 양화를 구축하는 현상도 일어날 수 있다. 병든 평신도 아마추어리즘을 가진 일부 평신도 지도자들은 이러한 사태를 방관할 수도 있다. 목회자들 사이에 자리다툼과 경쟁이 심해지면 평신도가 교역자를 통제하기가 더 쉽기 때문이다. 그러나 현재의 상태가 계속되면 목사들의 위신과 도덕성이 저하될 뿐 아니라 교회의 사회적 공신력도 떨어지고 결국 교회는 침체의 늪에서 벗어나기 어렵다. 그리고 교회가 침체되면 현재 전성기를 누리고 있는 평신도 아마추어리즘도 심각한 장벽에 부딪히게 될 것이다.

평신도 아마추어리즘의 성장과 함께 발전한 한국교회가 지금 한계에 봉착했다. 목회자의 프로페셔널리즘은 무너졌고, 평신도 아마추어리즘은 병들었다. 교회를 다시 세우는 일은 일차적으로 목회자에게 달려있다. 그들은 교회의 운명과 관련해서는 아마추어가 아니고 프로이기 때문이다. 그리고 교역자가 교회를 다시 일으키기 위해서는 그들이 마음껏 주님을 위해 헌신할 수 있는 터전을 만들어 주어야 한다. 그 터전을 만들기 위해서는 예장 통합측 신대원 정원을 200~300명 수준으로 낮추어야 한다. 예장 통합교단은 한국의 개신교 교단 가운데 가장 규모가 크고, 교단이나 신학교 시스템도 잘 갖추어져 있다. 예장 통합 교단보다 더 어려운 조건에 있는 교단들은 그 교단의 형편과 특성에 맞는 방안을 마련해야 할 것이다. 그러나 그 첫걸음이 신학대학원 입학생을 줄이는 데서 출발해야 함에는 변함이 없다.

3. 신학대학원의 재편

  적정한 수의 목사후보생을 엄격하고 신중한 절차를 거쳐서 선발하여 잘 교육하고 훈련하여 좋은 목회자를 배출하는 것이 신학대학원의 기구 개혁과 재편의 요체이다. 신대원 학생 수를 줄이기 위해서 현재의 신학교를 통폐합하는 문제도 많이 거론되고 있다. 매우 필요하지만 쉽지 않은 일이다. 교단 산하에 있는 7개 신학대학의 역사와 현재 상황, 규모나 학과 및 학생 수 등이 모두 다르기 때문이다. 그러므로 목회자 과잉 배출의 문제를 해결하기 위해서는 그 방향을 신학대학 통폐합이 아니라 신학대학원 재편에 초점을 맞추어야 한다. 신학대학 통폐합의 문제로 접근하면 여러 가지 복잡한 변수들이 나온다. 이사회 구성과 총장직의 문제, 학부에 소속된 신학과와 여타 학과의 문제, 교역자 수급과는 상관없는 석박사 과정의 대학원의 문제, 각 신학대학의 동문회의 문제 등이 있다. 그러므로 신대원 정원을 조절하기 위해서 신학대학을 통폐합할 경우 다양한 이해 당사자들의 목소리에 의해 합의된 결과를 얻기가 힘들다. 그러므로 신학대학 통폐합의 문제가 아닌 신대원 재편의 문제로 초점을 맞추어야 실효성이 있는 결과를 얻을 수 있다.

  현재의 7개 신학대학원을 그대로 둔 채 총 입학정원을 300~400명 선으로 줄이는 것은 쉬운 일이 아니다. 학교별로 어느 정도로 줄여야 하는지 합의가 쉽지 않다. 현재의 입학정원을 일괄적으로 1/2로 줄이는 것 역시 합의가 어려운 일이다. 설사 합의된다 해도 장신대를 제외한 대부분 학교의 신대원 학생 수가 너무 적어져서 학교 전체에서 차지하는 비중이 현저하게 감소된다. 그 결과 학사 행정은 번잡해지고 목회자 양성기관으로서의 신학교의 의미를 잃게 된다.

현재에도 입학정원을 채우지 못하니 자연적으로 (학생모집이 되지 못해서) 입학정원이 줄어들도록 기다리는 방법도 생각할 수 있다. 그러나 이 방법은 최악의 방법이다. 입학정원이 300명 이하로 떨어질 때까지 여러 해의 시간이 경과할 것이며, 그 기간 각 신학교는 각자 도생의 길을 가게 된다. 그 과정에서 목회자로서의 자질이 부족한 사람들이 들어와 목회자가 됨으로 한국교회는 더욱 더 침체의 길로 들어가는 악순환이 나타날 것이다.

신학교의 통폐합도 쉽지 않고 현 체제에서 신대원 입학생 정원을 줄이는 것도 쉽지 않다면(또한 효율성 혹은 효과성 모두가 떨어진다면), 7개 대학에 있는 신학대학원을 독립시켜 2~3개의 신학대학원으로 재편하는 것이 대안이 될 수 있다. 총회에서는 신학대학원 재편에 초점을 맞추어 일을 추진하고 그 과정에서 자연스럽게 신학대학들이 서로 논의하여 신학대학 재편 혹은 통폐합이 이루어질 수 있을 것이다. 신학대학원 재편과 관련하여 몇 가지 방법을 생각할 수 있다.

(1) **장신대 신대원으로 일원화**: 장신대 신대원 하나만 남겨 놓고 다른 6개 대학 신대원을 모두 폐지하는 방법이 있다. 현재 장신대 신대원 입학정원이 264명이다. 따라서 이 방법을 사용하면 제일 간단하게 교역자 과잉공급의 문제를 해결할 수 있다. 그러나 이 방법은 장신대 이외의 다른 신학대학에서 받아들이지 않을 것이다. 현재 학부 신학과는 점차 쇠퇴의 길을 가고 있다. 언젠가는 학부 신학과가 폐지될 수도 있다. 의학전문대학원이나 로스쿨이 만들어진 대학의 경우 학부 의학과나 법학과가 거의 없어졌다. 앞으로 학부 신학과는

많이 약해지고 더 나가서 폐지될 가능성이 높다. 이러한 사실을 전제로 하면 지방 신학대 신대원의 폐지는 곧 지방 신학교의 폐지와 마찬가지의 의미를 가진다. 그러므로 역사 깊은 지방의 신학대학들이나 그 학교 출신 동문들이 이 방법을 받아들일 가능성이 거의 없다. 그리고 현재의 총회 구조나 특성으로 볼 때 총회가 이것을 강제할만한 힘도 없다.

신대원을 장신대 신대원으로 일원화하는 것은 실행의 가능성이 약할 뿐만 아니라 바람직한 방법도 아니다. 통합측 교단과 같이 큰 교단에서 신학대학원이 하나만 있을 경우 다양성을 상실하고 경직될 수 있다. 더 나가서 지방에서 신대원 공부를 하고 목회자가 되고자 하는 사람들의 학업 기회를 제한할 수 있다. 앞으로의 시대는 자비량 목회자가 많이 나와야 하는 시대가 될 것이다. 이미 지방의 여러 신대원에서 야간부가 설립되어 직장인들이 신학대학원 공부를 하고 있다. 장신대 신대원으로 일원화하면 지방의 신실한 직장인들이 목사가 될 수 있는 길을 원천적으로 봉쇄하는 결과가 나타난다. 또한 여러 가지 이유로 서울에 와서 공부할 수 있는 여건이 되지 못하는 사람들이 목회자의 길을 갈 수 있는 길이 막힐 수 있다. 따라서 장신대 신대원 하나로 일원화하는 방법은 실현 가능성도 작고 바람직하지도 않으므로 신학대학원 재편의 방안으로서 채택하기 어렵다.

(2) **2개의 신학대학원으로 재편**: 장신대 신대원의 입학정원을 200명 수준으로 줄여 장로회 '제일 신학대학원'으로 하고 지방 신학대 신대원을 통합하여 장로회 입학정원 200명 정도의 '제이 신학대학원'으로 하는 방법이 있다. 이 방식의 경우 장로회신학대학의 반발이 있

을 수 있다. 그러나 장신대 신대원이 입학정원을 100여 명 가까이 줄이는 것은 학교의 존폐에 영향을 주지는 않으며, 더 좋은 목회자 후보생을 걸러낼 수 있는 방법이 될 수도 있다. 따라서 총회에서 적절한 보상책을 제시하면 한국교회 전체를 위해서 받아들일 수 있을 것이다.

이 방안의 경우 '지방 신학대가 받아들일 것인가?'의 문제가 제기된다. 지방의 신학대가 신대원 과정을 독립시키는 문제는 신학대 안에서 신대원이 차지하는 비중과 밀접한 관련이 있다. 현재 통합측 교단 소속 7개 신학대의 학부 정원과 신대원 정원을 2021년 입학 전형을 기준으로 정리하면 다음과 같다.

학교	학부생 정원 (명×년)	신대원 정원 (명×년)	총정원	신대원 비율 (%)
장신대	150×4=600	264×3=793	1,392	56.9
한일장신대	219×4=876	50×3=150	1,026	14.6
서울장신	188×4=752	59×3=177	929	19.1
호남신대	137×4=548	105×3=315	863	36.5
영남신대	123×4=492	74×3=222	714	31.1
부산장신	32×4=128	50×3=150	278	54.0
대전신대	30×4=120	30×3=90	210	42.9

한일장신대와 서울장신대는 신대원 학생의 비중이 20% 이내이다. 따라서 학부에 대한 지원책이 마련되면 신대원 과정을 제이 신학대학원으로 이전하는 것을 수용할 수 있고 또한 신대원 과정이 옮겨가도 학교가 존속할 수 있다. 영남신대와 호남신대는 신대원이 전체 정원에서 차지하는 비율이 31.1%와 36.5%이다. 학교 전체의 30% 이상의 비중을 차지하는 두 학교의 경우 신대원과정이 제이 신대원

으로 빠져 나가면 학교의 존립 자체가 어려워질 수 있다. 대전신대와 부산장신은 신대원의 비율이 42.9%, 54.0%로서 신대원 과정이 제이 신대원으로 이전하는 것은 실질적으로 폐교와 같은 의미가 된다. 그리고 두 학교는 특단의 조치를 취하지 않는 한 학교의 존립 자체가 어려운 형편이다.

2개의 신대원 체제는 신대원의 소재와 관련해서도 합의가 쉽지 않다. 현실적으로 대전, 대구, 광주 가운데 하나를 생각할 수 있는데 그 어느 곳도 합의가 쉽지 않다. 대전은 입지적으로는 남부의 중앙에 있어 유리하지만 입학생 자원이 가장 적은 지역이다. 대구와 광주는 어느 한편으로 갔을 때 다른 편이 받아들이기 어려운 위치이다. 그러므로 2개의 신대원 체제는 현실 적합성이 떨어지는 방안이다.

(3) **3개의 신대원으로 재편**: 현재 통합측 교단 상황에서 신학대학원을 재편하는 가장 현실성있는 방법은 3개의 신대원으로 재편하는 것이다. 즉 장신대 신대원과 서울장신 신대원을 합하여 '장로회 서울(혹은 제일) 신학대학원'(가칭)으로 재편하고 대전신대, 호남신대, 한일장신대 신대원을 합하여 '장로회 서부(혹은 제이) 신학대학원'으로 재편하며, 영남신대와 부산신대의 신대원을 합하여 '장로회 동부(혹은 제삼) 신학대학원'으로 재편할 수 있다.

재편의 구체적인 방향을 다음과 같이 생각할 수 있다.

① 입학정원은 제일 신학대학원은 200명, 제이 신학대학원은 120명, 제삼 신학대학원은 80명으로 한다. (총 입학정원이 300명 이하가 되는 것이 바람직하지만, 신대원의 제도적 개편이 자리 잡을 때까지 신대원 입학생

400명 수준을 유지하는 것이 필요할 것이다.)

② 신학대학원의 소재는 제일 신학대학원은 서울 광장동의 장신대 안에, 제이 신학대학원은 광주의 호신대 안에, 제삼 신학대학원은 대구의 영신대 안에 둔다. 그러나 졸업생 관리, 동문회 구성, 대학의 역사와 전통 등은 통합한다. 즉 제일 신학대학원은 장신대 신대원과 서울장신 신대원을 통합하고, 제이 신학대학원은 대전신대, 한일장신, 호신 신대원을 통합하며, 제삼 신학대학원은 부산신대와 영남신대를 통합한다.

③ 신학대학원은 소재지의 신학대학과 시설을 공유하고 교육, 예배, 행사 등은 필요에 따라 공동으로 진행하되 행정과 재정은 독립적으로 하는 것을 원칙으로 한다.

④ 서울장신, 대전신, 한일장신, 부산장신의 캠퍼스는 필요에 따라 해당 신학대학원의 제이(혹은 야간) 캠퍼스로 사용할 수 있도록 한다.

⑤ 신대원이 떠난 4개 대학에는 특별한 지원책을 마련하여 학교 발전의 새로운 길을 열어가는 데 도움을 준다.

⑥ 현재 서울장신, 한일장신, 부산장신, 대전신대에서 근무하는 신학과 교수는 해당 학교 교원과 신대원 교원을 겸하는 것으로 한다. 재편 후의 교수 충원은 해당 신학대학원이 행한다.

목회자 양성기관인 신학대학원의 재편을 위해서는 한국교회의 결단과 구조조정을 위한 단기간의 집중적 예산 투여가 필요하다. 어느 정도의 예산이 필요한지는 신학대학원 재편의 규모와 방법에 따라 달라질 것이다. 그러나 단순하게 추정하면 다음과 같다. 정원이 감소되는 신대원 입학생의 5년치 등록금(800만 원×300명×5년=120억 원), 교직원 구조조정 비용(3억 원×50명=150억 원), 교육 시설과 기자재 확충 비용(30억 원), 모두 합하여 300억 원 정도로 추산할 수 있다. 이 정도 예산을 투여하여 신학대학원 재편이 이루어지는 과정에서 통합 교단 소속 7개 신학대학의 재편(혹은 구조조정)도 수반될 수 있다. 그리하여 세속화, 인구구조변화, 교회 성장의 침체, 대학구조조정 등이 합쳐진 퍼펙트 스톰(perfect storm) 앞에 선 한국교회와 신학교가 새로운 길을 열어갈 수 있을 것이다.

신학대학원 재편에 필요한 예산 확보의 문제는 그동안 큰 은혜를 받아 재정적 능력이 있는 초대형 교회가 큰 부담을 질 수밖에 없다. 예장 통합 104회 총회 통계에 따르면 50억 이상의 예산을 가진 교회가 16개 교회이다. 이 교회들이 연평균 10억 원씩 2년 정도만 지원하면 가능할 수 있을 것이다(10억 원×16교회×2년=320억 원).

지금 현재에도 대형 교회가 여러 미자립 교회들을 위하여 많은 예산을 사용하고 있다. 통합측 교단 동반성장위원회를 통하여 연간 수백억 원의 예산이 미자립교회를 지원하는 일에 사용되고 있다. 또한 코로나 사태와 같은 특별한 일을 당한 경우 여러 대형 교회들이 미자립교회를 많이 돕고 있다. 예를 들어 2020년 코로나19 사태를 맞이하여 '분당우리교회'는 34억 원을 헌금하여 교단 상관없이 900여 교회의 3개월치 임대료(210만 원)를 지원하는 아름다운 역사를 이루었다.[6] 그러나 한국교회 전체로 볼 때 대형 교회들 역시 늘어만 가는 미자립교회를 돕는 일에 점점 지치고 있는 현실이다. 현재의 미자립 교회를 돕는 것도 중요한 일이지만 신학대학원 재편을 통해 미자립교회가 양산될 수밖에 없는 구조를 타파하는 것이 더욱 중요하고 또한 시급하다. 지금 이대로 가면 신학교 유지를 위한 신학대학원생 '과잉 모집', 그로 인한 교역자 '과잉 배출', 임지가 없는 교역자의 '과

---

6) 박효진, "4,100명 미자립교회 목사님 울린 '꽃 편지지와 상품권'," 「국민일보」 2020.05.06.

잉 교회 개척', 그 결과 나타난 '미자립교회의 양산', 안정된 기존 교회의 '부담 증대'의 악순환이 계속될 것이다. 한국교회가 처한 앞으로의 목회 환경이 밝지만은 않다. 이런 상황에서 한국교회가 선제적으로 대처해야 할 일이 신학대학원을 재편하여 목회자 양산을 막고 차세대의 착하고 신실한 종들을 세우는 일이다. 신학대학원 재편을 위해서 대형 교회들이 힘을 합치면 한국교회는 다시 회복될 수 있을 것이다.

대형 교회가 결단하면 그 뒤를 이어 많은 교회가 힘을 합쳐 협조하고 기도할 것이다. 또한 각 신학대학의 자구 노력도 다양하게 전개될 것이다. 필요하면 총회나 신학교가 가진 자산을 매각하여 신학대학원 재편 기금을 마련하는 데 힘을 더할 수 있을 것이다. 교육부의 대학 구조조정 보조금을 받을 수도 있다. 더 나가서 통합 교단이 앞장서 신대원 재편 방안을 마련하고 좋은 열매를 거두면 다른 교단에서도 뒤따라올 것이다. 신학대학원의 재편은 신학교나 목사들에게만 맡겨서는 이루기 어렵다. 대형 교회 평신도 지도자들이 나서야 한다. 통합 교단 안에는 정치, 경제, 교육 분야에서 뛰어난 지도력과 능력을 가진 평신도들이 많이 있다. 이분들이 받은바 은혜를 기억하며 믿음으로 한국교회를 섬길 때 크고 놀라운 역사가 일어나게 될 것이다.

한국교회 목회자 과잉 배출의 문제를 해결하기 위해서는 신학교(목회자 양성기관)의 개혁이 필요하다. 신학교의 개혁은 신대원의 재편에 초점을 맞추어야 한다. 즉 다양한 성격을 띤 교단 산하 7개 신학대학의 통폐합이 아니라 목회자 배출의 직접적인 통로가 되는 신대원의 개혁(재편)이 되어야 한다. 신대원 개혁을 위해서는 입학정원을 최대 300~400명 수준으로 줄여야 한다. 이렇게 입학정원을 줄이기 위해서는 현재의 7개 신대원을 3개의 신대원으로 줄여야 한다. 3개의 신대원은 장신대(정원 200명), 호신대(정원 120명), 영신대(정원 80명) 안에 둔다. 신대원을 두지 않는 4개 신학대는 제이 캠퍼스로 사용하고 신대원 폐지에 따른 학교 운영의 어려운 문제를 해결할 수 있도록 특별 지원을 한다.

4. 신학생 선발과 교육 방식의 개혁

한국교회 신학교 개혁을 위해서는 적절한 수의 신학생을 선발하는 것도 중요하지만 그에 못지않게 중요한 것은 교역자로서의 좋은 자질을 가진 신학생을 선발하여 잘 교육하고 훈련하는 일이다. 교역자의 좋은 자질의 기준은 주관적으로는 교역자로 부르심에 대한 소명, 교역자의 일을 감당할 수 있는 은사, 영적 체험 등을 들 수 있다. 객관적으로는 인격의 세 가지 요소인 지정의(知情意)가 균형 있게 잘 갖추어져 있어야 한다. 현재 신학생의 모습을 보면 주관적인 소명, 은사, 체험은 있지만, 객관적인 지정의가 부족한 사람들이 있으며 반대로 객관적인 지정의는 어느 정도 갖추었지만, 주관적인 소명, 은사, 체험이 부족한 사람도 있다. 이 양편을 균형 있게 잘 갖춘 사람을 선발하는 것이 필요하다.

그러나 현재 대부분의 교단 신학교에서 행하고 있는 목사후보생 선발 과정은 형식적이고 표피적이다. 신학대학원의 경우 성경, 상식, 어학 시험 그리고 해당 교회 목회자 추천서, 간단한 면접 정도의 과정을 거쳐 이루어진다. 학생들의 등록금을 받아야 학교가 운영되기 때문에 입학정원을 채우는 데 급급하다. 지원자가 입학정원에도 미치지 못하는 신학대학원의 경우 원서만 내면 거의 합격이 되는 형편이다. 이러한 문제를 해결하기 위해서는 학교 운영의 안정을 위한 방안을 마련하여 입학정원 채우기에 급급하지 말아야 한다.

교역자의 자질을 갖춘 목사후보생을 선발하기 위해서는 신학대학원 입학 전형 기간을 최소한 1개월 이상으로 늘여야 한다. 즉 현재의 집필 고사를 통해서 2배수 정도의 후보생을 선발한 후 1달에 걸쳐 다양한 방식으로 목회자로서의 주관적, 객관적 자질이 있는지를 점검해 보아야 한다. 천주교, 외국의 신학대학원, 일반 기업체 등에서 행하고 있는 입학(입사) 면접이나 심사의 과정을 참고하면 좋은 방안을 마련할 수 있다. 본인에 대한 면접뿐만 아니라 추천서를 써준 해당 교회 교역자에 대한 면접, 가족이나 가까운 교우들과의 면접도 필요하다. (직접 면접이 어렵다면 전화를 통한 면접이라도 해야 한다.) 개신교 교역자의 경우 설교의 은사는 꼭 필요한 은사이다. 그러므로 글쓰기와 말하기에 대한 심층 평가 작업도 해야 한다. 이러한 과정에서 기준에 미치지 못하는 지원자가 있으면 입학정원을 채울 수 없어도 걸러내야 한다. 이런 방식으로 선발하려면 시간과 노력 그리고 비용도 많이 들 것이다. 그러나 길게 놓고 보면 또한 한국교회 전체에 미치는 영향을 생각한다면, 선발 과정을 엄격하고 신중하게 하는 것이 비용은 적게 들고 유익은 더 크다.

이렇게 선발된 목사후보생을 최선을 다해 교육하고 훈련해야 한다. 이러한 교육과 훈련의 과정에서 가장 중요한 것은 신학대학원이 신실한 목회자 양성과정임을 잊지 말고 여기에 초점을 맞추어야 한다. 학부 과정이 넓고 일반적인 교육에 관심을 기울이고 석·박사 과정이 신학의 전문성에 초점을 맞춘다면, 신학대학원은 목회자 됨(pastor-ship)에 초점을 맞추어야 한다. 목회에 필요한 성경과 신학적 지식, 목회자에게 필요한 교양과 세계관, 목회자가 간직해야 할 사회와 역사와 문화에 대한 이해력, 목회자로서의 인격과 성품의 개발 등을 교육하고 훈련해야 한다. 엘리야와 엘리사가 선지자 학교를 세워 생도들을 가르치듯 해야 한다. 지금 우리 시대는 세속화의 물결에 크게 휩쓸려 있다. 세속화의 물결은 교회와 신학교 더 나가서 교역자에게까지 거세게 밀려오고 있다. 이러한 시대를 맞이하여 교역자로서의 정체성을 분명히 하는 교육이 필요하다.[7] 장로회신학대학의 교훈 '경건과 학문' 가운데 경건의 측면을 더욱 강화하는 교육이 필요하다. 이 일을 위해서는 신학대학 총장과 교수들이 후원금 모집, 학교 행정, 교단 정치 등에 시간과 힘을 빼앗기지 않도록 해야 한다. 그리고 교수들 자신도 신학자나 교수로서의 정체성을 가질 뿐 아니라 목사후보생에 대한 멘토로서의 정체성을 더욱 확고히 해야 한다.

---

[7] 송재근 외, "한국의 신학교육, 대안은 무엇인가", 「목회와 신학」 2006년 3월호, 73.

9장
당회 제도의 개혁

한국개신교의 평신도는 교회의 설립과 성장, 교회의 유지와 운영에 중요한 역할을 담당해 왔다. 천주교나 불교와 같은 타 종교와 비교할 때 교회 안에서 평신도의 비중은 매우 크다. 내부적으로 교역자들과 비교할 때도 평신도는 그 비중이 점점 커지고 있다. 시간적으로 1980년대 이전 과거와 비교할 때 현재에 그 비중이 훨씬 커졌다. 한국교회의 성장과 발전 그리고 쇠퇴와 갈등의 과정에서 교역자인 목사와 평신도인 장로는 중심적인 역할을 하고 있다. 그리고 목사와 장로로 구성된 장로교의 당회는 한국교회 조직의 핵심적인 지위를 차지하고 있다. 그러므로 한국교회 제도와 조직 개혁의 첫째 걸음은 당회 개혁이다.

1. 한국 장로교회 당회의 문제

한국교회 평신도 아마추어리즘이 가장 잘 나타나는 교회 구조가

장로교의 당회이다. 당회는 장로교 교회 행정의 알파와 오메가이다. 예배와 예식, 목회자 청빙 및 직원 임용, 교회의 사업과 행사, 교회 재정 수립과 감사, 재판과 징계 등 교회의 모든 중요한 행정이 당회에서 시작하여 당회에서 끝이 난다. 교인 총회라고 할 수 있는 공동의회는 장로, 안수집사, 권사 선출에만 관여한다. 공동의회의 예·결산 인준은 형식적이며 심지어 담임목사 청빙 결의까지도 당회 결정을 추인하는 요식(要式) 절차에 불과한 경우가 많다.

당회원의 신분은 견고하다. 당회장 담임목사와 당회원 시무장로는 70세까지 그 임기가 보장된다. 당회원이 불미스러운 일을 저질렀을 때 권고 사임을 요구할 수 있지만, 본인이 사임서를 내지 않으면 사임시킬 수 없다. 재판에 의해 사임 판결이 나야만 사임시킬 수 있다. 그런데 재판에는 당회 재판, 노회 재판, 총회 재판, 재심 재판, 사회 법정에서의 재판 등의 과정이 있다. 재판국원 또한 법의 비전문가인 목사와 장로로 구성되어 있어서 교회 정치의 바람을 타기 쉬운 구조이다.

당회원 장로로 선출되기 위해서는 매우 어려운 과정을 거쳐야 한다. 장로가 되기 위한 기본 조건을 갖추어야 하고, 교인 총회인 공동의회의 투표에 의해 2/3 이상의 찬성을 받아야 하며, 일정한 교육을 받아야 한다. 이 과정 가운데 가장 어려운 것은 투표에 의해 2/3의 찬성을 얻는 것이다. 국회의원을 선출할 때는 많은 후보자가 나와서 개개인 후보자가 얻은 표가 적어도, 경쟁 후보보다 단 한 표만 더 많이 얻어도 당선된다. 그러나 장로는 투표자의 2/3 찬성에서 단 한 표만 모자라도 당선될 수 없다. 그래서 "서울 강남의 한 대형 교회 장로가 되는 것은 국회의원이나 장관 되는 것보다 어렵다"라는 말이 나오기도 하였다.

당회의 구성원은 해당 교회의 목사와 장로이다. 부목사의 경우 임기가 1년이기 때문에 당회원권을 행사하는 데 늘 제약이 있다. 따라서 당회원권을 온전히 행사할 수 있는 사람은 당회장인 담임목사와 당회원 시무장로이다. 그리고 시무장로의 수가 목사의 수보다 항상 많다. 따라서 시무장로가 뜻을 모으면 담임목사의 뜻에 반하는 결정을 할 수 있다.

이처럼 장로교 당회의 구조는 진입장벽은 높고(즉 새로운 인물이 들어오기는 어렵고) 신분은 안정되어 있다(재판에 의한 사임과 70세 정년). 교회 행정과 관련하여 강력한 권한을 가지고 있지만 견제할 수 있는 교회 내의 다른 기구가 없다. 평신도 시무장로는 당회에서 담임목사를 견제할 수 있을 만큼 그 수가 많고 또한 결속력도 높다. 한국장로교의 당회 구조는 아마추어 평신도인 장로가 프로페셔널인 교역자를 넘어서는 권위와 영향력을 가질 수 있는 평신도 아마추어리즘의 대표적인 구조이다.

목사와 장로로 구성된 당회는 교회의 지도층에 있는 핵심 멤버로 구성된 소집단이다. 그러므로 의사소통이 쉽고, 뜻을 쉽게 모을 수 있다. 그리고 당회를 구성하는 목사는 교회의 대표와 교역자라는 지위를 가지고 있으며 설교와 목양에서 오는 권위와 힘이 있다. 당회원 장로들은 전체 교인 2/3의 찬성 투표로 장로 직분을 취득하고 당회원이 된다. 교인 2/3의 찬성을 받을 만큼 신앙과 인격을 갖추었고, 사회적 지위도 있으며, 교회를 위해 많이 헌신한 사람만이 장로가 될 수 있다. 장로는 교회 안에서 존경과 인정을 받고 지도력과 능력이 있으며 인적 네트워크도 있는 인물이다. 따라서 장로는 개인별로 정도의 차이가 있지만, 교회 일에 성도들을 동원할 수 있는 힘을 가지고 있다. 이러한 목사와 장로로 구성된 당회가 교회와 성도들을 사랑하는 마음과 주님의 나라와 그 의를 이루고자 하는 거룩한 열심을 가지고 하나가 될 때 하나님 나라의 큰 역사가 일어날 수 있다. 교회는 부흥·성장하고 세상의 빛과 소금이 될 수 있다.

장로교의 당회 제도는 대의민주주의를 근간으로 한 귀족주의적 민주주의 체제이다.[1] 그 결과 신분제에 근거한 귀족주의의 폐해가 언제든지 나타날 수 있다. 왜냐하면 목사와 장로도 한계를 가진 죄인 된 인간이기 때문이다. 그러므로 세월이 흐름에 따라 당회원 가운데 주님 사랑, 성도 사랑, 교회 사랑의 마음이 약해지는 사람이 나오기도 한다. 또한 교회를 섬기고 성도들을 위해서 헌신하기보다는 교회를 통해서 자신의 이해관계를 먼저 챙기고자 하는 당회원이 나올 수 있다. 그리고 처음 당회원이 될 때의 겸손한 마음을 잃어버리고 베드로 사도의 말씀처럼 '주장하는 자세'를 가질 수가 있다(벧전 5:2-3). 그리하여 장로들이 교회의 주인처럼 행세하면서 교회의 주인 되신 예수님의 자리를 대신 차지하기도 한다. 프로페셔널인 목사의 협력자가 되는 것보다 견제하는 일을 더 많이 한다. 이것은 장로직의 세속화이며 본래의 모습에서 이탈한 것이다.[2] 양떼를 맡은 주님의 종으로서의 본래 자리를 이탈한 당회원이 서로 뜻을 합치게 되면 당회 독재, 정치학적인 용어로 표현하면 과두제(寡頭制, oligarchy)의 전횡이 나올 수 있다. 그리하여 성도들의 영적인 필요를 채우고

---

1) 이형기, "교회사를 통해서 본 교직자와 평신도," 「장신논단」 제3집 (장로회신학대학교, 1987.12.), 50.
2) 이정석, "장로직의 세속화", 「목회와 신학」 2001년 11월호, 54-61.

거룩한 하나님의 백성으로 살아갈 수 있도록 돕는 일에는 관심이 없고 교회를 통해서 얻을 수 있는 자기들의 이해관계에 더 많은 관심을 기울이게 된다. 그리고 당회원들이 뜻을 합치지 못하면 당회 안에서 다툼과 갈등이 일어나게 된다. 이 갈등은 목사와 장로의 갈등이 될 수도 있고 장로들 사이의 갈등이 될 수도 있다. 당회원 사이에 갈등이 일어나면 교회는 큰 어려움을 당하게 된다.

이처럼 당회원이 자신들이 있어야 할 본래의 자리를 이탈하여 전횡과 이권추구, 다툼과 갈등이 일어나는 것은 심각한 문제이지만, 이런 일은 인간의 모임 속에서는 언제나 생길 수 있는 일이다. 우리가 이상으로 삼고 있는 사도행전의 교회에서도 이런 일들이 때때로 일어났다. 특히 고린도 교회의 경우, 그 정도가 심하여 바울 사도가 탄식하고 염려하면서 고린도전서와 고린도후서를 써서 보냈다. 당회원들이 자신이 서 있어야 할 본래의 자리에서 이탈하는 것도 문제이지만, 더 큰 문제는 그러한 이탈이 일어났을 때 막을 수 있는 제도적인 장치가 없다는 것이다. 그러므로 당회와 당회원이 잘못된 길로 가지 않도록 막을 수 있는 제도적인 장치를 구비하는 것이 필요한 일이요, 교회 제도개혁의 첫걸음이다.

2. 공동의회(신도총회)의 회복

한국교회를 대표하는 장로교회의 교회조직은 당회(목사, 장로회), 제직회(임원회), 공동의회(전체 신도회)가 중심을 이루고 있다. 이 세 조직이 권한을 나누어 가지면서 서로 협력할 때 건강한 교회조직이 될 수 있다. 그래서 김동호 목사는 치리기관 당회의 회원인 장로는 제직회의 임원을 맡지 말고 제직회를 감독하는 일을 맡아야 한다고 하였다.[3] 당회와 제직회의 업무와 관련된 분담도 중요하지만, 또 하나 빠뜨릴 수 없이 중요한 일은 공동의회의 제자리 매김이다. 한국 장로교회 조직의 가장 큰 약점은 최고의결기관이 부재하다는 것이다. 민주적인 조직은 구성원 전체로 이루어진 기관이 최고의결기관이 된다. 교단의 경우에는 총회가 최고의결기관이며, 개별교회의 경우에는 신도총회라 할 수 있는 공동의회가 최고의결기관이 된다. 그래서 담임목사 청빙, 장로 선출, 예산 및 결산 등과 같은 가장 중요한 결정은 최종적으로 공동의회에서 이루어진다. 장로교회를 제외한 대부분의 개신교회는 신도총회(공동의회)가 최고 의결기관의 위치에 있다. 그러나 장로교의 경우 당회의 과도한 권한으로 인해서 공동의회가 최고 의결기관의 역할을 제대로 수행하지 못하고 있다. 장로교단 교회의 공동의회의 소집과 의안은 당회에 종속되어 있다. 즉 공동의회는 당회의 결의로 소집한다(『헌법』 정치 90조 3항). 공동의회는 예산 및 결산, 직원 선거, 상회가 지시한 사항 이외에는 당회가 제시한 사항만을 결의할 수 있다(『헌법』 정치 90조 5항). 공동의회 회원들이 아무리 원해도 당회의 결의가 없으면 공동의회를 소집할 수 없다. 공동의회를 소집한다 해도 당회가 제시하지 않은 사항은 의결할 수 없다. 그러므로 교회의 최고의결기관인 공동의회는 소집과 의안이 당회에 의해 좌우되며, 당회를 통제하거나 지도할 수 있는 아무런 제도적 장치가 없는 실정이다.

---

[3] 김동호, 『생사를 건 교회개혁』, 150-152.

이러한 구조적인 이유로 당회에 문제가 생기면 교회는 그 문제를 해결할 수 있는 제도적 수단이 없다. 예를 들어 당회원들이 완전히 결속되어 교회 일을 전횡(마음대로)하거나 당회가 분열된 경우 공동의회는 아무런 역할을 할 수 없다. 왜냐하면 당회원들이 완전히 결속되어 있으면 자신들의 이해관계에 반하는 문제를 논의할 공동의회를 소집하지 않을 것이며, 공동의회가 소집된다 해도 그러한 의안을 내지 않음으로 공동의회에서 어떤 결의도 할 수 없기 때문이다. 또한 당회원들이 분열된 경우에는 공동의회 소집이나 의안의 설정과 관련된 당회의 결의가 이루어지기 어렵다. 당회장이면서 또한 공동의회 의장인 담임목사는 이러한 시스템의 작동원리를 법적으로, 경험적으로 잘 알고 있다. 그래서 담임목사는 당회가 전횡하거나 분열되지 않도록 최선을 다한다. 그러나 당회를 잘 이끌어갈 수 있는 능력이 안 되는 담임목사는 당회원 장로들이 잘못된 길로 가도 그냥 따라갈 수밖에 없다. 반대로 힘이 약한 장로들은 힘 있는 목사나 장로가 성도 전체의 뜻에 반해 전횡을 저질러도 그대로 따라가게 된다.

교회의 최고의결기관으로서의 공동의회(신도총회)의 존재 이유는 교회 안에서 가장 큰 결정권과 실행권을 가진 당회가 전횡하지 못하도록 하고, 당회에 문제가 생겼을 때 그것을 해소하는 것이다. 그러나 현재 한국 장로교회의 구조는 공동의회가 이 일을 행하기 어려운 구조이다. 당회가 건강하게 잘 운영될 때는 현재의 시스템에 큰 문제가 없지만, 당회에 문제가 생겼을 때는 그것을 막거나 해소할 수 있는 길이 없다. 이러한 이유로 인해 당회에 문제가 생길 때는 신도들이 떠나가거나 (교회 일에 헌신하지 않거나) 아니면 심각한 분규가 일어나게 된다.

그러므로 건강하고 민주적인 교회조직을 만들기 위해서는 최고 의결기관으로서의 공동의회가 제 역할을 잘 감당해야 한다. 공동의회가 제 역할을 감당하기 위해서는 소집과 의안 설정의 자율성이 커져야 한다. 즉 당회의 의결이 없어도 공동의회 의장이 공동의회를 소집할 수 있어야 한다. 그래야 당회원 장로의 전횡을 막을 수 있다. 또한 당회의 의결이 없어도 당회원 1/3의 요청으로 공동의회가 소집될 수 있어야 한다. 그래야 당회장 목사의 전횡을 막을 수 있다. 제직회의 의결이 있으면 당회의 의결이 없어도 공동의회가 소집될 수 있어야 한다. 그래야 공동의회를 열지 않으려고 하는 당회의 전횡을 막을 수 있다. 이와 아울러 공동의회 의안 역시 당회의 의결 없이도 공동의회 소집을 요청한 사람이 제안할 수 있어야 한다.

그리고 정기 공동의회의 역할을 회복해야 한다. 공동의회가 제 자리를 잡으려면 신도 총회의 기능이 제대로 발휘되어야 한다. 현재의 공동의회는 항존직(장로, 안수집사, 권사) 선거를 제외하고는 당회에서 제안한 의안의 가부만을 묻는 것으로 끝난다. 심의와 논의의 과정이 거의 없다. 이러한 공동의회 운영의 형태를 교단 총회의 형태로 바꾸어야 한다. 즉 총회는 최고의결기관으로서 교단 안의 중요한 문제에 대해 토론하고 의결한다. 또한 총회 산하의 여러 부서에서의 활동에 대한 보고를 받는다. 이와 마찬가지로 공동의회 역시 교회의 중요한 문제를 토론하고 의결할 뿐만 아니라 당회를 포함한 교회의 모든 부서 활동의 보고를 받아야 한다. 각 부서의 보고가 공동의회에서 통과되지 못하면 당회나 다음 회기 공동의회(혹은 임시 공동의회)에 다시 보고하도록 하고 잘못된 활동에 대해서는 수정하고 책임질 수 있도록 해야 한다.

한국교회 조직과 제도의 가장 큰 문제는 치리기관인 당회가 교회의 모든 부서와 사역을 관장하고 있으며, 공동의회는 형식상으로만 최고 의결기관일 뿐 당회를 조정하고 통제할 수 있는 아무런 수단을 가지고 있지 못한 것이다. 그러므로 한국교회 제도개혁의 첫걸음은 당회의 개혁이며, 당회의 개혁을 위해서는 당회가 치리 기관으로서 본래의 기능에 충실해야 하며 그 권한을 제직회로 분산해야 한다. 그리고 당회는 신도총회인 공동의회의 지도와 통제 아래 있어야 한다.

3. 목사·장로 임기제

한국교회 제도개혁의 첫째 대상은 장로교의 당회이다. 당회는 한국개신교의 핵심적인 기구이며 또한 개혁이 가장 필요한 기구이다. 당회 기구의 문제는 무엇인가? 그것은 당회에 교회의 모든 힘이 집중되어 있으면서 당회원은 가장 변동이 없다는 것이다. 장로교의 당회는 국가로 말한다면 입법, 사법, 행정의 기능을 모두 가지고 있다. 당회는 교회의 운영과 관련된 모든 규칙을 만든다. 그리고 치리기관으로서 교회구성원의 영적·도덕적 문제를 판단하고 조정하고 징계하는 역할을 한다. 아울러 행정기관으로서 교회의 모든 행사와 활동을 기획, 심의, 집행한다. 교회의 모든 힘이 집중된 당회의 당회원과 당회장의 지위는 가장 변화가 없는 고정된 지위이다. 즉 선거에 의해 당회원 즉 시무장로가 되면 70세 은퇴할 때까지 당회원의 지위를 가진다. 담임목사가 맡는 당회장의 지위 역시 마찬가지이다. 여간 큰 범죄를 저지르지 않고서는 그 자리를 70세 은퇴할 때까지 그대로 유지한다. 한번 당회장이나 당회원이 되면 인격적인 결함이 있고 무능력하고 불성실하고 무책임해도 그 자리가 그대로 유지된다. 대다수 교회에는 당회원에 대한 중간평가가 없다. 물론 다수의 당회원은 신실하게 자신이 맡은 책무를 담당하지만 대략 10~20%에 해당되는 당회원(장)은 그 인격과 신앙, 영적인 자질과 지도력에 있어서 당회원(장)으로서의 자격이 없음에도 불구하고 그 자리를 지키고 있으면서 교회를 어렵게 만든다.

그러므로 한국교회 당회의 경직된 상태를 변화시키려면 당회원(장)의 임기제 혹은 재신임제를 채택하는 일이 필요하다. 목사·장로 임기제 혹은 재신임제는 오래전부터 논의되고 지금도 논의되고 있는 해묵은 주제이고 현재진행형 주제이다.[4] 그리고 목사·장로 임기제는 거룩한빛 광성교회, 주님의교회 등 여러 교회에서 정관으로 규정하여 현재 시행하고 있다.[5] 현재의 교회 헌법에서는 임기제나 재신임제의 규정이 없다. 따라서 이러한 제도가 자리를 잡기 위해서는 헌법의 개정이 필요하다. 그러나 헌법의 개정은 교단의 사정에 따라 쉽지 않다. 이 제도는 목사와 장로의 권한을 제한하는 것이다. 그러므로 목사와 장로 2/3의 찬성을 얻어 헌법을 개정하는 일이 쉽지 않다. 그러므로 개별교회의 정관(혹은 규정)을 통해서 이러한 제도를 도입할 수 있다. 현재 적지 않은 교회에서 교회 정관을 통해 어떤 형태이든 목사·장로 임기제 혹은 재신임제를 채택하고 있다. 그러나

---

[4] 김동호, 『생사를 건 교회개혁』, 160-165; 강시영, "목사·장로 임기제가 한국교회 사는 길: 한국기독교학술원장 이종윤 목사 인터뷰", 「미래한국」 2018.12.07.; 이은윤, "목사·장로, 임기제·신임투표제로 하자", 「중앙일보」 1987.10.1.; 권문상, "장로 임기제의 필요성", 「목회와 신학」 2019년 9월호.

[5] 유재무, "목사, 장로 신임제 도입 교회", 『예장 뉴스』 (2019.03.29.)

정관으로는 임기제나 재신임제를 채택했지만, 목사나 장로 가운데 교회 헌법에 근거하여 그 실행을 거부하는 경우 교회에 분규가 일어날 수 있다. 따라서 이 제도를 확립하기 위해서는 헌법의 개정이 필요하다. 목사·장로 임기제(재신임제)는 현재 한국교회의 가장 중요한 개혁 과제이다.

임기제 혹은 재신임제의 구체적인 방법과 관련해서는 정해진 답이 없다. 그러므로 총회의 헌법이 개정되기 전까지는 교회의 형편에 따라 정관으로 정하여 실시할 수밖에 없다. 한국교회의 상황과 그동안의 경험에 비추어 그 구체적인 방법을 제시하면 다음과 같다. 먼저 담임목사(당회장)의 경우 임기제와 재신임제는 크게 세 가지 방향에서 생각할 수 있다. ① 4~6년의 단기간이 지난 후 재신임하여 2~3회 연임할 수 있도록 하는 방법, ② 정년을 65세로 줄이는 방법, ③ 10년 전후 장기간의 단임제 등을 생각할 수 있다.

단기간에 따른 재신임제는 목회의 안정성을 침해할 수 있다. 만일 3~4년마다 재신임을 한다면 장로교의 위임목사 제도가 폐지되는 것이나 다름없다. 장로교의 위임목사가 아닌 담임(임시)목사는 실질적으로 3년마다 재신임을 받고 있다. 5~6년마다 재신임을 한다 해도 목사의 직무 안정성이 크게 침해된다. 청빙 제도가 주를 이루는 한국교회의 경우, 담임목사가 재신임을 받지 못하면 다음 임지를 찾는 것이 매우 어렵다. 그러므로 담임목사는 재신임을 얻기 위해서 늘 당회원과 신도들의 눈치를 보게 되어 소신 있는 목회가 어렵다. 이러한 문제가 있지만, 재신임제를 채택한다면 재신임의 방법을 잘 만들어야 한다. 재신임의 방법은 공동의회(신도총회)에서 1/2 이상의 찬성을 얻는 것으로 하는 것이 좋다. 일부 교회에서는 2/3의 찬성을 조건으로 하는 경우가 있는데, 이런 조건을 정하면 목사가 재신임되기가 어려워져 목회의 안정성이 흔들리기 쉽다. 또 교회의 유력한 평신도 몇몇이 힘을 합하면 1/3의 신도들을 쉽게 동원하여 재신임을 막을 수 있는 위험이 있다.

둘째로 정년을 65세로 줄이는 방법을 사용하면 대부분 목사는 65세로 목회가 끝이 난다. 65세 이후에도 다른 교회에 청빙되거나 교역자로서 어떤 일을 할 수 있는 능력과 여건을 가진 목사는 극소수에 불과하기 때문이다. 또한 정년을 65세로 한정하는 경우, 영성과 경험과 능력이 있는 목사들을 사장(死藏)시키는 결과를 가져올 수 있다. 65세 정년제는 새로운 목사의 청빙시 청빙 지원자의 범위를 축소시키는 한계가 있다. 여간 좋은 교회가 아닌 한 헌법이 보장하는 70세 임기를 포기하는 것이 쉽지 않다.

따라서 담임목사 직무와 직임의 안정성을 위하여 10년 단임제가 적합하다고 여겨진다. 그러나 한국교회의 경우 아직 담임목사 임기제를 택한 교회가 많지 않다. 따라서 50세를 전후하여 어떤 교회에 부임하였다가 60세를 전후하여 그 교회를 사임한 목사는 새로운 임지를 얻기가 매우 어렵다. 따라서 목회자 10년 단임제는 보완할 필요가 있다. 즉 10년이 지난 후 본인이 원하면 당회의 결의를 거쳐 공동의회의 재신임을 받아 5년간(정년이 5년 이내이면 정년 때까지) 더 시무하도록 하는 것이다. 이처럼 10년 단임제와 5년 재신임제를 결합한 형태를 채택하는 경우 한 번 위임을 받으면 70세 정년까지 이어지는 현 체제의 문제를 상당 부분 완화하면서도 담임목사의 직임 안정성을 어느 정도 보장할 수 있을 것이다.[6]

담임목사 임기제와 아울러 장로 임기제도 필요하다. 장로의 경우 재신임제보다는 임기제가 훨씬 나은 제도이다. 재신임제를 채택하는 경우 그 과정에서 평신도들 사이에 갈등이 일어날 수 있다. 또한 재신임을 받지 못한 장로는 그 교회에서 계속 신앙생활 하기가 어려운 문제점이 있다. 재신임을 받지 못한 목사가 새로운 임지를 찾아서 떠나는 것은 당연한 일이지만 장로의 경우 재신임을 받지 못하여 교회까지 떠나게 되면 영적으로 큰 상처를 입을 수 있다. 그러므로 장로의 경우 재신임제보다는 임기제가 더 낫다. 임기는 교회 형편에 따라 6~10년 사이로 하는 것이 좋을 것이다.

임기제 아래서 선출된 장로는 정해진 임기 동안 시무장로로서 당회원이 되어 교회를 섬기도록 한다. 그리고 당회원의 임기를 마쳤지만, 아직 은퇴 연령인 70살이 되지 않은 장로는 목양장로(혹은 사역장로)라는 이름으로 봉사할 수 있도록 한다. 즉 당회원으로서 일하는 것은 아니지만, 장로의 직분을 가지고 교회 행정의 일이 아닌 성도들을 돌보는 일을 한다. 실제적으로 교회 정관에 근거하여 거룩한빛광성교회, 주님의교회, 더사랑의교회, 주향교회, 대전 새중앙교회 등에서는 장로 임기제를 채택하였다. 그리고 임기는 마쳤지만, 은퇴 연령이 되지 않은 장로는 목양장로의 직분을 가지고 교회와 성도를 잘 섬기고 있다.[7]

종교개혁가 칼뱅은 개혁교회가 교황제와 같은 성직주의(clericalism)에 빠지지 않기 위해서 집단지도 체제인 당회 제도를 만들었다. 그리고 구약시대와 초대교회 당시에는 존재하였지만, 중세 가톨릭이

---

[6] 노치준, "한국교회 조직과 직제개혁", 『한국교회, 개혁없이 미래 없다』(한국장로교 출판사, 2018.9.)

[7] 이동환, "목양장로 사역현장", 「목회와 신학」 2019년 9월호, 64-67.

지배하던 기간 없어졌던 평신도 장로제를 부활시켰다. 그리하여 평신도 장로가 교역자와 함께 교회를 이끌어 감으로써 교역자들이 전횡을 저지르지 않도록 예방하였다. 그러나 칼뱅은 평신도 장로가 전횡하면서 교회를 잘못 이끌어갈 수 있다는 위험을 알고 있었다. 그래서 평신도 장로의 임기제를 채택하였다.[8] 그리하여 전 세계 대다수 장로교회에서는 장로 임기제를 채택하고 있다. 한국교회의 성장과 발전에 있어 장로들의 수고와 헌신을 아무리 강조해도 지나침이 없을 것이다. 그러나 1980년대 이후 평신도 아마추어리즘이 크게 등장하면서 일부 장로들이 '주장하는 자세'로 교회 일을 전횡하는 것이 심각한 문제로 대두되고 있다. 이러한 전횡을 최소화할 수 있는 제도적인 장치가 시무장로(당회원) 임기제이다. 교역자의 바른 정체성 회복과 시무장로 임기제는 한국교회의 미래를 결정하는 가장 중요한 과제이다.

4. 목사 · 장로 신임투표제

평신도 아마추어리즘이 발전하고 교역자 프로페셔널리즘이 약화됨에 따라 교회 내에서 목사의 지도력이 많이 떨어지고 있다. 또한 교역자와 평신도 사이에 혹은 평신도들 사이에 갈등이 일어나는 경우가 많다. 목사와 평신도 사이의 갈등이 일어나는 데는 여러 가지 원인이 작용한다. 목사의 영성과 도덕성이 떨어지는 것이 그 중요한

---

8) 권문상, "장로 임기제의 필요성", 「목회와 신학」 2019년 9월호, 68.

요인이 된다. 아울러 목사의 나태함이나 지도력 상실도 중요한 요인이 된다. 그리고 평신도가 목사의 권위를 인정하지 않고 교회와 목사를 자기 마음대로 움직이려 할 때도 갈등이 일어날 수 있다. 그 원인이 무엇이든지 간에 목사와 평신도 사이에 갈등이 일어나면 교회는 큰 어려움에 빠지게 된다. 대형 교회의 경우에는 물질, 명예, 권익, 이권 등 이해관계(interest)가 크고 다양하다. 그리하여 이해관계가 얽히면서 목사와 평신도 사이에 갈등이 일어나는 경우가 많다. 이해관계 때문에 일어나는 갈등이지만 그런 이해관계를 숨기고 다른 명분을 앞세우게 된다. "목사의 설교에 은혜가 없다", "목사가 설교로 성도를 친다", "목사가 사랑이 없다", "목사가 소통이 부족하다", "목사가 성도들에게 관심이 없다" 등과 같이 주관적이고 모호한 이유를 대면서 비판하기도 한다. 이때 목사에게 조그마한 도덕적 약점이나 행정적 실수가 있는 경우 집요하게 물고 늘어지면서 목사 퇴진 운동을 벌이기도 한다. 또한 목사들의 도덕성 저하로 인해 갈등이 일어나는 경우도 많다. 간음, 성추행, 폭행, 횡령 등 객관적으로 중요한 범죄 행위가 드러남에도 불구하고 목사의 자리에서 그대로 버티는 목사도 많다. 그리고 목사들 주변에는 항상 친위대와 비슷한 그룹이 있어서 범죄를 저지른 목사를 옹호한다. '귀책 사유가 어느 쪽에 더 많이 있는가'의 문제와는 상관없이 목사와 평신도 사이에 갈등이 일어나면 주님의 몸 된 교회는 심각한 어려움에 빠지게 된다. 하나님의 영광이 가려질 뿐 아니라 자칫 교회가 분열되는 어려움을 당할 수 있다. 그러므로 평신도 아마추어리즘의 성장과 목회자 프로페셔널리즘의 저하에 따라 자주 일어나고 있는 교회 안의 갈등을 해소할 수 있는 제도적인 장치가 필요하다.

현재 목사와 평신도 사이에 갈등이 일어나는 경우 해결의 제도적 장치는 노회나 총회와 같은 상위 기관의 중재 혹은 재판이다. 중재 안을 양측이 받아들이는 경우 문제가 해결될 가능성이 높다. 그러나 재판으로 가는 경우 대부분 불복한다. 그래서 노회 재판은 총회 재판으로 가고, 총회 재판에 불복할 경우 총회 본회에 재심을 청구하고, 그것이 통과되면 재심 재판이 진행된다. 교회 재판국의 국원들은 대부분 법조인이 아니며 그 임기도 3년 정도로 한정되어 있다. 따라서 재판관으로서의 전문성과 직위의 안정성이 매우 약하다. 그리고 교회 재판국 국원들은 목사와 장로로 자신들이 맡은 교회 일이 있고, 또한 사회에서의 직무도 있다. 그러므로 재판에만 몰두할 수 없다. 이런 형편에서 재판이 시작되면 그 기한이 한없이 늘어지게 된다. 2~3년 이상의 세월이 쉽게 흐를 수 있다.[9] 그리고 교회법상 재판이 확정되기 전까지는 목사에게 설교 등 최소한의 목회 활동이 보장되어 있다. 즉 평신도와 재판을 하면서 그 평신도를 대상으로 설교와 목회를 하게 된다. 또한 재판이 시작되면 교회 안에서 목사 측과 평신도(장로) 측이 나뉘면서 성도들 사이의 갈등으로 비화된다. 결국 재판이 행해지면 사태는 장기화되고, 정상적인 목회는 어려워지고, 교회는 분열될 가능성이 커진다. 이처럼 복잡한 교회 재판이 진행될 때 대부분 사회재판도 함께 진행된다. 때로 사회재판의 판정과 교회 재판의 판정이 불일치하는 경우도 있다. 두 재판의 결과가 불일치하게 되면 문제는 더욱 복잡해진다. 그리고 재판이 진행되는 동안 덕을 잃고 서로가 서로에게 상처 주는 말들이 오가게 된다. 심

---

9) 서헌제, "교회재판의 현황과 문제점 - 예장통합 총회재판국 사례를 중심으로", 『제2회 화해중재원 포럼 발표문』(2015.06.01).

한 경우 폭력적인 행동까지도 나타난다. 이렇게 감정싸움으로 비화되면 문제는 더욱 어려워지고 주님의 몸된 교회는 찢어지며 목사는 그 교회에서 목회를 할 수 없게 된다.

한국교회의 재판이 가지고 있는 이런 문제를 해결하기 위한 제도적 장치로 탄핵과 유사한, 목사와 장로에 대한 불신임 투표제도를 마련할 필요가 있다. 즉 교회 안에서 문제가 일어나면 정해진 기준과 절차에 따라 평신도 대표가 불신임안을 제출하고 공동의회(혹은 신도총회)를 열어 양편이 충분히 자기의 의견을 말한다. 그리고 불신임이 가결되었을 때 목사에 대한 예우를 미리 정한다(예를 들어 1년간의 유급 안식년을 주어 다음 임지를 찾을 수 있는 시간을 주고, 퇴직금 이외에 소정의 전별금이나 위로금을 지급하는 것 등). 그리고 신임투표를 하여 불신임이 2/3를 넘으면 목사는 즉시 사임한다. 만일 불신임안이 2/3를 넘지 못하면 불신임안을 낸 평신도는 장로, 권사, 집사의 직을 박탈한다(이러한 장치가 있어야 목사에 대한 불신임안의 난발을 방지할 수 있다). 장로에 대해서도 유사한 방법으로 불신임제를 마련하여, 전횡하거나 문제를 일으키는 장로를 도중하차 시킬 수 있어야 한다(그러나 장로 임기제만 잘 지켜지면 장로 불신임 투표를 할 필요성은 거의 없어질 것이다).

현재 한국교회의 경우 목사와 장로의 강제 사임은 재판에 의해서만 가능하다. 권고 사임 제도가 있지만, 그것은 강제 조항이 되지 못한다. 한국교회의 재판제도와 교회 내 갈등해소의 방안은 매우 취약하다. 그러므로 신도총회의 불신임투표를 제도화하여 교회 내 갈등을 한시바삐 마무리하는 것이 교회의 유익을 위해서 필요하다. 이러한 불신임투표 제도는 앞서 논의한 임기제와 마찬가지로 교단 헌법으로 제도화되기 전이라도 교회의 정관을 통해 제도화하여 실행할 필요가 있다. 현재의 제도 안에서도 장로의 문제를 공동의회(교인총회) 불신임투표로 처리한 경우가 있다.[10]

교회 안에서 교역자와 평신도 사이에 혹은 평신도와 평신도 사이에 갈등이 일어나지 않고 평화롭게 서로 협조하며 교회를 운영하는 것이 가장 이상적이다. 그러나 죄성(罪性)을 가진 인간이 모여 이루어지는 교회이기에 그 안에서 때때로 갈등이 일어나게 된다. 교회의 규모가 커지면 이해관계가 더 많이 개입되면서 갈등의 정도가 더욱 커진다. 그리고 현재 마련된 당회, 노회, 총회의 치리 제도는 이러한 갈등을 처리하는 데 취약성을 보이고 있다. 이러한 취약성을 극복하는 방법 가운데 하나는 목사와 장로에 대한 신임투표제이다. 이러한 신임투표제는 가장 좋은 길은 아니지만, 차악(次惡) 혹은 차선(次善)의 방법은 될 것이다.

---

10) 이길원, "당회 결의 없는 공동의회의 적법성", 「교회연합신문」 2002.03.10.

한국교회 조직과 제도의 문제를 이해하고 개혁하기 위해서는 한국교회 양극화의 상황을 먼저 이해해야 한다. 조직은 목표(goal), 규모(size), 관리(management) 방식에 따라 다양한 특성이 나타난다.[1] 한국교회의 경우 수많은 개별교회가 있지만, 조직의 목표와 관리방식은 크게 차이 나지 않는다. 그러나 교회의 규모는 현저하게 차이가 난다. 한국교회 규모의 차이를 가장 잘 보여주는 것이 교회의 양극화 현상이다. 제3부에서는 한국교회의 양극화 현상을 먼저 고찰하고, 그 양극에 위치한 대형 교회와 소형 교회의 문제 및 개혁방안을 평신도 아마추어리즘과 연결하여 논의하겠다.

---

[1] 배종석 · 양혁승 · 류지성,『건강한 교회 이렇게 세운다』(IVP, 2008), 2-3장.

10장
양극화된 교회와
평신도 아마추어리즘의 위기

1. 한국교회의 양극화 현상

1980년대 이후 한국교회는 크게 성장하였지만, 또한 양극화도 심화되었다. 한편으로 세계 10대 교회에 들어가는 교회들이 여럿 나왔지만, 다른 한편으로 수많은 교회가 교회의 존속 자체가 위협을 받는 초소형 교회에 머물고 있다. 이러한 양극화의 원인을 사회적으로 살펴보면 도시화에 따른 농촌 인구의 도시 유입, 수도권 거대도시(megalopolis)의 형성, 교통통신 수단의 발전, 종교와 교회의 자유로운 선택 보장 등을 생각할 수 있다. 교회 내적으로는 교역자의 과잉 배출과 개척교회의 증대, 개교회주의 성장원리 등을 들 수 있다.

그렇다면 대다수의 한국교회 교인들이 어느 정도 규모의 교회에서 신앙생활을 하는지 살펴보면 다음과 같다. '한국교회 미래를 준비하는 모임'에서 2004년에 나온 『한국교회 미래 리포트』에 따르면, 우리나라에서 1,000명 이상 성도를 가진 교회의 수가 1,538개로 집계되었다. 이런 교회의 평균 성도 수를 3,000명으로 잡으면 약 450만 명의 성도 즉 전체 교인의 50% 이상이 1,000명 이상 대형 교회에 출석하고 있다.[1] 좀 더 정확한 추정이 필요하여 필자가 2019년 대한예수교장로회 통합측 교단 총회에 보고된 통계를 분석해 보았다. 2018년 말 현재 교회 규모에 따른 교회의 분포와 그 교회들에 소속된 성도 수를 추정하여 정리하였다.

한국교회 성도 수(규모)별 교회 수 (1)

성도 수	교회 수	성도 수 중간 값×교회 수	비율
15명 이하	943	10*943=9,430명	0.4%
16-50명	3,598	30*3,598=107,940	4.1%
51-100명	1,568	70*1,568=109,760	4.2%
101-300명	1,756	160*1,756=280,960	10.8%
301-500명	460	380*460=174,800	6.7%
501-1,000명	406	700*406=284,200	10.9%
1,001-2,000명	255	1,500*255=382,500	14.7%
2,001-3,000명	84	2,500*84= 210,000	8.1%
3,001-4,000명	42	3,500*42=147,000	5.6%
4,001-5,000명	22	4,500*22=99,000	3.8%
5,001-10,000명	33	7,000*33=231,000	8.9%
10,001-20,000명	18	15,000*18=270,000	10.4%
20,001-80,000명	4	50,000*4=200,000	7.7%
80,001명 이상	1	100,000*1=100,000	3.8%
합 계	9,190	2,606,590명	100.1%

---

[1] 한국교회미래를 준비하는 모임, 『한국교회 미래 리포트』 (두란노, 2005)

위와 같이 추정하여 계산한 결과 신도 수 총수가 2,606,590명으로 집계된다. 이것은 실제 총회 통계보고에 나온 총수 2,714,314명과 107,724명(전체의 약4%) 정도로 큰 차이가 나지 않는다. 따라서 총회 보고서에 근거하여 재분류한 위의 자료가 실제 상황과 유사하다고 말할 수 있다. 위의 통계에 따라서 카테고리를 좀 더 줄여서 정리하면 다음과 같다.

한국교회 성도 수(규모)별 교회 수 (1)

성도 수	교회 수	성도 수
50명 이하	4,541 (49.4%)	117,370명 (4.5%)
51-100명	1,568 (17.1%)	109,760명 (4.2%)
101-300명	1,756 (19.1%)	280,960명 (10.8%)
301-500명	460 (5.0%)	174,800명 (6.7%)
501-1,000명	406 (4.4%)	284,200명 (10.9%)
1,001-3,000명	339 (3.7%)	592,500명 (22.7%)
3,001-5,000명	64 (0.7%)	246,500명 (9.5%)
5,001-10,000명	33 (0.4%)	231,000명 (8.9%)
10,001명 이상	23 (0.3%)	570,000명 (21.9%)
합계	9,190 (100.1%)	2,606,590명 (100.1%)

위의 통계는 한국교회의 불균형과 양극화를 뚜렷이 보여주고 있다. 50명 이하의 소형 교회가 4,541교회로 전체 교회의 49.4%를 차지하지만, 신도 수는 전체 신도의 4.5%에 불과하다. 좀 더 범위를 넓혀 100명 이하 소형 교회의 경우 교회 수는 6,109교회로 전체 교회의 66.5%를 차지하지만, 신도 수는 8.7%에 그치고 있다. 그리고 101명

에서 1,000명 사이의 교회의 수는 2,622개(28.5%)이고 소속된 신도 수는 739,960명으로 전체 신도의 28.4%가 속해 있다. 그리하여 교회 수의 비율과 신도 수의 비율이 비슷한 수준이다. 그리고 1,000명 이상의 교회는 459교회(5.0%)에 불과하지만, 소속된 신도 수는 1,640,000명으로 전체 교인의 62.9%를 차지하고 있다. 좀 더 낮추어 500명 이상 규모의 교회 수는 865개이며 이 교회에 소속된 신도가 1,924,200명으로 전체 교인의 73.8%를 차지하고 있다.

2019년 말 현재 50명 이하 교회가 전체 교회에서 차지하는 비율이 50.1%, 51~100명 교회가 16.5%, 101~300명 교회가 19.0%, 301~500명 교회가 4.8%, 501~1,000명 교회가 4.5%, 1,001~3,000명 교회가 3.7%, 3,001~5,000명 교회가 0.7%, 5,001~10,000명 교회가 0.3%, 10,001명 이상 교회가 0.2%로 나온다. 불과 1년 사이에 50명 이하 교회 수의 비율은 높아지고 51~100명 교회의 비율은 낮아졌고, 5,000명 이상 되는 교회의 비율도 낮아지고 있다. 이것은 신도 수의 감소와 양극화의 심화가 함께 작용하며 나타나는 현상이라 하겠다.[2]

이처럼 절대다수의 한국교회 성도들은 재적 신도 500명 이상의 중·대형 교회를 다니고 있다. 특히 1만 명 이상의 초대형 교회가 23교회인데, 그 교회에 다니는 성도가 약 57만 명, 전체의 21.9%로 1/5 이상의 비율을 차지하고 있다. 한국교회 교회별 신도 수에 따른 중앙값은 52명이 되며 평균값은 295명 정도 된다. 중앙값과 평균값이 이렇게 큰 차이가 나는 것은 한국교회가 그만큼 양극화되었다는 것을 의미한다. 교회 간 불균형과 양극화는 여러 가지 문제를 가져온

---

[2] 이수진, "50인 이하 전체중 절반… 초소형 교회 급증", 「한국기독공보」 2020.09.19.

다. 그 가운데 평신도 아마추어리즘과 관련된 문제에 초점을 맞추어, 소형 교회의 평신도에게 나타나는 특성과 대형 교회의 평신도에게 나타나는 특성을 살펴보면 다음과 같다.

2. 소형 교회 평신도 아마추어리즘: 약함과 불안정의 위기

한국교회의 경우 100명 이하의 소형 교회의 수가 66.5%로 절대다수를 차지한다. 자립이 어려운 50명 이하의 교회도 49.4% 즉 절반에 이른다. 여기에 해당되는 교회들은 대부분 농어촌교회 혹은 도시의 개척교회이다. 이러한 교회들은 대부분 미자립 교회로서 교회의 존립 자체가 어려운 형편이다. 한국교회 성도의 8.7%, 다시 말해서 한국교회 성도 전체(약 967만 명: 2015년 인구센서스 자료)로 놓고 보면 약 80만 명 정도의 성도가 이러한 소형 교회에서 신앙생활을 하고 있다. 소형 교회의 평신도들은 목회자의 친인척, 농어촌교회의 어르신 성도님들, 초신자 그리고 특별한 마음으로 개척교회를 섬기고자 하는 분들이 주를 이루고 있다. 어려운 목회 환경 가운데서 개척한 교회를 돕고자 함께 한 친인척 친지들은 큰 부담 가운데서 교회 생활을 하고 있다. 농어촌교회의 어르신 성도들은 날로 약해져 가는 교회와 마을 공동체를 보면서 눈물로 기도하며 교회를 섬기고 있다. 초신자들은 교회 생활이 무엇인지 잘 알지 못하는 가운데 교회를 위해 봉사하기보다는 교회에서 자신들을 대접해 주기를 바라는 마음이 더 크다. 개척교회를 섬겨 하나님께서 기뻐하시는 교회를 세워보기를 원해 소형 교회를 택해 섬기는 성도들은 최선을 다하고 있지만 오랜 기간 교회의 부흥이 이루어지지 못하여 많이 지쳐 있다.

소형 교회 성도들 가운데는 장로, 안수집사, 권사와 같은 직분자가 많지 않으며, 소형 교회로 이적해 온 직분자의 경우는 이전 교회에서 상처를 받은 경험이 있는 분들이 많다. 따라서 교역자와 교회에 대한 경계와 의심의 마음을 가지고 있다. 그리하여 오해를 잘하고 작은 일에도 상처를 쉽게 받으며, 비판적인 태도가 강하고 교회에 내린 뿌리가 약하기 때문에 교회 안에 작은 문제만 있어도 쉽게 교회를 떠날 수 있다. 소형 교회로 이적해 온 직분자(권사, 집사) 가운데는 자기 뜻이 관철되어야 직성(直星)이 풀리는 분들이 때때로 있다. 큰 교회에서는 자신의 존재감을 보여주기 어려워서 또는 다른 성도들과 다툼이 있어서 소형 교회로 온 분들도 있다. 그러나 이런 분들에게도 주님 사랑, 교회 사랑의 마음과 열정이 많이 남아있다. 이런 분들의 약점을 잘 감싸주고 상처를 잘 어루만져 주면 주님의 몸된 교회를 섬기는 일에 귀하게 쓰임 받을 수 있다. 소형 교회 성도들은 일반적으로 사회적 관계망도 약하며 외로운 분들이 많다. 생활 수준이 높은 사람보다는 오히려 낮은 사람이 많다. 이들은 사랑을 그리워하고 따뜻한 인간관계를 원한다. 소형 교회 평신도는 늙고, 지치고, 약하고, 불안정한 가운데 있는 어린 양과 같다. 이러한 평신도를 섬기고 함께 교회를 세워나가야 하는 소형 교회 교역자 역시 오랜 기간 교회의 부흥과 성장이 이루어지지 못하여 지치고 힘든 가운데 있다.

소형 교회 평신도에게는 건강한 교역자 프로페셔널리즘이 가장 필요하다. 주님의 부르심을 받아 교역자의 길을 택한 목사나 전도사는 성직자와 목회자로서의 정체성을 더욱 확실하게 해야 한다. 소형 교회 목사는 대형 교회 목사와 비교할 때 평신도와 인격적인 만남의 기회가 많다. 또한 소형 교회의 평신도일수록 교역자와의 인격적인 관계를 더욱 필요로 한다. 대형 교회 교역자는 목회자보다는 행정가나 교회 관리자가 되기 쉽다. 그러나 작은 교회일수록 교역자가 목회자 혹은 성직자의 모습에 충실할 수 있다. 그리고 목회자와 성직자의 정체성을 잘 보일 때에 소형 교회 성도들은 위로와 치유를 경험하게 되며, 교회의 성장과 부흥이라는 큰 은혜를 받을 수 있다.

3. 대형 교회 평신도 아마추어리즘 (1): 배제와 폐쇄성의 위기

앞서 살펴본 바와 같이 한국교회 평신도의 대다수 즉 전체 교인의 2/3 정도는 대형 교회에서 신앙생활을 한다. 그리고 대형 교회에서 신앙생활 하는 평신도는 다양한 분화의 양상을 보이고 있으며, 이처럼 분화된 모습 속에서 평신도 아마추어리즘의 위기 현상을 발견할 수 있다. 대형 교회 평신도의 가장 심각한 문제는 소극적이고 수동적인 교회 생활과 개인적인 신앙생활을 하는 주변부 교인들이 많다는 점이다. 교회의 규모가 커지면 다수의 성도는 교회의 일에 참여할 기회가 점점 줄어든다. 초대형 교회의 경우 권사나 안수집사가 되어도 공예배 시간에 대표로 기도할 기회가 극히 제한적이다. 지방에서 반주자, 교사, 성가대원으로 섬기던 청년이 서울의 대형 교회로 이적하면 그러한 봉사를 할 기회가 현저하게 줄어든다. 교회에서 봉사할 기회와 다른 성도들과의 친교의 기회가 줄어들면 교회 생활이 소극적이고 수동적으로 될 수밖에 없다.

교회의 규모가 커지면 커질수록 교역자 한 사람이 섬기고 관리하는 평신도의 수가 늘어나게 된다. 신도 수 1만 명 이상의 초대형 교회의 경우 교역자 한 사람이 보통 500명 이상의 성도들을 관리해야 한다. 소형 교회의 경우 담임목사 1인이 100명 이하의 교인들을 돌보는 데 비해 대형 교회는 부목사나 전도사 1인이 수백 명의 교인을 돌보아야 한다. 물론 대형 교회의 경우 구역, 셀, 순 등의 소그룹 조직이 비교적 잘 갖추어져 있지만, 그 관리 역량이 전임 교역자에 비해 현저히 떨어진다. 더욱이 사회변화와 성도들의 고령화로 인하여 평신도에 의한 교인의 돌봄이 자꾸 약해지는 추세이다. 그리하여 대형 교회 주변부 성도들은 주일 오전 예배만 참석하고 소그룹 활동에 참여하지 못하고 있다. 2020년, 전 세계를 강타한 코로나19 전염병은 함께 모여서 행하는 예배, 봉사, 친교, 교육 활동에 큰 타격을 주었다. 그리하여 한국교회의 공동체성이 심하게 훼손되고 말았다. 믿음이 약한 성도들은 이른바 '선데이 교인' 즉 주일에만 교인이 되었고, 믿음이 있는 교인들은 개인적으로 성경 읽기, 큐티, 독서, 유튜브, 인터넷, 기독교 언론 매체 등을 통해서 믿음을 기르는 개인주의적인 신도가 되었다.

최근까지 대형 교회는 더 작은 교회에서 수평 이동해 온 성도들에 의해 어느 정도 자리가 채워졌다. 최현종의 연구에 의하면, 새 성도 가운데 수평 이동한 성도의 비율이 1,000명 이상 성도를 가진 대형 교회 48.4%, 중대형 교회 45.8%, 중소형 교회 40.3%, 100명 이하의 소형 교회 42.7%로 나온다.[3] 평신도들이 대형 교회로 수평 이동하는

---

3) 최현종, "한국 개신교 새신자 구성과 수평이동에 관한 연구", 「한국기독교신학논총」 제91집 (2014.1).

이유는 여러 가지이다. '설교가 좋아서', '시설이 좋아서', '시스템과 프로그램이 좋아서', '어린이 청소년 교육 프로그램이 잘 되어있어서', '익명성이 보장되어서' 등 여러 가지 이유로 수평 이동을 한다. 그러나 대형 교회는 구조적으로 성도 관리의 시스템이 약할 수밖에 없다. 따라서 대형 교회로 수평 이동한 성도들이 관리를 제대로 받지 못하면 교회로부터 멀어지게 되고 그 결과 신도가 감소되는 문제가 나타나고 있다.

대형 교회에는 주변부 교인이 많지만, 중심부 교인도 많이 있다. 중심부 교인은 주일 예배 참석은 말할 것도 없고 교회에서 진행되는 교육, 전도, 선교, 친교, 봉사 등의 활동에 열심히 참여한다. 또한 교회에 대한 주인의식이 있고 자부심도 있다. 1,000명 이상의 성도를 가진 대형 교회는 전체 교회의 5% 안팎에 불과하다. 그러나 이러한 교회는 해당 지역사회에서 믿지 않는 사람에게도 이름이 알려진 유명한 교회이다. 설교, 프로그램, 재정, 선교, 전통 등과 관련하여 자랑할 만한 요소들이 많이 있으며 교회 성장의 경험도 있다. 그리고 2020년 현재를 기준으로 할 때 대다수 대형 교회는 비교적 긴 역사를 가지고 있다. 2000년대 이후에 세워져 대형 교회로 성장한 교회는 전국적으로 얼마 되지 않는다. 대다수 대형 교회는 적어도 30~40년 이상의 역사를 가진 교회이다.

이러한 대형 교회의 중심부 교인들은 헌신과 부흥의 경험, 자부심, 주인의식이 강하다. 그리고 20~30년 이상의 세월을 함께 지내면서 다져진 가족의식과 결속감이 있다. 대형 교회 중심부 교인 중에서도 가장 중심에 있는 교인들은 학벌이나 사회경제적 지위가 높은 사람들이다. 이런 분들은 자신들이 기독교 명문가라는 엘리트 의식이 있다. 당연한 결론이지만 중심부 교인들이 선출직의 장로, 집사, 권사 등과 같은 교회 직분을 차지하게 된다. 대형 교회 장로직의 경우, 중심부 가운데서도 핵심에 있는 신도가 아니면 차지하기 어려운 직분이다.

한국교회 대형 교회의 중심부에 있는 평신도는 오랜 기간의 헌신과 상호 교제, 주인의식과 자부심, 사회경제적 지위까지 합쳐진 엘리트 의식을 가지고 있다. 이러한 평신도 가운데 많은 분은 정성을 다해 교회를 섬기고, 많이 헌신하면서도 겸손하며, 연약한 성도들에게 주님의 사랑을 나누어 주고 있다. 이런 분들 덕분에 한국교회는 여기까지 성장하였고 어려운 시대를 맞이하여 이만큼 버티고 있다. 그러나 주인의식과 자부심과 엘리트 의식이 과도해지면서 부정적이고 건강하지 못한 모습을 보여주는 일이 자꾸 늘어나고 있다. 이것이 대형 교회 평신도 아마추어리즘이 부딪힌 심각한 위기이다.

이러한 위기 현상은 '배제를 통한 폐쇄성'의 형태로 나타난다. 교회의 규모가 커지고 예산이 증대되면 물질, 지위, 명예 등 다양한 이해관계(interest)가 생긴다. 이러한 이해관계의 중심에 장로교의 당회(혹은 그와 비슷한 기구)와 장로 직분이 있다. 대형 교회 중심부 평신도의 폐쇄성은 당회원 구성(장로 선거)에서 가장 잘 나타난다. 전도나 이적(移籍) 등으로 새로 들어온 성도에게 집사 혹은 권사와 같은 평신도 직분은 비교적 잘 나눈다. 이러한 직분 역시 선거를 통해서 선출되지만 새로 이적해 온 성도라 할지라도 몇 년 정도 열심히 봉사하면 이러한 직분을 받을 수 있다. 그리고 다른 교회에서 받은 직분을 쉽게 인정해 준다. 그러나 평신도의 직분 가운데 장로의 직분은 그 권한과 명예가 클 뿐 아니라 그 자리의 수에 비해서 지원하는 사람들의 수도 많다. 소형 교회와는 달리 대형 교회에는 객관적으로 볼 때, 비슷비슷한 수준의 장로 자격을 갖춘 사람들이 많이 있다.

이러한 상황에서 장로 선거가 이루어지면 '배제에 의한 폐쇄성'이 나타나게 된다. 대형 교회의 중심부에 있는 평신도는 여러 가지 관계망으로 조직되어 있다. 가족이나 친족, 교회 안에서의 사역, 학교나 직업과 같은 사회적인 관계망, 오랜 친분 등에 의해서 조직된 관계망이 형성된다. 이 관계망이 이른바 조직표(組織票)가 된다. 그리하여 자신들이 원하는(혹은 자신들의 그룹에 속한) 후보에게는 몰표를 주고, 자신이 원하는 후보와 경쟁하는 후보에게는 집단적인 거부표를 행사한다. 장로가 되기 위해서는 투표수의 2/3 찬성을 얻어야 한다. 어떤 그룹의 평신도가 자신이 원하는 후보로 하여금 2/3 이상의 표를 얻도록 하는 것은 쉬운 일이 아니다. 그러나 자신이 원하지 않는 후보에게 1/3의 반대표가 나오도록 하는 것은 그렇게 어려운 일이 아니다. 교회의 가장 영향력 있는 지위인 장로 직분을 자신이 원하는 사람으로 채우고 원하지 않는 사람이 그 직분을 차지하지 못하도록 막는 것이 대형 교회 중심부에 있는 평신도 아마추어리즘의 병리 현상이요, 위기이다.

이러한 '배제에 의한 폐쇄성'은 새 성도 즉 인간관계의 망이 비교적 약한 성도에게 환멸을 느끼게 한다. 물론 신실한 평신도가 교회를 섬기는 목적이 장로가 되기 위함은 아니다. 그러나 한국교회의 장로 직분이 주는 위상과 명예를 놓고 볼 때 신실한 성도라 할지라도 장로 직분을 사모하고 바라는 것은 당연하다. 그런데 장로 선거에서 나타나는 배제에 의한 폐쇄성은 그들의 마음에 상처를 준다. 특별히 가난하고 사회적 지위가 낮은 성도들이 이러한 일들을 목격하게 되면 더욱더 상처가 깊어지게 된다. 교회도 세상과 똑같다는 생각을 떨치지 못한다. 현재의 교회를 다닌 햇수가 배제의 폐쇄성이 나타나는 기준이 될 때 환멸은 더욱 커진다. 아무리 열심히 봉사하고 믿음이 좋고 신실한 사람이라 해도 일찍부터 그 교회를 다니지 않았을 경우 장로가 되는 것이 원천적으로 불가능한 교회들이 적지 않다. 이것은 교회 출석 연조(年條)가 또 하나의 신분이 되는 결과를 낳는다. 한국 대형 교회의 역사가 40년 이상 되어 간다. 초창기 교회를 세울 때 가졌던 평신도의 헌신, 열정, 순수함 등은 점점 약해지고 긴 세월 동안 형성된 인간관계의 망이 그 자리를 대신하고 있다. 그 네트워크에 들어오지 못하는 사람은 신실하고 순전한 믿음의 사람이라 하여도 대형 교회의 중심으로 들어가는 것이 무척 어려운 실정이다. 이것이 한국교회 평신도 아마추어리즘의 위기이자 한국교회의 위기이다.

4. 대형 교회 평신도 아마추어리즘 (2): 권력과 통제의 위기

한국교회의 평신도 아마추어리즘의 큰 위기는 대형 교회 '중심부의 핵심'에 있는 평신도에 의해 나타나는 경우가 많다. 대형 교회 중심부의 핵심에 있는 평신도란 일반적으로 그 교회의 핵심적인 위치에 있는 장로와 권사 및 그 가족과 가까운 친지를 의미한다. 중심부의 핵심에 있는 평신도를 막스 베버의 이념형(ideal type)으로 구성하면 다음과 같다. 이들은 일반적으로 헌신을 많이 하였고 교회가 성장하는 데 크게 기여하였다. 신앙심이 좋고 교회와 신앙에 대한 지식과 경험이 많다. 학벌과 높은 사회적 지위도 있고 경제적으로도 넉넉하며 교회 일에 관심을 쏟을 수 있는 시간적 여유와 건강을 가졌다. 자기 자신은 말할 것도 없고 가까운 가족과 친지 그리고 교회 안에서 함께 자란 선·후배들도 모두 장로 혹은 권사와 같은 직분을 맡고 있다. 전통 깊은 교회의 경우 2대 혹은 3대째 해당 교회에서 신앙생활을 하고 있다. 1980년대 이후 새롭게 성장한 교회의 경우, 젊은 시절부터 그 교회에서 초창기 멤버로 섬겨왔으며, 교회를 크게 부흥시킨 목사와 함께 일한 경험이 있다. 그리고 2020년 현재 교회를 부흥시킨 목사는 은퇴하셨거나 소천하시고 그 후임 목사가 교회를 섬기고 있다.

이처럼 대형 교회 중심부의 핵심 평신도는 본인이 원하든 원하지 않든 교회의 운전대를 잡은 최고 지도자의 위치에 서게 된다. 왜냐하면 그는 해당 교회를 가장 잘 알고, 가장 많이 헌신했으며, 가장 오래 그 교회에서 신앙생활을 했기 때문이다. 또한 교회 안에서 가장 많은 인적 관계망을 가지고 있으며, 사회경제적으로도 성도들 가운데 가장 높은 지위에 있고, 교회 안에서의 지위가 안정되어 있기 때문이다. 담임목사라 할지라도 이러한 핵심 평신도와 비교할 때 교역자(혹은 당회장)라는 제도적 지위 이외에는 우위에 있는 것이 별로 없다. 설교와 목회를 담당하면서 교회의 모든 일에 대한 행정적 책임을 져야 하며 교회 성장의 압박을 받는 담임목사의 지위 안정성은 중심부 평신도와 비교할 때 훨씬 낮은 수준이다. 이러한 책임을 제대로 담당하지 못할 경우, 교회를 사임하거나 안정적인 목회를 할 수 없게 된다는 압박감을 가지게 된다.

더 나가서 대형 교회 담임목사는 교회를 부흥시킨 카리스마 넘치는 전임자로부터 끊임없이 압박을 받을 수 있다. 아직 생존해 있고 자신의 화려한 과거를 내려놓지 못하는 전임자는 다양한 방법으로 후임자를 압박한다. 이미 주님 품으로 돌아가신 '훌륭한 목사님'이라 할지라도 역사와 신화가 되어 평신도의 가슴 속에 남아있으면서 후임자에게 압박을 줄 수 있다. 이러한 압력 가운데 있는 대형 교회 담임목사는 중심부에 있는 평신도를 감당하기가 어렵다. 유일한 길이 있다면 전임자 못지않은 강한 카리스마를 가지고 교회를 크게 부흥시켜야 하는 데 두 가지 모두 지난(至難)한 일이다. 왜냐하면 강한 카리스마를 가진 목사는 대형 교회 담임목사로 청빙될 가능성이 매우 낮고, 시대적으로 볼 때 현재는 부흥의 시대가 아니며, 대형 교회의 조직과 인적 구성 자체가 부흥을 어렵게 만들기 때문이다.

이러한 상황에서 중심부의 핵심 평신도는 교회에 대한 통제력을 행사하게 된다. 통제력을 행사하는 동기는 복잡하고 다양하다. 좋지 못한 동기만 작용하는 것은 아니며, 순수하고 선량한 동기도 많이 작용한다. 최근 들어 교역자에게 나타나는 프로페셔널리즘의 위기와 도덕성의 저하는 심각한 문제이다. 대형 교회 중심부에 있는 신실한 장로는 이러한 교역자의 문제 앞에서 교회를 지켜야 한다는 사명감을 가지지 않을 수 없다. 그리하여 교역자의 잘못을 지적하고 잘못된 길로 가지 않도록 막으려고 한다. 이러한 장로가 있어야 교회가 바른길을 갈 수 있다. 또한 믿음이 약하고 성숙하지 못한 성도들은 교회 안에서 버릇없는 아이들처럼 제멋대로 행동할 수 있다. 이러한 성도들을 교역자가 제어하는 것은 쉬운 일이 아니다. 설사 옳은 말을 해 주어도 받아들이지 않고 그것을 빌미로 문제를 일으키는 경우도 많다. 이런 경우 교회의 중심 장로가 권면도 하고 책망도

할 때 교회를 바로 세울 수 있다. 이러한 중심 장로와 같은 평신도가 있어야 한국교회가 어지러운 세상 가운데서도 중심을 잡을 수 있다.

그러나 인간은 주님의 십자가 은혜로 구원을 받은 다음에도 죄성이 완전히 사라지지 않는다. 믿음과 사랑이 많고, 오랜 기간 교회를 위해 많이 헌신하였고, 사회경제적으로도 능력과 지위가 있는 중심 장로에게도 죄성(罪性)이 있다. 그리고 이 죄성이 다른 사람을 통제하고자 하는 권력의지와 연결될 수 있다(권력이란 다른 사람의 의지에 반하여 자신의 의지를 관철시킬 수 있는 힘을 말한다). 특별히 호승(好勝) 기질이 강한 사람이 대형 교회 중심부에 있을 때 교회를 통제하고자 하는 욕망을 억누르지 못한다. 자신의 자리와 힘을 동원하여 그것을 관철하려 한다. 그러면 담임목사도 막을 수가 없다. 중심부의 장로가 관철하려는 뜻과 의지가 잘못되었을 때, 두 가지 결과 가운데 하나가 나타난다. 교역자나 다른 평신도가 그것에 반대하여 저항하면 (protest) 교회는 분규에 휩쓸리고, 그 힘에 눌려 그 뜻에 굴복하면 환멸이 일어난다. 분규이든 환멸이든 이러한 일이 일어나면 주님의 영광은 가려지고 교회는 약해지며 믿음이 연약한 성도는 교회를 떠나게 된다. 이것이 2020년대 한국교회 평신도 아마추어리즘의 위기 현상이다.

중심부 핵심 평신도(장로)가 자신의 뜻에 따라 교회를 통제하려는 이유가 심리적 혹은 기질적인 요소에 의해 나오는 것만은 아니다. 그와 그 주변 사람들이 가진 이념(ideas)에 의해 나올 수 있다. 대형 교회의 경우 이념적 요소가 심리적 요소보다 더 많이 작용하기도 한다. 즉 중심부 평신도는 그 나름의 신앙관, 교회관, 목회자관이 확실하다. 그리고 이러한 이념이나 관(觀, view point)은 긴 세월 쌓아온 신앙과 경험의 산물이다. 대형 교회의 경우 이러한 신앙과 경험의 유용성이 확증되기도 하였다. 중심부 평신도는 자신의 이념에 따라 교회를 통제하려고 한다. 자신의 이념에 따라 교역자를 규정하고, 그 규정에 따라 교역자까지도 통제하려 한다. 교회의 정관 속에 이러한 이념을 담아 제도화시키기도 한다.

예를 들어 특정 선교단체에서 열심히 활동하는 중심부 평신도는 담임목사의 목회가 그 선교단체를 돕는 일에 적극적으로 맞추어지기를 원할 수 있다. 사회봉사(디아코니아)가 우리 시대 교회의 사명이라고 확신하는 중심부 평신도는 교회 예산의 일정 비율을 무조건 사회봉사비로 정해 놓고 실행하려고 한다. 하나님의 종은 청빈해야 한다고 하면서 교회 형편이 되는데도 불구하고 사례비 지출에 인색하기 짝이 없는 교회도 있다. 이것은 모두 다 중심부 평신도의 이념에 의한 교회 통제의 결과이다.

중심부 평신도 그룹의 이념, 즉 교회관과 신앙관이 바르고 건강할 때는 이러한 통제력의 행사가 교회를 안정시키고 평안하게 할 수 있다. 한국교회에 변화와 개혁을 가져오는 힘이 되기도 한다. 특별히 교역자의 도덕성 저하와 프로페셔널리즘의 위기가 심각한 현 상황에서는 더욱 그러하다. 그러나 그의 교회관이나 신앙관이 바르지 못하고 건강하지 못할 때는 교회가 큰 어려움을 당할 수 있다. 중심 평신도는 신앙적 허위의식(false consciousness)에 빠지기 쉽다. 자신은 지금까지 믿음으로 살았고 주님과 교회를 위하여 헌신해 왔기 때문에, 혹은 자신은 개인적인 이익을 위해서 행동하지 않기 때문에, 자신의 이념이 옳다고 생각하는 것이 바로 허위의식이다. 아니 허위의식을 넘어선 교만의 죄가 될 수 있다. 복잡한 세상에서 유한(有限)한

죄인들이 모여 살기 때문에 선한 동기로 행하는 것이 모두 옳은 행위가 되지 못하는 경우가 많이 있다. 중심부 평신도가 잘못된 이념에 따라 허위의식에 사로잡혀 교회를 통제하는 것이 우리 시대 평신도 아마추어리즘의 심각한 위기 현상이다.

5. 교역자 지도력의 위기

중심부 평신도가 교회를 통제하는 경우 피할 수 없는 문제가 하나 있다. 이 문제는 중심부 평신도가 아무리 바른 이념과 신앙, 교회관을 가지고 순수하고 선한 동기로 교회를 섬긴다 해도 피할 수 없는 딜레마이다. 그것은 리더십의 문제이다. 중심부 평신도가 교회를 통제하면 교역자 리더십에 문제가 생긴다. 잘못된 이념이나 동기를 가지고 교회를 통제하는 경우는 말할 것도 없고 바른 이념과 좋은 동기를 가지고 교회를 통제한다 해도 교회의 리더십에 문제가 생길 수밖에 없다. 교회의 리더십은 근본적으로 영적 리더십이다.[4] 그리고 영적 리더십의 궁극적 출처는 그리스도의 리더십 위임(요 21:15-19)과 하나님의 말씀 성경이다. 그러므로 지도자(리더)는 어떤 형식과 제도 아래서이든지(감독제, 의회제, 회중제 어떤 제도이든지) 예수 그리스도로부터 위임받은 자가 되어야 하며, 이 직분은 하나님의 말씀을 선포하고 전하는 자이어야 한다.

중심부 평신도는 아무리 바른 믿음을 가지고 인품이 성결하며 헌

---

4) 헨리 블랙커비, 『영적 리더십』(두란노, 2002).

신을 많이 했다 해도 공적인 리더십 위임을 받지 못했으며, 하나님의 말씀을 전하는 직분을 가지고 있지 않다. 그러므로 중심부 평신도는 교회의 최고 지도자가 될 수 없다. 교회의 최고 지도자는 교역자가 되어야 한다. 물론 교회에 특별한 문제가 있거나 혹은 교역자에게 심각한 문제가 있는 경우 중심부 평신도가 최고 지도자가 될 수 있다. 그러나 이것은 일시적인 방편일 뿐 영구적인 제도가 될 수는 없다. 어떤 경우 교수가 아닌 사람이 대학의 총장이 될 수 있다. 그러나 대학 총장은 교수가 맡는 것이 정상이요 옳은 일이다. 어떤 경우 의사가 아닌 사람이 병원장이 될 수 있다. 그러나 병원장은 의사가 맡는 것이 정상이요 옳은 일이다. 이와 마찬가지로 어떤 상황에서 중심부 평신도(장로)가 교회의 최고 지도자가 될 수 있다. 그러나 교회의 최고 지도자는 목사가 맡는 것이 정상이요 옳은 일이다. 그래서 장로교 교단에서는 당회장이 유고일 때 다른 목사(중심부 장로가 아닌)로 하여금 대리 당회장 혹은 임시 당회장의 역할을 맡기고 있다.

중심부 평신도가 그가 가진 힘으로 인하여 교회의 최고 지도자가 될 때 교회는 영적인 혼란에 빠지게 된다. 앞서 살펴본 바와 같이 한국교회는 심각한 교역자 프로페셔널리즘의 위기에 봉착하고 있다. 교회 지도자로서의 도덕적 자격과 영적 능력이 없는 사람이 교역자(담임목사, 당회장)의 자리에 있는 경우도 적지 않다. 이런 상황에서 교역자를 교체하는 일은 가능하다. 그러나 교역자를 그대로 두고 중심부 평신도가 최고 지도자가 되어서는 안 된다. 조금 부족한 면이 있어도 목사를 교회의 담임자로 세웠으면 그에게 지도력을 주어야 한다. 하나님의 말씀을 전하는 영적 지도자가 교회의 최고 지도자가 되지 못하면 그 교회는 건강하지 못한 교회가 되고 결국은 쇠락할 수밖에 없다.

한국의 대형 교회는 중심부 평신도 개인이나 혹은 집단이 목회자보다 더 큰 권위와 힘과 지도력을 행사할 수 있는 구조이다. 다만 하나님을 두려워하고 교회를 사랑하는 신실한 평신도는 그 위치에 있어도 스스로 그 권한과 힘을 내려놓는다. 그리고 교역자의 지도력이 발휘될 수 있도록 최선을 다할 것이다. 이렇게 할 때 교회는 안정되고 계속 발전할 수 있다. 그러나 신실하지 못한 평신도는 그 권한과 힘을 사용한다. 힘과 권력은 한 번 굴러가기 시작하면 제어하기가 어렵다. "절대 권력은 절대 부패한다"라는 말은 국가 권력에만 해당되는 것이 아니다. 사람들이 모여 이루어진 모든 조직에 다 해당되는 말이다. 교회 내에서 중심부 평신도의 권력과 통제력 행사, 그 결과 나타난 교역자의 지도력 상실은 평신도 아마추어리즘의 위기이며 한국교회의 위기이다.

11장
소형 교회의 재편성

2018년 말 현재 대한예수교장로회 통합 측 총회 통계에 따르면 전체 교회의 수는 9,190교회이며 이 가운데 50명 이하의 교회는 4,541교회로 전체의 49.4%를 차지하고 있다. 100명 이하의 교회로 확대하면 6,109교회로 전체의 66.5%에 해당된다. 이 통계에 따르면 한국교회의 1/2이 신도 수 50명 이하 성도의 교회이며 한국교회의 2/3 정도가 신도수 100명 이하의 소형 교회이다. 연간 예산 규모별로 보면 교회의 존속 자체가 위협을 받는 예산 2,000만 원 이하의 교회가 3,799교회로 전체의 41.3%이고, 자립의 어려움을 겪는 예산 2,000~5,000만 원 사이의 교회가 1,867교회로 전체의 20.3%를 차지하고 있다. 상대적으로 형편이 나은 예장 통합 측 자료에 근거해도 한국교회의 절반은 50명 이하의 자립하기 어려운 교회이다.[1]

2020년 현재 소형 교회 앞에 놓인 길은 여러 가지이지만 교회의 재정 혹은 교회의 조직 유지와 관련하여 다음과 같은 다섯 가지의

---

[1] 대한예수교장로회 총회 국내선교부, "제104회기 총회 및 노회와 지교회 현황", 『제23기 총회개척훈련 제2과정 세미나 자료집』(2019.11.5.), 36.

경우를 생각할 수 있다. ① 전통적인 목회, 전도, 예배, 말씀 등을 부정하지 않으면서도 시대의 흐름을 이끌어 가는 새로운 교회 구조, 새로운 목회, 새로운 사역을 시도하는 길이다. 이 길을 통해서 양적으로 성장하여 자립할 뿐 아니라 소형 교회만의 독특한 정체성과 가치를 보여줄 수 있다(이머징 교회, 작은 교회 운동 등). 이것은 가장 이상적인 길이고 위기에 처한 한국교회의 앞날을 비추는 빛이 되는 길이다. ② 교회조직을 유지하지 못하여 통폐합되는 길이 있다. 이것은 그 누구도 원하지 않는 길이지만 어쩔 수 없는 상황이라면 부작용을 최소화하는 연착륙이 필요하다. 더 나가서 통폐합을 통하여 새로운 자립교회를 만드는 길을 모색해야 한다. ③ 교역자(혹은 교역자 가정)가 이중직 혹은 경제활동을 통해서 교회 재정(목회자 생활비)을 책임지는 길이 있다. 이것은 교역자와 그 가정의 헌신을 통해 교회가 침체되는 어두운 시대의 터널을 지나가는 하나의 방식이 될 수 있다. ④ 외부의 지원으로 현상을 유지하는 길이 있다. 현재 여러 교단과 교회에서 실행하는 방법이다. 그러나 이 길의 앞날은 밝지 않다. 지원을 담당하는 외부의 중대형 교회들이 침체되고 있기 때문이다. ⑤ 교역자 없는(급여를 받는 사람이 없는) '평신도 교회' 실험의 길이 있다. 현재 이러한 실험교회가 나타나고 있지만, 한국교회의 중요한 흐름이 되기에는 아직 역부족이고 내부적으로 극복해야 할 문제도 많이 있는 상태이다. 이상과 같은 소형 교회의 방향을 염두에 두면서 한국의 소형 교회 재편의 문제를 논의하겠다.

1. 소형 교회의 성장과 자립

소형 교회가 존속하고 자립하기 위해서는 반드시 양적 성장이 필요하다. 아무리 가난하고 힘없는 농어촌 지역 어르신만 모이는 교회라 해도 성도 수가 50명만 넘으면 교회를 유지할 수 있다. 50명이 넘는 어르신 성도님들이 모이는 교회가 재정적인 문제로 교회 운영이 어렵다면 다른 교회의 도움을 받을 수 있다. 아울러 국가나 지역사회의 도움을 받을 수도 있다. 그러므로 성도 수가 적어 자립하지 못하는 소형 교회는 양적으로 성장하여 자립하는 것이 급선무(急先務)이다. 소형 교회의 성장과 자립의 방안을 생각해보겠다.

예배와 말씀: 모든 성장하는 교회의 공통점, 최대공약수, 필수조건을 든다면 '예배와 말씀'을 들 수 있다. 왜냐하면, 교회는 가장 먼저 하나님의 말씀 위에 세워진 예배 공동체이기 때문이다. 교회는 일차적으로 성도들의 영적인 요구를 충족시킬 수 있어야 한다. 예배와 말씀은 성도들의 영적인 요구를 충족시키는 가장 중요한 통로이다. 따라서 미자립교회, 개척교회, 소형 교회가 성장하려면 예배와 말씀에 집중해야 한다. 오세선 목사는 40년 역사를 가졌지만 12명의 성도밖에 없는 면 단위 농촌교회에 2009년 부임하여 오직 말씀에 최선을 다하는 목회를 하여 큰 부흥을 이루었다 .[2] 오세선 목사뿐 아니라 자립에 성공한 교회의 교역자들이 한결같이 하는 말은 "말씀에 온 정성을 다 쏟을 때 부흥의 은혜를 받았다"고 하였다. 소형 교회는

---

[2] 오세선, "명업교회 이야기", 총회자립위원회 편, 『반석 위에 세운 교회』(한국장로교출판사, 2012).

프로그램과 시설, 행사와 사업, 물적 인적 자원의 동원 등과 관련해서는 대형 교회를 따라갈 수가 없다. 그러나 예배, 말씀, 기도와 같은 영적인 활동은 얼마든지 잘 할 수 있다. 소형 교회는 성도들의 수가 적기 때문에 훨씬 더 집중력 있는 예배를 드릴 수 있다. 또한 소형 교회 목사는 대형 교회 목사보다 시간이 많으므로 기도와 말씀 준비에 더 많은 시간을 사용할 수 있다. 소형 교회 목사는 성도들의 '삶의 자리'(Sitz im Leben)에 대한 이해의 정도가 높으므로 성도들의 가슴에 와 닿는 설교를 할 수 있다.

우리는 지금 코로나 바이러스의 시대를 맞이하고 있다. 코로나 바이러스 시대의 특징은 한 마디로 언택트(비대면, 비접촉)이다. 코로나 바이러스 시대를 맞아 예배 공간의 문제는 소형 교회가 대형 교회보다 더 잘 대처할 수 있다. 코로나 시대에 예배를 드리기 위해서 앞, 뒤, 옆의 좌석을 1칸씩만 띄우려 해도 현재 예배실 좌석 수의 1/4에 해당하는 성도들만 수용할 수 있다. 현재의 예배실 좌석을 거의 다 채운 채 3~4부 이상의 예배를 드리는 대형 교회의 경우 12부 혹은 16부 예배를 드려야 한다. 교회를 분립하지 않는 한, 감당하기 어려운 일이다. 그러나 현재 좌석의 1/2밖에 차지 않는 소형 교회의 경우 2부 예배만 드려도 회중 예배가 가능하다. 지난 2020년 코로나 사태 때도 큰 교회들은 대부분 예배실 문을 닫고 영상예배를 드렸지만 작은 교회들 가운데 많은 교회는 정상적으로 예배를 드릴 수 있었다.

설교도 마찬가지이다. 대형 교회에서 설교가 진행될 때는 설교를 돕는 요소들이 많이 있다. 잘 준비된 성가대와 찬양팀, 예배당을 가득 채운 성도의 뜨거운 반응 등이 설교자에게 큰 힘이 되었다. 그러나 코로나 바이러스는 대형 교회가 가진 이 모든 장점을 무너뜨렸다. 교회에서 모이지 못하면 대형 교회나 소형 교회나 똑같이 작은 영상을 통해서 비슷한 시간 동안 말씀이 전달된다. 소형 교회 목사라 할지라도 정성 다해 말씀을 전하면 대형 교회 못지않은 은혜를 나눌 수 있다. 또한 대형 교회에서는 영상예배를 드릴 때 피드백 (feed back)이 어렵다. 간신히 접속자의 수를 확인할 수는 있지만, 접속을 했다고 해서 예배를 잘 드리고 말씀을 잘 받았다고 확언할 수는 없다. 그러나 소형 교회의 경우 담임목사가 전화나 문자, SNS 등을 이용하여 예배와 설교에 대한 피드백과 은혜의 나눔이 가능하다. 한국교회가 코로나 바이러스의 시대를 맞이하여 큰 어려움을 당하고 있지만, 소형 교회가 예배와 말씀에 더욱 집중할 때 성장하여 자립할 수 있을 것이다.

친교와 섬김: 소형 교회가 성장하려면 소형 교회의 가장 큰 장점이자 경쟁력인 친교와 섬김을 잘 활용해야 한다. 공동체성이 흔들리는 현대 사회에서 친교는 소형 교회가 가진 가장 큰 장점이다. 그러나 현대인들은 한편으로 공동체성을 원하면서도 다른 한편으로는 얽매인 인간관계를 싫어하는 이중적인 모습을 보인다. 공동체성의 요구와 개인주의적 성향이라는 상반된 현대인의 마음을 잘 이해하고 균형을 잡아 주는 것이 필요하다. 즉 언제든지 받아 주는 개방적인 공동체이면서 또한 공동체적 만남을 강요하지 않는 교회가 되어야 한다.

소형 교회는 담임목사와 직접적인 관계를 맺을 수 있고 섬김을 받을 수 있다는 장점이 있다. 대형 교회의 경우 담임목사가 그 이름을 알지 못하는 성도들이 허다하다. 부목사 한 사람이 수백 명 혹은 1천 명 가까운 성도들을 담당하는 교회도 있다. 임기(任期)가 짧은 부목사는 성도들의 형편을 잘 파악하기 어려울 뿐 아니라, 자신의 앞날에 도움이 되는 성도들은 선호하지만 그렇지 못한 성도들에게는 관심을 덜 기울이기 마련이다. 그러나 소형 교회의 담임목사는 성도들의 여러 삶의 조건을 잘 파악할 수 있을 뿐 아니라 어떤 성도라도 최선을 다해서 돌보게 된다. 따라서 소형 교회는 대형 교회와는 달리 성도와 담임목사의 직접적이고 친밀한 관계와 섬김이 가능하다.

물론 이때에도 담임목사는 성도들에게 부담을 주지 않아야 한다. 특별히 물질적인 부담을 주지 않도록 유의해야 한다. 큰 교회의 경우 물질적인 부담이 커도 다수에 묻혀서 개개인은 부담을 적게 느낀다. 그러나 작은 교회의 경우 물질적인 부담이 많지 않아도 개개인은 더 크게 부담감을 가지게 된다. 담임목사가 성도들에게 물질적인 부담감을 주지 않으려면 자신의 생계를 유지할 수 있는 최소한의 대책을 마련해야 한다. 현재의 젊은 목회자들의 경우 사모(배우자)들이 경제활동을 함으로 어느 정도 생계의 대책을 마련하고 있다. 앞서 논의한 바 있는 목사 이중직에 대해서도 적극적인 태도를 가져야 한다. 성도들이 대형 교회를 선호하는 이유 가운데 하나가 '부담이 적다'는 것이며, 소형 교회를 기피하는 이유 가운데 중요한 것은 '부담스럽다'는 것이다. 소형 교회의 목사가 성도들에게 물질적인 부담을 주지 않아야 성도들이 쉽게 소형 교회에 발걸음을 옮길 수 있다. 소형 교회가 성장하려면 친밀함과 공동체성을 살리고 물질적 부담감을 최소화해야 한다.

소형 교회가 어느 규모까지 성장해야 하는가와 관련해서는 정해진 답이 없다. 그러나 최소한 재정적으로 자립할 수 있는 정도는 되어야 하고, 성도들 개개인에게 힘이 되고 의지할 수 있는 규모의 공동체가 되어야 한다. 이러한 조건을 만족시키기 위해서는 최소한 어른 신도 100명 수준에는 이르러야 한다. 현재 한국교회의 절반 정도는 50명 이하의 성도를 가진 성도이다. 이러한 교회들은 최선을 다해 100명 이상 규모의 교회가 되도록 힘써야 한다. 100명 이상의 교회가 되었을 경우 교회의 성격과 정체성, 목회철학과 사명 등을 분명히 하여 자연스럽고 건강한 성장이 이루어질 수 있도록 해야 한다.

소형(개척, 미자립)교회의 전도: 소형 미자립교회가 성장하여 자립교회가 되기 위해서는 전도가 필수적인 사역이다. 전도는 교회의 대표적인 사명으로 미자립 소형 교회뿐 아니라 대형 교회에서도 큰 관심을 기울이고 있다. 그리하여 노방전도, 관계 전도, 빌립 전도, 전도대행진, 총동원 전도 등 수많은 전도 프로그램들이 소개되어 있다. 그러한 전도 프로그램이나 방법은 교회의 형편이나 상황에 따라 잘 적용할 때 많은 유익을 얻을 수 있다. 여기서는 소형 교회가 할 수 있는 구체적인 전도 방법의 문제가 아니라 소형 교회가 가져야 하는 전도자의 태도와 가치의 문제를 논의하겠다.

① 전도는 교회 성장과 자립의 방편으로 하는 것이 아니라 영혼 구원을 위해서 하는 일이다. 이 첫째 원칙은 소형 교회나 대형 교회를 막론하고 모든 전도 활동에 적용되는 원칙이다. 그러나 많은 경우 전도를 교회 성장의 방편으로 생각한다. 특별히 미자립 소형 교회의 경우 전도하여 교회를 부흥시키고 그래서 미자립 상태에서 하루빨리 벗어나고 싶은 마음이 앞서는 경우가 많다. 그리하여 전도를 하나의 행사로 기획하면서 얼마나 많은 사람이 동원되어, 얼마나 많은 사람이 등록하고, 얼마나 많은 사람이 정착했는가에 관심을 기울

인다. 물론 기획, 동원, 등록, 정착의 4단계로 이루어지는 전도행사가 무가치한 것도 아니고 또한 효과가 없는 것도 아니다. 그러나 이러한 행사 중심의 전도는 전도의 본질을 상실할 수 있는 위험이 있다.

전도의 일차적인 목표는 영혼 구원이며 교회의 성장이나 자립은 그에 따른 결과일 뿐이다. 특히 소형 미자립교회의 경우 자립을 목적으로 전도하면 오히려 전도가 더 어려워진다. 왜냐하면, 전도 받는 사람의 입장에서 전도가 상품 판매를 위한 세일즈 행위와 비슷하게 느껴지기 때문이다. 그리고 전도를 교회 성장과 자립의 방편으로 삼으면, 전도의 열매가 상당 기간 나타나지 않을 때 낙심하여 전도의 의욕을 잃어버릴 수 있다. 반대로 한 영혼을 구원하겠다는 간절한 소원으로 전도하면 열매가 없어도 포기하지 않으며, 때가 이르면 전도의 열매를 거둘 수 있다(갈 6:9). 전의 무학교회를 개척한 김계원 목사는 K라는 청년의 영혼을 위해 오래 기도하고 전도하였다. 그러던 중 K가 인생의 어려운 일을 당하여 스스로 목숨을 버리려고 과속으로 차를 몰고 가다가 가드레일을 받았다. 차가 폐차될 정도가 되었고 정신을 잃었지만, 다행히 생명을 건졌을 뿐 아니라 큰 부상도 입지 않았다. 그가 의식을 되찾았을 때 가장 먼저 떠오른 사람이 김계원 목사였다. 그는 이 세상에서 자기의 영혼이 구원받기를 위해서 기도하고 자신의 영혼에 가장 관심을 가진 분이라는 것을 알았기 때문이었다. 그는 이 일을 계기로 주님 앞으로 돌아왔다.[3]

② 전도는 영적 싸움이다. 모든 영적인 활동 가운데는 영적인 싸움이 일어나게 된다. 세속화의 물결에 휩쓸린 현대 교회는 영적인

---

3) 김계원, "개척교회와 전도",『제23기 총회 교회개척훈련 제2과정』(교육 자료집; 대한예수교장로회 총회 국내선교부, 2019), 149.

갈등과 싸움을 별로 경험하지 않고 있다. 겉보기에는 평화로운 것 같지만 실제로는 영적인 수면 혹은 영적인 죽음 가운데 처한 것이다. 그러나 전도를 하게 되면 영적인 싸움이 일어나게 된다. 전도는 세상의 가치와 문화에 대한 부정의 의미를 담고 있다. 전도는 세상 문화에 대해서 리차드 니버가 말한 "문화와 대립하는 그리스도"(Christ against culture)의 요소가 나타나지 않을 수 없기 때문이다.[4] 전도는 세속화된 문화와 사회에 대한 교회의 공격이다. 그러므로 세상은 더욱 격렬하게 저항하며 싸움은 더욱 치열해질 수밖에 없다. 소형 개척교회는 영적 싸움에 나간 소규모 부대이다. 소형 개척교회 목사는 영적 전투의 최전선에 선 공격부대의 소대장이나 분대장과 같다. 그러므로 가장 힘들고 위험한 자리에 서 있다. 이것을 개척교회 전도에 가장 많이 힘썼던 김계원 목사는 '뱀과 싸우는 꿈'으로 표현하였다.[5] 그러므로 소형 개척교회가 전도에 성공하기 위해서는 영적인 전신갑주를 입어야 한다(엡 6:10-18).

③ 소형 교회 전도는 물량주의를 극복해야 한다. 한국교회와 한국 사회는 물량주의에 빠져있다. 물량주의란 교회나 사회가 "외적으로 드러나는 것(物)과 수치로서 측정할 수 있는 것(量)을 중요시하면서 그것을 확장하는데 가장 많은 관심을 가지는 태도"이다.[6] 이것은 자본주의적 상품생산의 원리와 다종교사회에서의 적응 방식이 교회 안으로 들어온 것이며, 교회 성장론에 의해 정당화되는 원리이다. 물량주의는 전도의 목표가 되며 또한 전도의 방법이 된다. 즉 전도

---

4) 리차드 니버/홍병룡 역, 『그리스도와 문화』 (IVP, 2007).
5) 김계원, "개척교회와 전도", 156-157.
6) 노치준, "한국교회 물량주의의 문제", 『한국 개신교 사회학』 (한울, 1998), 99.

란 특정 교회 등록 신도 수를 늘이는 것이며, 전도의 방법으로는 다양한 캠페인과 행사를 통해서 전도 대상자를 동원하는 것에 초점을 맞춘다. 한국교회에서 지금도 많이 행해지고 있는 이러한 물량주의적 전도 활동의 의미와 가치를 모두 부인할 필요는 없다. 필자의 경험을 보아도 적지 않은 전도의 열매를 거두었기 때문이다.

그러나 물량주의적 행사와 캠페인 방식의 전도는 현재 한계에 부딪혔다. 대형 교회에서도 물량주의적 전도방식이 더 이상 효과를 나타내지 못하고 있다. 더욱이 미자립 소형 교회는 크고 화려한 전도 행사와 캠페인에 필요한 물적, 인적 자원을 가지지 못하고 있다. 그러므로 미자립 소형 교회는 물량주의적 전도방식을 피해야 한다. 물량주의적 전도방식을 취하면 대형 교회와의 비교를 피할 수 없다. "전도 초청 잔치에 강사로 누구를 초청했는가? 선물은 무엇을 주었는가? 초청된 사람의 수가 얼마나 되는가?" 등을 비교하게 된다. 이러한 비교는 미자립 소형 교회 교역자와 성도들의 자존감을 현저히 떨어뜨린다. 자존감을 잃어버린 목사를 찾아와 자신의 영적인 문제를 해결하고자 하는 사람이 어디 있겠는가? 미자립 소형 교회가 가진 가장 큰 전도의 자산은 예수 그리스도의 복음이며 '십자가의 도'이다. 오순절에 임했던 성령의 역사이다. 베드로는 물량주의에 빠지지 않았기 때문에 어마어마한 규모의 헤롯 성전 안에서 담대하게 예수 그리스도의 복음을 전할 수 있었다. 바울 사도는 물량주의에 빠지지 않았기 때문에 인류 역사 속에 나타났던 최강의 제국, 가장 장기간 이어진 제국, 그 로마 제국의 곳곳을 다니며 예수 그리스도의 복음을 전할 수 있었다. 모든 것을 수치로 계산하는 현대 자본주의 사회에서 가장 약자인 미자립 소형 교회가 크고, 많고, 화려한 세상을 향해서 자존감(담대함)을 가지고 전도하려면 오직 '십자가의 복음'만을 믿고 의지하며 전해야 한다.

④ 전도는 교역자가 앞장서야 한다. 미자립 소형 교회는 대형 교회와 비교할 때 혹은 이 세상의 여러 (영적) 단체들과 비교할 때 시설, 재정, 프로그램, 인원 등에 있어서 열세에 있다. 오직 하나 내세울 것이 있다면 교역자의 가슴속에 간직하고 있는 믿음과 소망, 사랑과 열정, 희생과 헌신뿐이다. 예전 평신도 아마추어리즘이 아름답게 꽃피던 시절, 교회를 개척하면 하나님 나라와 영혼 구원의 큰 소망을 가지고 함께한 평신도들이 적지 않게 있었다. 그러나 현재는 그러한 헌신적이고 순수한 평신도들을 찾기가 어려운 시대이다. 이러한 시대를 맞이하여 교회를 살리고 어둠에 빠진 세상에 복음의 빛을 비추기 위해서는 교역자가 앞장서야 한다. 평신도는 세상의 일에 소명 받았지만, 교역자는 교회를 위해서 소명 받았기 때문이다. 평신도는 교회 안에서 아마추어이지만 교역자는 교회 안에서 교회를 책임져야 할 프로페셔널이기 때문이다.

현재 전국의 소형 교회들은 나름대로 전도를 통한 성장에 애쓰고 있다. 그 가운데 관심을 끄는 운동이 2002년부터 시작된 사단법인 '한국 작은 교회 살리기 운동 본부'(이사장 박재열 목사)의 작은 교회 전도 후원 활동이다. 여기서는 해마다 '목회사관훈련 세미나'를 열고 세미나 참석자 가운데 지원하는 120~150개 교회를 선정하여 집중적으로 전도훈련을 시키고 현장에서의 전도를 지도하며 또한 후원하는 활동을 하고 있다.[7] 해당 운동본부 홈페이지 자료에 따르면 이러

---

7) 공종은, "전도하고 또 전도하라. 그리고 기도하라", 「기독교연합신문」 2017. 10. 11.

한 훈련을 받은 교회가 2002년 15교회에서 시작하여 2019년까지 누적 1,828교회가 참여하여 적지 않은 전도의 열매를 거두었다.

2. 이머징 교회와 '작은 교회' 운동

이머징 교회: 소형 교회는 견고한 구조와 전통이 가진 억압적 힘이 약하다. 또한 소형 교회는 사회에서나 교단(혹은 기독교계)에서나 중심부에 있지 않고 주변부에 있는 교회이다. 그러므로 소형 교회는 대형 교회보다 교회 운영, 목회, 성도의 삶과 관련하여 다양한 시도를 할 수 있다. 한국교회의 새로운 방향을 찾는 '실험교회'가 될 수 있으며, 앞으로 전개되는 세상을 미리 가보는 '척후병(斥候兵, scout) 교회'가 될 수 있다. 변혁을 이끄는 교회, 선교적인 교회가 될 가능성이 더 크다.[8]

팀 체스터와 스티브 티미스는 일상교회(everyday church)가 될 것을 주장하였다. 이제 교회는 예전에 누리던 중심부의 위치를 내려놓고 주변부로 가야 한다. 그리스도인은 다수자의 신앙에서 소수자의 신앙으로 방향전환을 해야 하며, 예전에 누리던 안정된 정착민의 자리를 포기하고 체류자(나그네, 순례자)의 자리로 가야 한다. 예전의 특권을 내려놓고 다원성의 세계에 적응해야 한다. 예전에는 교회가 사회에 대한 통제력을 가졌지만, 이제는 사회를 향해 교회와 신앙의 의미를 증거 해야 한다. 예전에는 현상 유지로 만족할 수 있었지만,

---

8) 이상훈, 『Reform church: 변혁을 이끄는 미국의 선교적 교회들』 (교회성장연구소, 2015).

이제는 다양한 세속적인 흐름과 경쟁하고 싸워야 하는 선교적 자리로 가야 한다. 예전에는 교회가 안정된 제도에 머물렀지만, 이제는 새로운 세계를 만들어가는 운동의 자리로 가야 한다.[9] 이러한 방향으로 가기 위해서는 특정 공간과 제도 안에 머무는 교회가 아니라 일상(日常) 교회가 되어야 한다. 즉 일상의 공동체, 일상의 목양, 일상의 선교, 일상의 전도가 이루어지는 교회가 되어야 한다. 한국의 소형 교회도 이러한 일상교회의 이념(idea)을 가지고 나갈 때 부흥과 성장의 새로운 길을 발견할 수 있을 것이다.

변혁을 이끄는 미국의 선교적 교회 10교회를 연구한 이상훈 교수는 개혁적인 교회(reform church)가 성장할 수 있으며 교회의 새로운 방향을 열 수 있다고 하였다. 그가 연구한 대표적인 개혁적 교회요 또한 성장하는 교회는 "모이는 교회에서 흩어지는 교회로, 세상 속에서 세상과 함께 세상을 위해 살아가며, 복음을 증거하는 교회로 변화되기 위한 치열한 몸부림과 새롭게 피어오르고 있는 생명력이 있었다"고 하였다.[10] 영국과 미국의 개혁적인 교회를 연구한 일상교회론이나 개혁 교회론이 기독교 세계의 약화와 침체를 경험하는 서구에서 나온 이론이지만 이것은 한국교회, 특별히 한국의 소형 교회에도 시사하는 바가 크다. 즉 소형 교회가 미래를 열어가기 위해서는 현재의 대형 교회를 모델로 한 제도적 교회가 되는 것이 아니라 일상적 교회(everyday church), 개혁적 교회(reform church)가 되어야 한다.

브라우닝 목사에 의해 주도되는 CTK(Christ the King Community)

---

9) 팀 체스터·스티브 티미스/신대현 역, 『일상교회』 (IVP, 2015), 31-32.
10) 이상훈, 『리폼 처치』, 11.

교회 운동도 작은 교회 운동의 하나로 볼 수 있다. CTK교회 운동은 예배, 친교, 봉사라는 가장 간단한 기능만 수행하는 교회를 세워 '선교하는 교회' 만들기 운동으로 멀티 로케이션(multi-location), 즉 여러 곳에 예배당이 있는 교회다. 교회의 기능과 구조가 단순하므로 교회의 규모도 작아, 한 교회의 성도 수는 대부분 100명 이내이다. 교회를 책임질 수 있는 리더만 있으면 어디에서든지 쉽게 교회를 세운다. 1993년 처음 시작되어 20년이 채 안 되어 미국에 40여 교회, 전세계에 500여 교회를 세웠다.[11]

교회성장을 문화론적으로 접근한 것이 에디 깁스와 라이언 볼저의 이머징 교회(emerging churches)론이다. 이머징 교회란 "포스트모던 시대에 선교적 열정을 가지고 그들의 문화를 이용하여 다음 세대, 미래 세대에 접근하여 교회를 성장시키고자 하는 교회운동"을 말한다.[12] 이머징 교회는 다양한 지역에서 다양한 형태로 나타나고 있지만, 그 특성을 정리하면 다음과 같다. "예수를 따라 사는 삶을 추구한다. 세속 영역을 변화시키고자 한다. 공동체로 살아간다. 낯선 자를 영접하고 환대한다. 넓은 마음으로 섬김을 실천한다. 성도들 모두가 영적 소비자가 아니라 영적인 생산자로 교회 일에 참여한다. 창조된 존재로서 창조적인 일을 한다. 관념과 정신에만 의지하는 영성이 아니라 몸으로 경험하는 영성을 추구한다." 이러한 이머징 교회 운동 역시 교회의 규모와 상관없이 적용할 수 있다. 그러나

---

11) 데이브 브라우닝/구미정 역, 『작은 교회가 답이다』 (옥당, 2014); 이태형, "CTK교회 데이브 브라우닝 목사 '여러분의 교회, 너무 복잡하지 않나요?'", 「국민일보」 2012. 11.06.; 정재영, "미국 시애틀 교회들의 실험", 「데일리 굿뉴스」 2015. 08.12.
12) 에디 깁스·라이언 볼저/김도훈 역, 『이머징 교회』 (쿰란출판사, 2008), 9.

이것은 실험적인 성격과 공동체적인 성격이 강하기 때문에 소형 교회에서 더 쉽게 적용하고 실험할 수 있다.

작은 교회 운동: 앞서 소개한 일상교회, 개혁교회, 이머징 교회 등이 모두 미국이나 유럽에서 일어난 새로운 교회 운동이라면 한국에서 일어난 교회개혁 운동이 '작은 교회 운동'이다. 작은 교회 운동은 앞서 소개한 '작은 교회 살리기 운동'과 구분해서 이해해야 한다. '작은 교회 살리기 운동'은 더 효율적인 전도를 통해서 작은 교회의 성장과 부흥을 추구하는 운동이다. 이 운동의 교회론은 이전의 교회론과 큰 차이가 없다. 즉 열심히 전도하고 성도들을 잘 섬김으로 교회를 부흥시켜 안정된 교회를 세우는 것을 목적으로 한다. 이러한 운동의 시선은 한국의 안정된 중대형 교회를 향하고 있다. 그러나 작은 교회 운동은 그 시선과 목표 자체가 중대형 교회를 향하는 것이 아니라 작은 교회에 있다. 즉 작지만 건강하고 아름다운 교회를 만드는 운동이다. 현재 다양한 작은 교회 운동이 진행되고 있는데 그 가운데 눈에 띄는 운동단체는 '생명 평화 마당', '건강한 작은 교회 연합', '건강한 작은 교회 동역 센터' 등이다.

작은 교회 운동은 다양한 관심에 따라 다양한 활동을 하고 있지만, 대체로 다음과 같은 공통점을 가지고 있다. 첫째로 한국의 대형 교회와 대형 교회를 이루고자 하는 교역자들의 태도와 지향성에 대해서 비판적인 태도를 취한다. 더 나가서 대형 교회는 정상적인 교회가 아니라 자본주의, 물량주의, 번영신학 등이 결합되어 나타난 왜곡되고 병든 교회로 생각한다. 대형 교회 혹은 브랜드교회는 다음과 같은 병리 현상을 일으켰다고 비판한다. ① 동네의 작은 교회를 몰락하도록 만들었다. ② 교회의 공교회성을 위협한다. ③ 신자 중심의 교회 됨을 상실하고 있다. ④ 가나안 성도가 더욱 빠르게 양산되고 있다. ⑤ 익명의 그리스도인들이 늘고 있다. ⑥ 신자들의 일상의 제자도가 방해받고 있다. ⑦ 교회의 공공성이 훼손되고 있다.[13]

둘째로 작고 건강한 교회를 추구한다. 대형 교회를 병든 교회 혹은 교회의 생태계를 병들게 하는 교회로 규정하기 때문에 작은 교회를 지양한다. 작은 교회 운동에서는 작은 교회의 최대한계치를 성도 수 200~300명 정도로 보고 있다. 또한 작은 교회라고 해서 모두 건강한 교회가 될 수는 없다. 성도 수가 적다는 것이 건강한 교회를 보증하는 것이 아니다. 수가 적기 때문에 오히려 더 병들고 건강하지 못한 모습이 나타날 수도 있다. 작은 교회가 건강한 교회가 되기 위해서는 그 교회와 성도들의 믿음, 가치관, 세계관, 지향성, 도덕성 들이 바르게 정립되어야 한다. 작은 교회 운동은 규모는 작으면서 그 믿음과 지향성이 건강한 교회를 추구한다. 또 작은 교회 운동이 전도나 교회의 성장을 부정하는 것도 아니다. 전도도 하고 성장도 하지만 그 방식과 목적이 건강해야 한다. 그리고 일정 규모 이상 성장하면 분립하여 작은 교회로 돌아가는 것을 목표로 한다.[14]

셋째로 작은 교회 운동은 네트워크 운동이다. 작은 교회는 시설, 프로그램, 교역자의 역량, 성도 수 등 모든 면에서 열악한 가운데 있다. 작은 교회가 가진 약점과 한계를 극복하는 방법은 네트워크이다. 작은 교회 네트워크란 각자 교회가 가진 독립성(명칭, 교역자, 멤버십, 재정, 조직 등)을 유지하면서 예배, 교육, 봉사, 선교 등을 함께

---

13) 이진오, 『재편』 (비아토르, 2017), 97-100.
14) 김찬주, "두 번째 '건강한 작은 교회'를 개척하다", 「가스펠 투데이」 2018.08.15.

하거나 서로 협조하는 형태의 교회 연합을 의미한다. 네트워크를 이루어 함께 예배드리고, 함께 활동을 할 때 시너지 효과가 나타난다. 그리하여 한 교회, 한 교역자만 있을 때는 할 수 없는 여러 가지 일을 할 수 있다. 그리고 개별교회 교역자 혼자서 교회의 모든 일을 처리해야 하므로 나타나는 교역자의 피로와 탈진을 줄일 수 있고, 어려운 목회현장에서 교역자들이 서로서로 격려하고 위로함으로 어려운 시대를 넘어갈 수 있는 힘을 얻을 수 있다.[15]

넷째로 건강한 작은 교회 운동은 교회의 공동체성과 지역사회의 섬김을 핵심 가치로 삼는다. 교역자와 성도의 자유로운 만남과 소통, 교회 민주화, 공동체적 예배 등을 통해서 공동체적 교회가 되는 것을 소중하게 여긴다. 아울러 이웃 교회와의 교류, 교회의 공공성, 사회적 책임과 섬김 등을 중요한 가치로 삼는다.[16]

작은 교회 운동에서 작은 교회는 대형화되지 못해서 작은 것이 아니라, 작지만 건강하고 영향력 있는 교회를 말한다. 작은 교회는 단순히 규모만 작은 교회가 아니고 공동체성을 중시하는 교회이다.[17] 작은 교회 운동의 가장 큰 의미와 공헌은 건강한 교역자 프로페셔널리즘을 세운 것이다. 작은 교회, 미자립 교회 목회자는 교회를 성장시켜야 한다는 강박감에 시달린다. 그리고 교회의 성장이 이루어지지 못하면 불안과 두려움, 열등감, 자기 비하, 분노, 경쟁심, 시기심 등 영적·정신적으로 건강하지 못하고 부정적인 감정에 시달리게

---

15) 허성식, "교회개척과 선교", 『제22기 총회 교회개척훈련 제2과정』(교육 자료집; 대한예수교장로회 총회 국내선교부, 2019), 87-90.

16) 김성호, "생계 활동, 목회 병행했던 김수열 도토리교회 목사", 「서울신문」 2017.05.19.; 이진오, 『재편』, 108-112.

17) 임안섭, "성장 멈춘 교회, 대안은 작은 교회 운동", 「뉴스앤조이」 2013.04.13.

된다. 작은 교회 운동은 대형 교회를 비판적으로 바라봄으로 대형 교회를 이루기 위한 성장의 강박관념에서 벗어나게 한다. 그리고 건강한 작은 교회 만들기에 몰두함으로 대형 교회와의 비교로 인한 모든 부정적인 감정에서 벗어날 수 있다. 그리하여 교역자로서의 자존감과 존재 의미를 확고하게 함으로 건강한 교역자 프로페셔널리즘 형성에 매우 큰 역할을 하고 있다. 아울러 평신도 아마추어리즘이 건강한 모습으로 나타나게 하는 데 크게 기여하였다.

그러나 작은 교회 운동 종사자들이 대형 교회에 대해서 비판하고 있지만, 그 비판의 논리 가운데는 설득력이 떨어지는 것도 있다. 대형 교회의 기능과 공적을 인정하지 않고 있으며, 대형 교회가 한국 교회와 사회에 역기능을 행하는 메커니즘을 충분히 논의하지 못했다. 대형 교회 목회자 가운데 개혁적이고 바른 교회를 세우기 위해서 애써 수고하신 분들[18]에 대해서 충분히 평가하지 못하고 있다. 대형 교회에 대해 균형 잡힌 평가를 하지 못하고 과하게 비판하면, 교회 간 협력이 어려워지고 한국교회 전체의 공신력을 떨어뜨리는 역기능이 나타날 수 있다. 작은 교회 운동을 하는 교역자들이 교역자로서의 자존감과 존재 의미를 확고하게 하는 것은 좋은 일이지만, 그로 인해 대형 교회에 대한 분노와 공격성을 표출하지 않도록 조심해야 한다. 분노와 공격성은 자기 자신과 자신이 섬기는 성도들에게도 부정적인 영향을 줄 수 있다. 큰 교회이든 작은 교회이든 그리스

[18) 한국 최초의 대형 교회를 세우신 한경직 목사나 사랑의 교회 옥한흠 목사, 온누리 교회 하용조 목사, 아직 생존해 계시기 때문에 조심스럽다는 것을 전제로 '주님의 교회'와 '100주년 교회'를 섬겼던 이재철 목사, '높은뜻교회' 김동호 목사, '거룩한 빛 광성교회' 정성진 목사, '분당 우리교회' 이찬수 목사 같은 분들.

도 안에서 하나의 보편교회를 이루고 있으며, 하나님 나라를 함께 이루어 나가는 동역 교회임을 잊지 말아야 하겠다.

3. 소형 교회 통폐합과 재편

한국교회는 극심한 양극화 현상을 보이고 있다. 교인 수 100명 이하인 교회 수는 전체 교회의 2/3에 이르지만 그 교회에 출석하는 신도 수는 전체의 8.7%에 불과하다. 한국교회는 양극화 현상으로 인해 큰 교회는 큰 교회대로, 작은 교회는 작은 교회대로 많은 문제점이 나타나고 있다. 여기서는 소형 교회의 현황과 통폐합의 문제를 살펴보겠다.

교회 수의 변화: 한국교회 신도 수의 통계를 내는 것이 어려운 일인 것과 마찬가지로 한국교회 교회 수 통계를 내는 것 또한 어려운 일이다. 신도 수 통계는 국가에서 수행하는 인구센서스 통계를 통해서 전수조사가 이루어지고 있지만, 교회 수 통계는 그러한 방법도 마련되어 있지 않다. 그러나 한국교회의 변화와 개혁을 위해서는 교회수, 교역자 수 등과 같은 통계가 필요하다. 비교적 이러한 통계를 잘 구비한 예장 통합 측 통계를 중심으로 소형 교회의 문제를 논의하겠다. 2019년 말 기준 예장 통합 교단의 교세 변화를 보면 다음과 같다.

대한예수교 장로회 (통합) 최근 신도 수 및 교회 수 변화

	교회	목사	장로	제직	세례교인	전체교인
2005	7,279	12,223	21,729	697,581	1,450,211	2,539,431
2010	8,162	15,521	26,999	829,850	1,695,952	2,852,311
2015	8,843	18,712	30,328	880,732	1,745,305	2,789,102
2018	9,190	20,506	32,278	879,154	1,681,527	2,554,227
2019	9,288	20,775	32,511			2,506,985

출처: 대한예수교장로회 총회 국내선교부 (제23기 총회개척훈련 제2과정 교안 21쪽)
2019년 통계: 국민일보 (2020. 8. 20.)

전체 교인 수는 2010년에 정점(285만 2천 명)을 찍은 후, 계속 감소하여(29만 8천 명 감소) 2019년 말 현재 250만 7천 명에 이르고 있다. 세례 교인 수 역시 2015년 정점(174만 5천 명)을 찍은 후 감소하여(6만 4천 명 감소) 2018년 말 현재 168만 1,500여 명에 이르고 있다. 제직 수(집사, 권사 등)는 2016년 말 정점(885,838명)을 찍은 후 감소하여(6,684명 감소) 2018년 말 현재 87만 9천여 명에 이르고 있다.

이처럼 교인과 제직의 수는 감소하는 데 비하여 장로, 목사의 수는 꾸준히 늘고 있다. 목사의 수는 2005년에서 2010년 사이에 3,298명(27.0%, 연평균 660명) 증가하였고, 2010년에서 2015년 사이에는 3,191명(20.56%, 연평균 638명) 증가하였으며, 2015년에서 2019년 사이에는 2,063명(11.0%, 연평균 515명) 증가하였다. 증가율과 연평균 증가 인원이 줄어드는 추세이지만, 연도가 뒤로 갈수록 은퇴하는 교역자의 수가 늘어나는 것을 감안하면 유입되는 새로운 목회자의 수는 큰 변화가 없는 것으로 추정된다.

교회 수는 2005년에서 2010년 사이에 883교회(12.1%, 연평균 177교회) 증가하였고, 2010년에서 2015년 사이에는 681교회(8.3%, 연평균

136교회) 증가하였으며, 2015년에서 2019년 사이에는 445교회(5.0%, 연평균 111교회) 증가하였다. 연평균 증가율과 연평균 증가 교회 수는 떨어지는 추세이다. 그러나 연도가 뒤로 갈수록 문을 닫는 교회 수도 늘어간다는 것을 감안하면 새로 세워진 교회 수에는 큰 변화가 없는 것으로 추정된다.

최근 보도된 감리교의 교회 수 변화를 보면 교회 수도 오히려 줄어들고 있다. "2018년 6월 현재 감리회 본부가 각 연회자료를 모아 공식 집계한 기독교대한감리회 교회 수는 6,402개이고 총 교인 수는 1,313,930명이다. 동시에 지난 2019년 1월부터 2019년 11월까지 감리회 본부 홈페이지 또는 감리회 월간지 '기독교 세계' 임면(任免)에 근거하여 조사해 본 결과, 2018년 한 해 동안 전국과 미주연회까지 합쳐 개척 설립된 교회 수는 56개 처인 데 비해 폐지된 교회 수(통합 포함)는 무려 92개 처였다. 그리고 2019년 1월부터 11월까지 역시 조사한 결과 설립된 교회 수는 66개 처인 데 반해 폐지(통합 포함)된 교회 수가 81개 처였다. 따라서 최근 2년간의 통계를 볼 때 개척 설립된 교회 수가 122개 처인 데 비해 폐지된 교회 수는 173개 처로 설립보다 폐지된 교회가 51개 처나 더 많다."[19]

한국의 제이 교단이라고 불리는 감리교의 경우 교인 수가 줄어들뿐 아니라 교회 수도 줄어들고 있다. 특별한 변화가 없는 한 장로교 통합 측 교단을 비롯한 다른 교단들도 조만간 같은 길을 갈 것으로 예측된다. 현재의 한국교회는 자영업과 비슷한 형태를 보이고 있다. 해마다 많은 교회가 세워지고 또한 문을 닫는 악순환이 계속되고 있

---

19) 민돈원, "폐지보다 설립이 더 많은 감리회로 역전되기를!", 「KMC News」 2019.11.12.

다. 교회 통폐합과 관련해서는 가장 기초적인 조사나 연구조차 되어 있지 못한 상태이며 흔히 1년에 3,000교회 정도가 문을 열고 또 그 수만큼의 교회가 문을 닫는다고 한다.[20] 이러한 상황에서 한국의 소형 교회 통폐합의 문제는 자영업의 문제와 마찬가지로 한국교회와 한국 사회 전체에 영향을 주는 중요하고 심각한 문제가 되고 있다.

소형 교회의 폐지: 교회를 포함한 인간의 모든 조직은 생물과 같아서 태어나, 성장하다가, 쇠퇴하여 없어지게 된다. 보편교회 혹은 공교회라 불리는 보이지 않는 교회는 영원히 계속되지만, 지역교회(혹은 지교회)라 불리는 보이는 교회는 폐지될 수 있다. 그래서 교회 헌법에서도 지교회가 노회의 허락을 받아 설립되고, 분립·합병될 수 있으며, 폐지될 수도 있음을 명시하고 있다(장로교, 『헌법』 정치 10, 11, 12조). 교회의 통폐합은 사회적 혹은 외적인 변수 이외에 교회 내부적으로 볼 때 교인 수의 증감, 교역자의 증감, 교회 건물과 재산 등과 같은 세 가지 변수에 의해 진행된다. 한국교회의 경우 다음과 같은 길을 가고 있다. 신학교 혹은 교역자 양성기관이 늘어남에 따라 배출되는 교역자의 수가 늘어난다. 교역자가 증가하지만 사역지가 없으면 새로운 교회를 개척하게 되어 교회 수가 늘어난다. 늘어난 교회 수만큼 교인 수가 증가하지 못하면 교회의 유지와 존속이 어려워진다. 그 결과 교회의 문을 닫게 되어 교회 수는 감소한다. 문을 닫는 순서는 ① 목회자의 급여를 줄 수 없는 소형 교회, ② 정상적인 헌금으로 감당하기 어려울 만큼 많은 금융부담(빚)을 지고 있는 교회,

---

[20] 유영대, "한 해 문 닫는 교회 3000곳… 실패 원인 10가지", 「국민일보」 2017.10.20.

③ 정상적인 헌금으로 교회(시설과 건물)의 유지관리에 필요한 비용을 감당하지 못하는 교회의 순이다.

교회가 문을 닫으면 교역자의 길을 도중하차하는 사람이 나오게 된다. 이러한 교역자들을 위로하고 격려하여 비록 목사직은 내려놓았다 해도 믿음의 경주는 끝까지 잘 달려갈 수 있도록 돕는 일이 필요하다. 갈멜산의 승리 후 완전히 탈진한 엘리야, 구브로 선교 후 도중하차한 마가, 느헤미야 시대에 성전을 떠나 먹을 것을 찾아 나갔던 레위인 등의 이야기는 목회의 길을 중단한 교역자들을 위로하고 세우는 데 많은 도움을 줄 수 있다. 그리고 목회자 소명의 신학 즉 목회자의 소명과 내려놓음에 대한 신학적 정리와 재해석도 필요하다.

우리는 흔히 교계 언론이나 잡지, 홈페이지 등을 통해서 "문을 닫는 교회의 특징" 등과 같은 글을 볼 수 있다. 예를 들면 ① 전도하지 않는 '불임(不姙) 교회', ② 부르짖으며 기도하지 않는 교회, ③ 천천히 늘어지는 찬송만 고집하는 교회, ④ 안 된다는 핑계만 대는 교회, ⑤ 의욕이 바닥난 교회, ⑥ 교인들의 표정이 밝지 않은 교회, ⑦ 들어가는 출입구가 매우 어두운 분위기의 교회, ⑧ 땜질식의 임시방편의 환경미화에 급급한 교회, ⑨ 교인 간의 대화가 너무 율법적인 교회, ⑩ 큰 교회가 다가 아니라고 말하는 교회, ⑪ 도움을 받으려고만 하는 교회, ⑫ 교인이 올 때만 기다리는 교회, ⑬ 교육을 하지 않는 교회, ⑭ 목회자가 예의가 없는 교회, ⑮ 성령의 역사하심을 인정하지 않는 교회 등을 말하고 있다.[21] 물론 이런 논의는 교회가 부흥·성장하여 폐교회(廢敎會)되는 일이 없기를 바라는 마음에서 나온 것이다. 또한

---

21) 김맹희, "우리가 극복해야 할 '문 닫는' 교회 스타일 15가지", 「기독일보」 2017.06.20.

소형 교회의 성장과 발전에 도움이 되는 내용도 많이 포함되어 있다.

　그러나 이런 제안들이 교회 문을 닫을 수밖에 없는 처지의 교역자와 성도들에게 죄의식과 상처를 주는 일이 되지 않도록 조심해야 한다. 우리 사회에는 성폭력, 왕따, 빈곤, 팬데믹 등과 관련하여 피해자 책임론이 많이 제기된다.[22] 이러한 피해자 책임론이 문을 닫는 소형 교회에 적용되지 않도록 특별히 조심해야 한다. 피해자 책임론은 피해자를 두 번 죽이는 일이다. 폐교회에 대한 피해자 책임론은 교회 문을 닫으며 통곡하는 교역자와 그 가족 그리고 성도들을 영적으로 두 번 죽이는 일이나 마찬가지이다. 대다수의 교회와 교역자는 교회 문을 닫기 전에 할 수 있는 일은 다 해 보았다. 온갖 수고를 다 하였지만, 교회 통폐합의 시대를 맞이하여 교회의 문을 닫거나 더 나아가 목사직을 떠나는 교역자들이 있다. 이들에 대한 영적, 정신적, 물질적 배려의 방안을 마련하는 것이 한국교회가 해야 할 일이다.

　교회의 폐지가 현실화되면 마지막까지 남아있던 성도들에 대한 위로와 배려도 중요한 과제이다. 물론 젊은 성도들은 새로운 교회를 찾아가서 쉽게 잘 적응하며 신앙생활을 할 수 있을 것이다. 그러나 나이 많은 성도들의 경우, 평생 섬기던 교회 혹은 많은 헌신과 기도의 단을 쌓았던 교회가 문을 닫으면 큰 상처를 입게 된다. 그러므로 교회의 폐지가 신앙의 단절로 이어지지 않도록 주의해야 한다. 예전의 많은 유대인이 예루살렘 성전의 운명이 자신의 삶을 결정짓는다고 생각했다. 이와 마찬가지로 신실한 평신도들 가운데는 자신이 섬기던 교회가 폐지되는 것을 자신의 삶의 붕괴로 받아들일 수 있다.

---

22) 양성희, "피해자를 기억해야 하는 이유", 「중앙일보」 2014.08.23.

교회가 폐지될 때 이러한 성도들에 대한 특별한 배려와 격려가 필요하다.

소형 교회의 합병: 양극화의 해소를 위해서는 소형 교회 사이의 합병도 적극적이고 건설적으로 추진해야 한다. 특별히 농어촌교회의 경우 구조적으로 성장의 한계에 부딪히고 있다. 인구절벽과 인구구조의 변화는 농어촌교회의 성장을 막는 거대한 장벽이다. 교회가 성장하지 못하면 성도들의 수만 줄어드는 것이 아니다. 교회와 교역자의 영적인 힘이 점점 약해진다. 그리고 영적인 힘이 약해진 교회는 믿지 않는 이웃들을 끌어당기는 힘을 상실하게 된다. 그 결과 성장이 더욱 어려워지는 악순환에 빠진다. 그러므로 성장의 한계에 처한 농어촌교회가 통합을 통해 새로운 성장 동력을 마련하는 것도 필요한 일이다. 현재의 교통통신 수단을 이용하면 5Km 이내에 있는 교회의 합병은 그렇게 어려운 문제가 아니다. 낮에도 멧돼지가 출몰하는 산간지역의 '마동교회'에 부임한 최태환 목사는 주변에 있는 '산덕교회', '열망교회'와 합병을 하였다. 그리고 합병한 교회의 이름을 '청남대교회'로 하였으며 합병된 세 교회는 든든한 자립교회로 발전했다.[23]

합병된 교회가 단순히 수의 증가로만 그쳐서는 안 된다. 성도 수만 약간 늘어나고 구조적인 변화가 없으면 얼마 있지 않아 또다시 성도 수 감소 현상이 일어날 것이기 때문이다. 농어촌교회를 활성화하는 여러 방법을 모색해야 한다. 예를 들어 도시 교회의 은퇴한 목사가 농어촌교회 협동 목사로 사역하는 방안도 생각할 수 있다. 평

---

23) 최태환, "세 곳의 작은 미자립 교회들이 합병하여 자립한 교회", 총회자립위원회 편, 『반석 위에 세운 교회』(한국장로교출판사, 2012).

균수명이 늘어남에 따라 은퇴한 목사 가운데 건강하고, 복음 전파의 열정이 넘치며, 또한 연금 등을 통해 생활도 안정된 목사도 적지 않다. 이러한 은퇴 목사가 통합된 교회의 설교 목사 혹은 협동 목사로 담임목사를 도와 함께 사역하면 농어촌교회의 성장과 발전에 많은 도움이 될 것이다. 그리고 뒤에 논의할 분교회 모델과 같은 구조의 변화도 생각할 수 있다.

소형 미자립 교회의 합병은 농어촌교회에서뿐만 아니라 도시 교회에서도 가능하다. 즉 자립하지 못하여 교회의 존폐 위기에 있는 교회들 몇 개가 합병하여 하나의 교회가 될 수 있다. 여러 교회가 합병하여 하나의 교회가 되면 교회의 수는 줄어도 교역자의 임지는 없어지지 않는다. 합병하여 팀 목회를 할 수 있기 때문이다. 어떤 교회가 폐지되면 그 교회가 없어질 뿐만 아니라 그 교회의 교역자에게는 임지(사역지)가 없어지는 것이다. 교역자의 경우 임지가 없어지면 주일에 어느 교회에 가서 예배드릴 것인가의 문제부터 생긴다. 주일이 되어도 예배드릴 교회가 없는 목사와 사모의 마음은 경험한 사람만이 안다. 다른 교단의 큰 교회에 가서 죄인처럼 뒤에 숨어 예배를 드릴 때 말할 수 없이 큰 자괴감과 죄의식에 시달리게 된다. 그러므로 교회가 폐지되기 전에 다른 비슷한 교회와 합병하는 것이 더 나은 방법이다. 합병을 하면 자신이 담임하던 교회가 없어질 수 있겠지만 예배를 드리고 사역할 수 있는 교회는 남아있기 때문이다.

존폐의 기로에 선 미자립 소형 교회의 합병이 가능하기 위해서는 교역자 이중직과 자비량 목회가 필요하다. 합병된 교회의 구조, 비전, 목회 방향 등은 필요와 은사에 따라 다양한 모습을 취할 수 있다. 그렇지만 교역자 가정의 생활비는 자신이나 배우자가 책임져야 하고 합병된 교회에 부담을 주지 않아야 한다. 합병된 교회의 가장 큰 어려움은 목회자 생활비의 배분과 사역 배분의 문제이다. 자비량 목회를 해야만 생활비 배분의 과정에서 생겨날 수 있는 문제와 갈등요인을 원천적으로 제거할 수 있다. 그리고 사역을 은사에 따라 분담하면 시너지 효과가 나타나면서 자립교회로 성장할 수 있는 길이 열리게 될 것이다. 존폐의 기로에 선 미자립 교회가 합병하는 일도 쉽지 않지만, 합병 후 교회를 세워나가는 일은 더욱 어렵다. 교역자와 성도들이 가진 인격적인 약함과 인간적인 욕심, 생각과 비전의 차이, 인간관계의 문제 등이 합쳐져 뜻하지 않은 어려움을 당할 수 있다. 합병 후 교회가 정체되면 정체되는 대로, 부흥하면 부흥하는 대로 문제와 갈등의 여지가 있다. 그러므로 합병된 교회가 다시 아름답게 분립될 수 있는 방안을 미리 정해 놓는 것도 필요하다. 교회는 머리 되신 우리 주님 예수 그리스도의 뜻을 이루는 거룩한 몸이지만 또한 초라하고 연약하고 죄 많은 인간이 모여 이룬 사회 조직이다. 미자립 교회의 합병과 관련해서 뿐만 아니라 교회의 모든 일을 계획할 때 인간조직으로서의 교회를 염두에 두어야 한다. 이렇게 할 때 좀 더 겸손한 자세로 주님의 은혜를 의지하는 믿음의 길을 잘 갈 수 있다.

4. '마을 목회'와 '분교회' 모델

마을 목회: 예장 통합 102회기(2017.9.~2018.8.) 총회장 최기학 목사는 총회장에 취임하면서 "'거룩한 교회, 다시 세상 속으로'라는 총회 주제를 구현하는 실천 방안은 바로 마을을 '확장된 교회'로 섬기

는 마을 목회이다. 도시든 농촌이든 온 교인들이 마을을 섬기는 선교사가 되어, 교회가 없어서는 안 될 빛과 소금이 되는 '마을 밀착 교회'로 만들어야 한다. 십자가 정신을 통한 마을 공동체 섬김의 진정성이 확인되면, 교회는 다시 신뢰를 회복하고 다시 부흥하게 될 줄 믿는다"고 하였다.[24] 그동안 작은 교회 운동, 혹은 지역공동체 운동의 일환으로 꾸준히 논의되고 실행되던 마을 목회가 102회기 예장 통합 총회의 가장 중요한 실행과제가 됨으로 널리 알려지게 되었다. 그리고 마을 목회는 지역사회개발, 에큐메니칼 연대, 협동조합운동, 사회적 기업, 환경 선교, 선교적 교회, 공적 신학(公的 神學, Public Theology)의 흐름과도 밀접한 관련을 맺고 있다.[25] 그뿐만 아니라 마을목회의 다양한 성공적인 사례들이 소개되기도 하였다.[26]

마을 목회란 공동체 교회 운동이다. 교회의 공동체성은 이중적인 의미를 가진다. 즉 교회 자체가 하나의 신앙공동체가 될 수 있고 또한 교회가 지역사회의 일원이 되어 지역사회를 하나의 공동체로 즉 마을 공동체로 만들 수 있다. 전통적으로 마을은 중요한 지역공동체였다. 그러나 급속한 산업화와 도시화로 인해 농어촌 인구가 급감하였고 그 결과 마을 공동체도 현저하게 약화되었다.[27] 이러한 사회변화 가운데서 교회는 중요한 공동체가 되었다. 익명의 사람들이 모여

---

[24] 이대웅, "십자가 정신으로 마을공동체 섬김, 교회 회복될 것", 「크리스천 투데이」 2017.09.18.

[25] 노영상, 『마을교회, 마을목회: 이론편』 (한국장로교출판사, 2018); 윤철호 외, 『한국교회의 공적신학』 (대한예수교장로회 전국은퇴목사회, 2016).

[26] 노영상 외, 『마을교회, 마을목회: 실천편』 (한국장로교출판사, 2018); 노영상 외, 『마을목회와 프론티어 교회들』 (동연, 2021).

[27] 노치준, "한국교회 공동체성에 대한 성찰과 과제", 「신앙세계」 2020년 2월호.

사는 도시의 경우 의미 있는 지역공동체가 형성되기 어렵다. 이러한 도시에서 교회는 공동의 가치를 가진 신앙공동체로서 직접적인 상호작용이 이루어지고 성도들 상호 간에 연대와 신뢰가 있는 공동체가 되었다. 그런데 도시의 교회 공동체는 자체 공동체로 만족하고 지역공동체의 일원이 되지 못하는 경우가 많다. 특히 중대형 교회의 경우 그 구성원이 도시 전체에 흩어져있기 때문에 지역공동체에 대한 관심이 약해졌으며 교회 자체만의 신앙공동체로 만족하였다. 즉 탈지역화 현상이 나타나게 되었다.[28]

이러한 상황에서 교회가 자체만의 공동체가 아닌 지역공동체의 일원이 되어 지역을 섬김으로 선교의 사명을 담당하는 것이 마을 목회이다. 마을 목회는 도시와 농어촌 모두에서 가능하다. 앞서 소개한 작은 교회 운동의 많은 사역이 마을 목회 사역이다. 그리고 작은 교회뿐만 아니라 어느 정도 규모가 있는 도시교회 가운데서도 마을 목회의 사명을 감당하는 교회도 있다.[29] 그러나 마을 목회는 일제 강점기 농촌운동에서 시작하여 김용기 장로의 '봉안 이상촌'과 '가나안 농군학교', '풀무원', 김진홍 목사의 '남양주 활빈교회', 한경호 목사의 '호저교회', 남상도 목사의 '장성 백운교회' 등에 이르기까지 농어촌교회에서 더 많이 주도하였다.[30] 농어촌교회의 경우 읍내에 있는 200~300명 이상의 성도를 가진 일부 규모 있는 교회를 제외하고

---

28) 김혜령, "마을공동체 운동과 마을 교회", 「기독교 사회윤리」 제27집 (선학사, 2013), 224.
29) 오창우, "동네 목사 이야기", 강성렬·백명기 편, 『한국교회의 미래와 마을 목회』 (한들출판사, 2016).
30) 이효삼 외, 『농촌교회 이렇게 할 일이 많습니다』 (한울, 1992); 박명철, "농민이 되어 비로소 발견한 農牧의 길", 「기독교 사상」 2003년 10월호; 노치준, "한국 농어촌 교회의 지원 모델과 운동", 『한국의 교회조직』, 357-368.

는, 지역사회와 분리된 채 교회 자체만의 공동체를 이루며 발전하고 선교적 사명을 감당하는 것이 쉽지 않다. 그러므로 마을 목회는 대다수 농어촌교회에 꼭 필요한 목회 형태이다. 즉 농어촌교회가 마을 목회에 성공하면 교회가 존속, 발전, 성장할 것이고 마을 목회에 성공하지 못하면 계속 침체의 길을 가게 될 것이다.[31]

황홍렬 교수의 조사와 연구에 근거하여 최근 진행되고 있는 마을 목회의 사례를 정리하면 다음과 같다. 마을 목회라 할 수 있는 넓은 의미의 '마을 만들기' 사업 즉 아이와 학교를 살리는 마을, 마을 살리는 경제(마을기업, 카페, 유기농산물 판매, 마을 협동조합 등), 마을을 살리는 문화, 생태 마을 만들기, 마을을 살리는 생활 정치 등을 들 수 있다. 이러한 마을 만들기는 다음과 같은 특징을 지닌다. ① 주민들의 욕구에 대응하면서 자연스럽게 이루어진다. ② 마을 주민들의 관심사나 상황에 따라 다양한 형태를 띤다. ③ 대안 사회와 대안적 가치를 중요시하지만, 주민들 사이의 소통, 신뢰, 관계를 더욱 중요시한다. ④ 필요한 인적, 물적 자원을 마을 안에서 찾으려는 자족성을 지닌다. ⑤ 교육과 같은 하나의 관심이 다른 다양한 관심으로 발전하는 계기가 된다. ⑥ 주민들의 창의성에 많이 의존한다. ⑦ 다양한 관심사를 해결하는 과정과 공동체의 활동을 통해서 사회통합이 이루어진다.[32]

2000년을 전후하여 마을 목회의 성격에 많은 변화가 일어났다. 즉 그 이전의 마을 목회는 교회의 독자적인 운동의 성격을 많이 띠었

---

31) 노영상,『마을교회, 마을목회: 이론편』; 노영상,『마을교회, 마을목회: 실천편』.
32) 황홍렬, "마을 만들기, 마을목회와 마을목회의 신학적 근거", 강성렬·백명기 편,『한국교회의 미래와 마을 목회』, 138-153.

다. 그러나 2000년 이후에는 마을 목회가 일반 사회에서 일어나고 있는 '대안 사회 운동'(alter society movement) 즉 대안 문화, 대안 교육, 대안 경제, 대안 공동체 등을 지향하는 운동과 만나고 있다.[33] 그리고 NGO 활동의 일환으로 국가의 재정적 지원을 받을 수 있는 길도 열린 상태이다. 이것은 기독교 사회운동의 역사 속에서 자주 찾아볼 수 있는 바와 같이, 새로운 기회이면서 또한 위기이기도 하다. 즉 사회의 다른 공동체 대안 운동가와의 만남과 협력을 통해서 그리고 국가기관의 지원을 받음으로써 새로운 영역을 열어갈 수 있다. 그러나 이러한 과정 속에는 교회와 그리스도인의 정체성을 상실할 수 있는 위험 요소가 들어있다. 즉 교회가 가진 신앙공동체, 예배공동체의 요소가 약화되고 지역공동체 혹은 경제 공동체의 역할만 강화되는 결과를 가져올 수 있다. 우리는 기독교 학교(mission school)를 통해서 이러한 사실을 이미 경험한 바 있다. 기독교 학교가 국가의 교육체제로 들어감으로 재정지원을 받고, 학생들을 배정받으며, 학교시설과 기자재 확충에서 많은 도움을 받고 있다. 그러나 예배와 성경 교육 그리고 크리스천 교사의 충원에 간섭과 제약을 받고 있다.[34] 이처럼 마을 목회가 대안 사회운동과 연결될 때 장·단점과 양면성이 있다는 것을 전제로 접근해야 할 것이다.

분(分)교회 모델: 한국교회의 자랑과 영광은 전국 어디에 가든지

---

33) 구도완, 『마을에서 세상을 바꾸는 사람들: 생태적 대안운동을 찾아서』(창작과 비평, 2009); 조한혜정, 『다시 마을이다. 위험사회에서 살아남기』(또하나의 문화, 2007); 박원순, 『마을이 학교다: 함께 돌보고 배우는 교육공동체』(검둥소, 2010).

34) 박상진 외, 『한국기독교학교 진단과 개선방향: 기독교학교 정상화 추진위원회 세미나 자료집』(기독교학교 교육연구소·기독교학교 정상화 추진위원회, 2016).

교회(예배당)가 있다는 것이다. 대도시는 말할 것도 없고 농어촌 어디를 가든지 십자가가 걸린 교회를 발견할 수 있다. 이러한 모습은 전 세계 어디에서도 발견하기 어려운 한국교회의 자랑이다. 이처럼 전국 곳곳 농어촌까지 교회가 세워진 데는 한국교회 성도 특별히 평신도의 눈물과 땀이 있었기 때문이었다. 그러나 농어촌교회의 경우 지역공동체가 약화되고, 교회를 헌신적으로 섬기던 성도들이 나이들어 소천하심에 따라 점점 약해지고 있다. 그 결과 많은 농어촌교회의 존속 자체가 어려워지는 형편에 있다. 이러한 추세가 계속되면 100여 년의 전통을 자랑하고 마을과 함께 생사고락을 같이했던 교회들이 문을 닫거나 통폐합될 가능성이 크다. 이런 상황에서 선택할수 있는 하나의 방법이 농어촌교회를 타지역의 규모 있는 교회의 분교회로 재편하는 것이다.

미자립 농어촌교회를 후원하는 교회와의 관계에 따라 그 유형을 '자매교회 모델', '지교회 모델', '분교회 모델'로 나눌 수 있다. 자매교회 모델은 현재 대부분의 농어촌 미자립교회에서 시행되고 있는 형태이다. 즉 미자립교회의 재정, 인사, 활동(사업) 등이 모두 독립적인 위치에 있으면서 지원하는 교회가 재정의 일부를 원조하는 유형이다.

지교회 모델은 미자립교회의 재정과 인사, 예배와 활동까지를 후원하는 교회가 관여하는 유형을 말한다. 지교회 모델은 여러 지교회를 직접 세워 중앙에서 관리하는 대도시의 초대형 교회에서는 가능하다. 그러나 이미 독립적인 교회로서 오랜 역사와 전통을 가진 교회를 대형 교회의 지교회로 만드는 것은 양쪽 모두 원하지 않을 수 있다. 지교회 모델은 교회 성장 시대에 교회를 공간적으로 확장하는 방식에서 나온 형태이다. 따라서 교회 침체의 시대에 교회를 유지하기 위한 방식으로는 적합하지 않을 수 있다.

분교회 모델이란 후원하는 교회가 미자립교회에 목회자를 파송하고 그 생활비를 책임지되 나머지는 독립적으로 행하는 모델을 의미한다. 현재 많이 행해지고 있는 자매교회 모델은 후원받는 교회의 독립성은 유지되지만, 재정 안정성이 결여된다. 지교회 모델은 재정 안정성은 높지만, 독립성이 결여된다. 분교회 모델은 재정안정성과 독립성 모두 중간적인 위치에 있다. 지교회 모델과 자매교회 모델이 한계에 부딪힌 상황에서 유서 깊은 농어촌교회를 잘 보존 발전시키기 위해서 분교회 모델을 다음과 같이 시도할 수 있겠다.

먼저 분교회 모델에 따라 후원하는 교회(본교회)와 후원받는 교회(분교회)의 관계를 협의에 의해서 설정한다. 본교회에서는 농어촌 목회에 특별한 소명을 가진 전도사나 목사를 선정하여 해외 선교사를 보내는 것과 똑같은 방식으로 파송한다. 이때에도 분교회 성도들과 충분한 협의를 거치면 파송이지만 청빙의 효과를 거둘 수 있다. 본교회에서는 파송된 목사의 생활비를 책임질 뿐 아니라 목회와 교회 운영의 과정에서 필요한 여러 가지 일들에 협조한다. 파송 기한(3~4년)이 완료되면 두 교회는 함께 모여 그동안의 활동을 평가하고 다음 단계의 계획을 세운다.[35]

농어촌교회의 폐교회를 막는 분교회 모델은 앞서 논의한 소형 교회 합병과 함께 실행하면 더욱 큰 성과를 얻을 수 있을 것이다. 즉 설립된 지 오래된 전통 깊은 농어촌교회지만, 사회와 인구구조의 변화로 인해 더 이상 독립적으로 존속하기 어려운 교회 2~3개를 합병한

---

35) 노치준, "한국 농어촌 교회의 지원 모델과 운동",『한국의 교회조직』, 352-357.

다. 그리고 할 수 있는 한 교회의 전통을 기억하게 하는 건물과 공간은 그대로 보존하면서 마을 목회의 거점이 되도록 한다. 분교회 모델에 따라 농어촌 목회에 특별한 은사와 부르심을 받은 목사를 파송한다. 주일 예배는 합병된 교회들의 형편이나 거리에 따라 함께 모여서 드릴 수도 있고 목사가 순회하면서 따로 드릴 수도 있다. 코로나 바이러스(팬데믹)의 시대를 맞이하여 공간적인 집중보다는 분산이 대세가 될 것이다. 그러므로 순회예배가 더욱 시대에 맞는 방식이 될 수 있다.

농어촌의 전통 깊은 교회마저도 점점 약해져서 문을 닫을 수 있는 어려운 시대이다. 예전에는 꿈을 가지고 어려운 농어촌교회로 가는 젊은 목사들이 많이 있었다. 그러나 자녀 양육에 관심이 많고 사모의 경제활동으로 생활비를 마련하는 젊은 세대 교역자들은 도시에서 개척하는 것을 선호하는 편이고 미자립 농어촌교회로 가는 것을 꺼리는 추세이다. 이러한 시대를 맞이하여 분교회모델, 교회합병, 마을 목회, 순회 예배 등의 방식을 결합하면 농어촌교회가 회복되고 부흥할 수 있는 터전을 마련할 수 있을 것이다. 아무리 힘들고 어려운 농어촌교회의 현실이라 해도 길이 없는 것은 아니다. 지금도 농어촌교회 곳곳에서 하나님 나라를 건설하기 위해서 수고하고 애쓰는 교회와 교역자들도 많이 있다.[36) 농어촌교회의 제도와 구조를 정비하고 최학무 목사가 제시한 바와 같이 눈물로 기도하며 주님의 십자가 붙들고 땀 흘려 수고하면 농어촌교회의 부흥, 성장, 발전이 이루어질 것이다.

---

36) 최학무, "농어촌교회 활성화 방안, 미래의 농어촌 목회", 「코람데오 닷컴」 2014.02.10.

12장
대형 교회의 제도개혁과 분립

한국교회의 주목할 만한 특징은 한국교회가 대형 교회라는 사실이다. 한국교회 성도의 1/4 정도가 신도 수 1만 명 이상의 초대형 교회에서 신앙생활을 하고 있다. 세계 10대 대형 교회의 명단에 한국교회는 5~6개의 이름을 올리고 있다. 한국교회 교인의 2/3 정도가 1,000명 이상의 신도를 가진 대형 교회에서 신앙생활을 하고, 3/4 정도는 신도 500명 이상의 중대형 교회에서 신앙생활을 한다. 교회 수에 초점을 맞추면 한국의 대다수 교회는 소형 교회이지만 성도 수에 초점을 맞추면 한국교회는 500명 이상의 성도를 가진 중대형 교회이다.

대형 교회에 대한 성도들과 사회의 눈길은 이중적이고 복합적이다. 한편으로 공격하고 비난하면서도 다른 한 편으로는 시기하고 부러워한다. '대형 교회 역할론'에 따라 대형 교회의 기능과 힘을 소중히 여기면서 그것이 한국교회와 사회를 위해서 선하게 쓰임 받기를 촉구하는 입장이 있다.[1] 반면에 "대형 교회가 공교회성을 무너뜨리

---

[1] 권문상 외, "대형 교회 역할론", 「목회와 신학」 2016년 7월호.

고 있으며, 대형 교회에는 수많은 병리 현상이 나타난다",[2] "대형 교
회가 망해야 한국교회가 산다"[3] 등과 같은 비판적이고 과격한 주장
도 나온다. 한국교회의 영광과 수치, 한국교회의 성공과 실패, 한국
교회의 위대함과 초라함이 대형 교회 속에 들어있다. 그리고 한국교
회의 앞날과 이 나라의 앞날이 그리고 세계 교회의 앞날이 한국의
대형 교회에 의해 상당 부분 결정될 것이다. 한국이 대형 교회(메가
처치)의 형성과 속성 그리고 문제점과 해결 방안 등에 대해서는 신광
은 목사가 잘 논의하였다.[4] 여기서는 조직과 제도로서의 대형 교회
를 평신도 아마추어리즘의 측면에서 고찰하면서 개혁의 방향을 논
의하도록 하겠다.

1. 대형 교회의 제도개혁

대형 교회 제도화의 딜레마: 한국의 대도시 대형 교회 현상은 불과
40여 년의 역사를 가진 최근의 산물이다. 그러므로 모든 것이 불확
실하고 그 진행의 방향은 과거의 역사에서 예를 찾기가 쉽지 않다.
그러므로 신중하고 진지하게 이 문제에 접근해야 한다. 우선 대형
교회의 정의부터 쉽지 않다. 대형 교회를 정의하는 가장 보편적인
기준인 신도 수의 경우, 몇 명 이상의 교회가 대형 교회인지 결정하
는 것이 어렵다. 목회에 초점을 맞춘다면 담임목사의 직접적인 대면

---

2) 이진오, 『재편』, 91-100.
3) 이계선, 『대형 교회가 망해야 한국교회가 산다』(들소리, 2009), 131-184.
4) 신광은, 『메가처치를 넘어서』(포이에마, 2015).

과 목회가 불가능한 교회를 대형 교회라고 할 수 있다. 이런 기준에서 보면 주일 예배 출석 신도가 1,000명 이상이 되면 대형 교회가 된다고 할 수 있다. 신도 관리에 초점을 맞춘다면 교역자가 관리하지 못하고 평신도가 관리해야만 하는 교회가 대형 교회라고 할 수 있다. 전임 교역자 1인이 정상적으로 관리할 수 있는 수는 300명 정도이다. 그러므로 전임 교역자 1인이 관리하는 성도들의 수가 300명이 넘기 시작하면 대형 교회가 되었다고 할 수 있다. 우리나라의 경우 성도 수가 3,000명 이상이 되면 이러한 현상이 나타난다. 따라서 출석 교인 3,000명 이상의 교회를 대형 교회라고 부를 수 있을 것이다.

대형 교회가 되면 담임목사는 목회의 기능 수행보다는 행정과 관리 기능의 수행에 더 많은 시간과 힘을 사용할 수밖에 없다. 목사는 성직자 혹은 목회자가 아니라 교회 행정가와 관리자가 되기 쉽다. 또한 대형 교회가 되면 재정과 인원, 프로그램이 많아지고 복잡해진다. 그러므로 대형 교회는 관료제화된다. 그리고 관료제 조직이 가지는 문제점과 한계가 교회 안에도 그대로 나타나게 된다. 대형 교회가 되면 평신도의 역할이 커지고, 그 결과 평신도의 권한과 책임도 커지게 된다. 그리고 평신도의 신앙 수준과 교회 활동, 사회적 지위와 지식 정도, 재산 정도(헌금 액수), 교회 출석 연수, 교회 내 인간관계의 망 등에 의해 평신도 안에서도 분화가 이루어지고 위계(位階)가 형성된다. 이러한 현상은 대형 교회 목회자나 평신도의 신앙과 도덕성의 문제가 아니다. 대형 교회의 조직 자체 속에 들어있는 속성이다. 이것은 교회조직의 철칙(iron law)이다. 아무리 신앙이 좋고 도덕적인 교회 구성원들이라 해도 이러한 현상이 나타나는 것을 피할 수가 없다.

대형 교회에서 나타나는 목사의 탈(脫)목회자화, 교회조직의 관료제화, 평신도의 위계화 현상은 교회조직을 유지하기 위해서 나타나는 '제도화의 딜레마'이기도 하다.[5] 즉 다수의 신도를 관리하고 질서 있는 교회(신앙) 생활을 할 수 있도록 이끌기 위해서 제도화가 필요하다. 그리고 교회가 제도화되면서 다양한 문제점이 나타난다. 교회의 필요에 의해 만들어진 제도가 교회의 본질을 훼손하기 때문에 딜레마이다. 강력한 카리스마를 가지고 교회를 크게 부흥시킨 설립자 목사가 있는 경우에는 이러한 제도화의 문제점을 극복하면서 교회가 성장 발전할 수 있다. 그러나 개척 설립 목사가 아닌 청빙된 목사에게는 제도화로 인한 경직성이나 관료제화를 극복할 수 있는 카리스마나 권위가 나오지 않는다. 그러므로 대형 교회는 태생적으로 제도화의 딜레마라는 한계를 지닌 교회이다. 그 결과 정점에 도달한 대형 교회는 경직되고 약해진다. 그리고 교회를 관리하고 운영하는 과정에서 문제가 생기면 갈등이 일어난다. 갈등이 일어나면, 많은 사람이 개입되고 이해관계(interest)가 워낙 크며, 그러한 갈등을 조절하고 해소할 수 있는 법적·제도적 장치가 미비하기 때문에 여간해서 해결되지 않는다.

거룩한 규모의 재편: 이러한 문제를 극복하기 위해서 애써 수고하고 기도하는 대형 교회 교역자들과 평신도 지도자들도 많이 있다. 그분들의 진실한 믿음과 교회 사랑, 주님 사랑의 마음이 교회를 버티는 힘이 된다. 그러나 제도화의 딜레마를 완전히 극복하는 것은

---

5) 토마스 F. 오데아/권규식 역, 『종교사회학 입문』(대한기독교서회, 1969), 161-162.

결코 쉬운 일이 아니다. (성령 안에서 불가능한 일은 없으므로 불가능하다는 표현은 쓰지 않겠다.) 그러므로 대형 교회는 그 구성원 개개인의 바른 믿음과 바른 관계도 중요하지만, 대형 교회 구성원의 행위를 규정하는 틀 즉 제도를 잘 만들어야 한다. 현재 한국의 교회 제도 가운데는 상황과 시대의 변화에 따라 기능이 상실되었거나 더 나가서 역기능이 나타나는 부분들이 적지 않다. 이러한 부분들을 개혁하는 것이 한국교회의 시급한 과제이다. 인구구조의 변화와 세대 간의 문제로 인하여 교회의 제도개혁을 위한 시간이 많지 않다. 여기에 2020년 일어난 코로나19 사태는 개혁을 위하여 사용할 수 있는 시간을 더욱 단축시켰다. 이제 성장과 발전을 위한 선택으로서의 제도개혁이 아니라 생존과 존속을 위한 필수로서의 제도개혁이 되었다. 한국교회는 얼마 남지 않은 시간 안에 신앙의 본질 회복과 제도개혁을 위해 모든 힘을 기울여야 한다. 대형 교회 제도개혁의 방향은 두 가지이다. 하나는 '거룩한 규모 재편'(holy size-reshaping)이고 다른 하나는 '분립'(分立)이다. 이러한 제도개혁이 이루어지기 위해서는 '교회 우상화'를 극복해야 한다.

'규모 축소'라는 말은 교역자나 평신도 모두에게 금기어이다. 그것은 무능력과 불신앙, 게으름의 언어로 받아들여지고 있다. 교역자가 게으르거나 성도들의 주님을 향한 사랑과 열정이 식어서 혹은 도덕성의 저하로 인해 교회의 규모가 축소되는 것은 당연히 경계해야 할 일이다. 그러나 수천 명 혹은 수만 명의 성도를 가진 대형 교회가 제도화의 딜레마 즉 제도와 조직의 경직성을 극복하기 위해서 조직의 규모를 축소하는 것은 부정적으로 생각하기보다는 꼭 필요하고 중요한 일로 생각해야 한다. 그래서 이러한 의미의 규모 축소를 '재편'이라 하였고 그 앞에 '거룩한'이라는 형용사를 붙여서 사용하고자 한다.

한 개체의 생명은 태어나서 성장하여 정점에 달한 후 점점 쇠약해지다가 결국 소멸하게 된다. 이것은 인간 개개인과 같은 생물체에만 해당되는 것이 아니라 조직에도 해당된다. 슈펭글러나 토인비의 견해를 따르면, 거대한 문명까지도 같은 길을 걷게 된다. 교회조직의 탄생과 성장과 쇠퇴의 과정에 걸리는 기간이 얼마인지는 정확하게 알 수 없다. 그러나 교회의 역사는 땅 위에 있는 특정한 교회(신학적으로 말하면 그리스도 안에 있는 보편교회가 아니라 특정 지역에 있는 지상의 교회)가 쇠퇴 혹은 소멸하는 것을 보여주었다. 스코틀랜드 교회의 창시자 존 녹스가 설교하던 에든버러 교회는 지금 건물만 남겨 놓은 채 교회는 사라져버렸다. 계시록 2장에 나오는 아시아의 일곱 교회는 현재 그 자취를 찾아보기 어렵다. 그리고 일제 강점기까지 한국에서 가장 큰 교회였고 길선주 목사가 1907년 평양 부흥운동을 일으킨 '장대현 교회'는 흔적도 찾아볼 수 없다. 현재 한국 땅에서만 적게 잡아 1년에 1천 개 이상의 교회가 새로 생겨나고 또한 그 수만큼의 많은 교회가 해마다 문을 닫고 있다. 그리고 현재 한국의 대형 교회들은 모두 성장의 한계에 와 있다. 2000년대 이후 세워진 교회 가운데 교인 수 5,000명 이상의 교회로 성장한 교회는 찾아보기가 매우 어렵다. 성도 수 1,000명 이상의 교회들은 대부분 그 교인 수가 감소하는 추세다.

예장 통합 측 총회보고 자료에 따르면 2016년에서 2018년 사이에 있었던 교회 수의 변화를 신도 수 카테고리에 따라 정리하면 다음과 같다.

교회 규모별 교회 수의 변동 (2016~2018년)

규모 \ 연도	100 이하	101~ 500	501~ 1000	1001~ 3000	3001~ 7000	7001~ 10000	10001 이상	계
2016	5,769	2,300	435	349	91	15	25	8,984
2018	6,109	2,216	406	339	81	16	23	9,190

출처: 예장 통합 총회 통계자료

신도 수 100명 이하의 교회는 5,769교회에서 6,109교회로 340교회가 증가했고, 101명에서 500명까지의 교회는 2,300교회에서 2,216교회로 84교회가 감소했다. 501명에서 1,000명까지의 신도를 가진 교회는 435교회에서 406교회로 29교회가 감소했으며, 1,001명에서 3,000명까지의 교회는 349교회에서 339교회로 10교회가 감소했다. 3,001명에서 7,000명까지의 신도를 가진 교회는 91교회에서 81교회로 10교회가 감소했으며, 7,001명에서 10,000명까지의 교회는 15교회에서 16교회로 1교회가 증가했으며, 10,001명 이상의 신도를 가진 교회는 25교회에서 23교회로 2교회가 감소했다.

100명 이하의 신도를 가진 교회의 수만 증가하였고 나머지 카테고리에서는 모두 감소하였다. (7천에서 1만 사이의 신도를 가진 교회가 1교회 늘었는데 이것은 1만 명 이상 교회 가운데 2개의 교회가 내려왔고 7천명 이하 교회로 1개의 교회가 내려가서 나타난 현상이다.) 카테고리 별로 모두 감소되었다는 것은 그 교회가 없어졌다는 의미가 아니라 아래 카테고리로 내려간 것이다. 신도 수 100명 이하의 교회는 개척교회의 증가와 100명 이상 교회에서 내려온 교회가 합쳐지면서 340교회가 증가하였다. 전체 교회 수는 2016년 8,984교회에서 9,190교회로

206교회가 증가하였는데 100명 이하의 교회는 340교회가 증가하였다. 따라서 둘 사이의 차이에 해당되는 134교회는 새로 개척한 교회이거나 100명 이상 교회에서 내려온 교회라고 보아야 할 것이다. 이것은 세속화와 인구감소라는 외적인 요인의 결과이기도 하지만 교회조직의 성장 한계를 보여주는 현상이기도 하다. 즉 신도 수가 늘어나는 교회보다는 신도 수가 줄어드는 교회가 훨씬 많다는 것을 의미한다. 이것은 중소형 교회, 중형 교회, 대형 교회, 초대형 교회 모두에 해당되는 현상이다.

그러므로 한국의 대형 교회는 '거룩한 규모 재편' 전략을 채택해야 한다. 거룩한 규모 재편 전략이란 인구구조와 생활양식의 변화에 따른 감소의 요인은 받아들이면서 교회 제도나 조직 속에 들어있는 문제로 인해 성도들이 교회를 떠나는 일이 없도록 하는 것이다. 즉 가나안 교인이 생기지 않도록 하는 것이다. 이른바 가나안 교인 즉 그리스도인으로서의 믿음과 정체성은 가지고 있지만, 교회에 소속되지 않는 그리스도인이 나오는 중요한 요인이 교회 제도의 문제임을 기억해야 한다.[6] 이와 아울러 교회 시설과 건물의 새로운 활용 방안을 모색해야 한다. 거대하고 화려한 건물은 1980~90년대 교회 성장의 시대에는 성장의 견인차가 될 수 있었다. 그러나 성장 지체의 시대를 맞이하면 크고 화려한 건물이 오히려 교회의 쇠퇴를 가속화하는 요인이 될 수 있다. 그러므로 이미 만들어진 교회 건물과 시설을 개조 수리하여 의미 있게 사용할 수 있는 방안을 마련해야 한다. (사용하지도 않고 관리하지도 않아 먼지가 쌓인 시설은 교회의 쇠퇴를

---

6) 정재영, 『교회 안나가는 그리스도인: 가나안 성도』(IVP, 2015), 46-51.

가속화하는 요인이 된다.)

선택과 집중의 원리에 따라 교회의 기구와 조직을 통폐합해야 한다. 그리고 적합성(adequacy: 특정 기구나 조직이 교회의 목적을 이루는 데 합당한 방법이 되는가의 문제), 효과성(effectiveness: 특정 기구나 조직이 기대하는 결과를 가져왔는가의 문제), 효율성(efficiency: 특정 기구나 조직이 투여한 인적, 물적 자원의 양에 비해 합당한 결과를 얻었는가의 문제)의 측면에서 평가해야 한다. 그리하여 교회의 일(사명, 목적)로서 부적합하고, 투여한 노력과 예산에 비해 비효율적이며, 기대하는 효과가 나타나지 않는 사업·행사·프로그램을 정리해야 한다.[7]

2020년 전 세계를 덮친 코로나19 사태는 교회에도 큰 충격을 주었다. 1년 넘게 교회에서 예배를 드리지 못하고 영상으로 각 가정에서 예배를 드렸다. 코로나 사태가 한국교회에 어떤 영향을 어느 정도 줄지는 아직 정확하게 판정하기 어렵다. 그러나 확실한 것은 인간관계의 언택트(untact, 비접촉·비대면) 현상이 확산된다는 사실이다. 언택트 현상은 개인주의의 확산과 기계화, 전자화, 자동화 기기의 발전에 따라 이미 시작된 현상이다. 이것이 코로나 바이러스 사태로 인하여 더욱 심화되었다. 교회의 예배와 친교, 교육은 컨택트(contact, 접촉·대면)가 핵심을 이룬다. 특별히 대형 교회의 경우 다중(多衆)의 컨택트가 힘과 능력이요 또한 매력이기도 하다. 그러나 언택트의 시대가 도래함에 따라 대형 교회의 힘과 매력이 많이 약화되고 있다. 코로나 바이러스는 제도 종교의 약화와 몰락을 재촉할 것이라고 한다.[8] 이러한 시대를 맞이하여 대형 교회는 다운사이징 교회 즉 작아

---

7) 노치준, "한국교회 조직과 직제개혁", 『한국교회, 개혁 없이 미래 없다』, 37-42.
8) 길희성, "제도 종교의 시대 막 내렸다. 이제 종교에서 영성으로", 「중앙일보」 2020.

지는 교회, 흩어지는 교회, 소그룹 중심의 교회로 재편되어야 한다.

이러한 다운사이징은 교회의 건강성을 크게 높여줄 것이다. 영양실조에 걸린 사람에게는 영양을 공급하는 것이 그의 몸을 건강하게 하지만 영양 과다인 사람은 살을 빼는 것이 건강을 유지하는 방법이다. 대형 교회에는 영양 과다와 과체중 현상이 나타나고 있다. 그러므로 질서 있고, 건강하고, 품위 있게 그 규모를 줄이는 거룩한 규모 재편이 필요하다. 이 일을 잘하지 못하면 교회 안에 다툼이 일어나고, 성도들의 마음이 갈라지고, 믿음이 쇠퇴하여 결국 '거룩한 규모 재편'이 아니라 '초라한 쇠퇴'가 일어나게 될 것이다.

교회의 우상화 방지: 대형 교회의 구조개혁을 위해서는 교회가 우상이 되지 않도록 하는 일이 필요하다. 건강한 교회가 되기 위해서 어느 정도 규모의 교회가 되어야 하는가의 문제는 답변이 어렵다. 사랑의 교제와 친교를 강조하는 교회라면 200~300명 정도의 교회가 적합할 것이다. 주일 오전 예배에 초점을 맞추고 다양한 통신수단을 이용하는 교회가 된다면 훨씬 더 많은 수의 성도를 가지고도 건강성을 유지할 수 있을 것이다. 그러나 교회의 규모와 관련해서 반드시 기억해야 할 사실이 있다. 그것은 교회가 커지면 커질수록 그 안에 있는 물적, 인적 자원도 많아지고 그 결과 권력(권위 혹은 힘)이 커지게 된다. 그 어떤 조직이나 지위를 막론하고 그 자리에 힘이 집중되고 커지면 그것은 우상으로 변하게 된다. 이것은 창세 이래 지금까지 변함없는 또 하나의 철칙이다.

---

04. 29.

로마의 황제숭배나 북한의 김씨 일가 가문에서 볼 수 있는 바와 같이 국가 권력 혹은 정치적 권력이 우상이 될 수 있다. 경제적 힘이 집중된 세계적인 기업 역시 우상의 신전이 될 수 있다. 기술과 지식의 힘을 많이 가진 사람이나 기관, 성적인 매력이나 문화 권력, 인기 등을 많이 가진 사람 역시 쉽게 우상으로 바뀔 수 있다. (그래서 인기 있는 연예인들을 idol 즉 우상이라고 부른다.) 도덕적인 힘(높은 인격)이나 영적인 힘(성직자)을 가진 사람은 더욱 쉽게 우상이 될 수 있다. (그래서 모세는 자신의 시신이 어디에 있는지 알 수 없도록 한 후 하나님께 돌아갔다.) 세속적이든 영적이든, 물질적이든 정신적이든 그 무엇이든지 간에 커지고·높아지고·강해지고·매력적인 것이 되면 그것은 쉽게 우상이 될 수 있다. 즉 그것이 하나님의 자리를 차지할 수 있다.[9]

『문명의 충돌』을 저술한 헌팅턴에 따르면, 서구 문명은 근대사회로 들어오면서 정치권력과 경제 권력을 나누어 놓았다. 또한 정치권력도 입법·사법·행정으로 나누어 놓음으로 서로 견제하고 균형을 이루도록 하였다.[10] 그 결과 어떤 권력이 사회 전체를 지배하는 우상이 되지 않도록 방지하는 데 적지 않은 효과를 거두었다. 이러한 견제와 균형이 약한 사회에서는 정치 권력이나 경제 권력이 우상이 되어 그 나라의 물질과 사회의 영역, 더 나아가 정신과 문화의 영역까지 지배하게 된다. 창조주가 아닌 피조물이 우상이 되면 결국 그 자신과 그를 따르는 자들을 망하는 길로 끌고 간다. 이것이 인간과

---

9) 손봉호, "교회가 회개할 두 가지, '돈'과 '우리 교회' 우상", 「뉴스앤조이」 2018.03.15.; 크레이그 그로쉘·카일 아이들먼, "교회가 목사의 우상이 될 때", 「크리스채니티 투데이」 (한국어판) 2013.06.24.
10) 새뮤얼 헌팅턴/이희재 역, 『문명의 충돌』(김영사, 1997).

문명의 역사이다. 인간과 문명의 역사란 우상의 등장과 번창 그리고 몰락의 역사이다.

하나님을 섬기는 교회가 우상이 될 수 있는가? 될 수 있다. 성경의 이야기는 하나님의 백성(즉 교회)이 스스로 힘이 강해지면서 우상이 되었다가 하나님의 심판을 받아 무너지고, 무너진 후 하나님의 긍휼하심을 받아 회복되고 구원받는 이야기이다. 광야에서 금송아지를 만들어 섬긴 이스라엘 백성들, 우상 숭배에 빠진 이스라엘의 왕들, 성전 제사와 율법으로 하나님의 백성을 억압하며 자신들의 이익을 취하다가 예수님께 책망받은 제사장과 바리새인들은 모두 교회(즉 하나님의 백성)가 우상 숭배에 빠진 모습을 보여준다. 가톨릭교회나 정교회에서 볼 수 있는 교황제 우상과 성직주의 우상, 종교개혁 후에 나타난 국가교회 우상, 성직자 우상과 평신도 우상, 이 모든 것들은 교회 안에서 나타나는 우상 숭배요 또한 교회의 제도나 조직이 우상으로 변한 것이다.

교회의 제도나 조직이 우상화되는 것을 사회조직론에서는 조직의 '목적전치현상'이라고 부른다.[11] 즉 하나님 나라와 복음을 위한 수단으로 만들어진 교회가 성장·발전하면서 그 자체가 목적이 되고 하나님 나라와 복음은 교회라는 조직의 존속과 번영을 위한 수단으로 전락되는 현상이 교회의 목적전치현상이며 우상화이다. 백종국 교수는 국가의 흥망을 "매개의 변증법"이라는 말로 논의한 바 있다. 인간이 사회생활을 하고 역사를 만들어가기 위해서는 국가와 같은 매개자의 존재가 불가피하다. 그러나 이러한 매개자의 존재 자체가

---

11) 송복, 『조직과 권력』 (전예원, 1980), 46-60.

빈번히 매개의 본질보다 우선하는 모순에 빠질 수 있다. 즉 매개자는 본질에 대한 봉사보다는 매개자 자신의 존재를 강화하려는 성향을 가지고 있다. 그리고 이러한 매개자의 강화는 이 매개의 과정이 본질에서 점차 소외되는 모순으로 귀결된다. 이러한 모순에서 벗어나려는 개혁적 노력이 경주되지 않는 한, 자신의 존재를 강화하려는 매개자의 시도가 결국 자신을 파괴하도록 만든다.[12] 교회의 우상화란 교회의 목적전치현상을 의미한다. 또한 하나님 나라의 건설과 복음 전파를 위한 매개자로서 만들어진 교회조직이 하나님 나라와 복음보다 우선하면서 본질을 파괴하는 것이 교회의 우상화이다.

교회조직이나 교회의 지도자가 우상이 되는 것은 교회의 크기에 정비례한다. 교회의 규모가 커지면 커질수록 교회의 우상화 가능성은 더욱 커지게 된다. 그러므로 대형 교회의 목회자와 성도들은 교회나 교회 기구의 우상화가 일어나지 않도록 늘 조심해야 한다. 이 일을 위해서는 교인들이 대형 교회를 선택하고 대형 교회에서 신앙생활하기를 원하는 이유를 잘 살펴보는 것이 필요하다. 그러한 이유를 잘 분석하면 대형 교회 우상화의 요소들을 발견할 수 있다. 예를 들어 '목사님의 설교가 좋아서', '목사님의 인품이 좋아서', '목사님의 외모와 매너가 좋아서' 등이 교회에 나오는 이유라면 목사가 우상화될 가능성이 크다. '찬양이 좋아서', '시설이 좋아서', '특정 프로그램이 좋아서'라고 대답할 경우 그 프로그램과 분위기가 우상이 될 수 있다. '나는 장로나 권사와 같은 항존직이기 때문에', '어릴 때부터 다니던 교회이기 때문에', '사람들이 친절하게 대해주기 때문에' 등과

---

12) 백종국, "매개의 변증법과 국가의 흥망", 한국정치학회, 「한국정치학회보」 제37집 제1호 (2003년 05월).

같은 이유라면 교회 안의 어떤 사람이나 직분이 우상이 될 수 있다. 나쁜 것이 우상이 되는 법은 없다. 좋은 것이 우상이 된다. 좋은 것을 너무 좋아해서 하나님의 자리보다 더 높일 때 우상이 된다. 대형 교회 안에는 좋은 것이 많다. 그 좋은 것을 기뻐하고 즐기는 것은 탓할 일이 아니다. 그러나 그 좋은 것이 하나님의 영광을 가로막고 하나님 앞으로 가는 길을 방해한다면 그것은 우상이 되는 것이다. 이러한 교회의 우상화는 죄인 된 인간의 속성으로 인해 나타나는 자연스러운 현상이다. 이러한 교회의 우상화를 막기 위해서 끊임없이 자기 자신을 성찰하고 노력하는 것이 교회조직의 재편이다.

2. 대형 교회와 교회 분립

대형 교회의 위험: 이상 살펴본 바와 같이 교회의 규모가 커지면 여러 가지 위험 요소가 함께 나타난다. 이것을 방지하기 위해서 교회의 분립이 필요하다. 대형 교회가 분립하기 위해서는 먼저 주님 앞에서 겸손한 마음을 가져야 한다. 이 세상의 모든 교회는 주님 안에서 한 지체임을 기억해야 한다. 주님의 몸 된 교회는 유기체의 한 부분이 되어 각자의 일을 잘 감당할 때 주님의 거룩한 뜻을 이룰 수 있으며 우리가 사도신경을 통해 고백하는 바, 거룩한 공교회(보편적인 교회)가 될 수 있다. 바울 사도께서는 교회를 우리 몸과 같은 유기체로 표현하였다(고전 12장). 우리 인간의 몸을 통해서 볼 수 있는 바와 같이 유기체는 다양한 기능을 가진 여러 부분으로 이루어져 있다. 그러므로 교회는 눈, 코, 귀, 팔, 다리, 장기 등과 같이 다양한 기능을

가진 여러 교회가 있어야 한다. 즉 흑인교회, 백인교회, 도시교회, 농촌교회, 장로교회, 감리교회, 외국인 노동자 교회, 탈북민교회, 장애인교회, 병원교회, 학교교회, 군인교회 등 다양한 사람들의 다양한 영적인 욕구를 충족시켜 주는 교회들이 필요하다.

우리가 유기체를 통해서 교회를 이해할 때 기능뿐만 아니라 크기에도 관심을 기울여야 한다. 우리 몸의 각 지체는 생김새와 기능이 다를 뿐 아니라 크기도 다르다. 발은 손보다 크지만, 발가락은 손가락보다 작다. 다리는 팔보다 훨씬 굵고 길다. 심장은 폐보다 부피가 작다. 눈은 입보다 작다. 이처럼 우리 몸의 지체들은 기능과 생김새가 다를 뿐 아니라 크기도 다르다. 우리 몸의 어떤 지체가 기능을 제대로 수행하지 못하면 몸 전체는 심각한 어려움에 처한다. 심장과 같이 필수적인 역할을 하는 지체가 기능을 멈추면 생명을 잃게 된다. 우리 몸의 지체가 기능을 잘 행하기 위해서는 그 지체의 크기도 적당해야 한다. 다리가 팔보다 그 부피가 10배 정도 크지만 50배 혹은 100배 이상 크지 않아야 한다. 심장의 기능이 아무리 중요해도 지금보다 10배 이상 크고 힘이 강하면 혈관이 그 압력을 감당하지 못해 터지고 말 것이다. 머리가 지금보다 5배 이상 커지면 목뼈와 등뼈가 견디지 못하고 상하게 될 것이다. 교회도 마찬가지이다. 모든 교회가 똑같은 기능을 할 수 없는 것처럼 모든 교회의 크기가 똑같을 필요는 없다. 큰 교회도 있어야 하고 작은 교회도 있어야 한다. 그러나 어떤 한 교회가 필요 이상으로 너무 커지면 교회 공동체 전체에 큰 부담이 될 수 있고, 더 나아가 해를 끼칠 수 있다. 지난 2017년부터 수년에 걸쳐 한국교회에 큰 어려움을 주었던 명성교회 세습의 문제가 생긴 원인을 여러 측면에서 생각할 수 있다. 그러나 빠뜨릴 수 없는 중요한 원인은 명성교회가 너무 큰 교회였다는 점이다. 명성교회의 규모(즉 힘과 영향력)가 현재의 1/3 정도만 되었어도 그렇게 소란한 일은 일어나지 않았을 것이다. 명성교회의 문제는 담임목사 세습의 문제이지만 이것은 또한 교회의 대형화가 가져온 문제이기도 하다.

개별교회와 전체 교회의 건강성을 유지하기 위한 교회 규모의 한계가 어디인지 그 선을 긋기가 쉽지 않다. 그러나 앞서 살펴본 바와 같이 교회의 우상화, 교회조직의 경직화, 관료제화, 담임목사직의 행정·관리직화 등의 현상이 나타나면서 조직의 역기능(dysfunction)이 순기능(enfunction)보다 커지게 되는 선(線)이 교회 규모의 한계선이라고 할 수 있겠다. 주일 예배 출석 성인 성도의 수가 1,000명이 넘어가면 이러한 현상이 표면화되기 시작하며 10,000명이 넘으면 심각한 수준에 이르게 된다. 그러므로 교인 수 1,000명이 넘으면 교회의 건강성을 위하여 특별히 관심을 기울여야 하고, 10,000명이 넘으면 교회조직의 경직성 해소를 위해 특별한 조치를 해야 한다.

대형 교회의 분립: 교회의 대형화에 따른 문제를 해소하고 교회조직의 경직화를 방지하며, 건강한 교회를 유지하기 위해서 교회 분립을 생각할 수 있다. 지금까지 한국교회는 다양한 분립의 시도가 있었다. 분립의 가장 흔한 방식은 대형 교회의 부목사가 교회를 개척할 때 본(本)교회에서 교회를 세워주고 교인들 일부가 합류하는 방식이다. 이 방식은 비교적 쉽고 자연스러운 방식이지만 부목사의 영성과 능력에 의해 성패가 많이 좌우된다. 부목사가 충분히 신뢰를 받지 못하면 교회를 세워주는 것까지는 도와줄 수 있지만, 성도들이

합류하는 것이 쉽지 않다. 영적으로 의지하고 신뢰할 수 없는 교역자를 억지로 따라가라고 강요할 수는 없기 때문이다. 1980~1990년대까지 성장이 어느 정도 이루어지던 시대에는 이런 형태의 분립이 적지 않게 있었지만, 성장이 정체되면서 이런 형태의 분립이 많이 줄었다.

그러나 최근에도 성장이 잘 이루어지는 교회에서 이런 형태의 분립이 계속되고 있다. 정갑신 목사가 담임으로 있는 '예수향남교회'는 2010년 경기도 화성시에 개척 설립되어 불과 10년 만에 어린이 포함 2,000여 명의 성도를 가진 교회로 성장했다. 이러한 성장 가운데서 그동안 세 차례에 걸쳐 교회를 분립 개척하였다. 분립의 방법은 개척자금 1억 5천만 원 정도를 제공하고, 성도 100~200명 정도를 함께하도록 보내며, 매달 200만 원씩 2년간 지원하는 방식이다. 앞으로 15년간 15개 정도의 교회를 더 개척하여 정갑신 목사가 은퇴할 때는 현재의 교회를 500명 정도 규모의 교회로 줄일 예정이다.[13] 예수향남교회는 21세기 교회 침체의 시대에 성장과 부흥을 이루었고, 다음 세대를 잘 기르는 역사적 사명을 잘 감당하는 교회이다. 그와 아울러 교회 개척 10년 만에 3개의 다른 교회를 분립 개척하는 귀한 일을 하였다. 예수향남교회는 한국교회가 앞으로 가야 할 길을 제시하고 이끄는 귀한 교회이다. 생수교회(담임 김성현 목사) 역시 성도 300여 명의 중소형 교회이지만 분립 개척의 모범을 보여 주었다.[14]

다음으로 생각할 수 있는 분립의 방법이 '높은뜻 교회 모델'이다.

---

13) 김한수, "몸집 큰 교회 하나보다 정신 튼튼한 작은 교회 열이 낫다", 「조선일보」 2018.09.21.; 성은숙, "우리 시대의 교회를 찾아서: 예수향남교회 정갑신 목사", 「신앙세계」 2020년 5월호.

14) 한혜인, "대형 교회 욕심요? 교회 건강하려면 분립해야죠", 「데일리 굿뉴스」 2017.11.02.

이 방식은 교회를 4~5개로 나누어 지역에 따라 교회를 세우고 그 교회 가까이 있는 교인들이 새로운 교회를 구성하는 것이다. 그리고 새로 구성된 교회에서 담임목사를 새로 청빙하거나 예전 본교회에서 부목사로 있으면서 훈련된 목회자를 담임목사로 세우는 방식이다. 본래의 모(母)교회가 분립된 교회 가운데 하나로 존속할 수도 있고 모교회는 없어질 수도 있다. 본래의 모교회가 없어져야 분립이 쉽다. 모교회가 남아있고 그 모교회를 이끌던 능력 있는 담임목사가 남아있는 한, 성도들은 거리가 멀어도 모교회로 오려고 하기 때문이다. '높은뜻숭의교회'의 경우 2009년 1월 '높은뜻'이라는 이름을 앞에 붙인, '높은뜻정의교회', '높은뜻광성교회', '높은뜻푸른교회', '높은뜻하늘교회' 등 4개의 교회로 분립했다. 그리고 4개의 교회는 독립적인 담임목사와 당회가 구성되고 예배(설교), 재정, 행정, 공간의 독립성이 유지된다. 본래의 모교회가 없어졌고 김동호 담임목사도 분립된 교회 가운데 그 어떤 교회도 맡지 않았다. 처음에는 매달 1번씩 김동호 목사가 순회하며 설교했지만, 그것도 크게 줄어 현재는 거의 하지 않고 있다. 그래서 높은뜻숭의교회는 프랜차이즈 교회 혹은 멀티 사이트 교회(multi-site church)와는 다른 길을 가고 있다.[15]

'높은뜻교회'는 분립한 후 성도 수의 합이 분리되기 전보다 늘어나 양적인 부흥성장의 결실을 얻었다. 최근 '높은뜻정의교회'에서 분립한 '높은뜻덕소교회'가 분립 1년도 되기 전에 또 분립했다. 그리하여 '높은뜻연합선교회'에 소속된 높은뜻교회는 2019년 현재 모두 10

---

[15] 정효임, "높은뜻숭의교회, 4개 교회 분립은 '하나님의 뜻'", 「뉴스앤조이」 2008. 11. 18.; 김진영, "높은뜻숭의교회 분립 4년, 그 공과(功過)를 말하다", 「크리스천 투데이」 2013.01.21.

개가 됐다. 이러한 높은뜻교회의 횡적인 팽창에 대해서 비판의 목소리도 있다. 그러나 높은뜻연합선교회의 입장은 '높은뜻' 이름의 개별교회의 확장이 아니라 '높은뜻교회 정신'의 확장으로 이해하고 있다. 분립된 높은뜻교회들은 모두 한국교회의 개혁 과제들을 앞장서 실천하고 있다. 높은뜻교회 정관에 따르면 당회와 제직회의 분리, 담임목사의 65세 정년, 담임목사의 6년 시무 후 재신임 투표 및 안식년 시행, 장로·안수집사·권사의 6년 단임제 및 65세 시무 종료, 원로제도 폐지 등을 실시하고 있다.[16] 높은뜻교회의 분립은 대형 교회의 분립을 통해 교회조직의 경직화를 방지하였을 뿐만 아니라 교회의 성장도 이루었다. 또한 한국교회 조직과 제도의 개혁과 관련해서도 좋은 모범을 보여 주었다.

나들목교회(담임 김형국 목사)는 신도 수 1,300여 명 규모의 교회로서 일반적인 의미의 대형 교회 가운데는 작은 규모이다. 그러나 1,300명도 공동체를 이루기는 부담스러운 수로 여겨져 네트워크 형태의 5개 교회로 분립하였다. 즉 나들목교회 네트워크는 다섯 가치를 공유하면서 분립하였다. 곧 ① 수평적 구조, ② 교인 중심주의, ③ 축적되는 리더십, ④ 재생산의 비전, ⑤ 연대와 상호 책임성 등이다. 나들목교회는 2019년 5월 마지막 주일부터 나들목 꿈꾸는교회(서울 남부), 나들목 동행교회(서울 동부), 나들목 양평교회(경기), 더불어함께교회(서울 중부), 서로교회(서울 서부)로 나뉘어 모이기 시작했다.[17] 나들목교회는 수천 명이 넘는 성도를 보유한 교회이면서도 계

---

16) 이대웅, "김동호·오대식 목사: '높은뜻'이라는 브랜드…", 「크리스천 투데이」 2019.02.13.

17) 박요셉, "나들목교회, 다섯 교회로 분립, 행정·사역 독립하지만 사명·전략 공유", 「뉴스앤조이」 2019.05.20.

속해서 확장에만 관심을 기울이는 한국의 많은 대형 교회에 본이 되었고, 대형 교회의 여러 문제로 가슴앓이 하는 한국교회 성도들에게 소망을 주었다.

순복음 중앙교회 역시 이영훈 목사가 부임한 이후 17개 지(支)교회와 2개 지(支)성전을 독립시켰다. 그 결과 78만 성도 중 본 교회에 40만 명만 남고 나머지는 1만~2만 명 단위로 독립하게 되었다. 이 일을 통해서 "반세기 역사를 지닌 여의도순복음교회가 교회주의나 물량주의와는 정반대로 한국 사회를 위해 베풀고 나누길 원하는 교회라는 새로운 이정표를 제시하게 될 것"이라고 이영훈 목사는 말한 바 있다.[18] 그러나 지교회가 분립된 후에도 본교회의 영향력이 상당 부분 남아있으며, 담임목사 청빙과 재정의 독립성에서 미비한 점이 많이 있다. 또 분립된 교회 역시 1만 명 규모의 초대형 교회이므로 분리된 후에도 대형 교회의 구조적 문제는 여전히 남아있다. 이처럼 순복음 중앙교회 지성전의 분립은 여러 한계를 가지고 있다. 그러나 세계 최대 규모의 교회를 2대 목사가 비교적 잘 이끌어가고 있으며 지성전을 지교회라는 이름으로 분립하고 담임목사를 따로 세웠다. 이런 모습은 교회제도와 조직의 측면에서 볼 때 의미 있는 일로 평가된다.

'높은뜻교회 분립모델'이 성공하려면 담임목사의 특별한 목회철학과 의지력이 있어야 하지만, 분립된 교회를 맡는 목사들의 영성과 능력이 본래 담임목사에 버금가는 수준이 되어야 한다. 그래야 분립된 교회가 안정되며 더 나가 성장할 수 있다. 아울러 장로와 평신도

---

18) 백상현, "여의도순복음교회 지교회 독립한다", 「국민일보」 2009.03.30.

지도자의 의식이 깨어 있어야 한다. 교회가 몇 개로 분립된다는 것은 큰 교회 장로가 작은 교회 장로로 바뀐다는 의미이다. 이것을 즐겨 받아들이는 장로도 있지만, 거부하는 장로 역시 많다. 교회 안에서 힘이 있는 중심부 장로일수록 자신의 영향력이 줄어드는 이러한 형태의 분립을 원하지 않을 가능성이 크다.

또 이 모델은 교회의 건물이나 재산과도 밀접한 관련을 맺고 있다. 교회의 건물이 한 곳에 집중되어 있으면 그 건물을 누가 사용할 것인지가 해결하기 어려운 문제이다. 교회의 다른 재산은 매각하여 똑같이 분배할 수 있지만, 예배당 건물은 그것이 쉽지 않다. 따라서 큰 규모의 예배당 건물을 가진 교회는 '높은뜻교회 모델'에 따라서 분립하는 것이 어렵다. 일산 '거룩한 빛 광성교회'의 경우 2018년 말까지 21번의 교회분립개척을 통해서 한국교회에 좋은 모범을 보여주었다. 그러나 예배당 건물이 크고 교회의 시설이 한 곳에 집중되었기 때문에 높은뜻교회처럼 대규모 분립이 어려웠다. 그동안의 분립 과정을 보면 작게는 수십 명 많게는 수백 명의 성도가 새로운 교회를 세웠다. 상가교회로 개척한 경우 개척이 성공적으로 이루어지지 못한 경우도 있었다. 정성진 목사가 은퇴하면서 분립된 '거룩한 빛 운정교회'의 경우 비교적 규모가 큰 교회이다. 이것이 가능했던 것은 거룩한 빛 광성교회 모교회에서 일부 교회 재산을 매각하여 기금을 마련하고 특별헌금을 실행하였기 때문이었다.[19] 높은뜻숭의교회가 대규모 분립에 성공할 수 있었던 것은 오래전부터 준비하고

19) 유영대, "18년간 16곳 분립개척… '교회 개혁' 새 모델 제시 거룩한 빛 광성교회", 「국민일보」 2015.01.27.; 이승규, "거룩한빛 광성교회, 21번째 교회 분립", 「CBS 노컷뉴스」 2018.11.26.

좋은 목회자를 모실 수 있었기 때문이었다. 그와 아울러 집중된 대규모 교회 건물을 가지고 있지 않았다는 것 역시 중요한 요인이었다. 학교 건물을 빌려서 사용하던 높은뜻숭의교회가 처음 4개의 교회로 분립 될 때, 그 지역에 있는 다른 학교들을 교회 건물로 사용함으로써 분립이 쉽게 이루어졌다. 반면에 거룩한 빛 광성교회는 본교회를 3~4개 교회로 분립할 마음도 있었지만, 교회 건물과 재산이 한 곳에 집중되어 있으므로 현실화하지 못했다. 비록 대(大)분립을 이루지는 못했지만 여러 번의 소(小)분립 혹은 개척분립을 통해서 교회의 성장 에너지를 한 교회에 집중시키지 않고 횡적으로 확산한 것은 높이 평가할만한 일이다.

교회 안의 분립(당회 분립): 대형 교회 분립 가운데 하나로 교회 안의 분립 즉 당회의 분립을 생각할 수 있다. 대형 교회의 문제는 교회 건물이 관리하기 어려울 정도로 크다거나, 예배드리는 성도의 수가 너무 많아 공동체 예배가 되지 못하는 등 여러 가지 측면에서 생각할 수 있다. 대형 교회가 부딪힐 수 있는 건물이나 예배의 문제를 해결할 수 있는 여러 가지 방법들이 있다. 대형 교회의 더 크고 중요한 문제는 권위와 권력의 문제이며 그것을 행사하는 행정과 관리의 문제이다. 한국교회의 주류라 할 수 있는 장로교는 당회에 모든 권한과 책임이 집중되어 있다. 장로교의 힘과 에너지가 당회에서 나오는 것과 마찬가지로 장로교의 많은 문제 역시 당회에서 나온다. 주류 장로교의 영향을 받는 다른 교단들 역시 정도의 차이가 있을 뿐 비슷한 모습을 보인다.

장로교 교회의 분립은 공간과 시설의 분리, 성도와 멤버십의 분리, 당회와 조직의 분리로 이루어진다. 대형 교회가 3~4개의 비슷한 크기의 교회로 분립하는 데 가장 큰 장애는 공간과 시설의 분리가 어렵다는 것이다. 대규모 예배당과 부속 시설들이 한 군데 몰려 있는 대형 교회의 땅과 건물들을 처분하여 나눈다는 것은 사실상 불가능하다. 그러나 땅과 건물은 그대로 두고(함께 사용하고) 당회와 조직의 분리를 통한 교회의 분립은 훨씬 더 용이하다. 이러한 분립은 높은뜻교회처럼 지역에 따른 분립이 아니라 기능에 따른 분립이 되어야 가능하다.

대형 교회인 가칭 '기쁨교회'를 예로 들어보자. 기쁨교회를 기능에 따라 기쁨본(本)교회, 기쁨 교육교회, 기쁨 청년교회, 기쁨 선교교회, 기쁨 섬김교회, 기쁨 외국인교회, 기쁨 북한선교교회 등과 같은 이름으로 나눈다. 이 분야에 특별한 은사와 열정을 가진 담임목사를 청빙하고 장로들을 배치하여 독립적인 당회를 구성한다. (분립후 새로운 당회원은 독립적으로 선출한다.) 교회의 공간과 시설은 필요에 따라 서로 협의하여 배분한다. 성도들은 자신의 관심과 은사에 따라 자원하여 분립한다. 성도들의 멤버십과 당회원의 멤버십은 자유롭게 선택할 수 있다. (본인이 원하면 기쁨교회 안에 있는 어떤 교회이든 일정한 절차를 거쳐 자유롭게 이동할 수 있도록 한다.) 예배, 재정, 행정, 친교, 전도 등은 교회별로 독립적으로 시행한다. 교회 재산과 시설에 대한 전체적인 책임과 권한은 기쁨 본교회 당회가 가진다. 기쁨교회 연합 당회와 기쁨교회 교역자회를 구성하여 전체적인 문제를 논의하고 그 대표는 기쁨 본교회 담임목사로 한다. 노회에는 각 교회가 독립적으로 가입하되 기쁨교회 이름으로 행해지는 대외적인 크고 중요한 사업은 본교회의 지도와 협력을 통해서 행한다.

초대형 교회가 아닌 수천 명 규모의 대형 교회는 세대별로 분립할 수 있다. 즉 유아에서 고등학생까지의 학생들과 그들을 지도하는 교사들이 구성원이 되어 '기쁨 차세대 교회'를 분립한다. 또한 70세 이상 어르신들과 그들을 섬기는 섬김이(교사)들이 구성원이 되어 '기쁨 실버 교회'로 분립한다. 그리고 분립된 교회 구성원의 나머지 성도(20세 이상 청년부터 70세 직분 은퇴 전까지의 성도)로 구성된 '기쁨 본 교회'를 세운다. 그리고 고등학교를 졸업하면 '기쁨 차세대 교회' 학생들은 '기쁨 본 교회' 청년부로 이동한다. 그리고 70세가 넘은 성도는 '기쁨 본 교회'에서 '기쁨 실버 교회'로 이동한다. 이와 같이 세대별로 분립하면 특화된 세대 목회(generation ministry)가 가능할 것이며 교회의 경직화를 많이 방지할 수 있을 것이다. 이러한 형태의 분립은 교회의 이름과 역사와 정신과 시설(공간)을 공유하면서 예배, 재정, 행정, 사업은 분리하며, 성도들과 당회원의 멤버십의 선택과 이동을 자유롭게 하는 분립이다. 이러한 분립은 대형 교회 당회(행정)의 권위와 권력의 집중으로 인한 폐해를 방지하고, 분리로 인한 무질서와 분열을 최소화할 수 있다. 또 멤버십 이동의 자유를 보장함으로 성도들로 하여금 교회의 정체성에 대한 혼란을 방지할 수 있다. (분립된 교회 가운데 하나를 자유롭게 선택한다 해도 기쁨교회 성도로서의 교회에 대한 정체성은 계속 간직할 수 있다.) 아울러 은사와 기능(전문성)의 독립성과 자율성을 보장함으로 세속화의 풍랑에 둘러싸인 교회가 어지러운 세상을 헤쳐 나가고 부흥·성장하는 데 큰 힘을 얻을 수 있을 것이다.

대형 교회의 분립과 평신도 아마추어리즘: 한국의 대형 교회는 경제

성장과 교통통신의 발달, 인구집중과 메가로 폴리스(거대도시) 형성의 산물로 1980년대 이후 등장하였다. 이러한 한국의 대형 교회는 교회의 역사 속에서 긍정적인 역할도 많이 했지만, 그 속에는 또한 위험 요소도 적지 않다. 특별히 교회조직과 제도의 측면에서 볼 때 대형 교회는 많은 문제점을 안고 있다. 대형 교회를 일군 카리스마와 지도력이 있는 담임목사가 은퇴 혹은 소천하고 리더십이 바뀌면서 대형 교회의 구조적인 문제가 밖으로 표출되고 있다.

때때로 교계 언론은 말할 것도 없고 일반 언론에까지 보도되는 대형 교회의 문제는 목회자와 장로 혹은 일반 신도들의 신앙적·도덕적 문제만이 아니다. 그 속에 들어있는 교회구조의 문제이다. 국가기관, 기업체, 대학, 병원 등과 같은 조직은 그 규모가 커질 때, 국가의 법률에 의해 통제되고 관리되는 시스템 아래 있다. 그러나 교회(더 나아서 종교단체)는 이러한 법률적 조절 장치가 마련되어 있지 않다. 이런 상황에서 물질적·인적 자원이 대규모로 집적된 대형 교회는 언제든지 궤도를 이탈할 수 있는 위험이 있다. 그 결과 대형 교회 중심으로 성장한 한국교회는 성장의 한계에 부딪혔고 더 나아가 심각한 쇠퇴의 위기 가운데 있다. 이 문제의 해결을 위한 다양한 방법들이 모색되어야 하겠지만, 교회의 제도와 관련해서는 거룩한 규모 재편, 통폐합, 분립 등이 필요하다.

이러한 일을 누가 할 수 있는가? 소형 교회의 경우에는 목회자가 주도적으로 이러한 일을 할 수 있다. 그러나 대형 교회의 경우에는 교역자 혼자만으로는 이 일을 하기 어렵다. 우선 교역자 자신의 의식(意識) 가운데 규모의 재편(축소)은 자신의 영향력이 감소하는 것으로 생각하며 더 나아서 자신의 영적 무능력이나 실패의 결과라고 생각하기 때문이다. 그리고 분립은 자신의 영역과 영향력이 축소되는 것으로 여겨지기 때문이다. 설사 김동호, 정성진, 이찬수 목사와 같이 교역자가 교회 분립에 대한 의지를 가졌다 해도, 평신도가 따라주지 않으면 실행이 어렵다. 한국 사회에서 교회의 멤버가 되는 것은 평신도의 선택 사항이다. 그리고 평신도가 교회를 선택하는데 작용하는 중요한 변수는 담임목사이다. 교회의 분립은 평신도에게는 담임목사의 비자발적 교체이다. 아울러 교회의 분립은 공동체와 교회 공간의 재편을 요구하며 분립을 위해 추가되는 비용 부담이 있다. 이러한 이유로 교회의 분립은 평신도의 의식 변화, 협조와 결단이 있어야만 가능하다. 그리고 장로와 같은 평신도 지도자 입장에서 볼 때, 교회의 규모가 축소되고 분립이 이루어지면 자신의 영향력 역시 줄어드는 것이다. 분립된 새로운 교회에서 자신의 지위가 불안정할 수 있으며 더 많은 헌신이 요구될 수도 있다. 그러므로 거룩한 규모 재편과 분립은 평신도 지도자인 장로들이 앞장서고 평신도들이 적극적으로 협력해야 가능하며, 분립에 따른 갈등이나 부작용도 최소화할 수 있다.

재편과 분립을 위해서 다음과 같은 의식의 전환이 필요하다. ① 거룩한 규모 재편은 교회의 쇠퇴가 아닌 건강성의 회복을 위한 선제 조치이다. 이것은 요즈음 흔히 이야기하는 기업체의 구조조정과 비슷한 일이다. 기업체들이 구조조정을 통해 많은 부서와 인원들이 줄어들었지만 생산성이 높아지고 전체 규모가 더 커지는 경우도 얼마든지 있다. ② 분립은 교회성장의 결과를 가져올 수 있다. 높은뜻교회는 그 좋은 모범을 보여 주었다. 네 교회로 분립된 교회 성도 수의 총합은 예전 높은뜻 숭의교회의 성도 수보다 더 늘어났다. 교회의 분립이 교회의 성장과 부흥을 가져올 수 있다는 실례(實例)가 되었다. ③ 대형 교회의 기능적 분립은 분립을 가능하게 하는 하나의 방법일 뿐 아니라 교회의 건강성을 유지하는 중요한 방안임을 기억해야 한다.

사회는 점점 복잡해지고 분화되며 고도화되고 있다. 그에 따라 성도들의 영적인 욕구들도 복잡해지고 또한 고도화되고 있다. 따라서 성도들을 세대별로 분화하여 목회하는 세대목회(generation ministry)가 필요하며, 청소년 목회, 어린이 목회, 노인 목회, 외국인 목회, 다문화 목회 등 대상별, 기능별 목회가 필요한 시대이다. 이러한 시대를 맞이하여 성도들의 다양한 영적 욕구를 담임목사 혼자서 채워주는 것은 참 어렵다. 교회학교를 예로 든다면 대형 교회 담임목사가 위에 있고 부목사나 전도사가 실무 책임을 지는 형태로는 세속화된 현시대를 극복하는 교회학교를 만들기가 참 어렵다. 지도자인 부목사나 전도사는 그 지위가 불안정하고 단독(담임) 목회의 꿈을 가지고 있으므로 장기적이고 전문적으로 교회학교를 이끌어 가기 힘들다. 그러나 기능적 분립에 의해 '교회학교 교회'를 세우면 그 교회를 맡은 담임목사는 안정된 지위와 전문적 지식에 힘입어 교회학교를 잘 이끌어가고 교회를 부흥시킬 수 있을 것이다.

2020년 우리는 뜻하지 않은 일을 당하였다. 코로나 바이러스 전염병으로 인해 여러 달 교회에서 모여 예배를 드리지 못하고 방송이나 동영상을 이용하여 예배를 드렸다. 코로나 바이러스는 그것이 끝난 다음에도 경제와 산업, 국가와 국제관계, 교육과 문화 등과 관련하여 큰 변화를 가져올 것이다. 당연히 교회에도 큰 영향을 미치게 될 것이다. 이제 막 시작된 현상이기 때문에 변화의 방향과 폭이 어떻게 될지 현재로서는 예단하기 어렵다. 그러나 바이러스 전염병의 특성을 전제로 조심스럽게 예측해 볼 수 있다.

바이러스 질병의 가장 중요한 특징은 전염성이다. 이번 코로나 바이러스가 인류에게 공포로 다가온 것은 그 전염성 때문이었다. 더욱이 증상이 나타나기 전에도 전염될 수 있다는 것이 가장 큰 두려움이다. 이러한 전염의 두려움에서 벗어나기 위해서 사람들은 서로 접촉하지 않으려고 한다. 사람들이 모이는 공간의 문을 닫는다. 교회, 학교, 경기장, 공연장과 같이 사람들이 많이 모이는 공간의 문을 닫고 있다. 바이러스 시대의 가장 큰 특징은 언택드(un-contact) 즉 직접적인 접촉을 피하는 것이다. 다중(多衆)이 밀집하여 모이는 것을 꺼린다.

교회는 예배 공동체이고 친교 공동체이다. 예배를 드리기 위해서는 모여야 한다. 사랑의 교제를 위해서는 서로 접촉해야 한다. 우리는 지금 코로나 바이러스 시대를 맞이하여 함께 모이지 못하고 흩어져서 영상으로 예배드리는 것이 우리의 믿음 생활을 얼마나 많이 위축시키는가를 경험했다. 성도들 사이의 접촉이 없는 것이 얼마나 슬픈 일인가를 알게 되었다. 코로나 바이러스 시대가 사회 전체를 재편하게 될 것이고, 교회는 그 영향을 가장 많이 받는 영역 가운데 하나가 될 것이다. 대형 교회는 더 큰 영향을 받게 될 것이다.

대형 교회의 힘은 대형 회중 예배에서 나온다. 뛰어난 음향시설과 세련된 찬양팀, 수백 명에 이르는 대형 성가대, 수천·수만 명 성도들의 눈길 앞에서 퍼져나가는 대형 교회 목사의 카리스마 넘치는 설교, 쏟아져 나오는 아멘 소리 등이 합해지면서 대형 교회 예배는 영적으로 고양된다. 종교 의식(儀式)의 중요성을 학문적으로 확립시킨 대표적인 학자가 에밀 뒤르켐이다. 그의 주장에 따르면 다중이 모여서 드리는 대형 교회 예배에서는 집합적인 흥분이 일어나고 그것은 약해지거나 가라앉아 있는 집합표상(믿음)을 고양시킨다. 그 결과 믿음과 집단(공동체)은 더욱 견고해진다.[20] 대형 교회가 가진 좋은 시설과 시스템, 수준 높은 프로그램 등도 성도들을 끌어당기는 매력적인 요소였다. 그러나 접촉을 꺼리는 사회, 언택트의 사회가 되면 이 모든 것들의 힘이 약화되며 그만큼 대형 교회의 힘도 약화될 가능성이 크다. 코로나 바이러스가 가지고 온 사회변화는 정점을 찍고, 조정기 혹은 쇠퇴기에 들어간 한국의 대형 교회에 큰 충격을 줄 수 있다. 이러한 시대를 맞이하여 대형 교회의 재편과 개혁은 하면 좋고 하지 않아도 문제없는 선택 사항이 아니라 꼭 해야만 하는 필수 사항이다.

'분당우리교회'에서도 현재의 20개 교구를 2020년 말까지 30개 교구로 조직하고, 한 교구가 하나의 교회로 바뀌어 2022년까지 30개 교회의 분립개척을 순차적으로 진행한다고 하였다. 분립한 교회들은 "분당우리교회의 프랜차이즈 교회"가 아니라 완전한 독립 교회가 될 것이라고 한다.[21] 그리고 2021년 현재 분립할 30개 교회의 담임목사 선정을 모두 마쳤다.[22] 2000년대 이후 가장 빠르게 성장하여 대형 교회가 된 분당우리교회가 코로나19 시대를 맞이하여 힘들고 어려운 결단을 하였다. 이 위대한 시도가 성공적인 결과를 얻을 수 있도록 함께 기도해야 하겠다.

---

20) 에밀 뒤르켐/민혜숙·노치준 역, 『종교생활의 원초적 형태』(한길사, 2020), 664-673.
21) 박민균, "분당우리교회 '30개 교회로 분립개척'한다", 「기독신문」 2020.02.26.
22) 이대웅, "분당우리교회 '분립개척 함께할 담임목사 30명' 선출", 「기독신문」 2020.11.27.

또한 세계에서 가장 큰 규모를 자랑하는 순복음 중앙교회(담임 이영훈 목사)도 100개의 교회로 분립할 계획을 세웠다. 이영훈 목사는 "코로나19 이후 한국교회는 철저한 자기반성을 거쳐 소외된 이웃을 섬기며 기독교의 근본 메시지인 사랑을 펼치는 교회 본연의 모습을 되찾아야 한다"고 밝혔다. 그는 "코로나19가 끝나더라도 모이는 교회에 중점을 뒀던 과거로 돌아가기는 어려울 것"이라며 "교세를 자랑하는 게 아니라 지역사회를 섬기며 작지만 건강한 교회를 세우는 쪽으로 방향을 전환할 필요가 있다"고 말했다. 이어 "비대면 예배 시대를 맞아 믿음의 지체들이 흩어진 모든 곳에 작은 신앙의 공동체와 교회를 만들고 세상 속에 소금같이 녹아 세상을 변화시키고 어둠을 밝히는 빛의 역할을 감당해야 한다"고 했다.[23] 아직은 담임목사의 계획 단계이므로 구체화되기까지는 시간이 걸릴 것이고 쉽게 평가할 수 없는 일이다. 그러나 초대형 교회인 순복음 중앙교회가 방향을 잘 잡았다고 평가할 수 있겠다. 최근의 코로나 바이러스 사태로 인하여 개혁과 변화를 이루기 위해서 한국교회에 주어진 시간이 더 많이 줄어들었다. 재편(reshaping)과 개혁(reform)은 한국교회, 특별히 한국의 대형 교회가 행해야 할 시급한 과제이다.

---

23) 임보혁, "모이는 교회에서 흩어지는 교회 전환, 100여개 교회로 분리 검토", 「국민일보」 2021.02.03.

13장
한국의 '평신도 교회' 운동

평신도 아마추어리즘의 가장 발전된 형태는 '평신도 교회'이다. 평신도 교회란 '교역자 없이' 혹은 교역자가 있어도 '평신도가 중심이 되어' 설립·운영되는 교회를 말한다. 교회의 정규 예배(주일 예배)까지도 교역자 없이 평신도가 진행하기도 한다. 교역자 없는 교회는 무교회주의 모임, 혹은 퀘이커 교회에서도 찾아볼 수 있다.[1] 이러한 교회들은 한국 사회에서 뿌리도 깊고 또한 적지 않은 영향력을 행사하였지만, 교회의 제도 자체를 부정하거나 그 의미를 최소화한다. 그러므로 한국교회의 조직과 제도에 초점을 맞춘 본 연구에서는 무교회주의나 퀘이커 교회는 논의의 대상에서 제외하겠다. '평신도 교회'는 전국적으로 다양한 형태로 나타나지만, 아직 제도화가 온전히 이루어지지 않았다. 그러므로 '평신도 교회 운동'이라고 부를 수 있다. 이와 아울러 평신도가 이끄는 파라 처치(para-church, 평행 교회) 선교단체에 대해서 평신도 아마추어리즘의 시각에서 살펴보겠다.

---

[1] 전정희, "한국 퀘이커교를 진단한다②: 교리와 현황", 「교회와 신앙」 2006.05.08.; 최유리, "두세 사람 모인 곳이 바로 교회", 「뉴스앤조이」 2017.08.01.

1. 향린교회의 '평신도 교회' 운동

한국 최초의 개신교회인 솔내교회는 개신교 선교사들이 한국 땅에 들어오기도 전에 교역자가 없이 평신도에 의해서 설립된 평신도 교회였다.[2] 로스 성경 번역에 참여하고 성경을 배포하며 전도한 서상륜, 서경조 형제가 중심이 되어 솔내교회를 세웠다. 이런 의미에서 한국 개신교는 평신도의 성경 전파에 의한 평신도 교회에서 시작되었다고 할 수 있다. 그러나 현대적인 의미에서 평신도 교회를 시작한 것은 향린교회이며, 70여 년 가까운 역사를 통해 평신도 교회의 독특한 특성을 보여 주면서 현재에 이르고 있다. 향린교회 홈페이지에 소개된 자료를 통해 향린교회의 역사와 특성을 정리하겠다.

향린교회는 1953년 5월 17일 폐허로 변해 버린 서울 한복판에서 안병무, 홍창의 등 12명의 젊은 신앙인들에 의해 창립되었다. 이들 창립자는 모두 신학을 전공한 바 없는 평신도로서 민족과 교회가 직면한 위기를 뼈저리게 체험하면서, 이를 극복하기 위한 신앙공동체 운동의 일환으로 교회를 창립하였다. 그 창립 정신은 ① 생활공동체, ② 입체적 선교공동체, ③ 평신도 교회, ④ 독립교회였다. 이 교회는 목회자에게 모든 것을 맡기는 기존형태의 교회가 아니라 모든 교인이 목회자처럼 주체적으로 선교에 참여하는 '평신도 교회'를 이상으로 했다. 그러나 창립된 지 얼마 되지 않아 교인 수가 150명 이상으로 늘어나면서 공동체적 교회가 되기 어려웠다. 또한 창립자들 가운데 여러 명이 외국으로 유학을 떠나게 되어 교회의 처음 모습이

---

2) 백낙준,『한국개신교사』(연세대학교 출판부, 1973), 292.

변할 수밖에 없었다.

그리하여 독립 교회로 있은 지 6년만인 1959년 3월에 '한국기독교 장로회' 교단에 가입하였다. 그리고 21년이 지난 1974년 10월 김호식 목사가 제1대 담임목사로 취임하면서 전임 목회자가 있는 교회가 되었다. 김호식 목사가 담임목사로 시무하는 동안 향린교회는 성도 수와 재정 면에서 큰 발전을 이루었다. 그러나 향린교회가 처음 지 향했던 모습에서는 점점 멀어져갔고 오히려 대형 교회를 지향하기 에 이르렀다. 1983년 10월 교회창립 30주년 심포지움에서 평신도들 은 향린교회가 창립 정신으로 돌아가기를 요구했다. 그 결과 1986년 김호식 목사가 사임하고, 1987년 1월에 홍근수 목사가 2대 담임목사 로 부임하였다. 홍 목사의 진보적인 설교와 대사회적인 활동에 대해 성도들은 찬반양론으로 갈렸고 반대하는 사람들이 향린교회를 떠나 새로운 교회를 창립하였다. 이 교회는 후에 김호식 목사를 담임목사 로 모시고 '예닮교회'를 설립하였다. 향린교회는 1991년에 담임목사 가 국가보안법으로 구속되어 1년 6개월의 형을 치르는 동안에도 평 신도들이 일치단결하여 교회를 잘 지켰다.[3]

향린교회는 1993년에 창립 40주년을 맞아 분단된 민족 앞에 "통일 공화국 헌법(초안)"을 제안하였고, 한국교회 앞에 "교회갱신선언서" 를 발표했다. 그 외에도 민주화, 통일, 인권 등과 관련하여 의미 있는 발언을 많이 한 교회로 널리 알려져 있다. 현재 향린교회는 이 선언 서의 정신에 근거하여 ① 민족문화를 예배에 수용하고 ② 교회 민주 화를 이루며 ③ 선교에 앞장서는 교회가 되고자 힘쓰고 있다.[4]

---

[3] 향린교회 홈페이지에서 정리.
[4] 주원규, "역사, 저항, 그리고 교회", 「뉴스앤조이」 2018.01.20.

향린교회는 예배용어를 한글식으로 표현한다. 예를 들어 '개회 찬송'을 '열음 찬송'이라고 한다. 회중 송영은 모두 '국악 찬송'으로 하며, 회중 찬송 가운데 한 곡은 꼭 '국악 찬송'을 부른다. 또 기존의 피아노나 오르간과 함께 국악실내악단 '예향'이 예배 음악을 반주한다. 향린교회는 주님의 만찬(성찬) 예식에 우리 고유의 음식인 떡을 사용하고 있으며, 추수감사절을 우리 민족 고유의 명절인 추석에 맞추어 지키고 있다. 더욱이 향린교회는 설립 당시부터 현재까지 평신도 설교가 행해지고 있다. 그리고 평신도들의 설교를 모아 최근에는 『하늘 뜻 펴기』라는 제목으로 설교집을 펴내기도 했다.

향린교회 3대 목사인 조헌정 목사는 목회의 주연은 목사가 아니라 평신도이며, 그런 면에서 평신도라는 용어 자체가 잘못된 것이라고 했다. 평신도라는 말 대신에 '생활목회자'라는 말을 사용하였다. 평신도는 생활 속에서 하나님의 뜻과 목회를 실천하는 '실천목회자'이자 '일선 목회자'이고 목사는 오히려 '이론목회자'이자 '후방목회자'라고 하였다. 목회는 교인 모두의 일이며, 강단에서 선포되어야 할 것은 일방적인 설교가 아니라 우리 삶에 임한 '하늘 뜻'이다. 그러므로 평신도들도 하늘 뜻을 전하는 설교의 사역을 당연히 분담해야 한다고 하였다,

또한 향린교회는 교회 민주화를 위하여 1994년 1월에 당회와는 별도로 목회위원회를 설치하여 교인 각계각층의 의견을 수렴하여 목회에 반영하고 있다. 종신직인 교역자와 장로의 임기를 제한하고, 그 신임을 직·간접적으로 물을 수 있게 제도화했다. 향린교회 제직회 산하의 부서와 위원회에 제직(장로, 권사, 집사)뿐만 아니라 일반 평신도들도 참여하여 활동하고 있다. 향린교회는 민중과의 연대에

초점을 맞춘 선교를 한다. 즉 민중교회의 지원과 개척, 외국인노동자를 위한 의료선교, 농촌교회와의 자매결연과 유기농산물 직거래 운동, 통일 선교와 인권선교, 환경선교 등을 하고 있으며 끊임없이 갱신하고 새로운 희년을 맞이하는 교회가 되고자 힘쓴다.

향린교회는 제도개혁과 관련하여 '교회갱신실천결의문'(1993년 10월 23일 선포)에서 다음과 같은 내용을 선포하였다. "교회 민주화의 우선적 과제로 교인들의 총회인 공동의회를 더 민주적으로 운영하기로 한다. 현행 제도상 공동의회는 당회의 결의가 있어야만 소집될 수 있으나 당회의 결의 없이도 무흠 입교인 1/4 이상의 청원이 있을 경우에는 당회장이 의무적으로 공동의회를 소집하도록 하고, 그 의제에도 교인들의 청원 사항이 포함되도록 한다(8항)." "당회의 결의 내용은 교회 주보나 소식지를 통해 공개하여 교인들에게 알리고, 이를 통해 교인들의 이해와 협력을 이끌어내며 동시에 비판을 경청할 통로로 삼는 것이 좋다(9항)." "민주적 공동체로의 교회갱신을 위하여 제직회 산하에 목회위원회를 두기로 한다. 목회위원회는 교회의 예·결산, 행정, 봉사 등 교회의 생활 일반에 걸쳐서 교인들의 의견을 널리 제도적으로 수렴하여 목회에 반영하는 것을 그 설립 취지로 하고 당회와 제직회의 협력과 그 위임 아래 목회의 제반 사항을 제안·심의·의결할 수 있다. 목회위원회의 구성은 목회자 대표(부목회자 중 1인), 당회 대표 2인, 제직회 대표 2인, 각 신도회 및 권사회 대표 등이 포함되는 약 30인 이내로 구성하며, 그 시행세칙은 따로 마련한다(10항)."

교회갱신실천 결의문의 정신에 근거하여 향린교회는 2005년 제정되고 2020년 개정된 『정관』에서 담임목사, 장로 임기제를 규정하였다. "담임목사의 임기는 7년으로 하고 취임 후 6년 동안 계속 시무한 후 7년째는 1년간 유급 안식년을 갖는다", "담임목사는 공동의회 참석자 2/3의 찬성으로 중임할 수 있다"(정관 14조), "중임 임기의 6년을 마친 후 1년간의 유급 안식년을 보장한다", "시무 장로의 임기는 6년으로 하되 재선출되려면 1년 이상의 휴무 기간을 거쳐야 한다", "여성 장로는 전체 시무장로의 3분의 1 이상이 되도록 한다"(정관 18조) 등의 내용이 정관에 포함되어 있다.

제도와 조직의 측면에서 볼 때 한국교회의 가장 심각한 문제는 목사와 장로의 전횡이다. 그리고 이러한 전횡을 손쉽게 하는 제도적 장치는 당회이다. 향린교회는 교인총회인 공동의회의 권한과 책임을 강화함으로써 당회에 의한 전횡을 방지하고 있다. 또 당회 결의 내용을 공개하여 당회와 일반 성도의 소통과 협력을 증진하고 당회에 대한 비판의 통로를 마련하였다. 목회위원회를 구성하여 자칫 형식화되기 쉬운 제직회와 공동의회의 기능을 살리고 독점화되기 쉬운 당회의 기능을 제한하였다. 그리고 목사와 장로의 임기제 및 연임제를 함께 채택하여 직무의 안정성과 중간평가가 이루어질 수 있도록 하였다. 아울러 담임목사가 중임할 경우 두 차례에 걸쳐 2년간의 안식년을 가질 수 있도록 함으로써 실제로 14년간의 사역 기간을 마련하였다. 평신도 교회의 정신이란 민주적인 정신을 의미하며 이것은 교역자에게 권한이 집중되는 성직주의(clericalism)를 배제할 뿐 아니라 평신도 지도자에게 권한이 집중되는 장로주의(elderism)를 배제한다는 의미이다. 이런 측면에서 향린교회는 교역자를 세우면서도 평신도 교회의 전통을 잘 이어가는 교회라 할 수 있다.[5]

교회조직 혹은 제도를 다룰 때 가장 문제가 되는 부분은 지도력과 권위(혹은 권력)의 문제이다. 교황제나 감독제를 택한 교회는 지도력과 권위가 교역자에게 많이 기울고 회중제나 의회제를 택한 교회는 지도력과 권위가 평신도에게 많이 기우는 것이 일반적인 모습이다. 그 결과 교황제나 감독제는 교역자의 전횡과 우상화의 위험이 있으며, 회중제나 의회제는 평신도의 전횡과 우상화의 위험이 있다. 그러므로 어떤 제도를 택하든 교역자와 평신도 사이에는 협력과 긴장의 관계가 균형을 이루며 나타나야 한다.

향린교회는 평신도 교회로 시작하였고 교역자를 세우지 않았다. 그리하여 초창기에는 평신도와 교역자 사이에 어떤 긴장 관계가 나올 수 없었다. 그러나 1974년 김호식 목사가 초대 담임목사로 취임하여 목회를 잘 하였다. 김호식 목사는 한국의 전형적인 목사로서 설교도 잘하고 전도도 잘했다. 그리하여 교회가 양적으로 많이 부흥하였다. 그러나 향린교회 초창기 평신도들은 김호식 목사를 수용할 수 없었다. 그가 대형 교회를 지향하는 목사이며 공동체성을 파괴한다는 이유로 그를 배척했다. 그리하여 김호식 목사를 따르는 성도들은 향린교회를 떠나게 된다. 이때부터 향린교회에는 창립 정신에 맞지 않는 성도들은 들어올 수 없었고 창립 정신에 맞는 성도들로만 재충원되었다. 그 후 홍근수(1987~2003년 시무), 조헌정(2003~2017년 시무) 목사가 부임하였다. 두 목사는 한국교회사에 그 이름을 올릴 만큼 뛰어난 목사이며 훌륭한 목사이다. 홍근수 목사는 이 나라의 민주화를 위해 싸우다가 옥고를 치르기까지 했다. 이때에도 목사와 성도들 사이에는 갈등이나 긴장이 거의 없었다. 두 분의 인격이

---

5) 조헌정·김진호 외,『자유인의 교회』(한울, 2013), "향린교회 정관", "향린교회 교회갱신실천결의문" 등 참고.

뛰어난 면도 작용하였지만, 더 중요한 것은 목사와 평신도의 신앙 색깔이 완전히 일치했기 때문이었다. 그 결과 향린교회는 한국의 가장 진보적인 교회로 자리매김할 수 있었고 민주화, 인권, 통일과 관련하여 사회적으로도 크게 공헌하였다.

창립 70년을 향해 나가는 향린교회는 새로운 과제에 직면하고 있다. 이념적 종파성을 어떻게 극복할 것인가의 문제이다. 향린교회의 존재 의의와 가치는 진보적인 사회참여 신앙과 실천에 있었다. 창립 당시부터 가졌던 이러한 가치를 60년 이상 잘 지켜왔다. 김호식 목사 시절 갈등이 있었지만, 홍근수, 조헌정 두 목사가 이 가치를 잘 지키고 발전시켜 왔으며 평신도들도 잘 따랐다. 2020년 현재, 상황이 많이 변했다. 조국, 윤미향, 박원순 사태에서 볼 수 있는 바 진보좌파에서 나타나는 도덕성의 문제, 광화문파와 서초동파로 나뉘는 이념적 대립 문제 등과 관련하여 향린 교회는 특정 정파의 정치적 입장 아닌 하나님 나라 건설의 입장에서 그 길을 제시해야 하는 위치에 있다. 세속화와 4차 산업혁명은 교회에 심각한 도전으로 다가오고 있다. 북한의 핵 문제와 인권문제 역시 심각한 수준에 이르고 있다. 중국의 국가 자본주의는 미국의 신자유주의 자본주의 못지않은 많은 문제를 일으키고 있다. 그리고 동성애, 역사 논쟁, 세대 간 갈등 등 가치 갈등도 심각한 문제이다. 이 모든 문제는 한국교회 전체의 문제이지만 특별히 진보적 이념의 색깔이 강한 평신도 중심의 교회에는 더욱 큰 도전으로 다가오고 있다. 이른바 '민주화 이후의 민주주의' 시대[6]를 맞이하여 민주화 세력이 권력을 가진 시대가 되었다.

---

6) 최장집,『민주화 이후의 민주주의』(후마니타스, 2010).

그리고 권력은 항상 우상화되는 위험이 있다. 이런 도전에 잘 응답해야 향린교회는 특정 정치세력의 이념에 종속된 '파당적 교회'가 아니라 민족과 역사를 이끄는 '평신도 교회'의 정신을 이어갈 수 있을 것이다.

2. 선교단체: 평신도 '파라 처치'

한국교회의 역사 속에서 선교단체는 교회의 부흥과 발전에 중요한 역할을 하였다. 특히 '평신도 교회'의 형성과 관련해서 중요한 역할을 하였다. 한국의 선교단체는 CCC, 네비게이토 선교회 등 해외에서 들어온 대학생 선교단체 이외에 국내에서 만들어진 다양한 선교단체가 있다. 선교단체는 전도나 선교를 목적으로 하며 일반적으로 전담 교역자를 두지 않는다. 그 대신 간사 혹은 선교사로 지칭되는 평신도 지도자를 세워서 단체를 이끌어 가도록 한다.

"선교단체가 교회인가?"라는 질문에 대한 답변은 교회를 어떻게 정의하는가에 따라 달라질 것이다. 선교단체는 특정 교단에 속하지 않았고, 교역자도 없고, 스스로 교회라고 칭하지 않는다는 점에서 우리가 흔히 말하는 '지역교회'라고 할 수 없다. 그러나 선교단체는 예수 그리스도를 머리로 하며 삼위일체 하나님을 믿으며, 선교 및 교육과 예배, 친교와 봉사가 이루어지고 있다는 점에서 교회라 할 수 있다. 이런 측면에서 볼 때 선교단체는 선교를 목적으로 한 '평신도 교회'라고 부를 수 있다. 한국에서 가장 전통이 깊고 또한 규모가 큰 몇 개의 선교단체의 활동과 조직을 해당 단체의 홈페이지에 나온

자료를 중심으로 살펴보면서 그 속에 들어있는 평신도 아마추어리즘의 성격을 논의하도록 한다.

한국대학생 선교회(CCC, Campus Crusade of Christ)는 1957년 김준곤 목사가 풀러 신학교 재학 중 CCC의 창설자인 빌 브라잇 박사와 만남으로써 시작되었다. 귀국한 김준곤 목사는 고향인 광주에서 가장 먼저 CCC 활동을 시작하였고 불과 10여 년 만에 대구, 서울, 전주, 대전, 부산, 청주, 춘천 등 전국적으로 퍼져나갔다. 2020년 현재 서울에 본부가 있고 전국적으로 20개의 지구가 있다. 대학생선교회인 CCC는 캠퍼스 사역이 가장 중요한 사역이다. 현재 전국 41개 도시의 300여 개 대학에서 2만여 명의 대학생들이 CCC에 소속되어 활동하고 있다. 캠퍼스에서는 전통적인 전도와 교육 외에 영적 지도자의 양성, 10대 청소년 사역, 외국에서 유학온 학생들에 대한 사역 등이 이루어지고 있다. 해외 선교 사역으로는 2~4주 기간의 단기선교, 단기 선교사 훈련(STINT), 해외 캠퍼스 개척 운동(A6) 등을 하고 있다. 커뮤니티 사역으로 사회에서의 지도자 양성 사업, 건강한 교회 개척 돕기 사업, 가상공간 사역 등을 하고 있다.

네비게이토 선교회는 국제적이며 복음적인 초교파 선교 기관이다. 1930년경 미국 캘리포니아주에 살던 청년 도슨 트로트맨이 하나님의 부르심을 받아 자신의 삶에 유익했던 '제자도' 원리를 널리 나누고 싶은 비전을 가지고 주위 사람들과 주일학교 학생들을 가르치기 시작하였다. 이것이 현대적 제자훈련의 시작이다. 한국에서는 1966년 처음으로 네비게이토 사역이 시작되었고 1970년대에 이르러 대학 캠퍼스와 직장 사역을 통하여 전국적으로 확장되었다. 네비게이토 사역의 기본 패턴은 일꾼 배가의 사역(한 사람을 전도하고 일대일

양육의 방식으로 교육하고 훈련하여, 처음 일꾼과 같은 수준의 새로운 일꾼을 만들어 파송하는 사역)이다. 이 일을 위하여 대학 캠퍼스 사역, 직장인 사역, 해외 선교 사역, 교회 제자훈련원 사역(지역교회 목회자를 돕는 사역)을 한다. 네비게이토 선교회의 특성은 문서 선교 사역에서 나타난다. 전도, 경건 훈련, 사역 및 선교, 제자도와 그리스도인의 인격, 가정 및 직업 등과 관련한 많은 문서를 개발 보급하여 이 땅 위의 그리스도인들이 열매 맺는 풍성한 삶을 살도록 돕고 있다.

예수전도단은 미국 남장로교에서 1961년 한국에 파송한 오대원 (David E. Ross) 목사에 의해서 시작되었다. 한국에 온 오대원 선교사는 대학생 선교에 힘쓰면서 1972년 예수전도단을 설립하였다. 1980년 예수전도단은 국제 선교단체 YWAM(Youth with a mission)에 흡수 통합되었다. 그리하여 예수전도단은 YWAM 한국지부가 되었다. YWAM은 1960년 로렌 커닝햄이 창설한 선교단체로 현재 전(全)세계에서 가장 큰 개신교 선교단체라는 평을 받고 있다. 2020년 현재 135개국 900여 지부에 전임사역자 1만 6천여 명이 있다. 한국에는 20개 지부에 전임간사 6백여 명, 선교사 6백여 명, 협동 강사 350여 명이 사역 중이다. 한국에서는 예수전도단 혹은 YWAM Korea로 불린다. 예수전도단은 현재 전국에 20개 지부를 세워 화요모임을 통해서 예배와 중보기도, 지역 변혁과 선교 동원의 사역을 한다. 또 130여 개 대학 캠퍼스에서 대학생들을 전도하고 그리스도인으로 양육하는 대학사역(Campus Ministry)을 한다. 열방대학과 지부를 통한 '예수 제자 훈련학교'(DTS)와 '대학생 예수 제자 훈련학교'(UDTS)를 통해 복음의 일꾼을 교육, 훈련하는 사역을 한다. 그 외에 찬양 사역, 캠퍼스 워십, 도서출판, 외국인 사역, 미디어 사역 등을 통해 선교와 전도,

하나님 나라의 건설에 힘쓰고 있다.

오엠(Operation Mobilization) 선교회는 세계를 위하여 사람들을 동원하고, 훈련시켜 사역자로 파송하여 현지 사역을 감당케 하는 기독교 정신의 국제단체(총재: 로렌스 통)이다. 영국에 본부를 두고 있으며, 1957년 멕시코 사역을 시작으로 현재 110여 개국에서 3,500여 명의 사역자들이 활동하고 있다. 한국 오엠은 1975, 1978, 1980년 국제 NGO 선(船) '로고스'의 한국방문을 계기로 1989년 8월에 국제 오엠의 한국지부로 창립되었다(이사장: 故 옥한흠 목사, 초대대표 최춘호 목사). 현재 성남시 분당에 한국 오엠 본부, 훈련원이 있으며, 서울지부, 부산지부, 대구지부, 대전지부, 광주지부 등이 조직되어 활동하고 있다. 창립 후 한국 오엠을 통해 3,000여 명의 사역자를 배출하였으며 현재 150여 명의 장기·단기 사역자들이 세계 60여 개의 사역지에서 활동하고 있다. 현재 오엠은 전문인 파견, 현지 전문 인력 초청 훈련, 해외봉사단 파견, 지역별 전문 인력 양성, 타문화권 연구 및 적응훈련, 구제 및 개발 사업, 해외 유명 전문 서적의 번역 및 보급 등의 사역을 하고 있다.

인터콥(Inter CP International)은 10/40창(북위 10도에서 40도 사이에 있는 비기독교 국가들)의 최전방 미전도종족 개척 선교를 목적으로 1983년에 한국에서 설립된 초교파 평신도 전문인 선교단체이다. 산하단체로는 '한국 의료봉사단'과 '국제 투자개발'이 있으며, 부설연구실로는 중앙아시아 연구실, 이슬람연구소, 아시아 환경 연구소, 국제문제 연구소 등이 있다. 국내 65개 지부와 해외 60여 개 지부에서 1,000여 명의 스텝들이 선교, 교육, 연구, 동원, 지원 사역을 담당하고 있으며 미전도 종족의 회복을 위해 일하고 있다.

인터콥의 사역은 교육과 훈련 사역 그리고 해외 선교사 파송 사역으로 이루어져 있다. 그리하여 매주 서울 본부와 각 지부에서 인터콥 동역자, 후원자, 기도사역자들이 함께 모여 말씀과 사역의 비전을 나누고 미전도종족과 파송된 선교사들을 위해 기도하는 월드 미션 집회가 열리고 있다. 또한 비전스쿨, BTJ스쿨, 시니어 비전스쿨, 여성 비전스쿨 등의 비전 캠프가 매월 1회, 1박 2일(주로 금요일 저녁~토요일 오후까지)로 진행된다. 이 캠프에는 선교후보생과 선교에 관심 있는 사람들이 참여하여 삶의 비전을 새롭게 하고, 깊은 예배를 통한 성령의 임재와 치유를 경험하게 된다. 새해 벽두에는 전국적인 규모의 선교캠프를 열어 영적 부흥을 경험하고 미전도종족들을 향한 하나님의 음성을 듣는 시간을 마련한다.

선교단체는 한국교회 평신도 아마추어리즘의 온상이다. 대부분의 선교단체는 교역자가 아닌 평신도에 의해 운영된다. 인터콥의 최바울 대표는 1983년 평신도 선교사로서 터키에 교회를 개척하였으며 1982~1983년 사이에 아세아연합신학대 석사과정(M.Div.)에서 공부한 바 있고 2003년 미국 LA 침례교회에서 목사 안수를 받았다. CCC 대표 박성민 목사는 시카고에 있는 트리니티 복음주의 신학대학원(Trinity Evangelical Divinity School)에서 목회학 석사(M.Div.) 및 신약학을 전공하여 철학박사(Ph.D.) 학위를 취득한 후 목사가 되었다. 한국 네비게이토 선교회의 윤용섭 회장은 목사이지만 어느 신학교에서 공부하고 어느 교단에서 목사 안수를 받았는지 정확하게 알려져 있지 않다. 한국 오엠의 최현미 대표는 평신도 선교사 출신으로 목사 안수를 받지 않은 것으로 알려져 있다. 한국의 중요한 선교단체의 대표는 평신도 선교사 출신이거나 아니면 목사라 할지라도 교회나 교단 배경이 없는 경우가 많다. 그러므로 선교단체 대표의 정체성은 목사 선교사보다는 평신도 선교사로서의 정체성이 강하다. 선교단체는 평신도가 중심이 되기 때문에 신학적인 배경이 약하다. 그리하여 때때로 인터콥에서 볼 수 있는 바와 같이 이단 시비가 일어나기도 한다.[7]

일반 교회와 대비되는 선교단체의 특성을 그 직원 구성에서 발견할 수 있다. 선교단체에서 일하는 직원을 흔히 간사(선교사 혹은 스태프)라고 부른다. 선교단체의 규모에 따라 간사의 수가 크게 차이 난다. CCC와 같은 대형 선교단체의 경우 1,000명 이상의 간사가 활동하고 있으며 소규모 선교단체에는 수 명 혹은 수십 명의 간사들이 일하고 있다. 간사들 가운데는 신학을 공부하여 전도사 혹은 목사의 신분을 가지고 활동하는 분들도 있지만, 절대다수는 평신도이다. 간사가 되려면 특정 선교단체의 회원으로 활동하다가 부르심을 받은 후 해당 선교단체에 개설된 일정 단계의 훈련과정을 거쳐 간사로 임명을 받으면 된다. 선교단체의 모든 일은 간사들의 손에 의해 이루어진다. 간사는 선교단체 본부의 모든 행정과 기획 업무를 담당한다. 해외 선교사가 되어 해외 지부를 개척하여 선교 활동을 한다. 선교단체 안에서 이루어지는 모든 교육, 훈련, 행사를 담당한다. 대학생 선교단체의 경우 각 대학의 캠퍼스에 파송되어 학생들을 회원으로 모으고 그들을 말씀으로 가르치고 관리한다. 그리고 해당 단체의 최고 지도자가 되기도 한다. 이런 의미에서 선교단체는 간사라는 평신도 지도자 혹은 헌신자에 의해 조직되고 움직이는 '평신도 교회'라

---

[7] 정윤석, "예장통합, '최바울, 한기총 공동회장 선임 철회해야'", 「기독교 포탈뉴스」 2018.07.11.

고 할 수 있다. 그리고 간사는 직업적 성격을 띠기 때문에 평신도 아마추어가 아닌 평신도 프로페셔널이다.

평신도 교회로서의 선교단체는 평신도인 간사의 수고와 헌신으로 세워지고 발전하지만 프로페셔널인 간사에 대한 대우는 여전히 아마추어의 수준에 머물고 있다. 그것이 가장 잘 드러나는 것이 급여이다. 일반 교회에서는 프로페셔널인 교역자에게 생활할 수 있는 최소한의 급여가 제공된다. 자립교회의 경우 담임목사는 말할 것도 없고 부목사나 전도사에게도 생활할 수 있는 정도의 급여는 제공된다. 그러나 선교단체의 간사들은 일반 교회의 부목사나 전도사와 비교해도 급여 수준이 한참 떨어진다.

기독교 사회선교 연합기구인 '성서한국'의 내부 자료에 따르면 기독교윤리실천운동, 좋은교사운동 등 16개 기독(선교)단체 간사의 최고연봉은 1,800만 원, 평균 연봉은 1,253만 원이었다. 최저 연봉이 180만 원에 불과한 간사도 있었다. 5개 단체는 상근 간사가 아예 없었고 비상근 간사는 국가가 정한 최저임금(주 40시간 기준 85만 8990원)도 받지 못했다. 간사 가운데 고용보험, 산재보험, 건강보험, 국민연금 등 4대 보험에 가입한 비율은 39%에 불과했다. 사정이 이렇다 보니 3년 이상 장기 근무자는 38%에 그쳤다. 간사 10명 중 6명은 3년을 버티지 못했고, 1년 안에 간사직을 그만둔 사람도 29%에 달했다.[8] 이것은 2010년 통계이지만 10여 년이 지난 현재 큰 차이가 없거나 더 악화되었을 가능성이 크다.

선교단체 간사들의 급여는 본부의 지원금과 회원들의 회비 그리

---

8) 유영대, "최고연봉이 1800만원? 기독(선교)단체 간사의 현실 들여다봤더니…", 「국민일보」 2010.07.30.

고 자신이 개발한 후원금으로 이루어진다. 선교단체에 따라서는 일정 액수 이상의 후원금을 모집하지 못하는 사람에게는 간사의 자격을 주지 않는다. 한국교회 전체로 볼 때 선교단체와 간사의 수는 늘어나는 데 비해 신도 수는 늘어나지 못하고(선교단체의 회원 수는 늘어나지 못하고), 연간 헌금 액수도 정체된 상태이다. 그 결과 교회로부터 오는 후원금이나 회비 수입이 점점 줄어들고 있다. 이러한 문제를 타파하기 위해서 적지 않은 간사들이 경제활동에 참여하게 된다. 이 경우 안정된 직장은 찾기 어렵고 불안정한 임시직과 파트타임 아르바이트를 주로 하게 된다. 특별한 기술이나 지식을 가지지 못한 경우, 선교사역과 경제활동 모두 부진할 수 있다. 많은 간사는 하나님의 특별한 은혜와 헌신의 열정으로 견뎌내고 있지만, 그 수만큼이나 많은 간사는 경제활동과 사역에 지치고 결국 선교단체의 간사를 포기하게 된다. 신학교를 나와 교역자의 길을 가다가 도중하차하는 사람과 선교단체 간사로 일하다 도중하차하는 사람을 비교하면 후자의 비율이 압도적으로 높다. 선교단체 현장에서 일하고 있는 김수연 간사의 경험에 따르면, 선교단체 간사의 80% 이상이 도중하차한다고 말한다.[9]

선교단체에서 간사로 일하기 시작하는 연령은 다양하다. 일반선교단체의 경우 어른이 되어서 선교단체 활동을 하다가 간사가 되기 때문에 나이가 많은 편이다. 반면에 대학생 선교단체에서는 대학교 학창 시절에 선교단체 회원이 되어 활동하다가 학교를 졸업한 후 간사가 되기 때문에 비교적 나이가 어리다. 또 대학 캠퍼스의 특성상

---

[9] 김수연, "청년선교의 마중물 캠퍼스 간사들의 고통", 「CGN투데이」 2015.02.15.

젊은 간사가 요구되는 것을 피할 수 없다. 일반선교단체의 경우 나이 들어 결혼도 하고 배우자가 수입이 있으면, 비정규직 혹은 봉사직 형태로 선교단체 간사를 해도 큰 문제가 되지 않는다. 그러나 대학생 선교단체 간사의 경우 대학을 졸업한 후 1~2년의 간사훈련 기간을 거쳐 2~3년 간사 활동을 하다 도중하차하면 큰 문제가 생긴다. 대학을 졸업한 후 4~5년의 시기는 한 젊은이의 인생을 결정하는 카이로스의 시간이다. 이때 간사로 일하다가 포기하는 경우, 젊은 시절 인생을 열어 갈 중요한 기회를 잃어버린 것이 된다. 청년실업과 경쟁이 극심한 시대를 맞이하여 젊은 시절 간사 생활을 하다 그만둔 청년 크리스천은 그만큼 큰 좌절감을 맛보게 된다. 교회가 교역자의 생활을 책임져야 하는 것과 마찬가지로 선교단체 역시 간사의 생활에 대한 책임의식을 더 많이 가져야 한다.

선교단체가 일반 교회와 나란히 공존하는 파라 처치(para church, 평행교회 혹은 외곽교회)가 될 것인가 아니면 일반 교회로 전환될 것인가의 문제는 평신도 교회로서의 선교단체가 부딪치는 과제이다.[10] 선교단체의 운영기금은 회원이 내는 회비, 선교헌금, 후원금, 교육훈련비, 문서 판매대금 등에서 나온다. 그런데 이러한 수입은 교회의 십일조 헌금, 주일헌금, 감사헌금 등과 비교할 때 불안정할 뿐 아니라 액수도 훨씬 적다. 그러므로 선교단체는 늘 재정적인 어려움에 부딪치고 간사들은 낮은 급여에 시달리고 있다. 또 선교단체 회원들은 성도로서의 소속감을 일차적으로 지역교회(혹은 일반교회)에 두고 있다. 선교단체는 직장 신우회나 다른 기독교 봉사단체와 비슷한 정

---

10) 송기태, "파라 처치 VS 프로 처치", 「아이 굿 뉴스: 기독교연합신문」 2014.04.02.

도의 이차적 소속감을 가지는 단체가 된다.

선교단체는 회원들의 소속감 증진과 재정충원을 위해서 정기적인 집회를 가진다. 그래서 활발한 활동을 하는 선교단체는 일반적으로 주 1회 이상의 집회가 열린다. 집회의 명칭은 기도회이지만 실질적으로는 찬양, 기도, 말씀으로 이루어진 예배의 형식을 띠고 있다. 그리고 그 예배의 말씀은 간사 즉 평신도가 행한다. 일반 교회에서 설교는 교역자의 고유영역이며 평신도는 교역자의 지도와 위임으로 설교할 수 있다. 그러나 평신도 간사가 중요한 지도력을 가지는 선교단체에서는 집회가 열릴 때 평신도가 예배를 인도하고 또한 설교한다. 그리고 선교단체 평신도의 설교는 일반 교회와의 차별화를 위하여 선교와 전도에 주로 초점을 맞춘다. 여기서 한 걸음 나가 선교에 초점을 맞추지 않는 일반 교회의 설교를 비판하게 된다. 그리고 교회는 선교단체가 되어야 함을 역설한다. 교회에서 이루어지는 활동 가운데 선교 이외의 활동은 무가치한 것이나 부차적인 가치만을 가지는 것으로 가르친다. 선교에 전념하지 않는 교역자는 영혼 구원과 복음에 대한 열정이 없는 목사로 비판받는다. 이러한 과정이 반복되면 선교단체의 회원들은 두 가지 길 가운데 하나로 간다. 선교단체에서 요구하는 것을 부담스럽게 여기는 회원은 선교단체를 떠난다. 반대로 선교단체의 요구에 적극적으로 응하는 회원은 자신이 속한 지역교회의 예배와 모임에 소극적인 태도를 보인다.

대학생 선교단체의 경우 회원들이 4년 혹은 6년의 학교생활을 마친 후에는 캠퍼스를 떠나게 된다. 신입생 때 들어와 교육과 훈련을 통해 어느 정도 성장 성숙하면 졸업과 함께 선교단체를 떠나는 구조이다. 그러므로 졸업생을 선교단체와 계속 연결되도록 하는 것은 선교단체 조직의 성장과 재정을 위해서도 중요한 일이다. 그래서 대학생 선교단체는 어떤 형태이든 졸업생 모임을 구성하게 된다. 졸업생들은 재학생들처럼 매주 평일에 모이기가 어렵다. 그래서 CCC의 졸업생 모임인 '나사렛 형제들'처럼 1~2달에 한 번씩 모이기도 하고 연간 1~2회씩 수련회 모임을 가지기도 한다. 이러한 모임을 통해서 선교단체 회원으로서의 정체성을 가지며, 직장에서 그리스도인으로 살아가는 방법을 서로 나누고, 성도의 교제를 한다. 이러한 졸업생 모임 즉 직장인으로서의 모임은 대학생 선교단체 후원조직의 역할을 한다. 그리고 졸업생들의 역할과 비중이 커지게 되면 선교단체는 일반 교회화(敎會化)의 길을 가게 된다.

선교단체의 정기 모임이 평일에 이루어지는가 아니면 주일에 이루어지는가 하는 것은 선교단체의 성격을 결정짓는 중요한 요소가 된다. 선교단체가 주일에 모임을 가지면 예배 공동체가 되는 것을 의미한다. 일반적으로 선교단체는 선교에 중점을 둔 신앙공동체이고 일반 교회는 예배에 중점을 둔 신앙공동체이다. 선교단체의 정기 집회가 평일에 이루어지면 그 집회는 선교를 위한 모임이 된다. 그러나 정기 집회가 주일에 이루어지면 예배를 위한 모임이 되지 않을 수 없다. 선교단체 회원들이 주일에 모여 함께 예배드리는 것이 정례화되면 선교단체는 '평신도 교회'로 전환된다. 그리고 자체 내 교육과 훈련과정을 거쳐 전임 교회사역자 즉 교역자를 세우게 되면 온전한 기성교회가 된다. 리차드 니버의 용어로 표현하면 섹트(sect) 조직으로서의 선교단체가 교파(denomination) 조직이 된다.[11]

---

11) 리차드 니버/노치준 역, 『교회분열의 사회적 배경』 (종로서적, 1983).

3. 목사 없는 '평신도 교회'

1980년대 이후 즉 한국교회 부흥의 정점에 이르렀다가 침체기로 들어간 시대에 나타난 평신도 사역 가운데 주목할 만한 것이 '평신도 교회' 운동이다. '평신도 교회' 운동을 이끄는 최승호 장로의 표현을 빌려 평신도, 평신도 교회, 기성교회 등을 정의하면 다음과 같다. "평신도란 신학교를 나오지 않은 사람들을 의미하며, 신학교를 나왔더라도 목회직을 갖지 않고 일반 직장을 다니는 사람을 의미한다. 그리고 '평신도 교회'란 평신도와 성직자의 구분이 없는 교회를 말하며, 신학교를 나오지 않은 사람들 또는 일반 직장을 다니는 사람들이 사역자가 되어서 사역을 하는 교회를 의미한다. … 기성교회는 신학교를 나온 사람이 전임으로 사역하는 교회를 말한다."12)

즉 평신도 교회란 목회자와 평신도의 구분이 없고 평신도의 사역으로 예배, 봉사, 선교, 교육, 친교 등이 이루어지는 교회를 말한다. 이러한 '평신도 교회'(강동 평신도 교회)는 1997년 3월 2일 최승호 장로와 장년 7명이 중심이 되어 서울 자양동의 한 태권도장에서 개척 설립되었다. 그리고 2020년 현재 강동 평신도 교회 홈페이지에 나오는 전국평신도교회 링크에 따르면 대구 평신도교회, 한우리교회(인천), 물댄동산교회(안양), 강서교회(화곡동), 고양 한우리교회, 부산 한우리교회, 광주교회 등 일곱 교회의 명단이 나오고 있다.

'평신도 교회' 운동(평신도 교회가 온전히 제도화되지 못했기 때문에 운동이라는 용어를 사용한다)에서 말하는 '평신도 교회'의 특성을 고찰하

---

12) 최승호,『평신도 교회 이야기』(대장간, 2008년 개정판), 11.

면 다음과 같다. 조직신학의 분류체계에 따라서 본다면 '신론', '그리스도론', '성령론', '구원론', '인간론' 등에 있어서 평신도 교회는 전통적인 신학과 큰 차이를 보이지 않고 있다. 대부분의 이단들이 그리스도론과 구원론에서 정통교회와 차이를 보인다. 평신도 교회 운동가들이 그리스도론이나 구원론에서 전통적 신앙과 큰 차이를 보이지 않는다는 것은 다행스러운 일이다. 평신도 교회 운동가들이 전통적 교회와 가장 차이 나는 영역은 '교회론' 특별히 '교회 직분론'이다.

최승호 장로는 "평신도와 성직자의 구분은 성경적이 아니라"고 하면서 다음과 같이 주장한다. 즉 평신도(lay)라는 말은 헬라어 '라이코스'에서 나왔고 이것은 성경에 나오는 '라오스' 즉 '선택된 하나님의 백성'이라는 의미를 가지고 있다. 그러므로 평신도를 성직자와 대비되는 열등한 신분의 교인으로 보는 것은 잘못된 것이다. 마틴 루터의 '만인제사장설'에 따르면 모든 성도는 다 제사장이 될 수 있으므로 성직자만이 제사장(사제)이 될 수 있다는 것은 잘못된 것이다. 또 루터의 '직업소명설'에 따르면 모든 직업은 하나님께로부터 왔으므로 목회직을 다른 직업과 구분된 거룩한 직업이라고 생각해서는 안 된다. 목사는 신학교를 졸업하여 학위를 받은 사람에게 주어지는 지위가 아니라 은사를 받고 그 은사에 따른 사역의 열매가 있는 사람에게 주어져야 한다. 그러므로 신학교를 졸업한 사람에게 일정 훈련과정을 거친 후 안수하여 목사를 세우는 것은 잘못된 것이다. 하나님께서는 교회를 세우기 위해서 권위 있는 직분을 주셨는데 그것은 장로와 집사이다. 그리고 이 직분은 사람들에 의해 선출되는 직분이다. 그러므로 교회는 선출된 장로가 행정적인 책임을 맡고, 은사에 따라 세워진 목사와 교사는 주어진 은사에 따라 교회를 섬겨

야 한다. 은사에 따라 세워진 목사가 선출된 장로들을 지도하고 관리하는 감독이 될 수는 없다.[13)]

이처럼 최승호 장로는 신학교를 졸업하여 안수받아 목사가 되는 현재의 목사직을 부정하고 있다. 그리하여 최승호 장로가 시작한 '평신도 교회'에서는 목사라는 직분 자체가 없다. 성도들에 의해 선출된 장로가 있을 뿐이다. 그리고 '평신도 교회'의 장로는 설교, 성례전, 예배 인도, 치리와 교회 행정 모두를 담당한다. 평신도 교회로 시작한 향린교회는 처음에는 목사를 두지 않았지만 11년이 지난 후부터 신학교를 나오고 안수를 받은 목사를 담임목사와 부목사로 세웠다. 선교단체는 목사가 간사직을 맡거나 선교단체의 대표직을 맡음으로써 목사직을 인정하고 있다. 그리고 선교단체의 간사는 일반적으로 성례를 집전(執典)하거나 축도를 하지 않음으로써 그러한 사역은 목사의 사역임을 인정하고 있다. 그러나 '평신도 교회'에서는 은사 직분으로서의 목사는 인정하지만, 신학교 졸업과 안수를 통해서 세워지는 목사직은 인정하지 않기 때문에 교회가 설립된 지 23년이 지났지만(2020년 현재) 여전히 목사 임직을 행하지 않는다. 그리고 예배와 설교, 친교와 봉사, 교육과 선교 등 교회로서의 모든 기능을 다 수행하고 있다. 그런 점에서 강동 평신도 교회를 비롯한 '평신도 교회'는 진정한 의미에서의 또한 가장 급진적인 평신도 중심 교회라고 할 수 있다.

강동 평신도 교회와는 또 다른 평신도 교회가 있다. 그것은 '새길 교회'이다. 1987년 설립되어 현재 오산고등학교 남강 기념관에서 예

---

13) 최승호, 『평신도 교회 이야기』, 24-59.

배를 드리는 새길교회는 다음과 같은 설립 정신을 가지고 있다. "우리는 교회가 하나님의 사랑과 진리와 평화를 실현하도록 부름받은 신도들의 공동체임을 고백하면서 여기 새길교회를 창립합니다. 우리는 복음의 뜻을 사회와 역사의 구체적 현실 한가운데서 항상 되새기고 증거해야 한다고 믿으며, 복음은 개인의 삶뿐만 아니라, 사회와 역사도 함께 변혁시키는 힘임을 굳게 믿습니다. 예수 그리스도께서 가난하고 억눌린 사람들에게 해방의 소식을 선포하신 것이 바로 복음과 선교의 핵심이라고 믿기에 우리도 고통당하는 이웃을 사랑하고 정의와 평화를 실현하는 하나님의 선교에 몸과 마음, 정성과 물질을 바치려고 합니다"(창립취지문). 이러한 설립 정신은 한국의 진보적인 교회에서 일반적으로 찾아볼 수 있다. 앞서 소개한 향린교회나 한국기독교 장로회에 속한 많은 교회 혹은 정치 신학이나 해방신학을 강조하는 진보적 교회들 가운데서 이러한 설립 정신을 쉽게 찾을 수 있다.

새길교회는 이러한 설립 정신을 이루는 데 있어 교역자는 크게 도움이 되지 않는다고 생각한다. 그래서 취지문에서 말하기를 "우리 주위를 살펴보건대, 오늘날 이 땅의 교회는 잘못된 복음 이해로 개인주의적이고 기복적인 신앙과 저 세상적(other-worldly) 도피주의와 경직된 율법주의에 깊이 빠져 예언자적 사명과 사회적 책임을 저버리고 있습니다. 또한 우리는 이 땅의 많은 교회들이 참된 복음의 정신을 망각하고 허황된 물량주의에 빠져, 참된 믿음이 요구하는 뼈아픈 자기 부정을 외면한 채 이기적 자기 확장과 치장에만 몰두하고 있는 현실을 안타까워합니다"(설립취지문)라고 했다. 여기서 말하는 '이 땅의 교회'는 누구를 지칭하는가? 물론 '교회 안에 있는 평신도'를 지칭한다고 할 수 있지만, 더 직접적으로는 그리고 더 많게는 '교회 안에 있는 교역자'를 지칭한다고 할 수 있다. 즉 새길교회는 한국교회의 교역자들이 기복적 신앙과 도피주의, 경직된 율법주의, 사회적 무책임, 물량주의, 이기적 자기 확장 등에 빠져 있다고 보는 것이다.

그래서 새길교회는 다음과 같은 교회 즉 "섬김받는 교회에서 섬기는 교회로, 직업화된 교역자 중심의 교회에서 공동체적 평신도 중심 교회로, 제도와 율법주의에 매인 교회에서 은총과 자유의 교회로, 닫힌 교회에서 열린 교회로, 받는 교회에서 주는 교회로, 쌓아 올리는 교회에서 나누어주는 교회로" 발돋움하겠다고 선포했다(창립 취지문). 이 가운데 이 글의 논의와 관련해서 눈길을 끄는 부분은 "직업화된 교역자 중심의 교회에서 공동체적 평신도 중심 교회로 발돋움한다"라는 표현이다. 직업화된 교역자들 가운데는 새길교회 창립 취지에 맞지 않는 사람들이 많으므로 교역자 중심의 교회가 아니라 평신도 중심의 교회가 되겠다고 하였다. 그리고 평신도 가운데도 새길교회의 창립 취지에 맞지 않는 사람이 많으므로 '공동체적 평신도 중심교회'가 되겠다고 하였다. 적지 않은 교회에서 볼 수 있는 것처럼, 일부 '힘 있는 평신도'(장로)가 중심이 되어 교회를 전횡하는 것을 방지하고 '공동체적 평신도'가 중심이 되어 교회를 이끌어 가겠다는 의미로 해석할 수 있다. 이러한 창립 정신을 새길교회 규약 제2조 2항에서 다음과 같이 말한다. "본 교회는 '모든 신자가 사제'라는 종교개혁 정신에 입각한 평신도 중심의 교회로서 조직, 운영과 활동에 있어서 민주적 절차와 과정을 중시한다."

이러한 창립 정신에 따르면 직업화된 교역자는 교회의 책임자나 중심적인 지도자가 될 수 없다. 그래서 교회의 가장 중요한 사역인 예배 인도와 말씀 선포(설교)를 평신도가 행한다. 교회의 대표는 운영위원회 위원장(평신도)이 맡는다. 그리고 신학과 신앙의 정립(正立) 문제는 교역자가 담당하는 것이 아니라 평신도(주로 교수)로 구성된 신학위원회에서 한다. 민주적인 교회를 세우기 위해서 교회의 최고 의결 기구는 전제적인 성격이 강한 장로교의 '당회'와 같은 기구가 아니라 모든 등록 교인으로 구성된 '공동의회'이다. 그리하여 '공동체적 평신도'가 교회를 이끌어 가도록 한다.

그러나 새길교회는 교역자를 아주 부정하지는 않는다. 새길교회 규약 4조 3항을 보면 "본 교회는 교회행정, 목회, 말씀 증거와 교회사업 등의 효율적인 집행을 위하여 교역자를 둘 수 있다"고 하였다. 새길교회의 교역자는 교회의 대표나 영적 지도자의 위치에 있는 것이 아니라 행정, 목회, 설교, 사업 등을 담당하는 직원의 위치에서 일하게 된다. 담임목사가 아닌 부교역자의 위치에서 일할 수 있다는 의미가 강하다. 그리고 교역자는 교회를 구성하는 필수적인 요소가 아니라 선택적인 요소이다.

4. '평신도 교회'와 평신도 프로페셔널리즘

평신도 교회로 분류된 향린교회, 새길교회, 강동평신도교회, 선교단체의 특성을 교역자의 지위와 관련해서 다음과 같이 정리할 수 있다. 향린교회는 평신도 교회로 출발했지만, 제도상으로는 일반 교회와 아무런 차이가 없다. 전임 목사가 교회의 대표자가 되고 예배와 설교, 예전을 담당한다. (평신도가 주일 오전 예배에 설교할 기회가 때때로 주어진다는 측면에서 일반 교회와 차이가 날 뿐이다.) 다만 교회의 정신이나 방향은 처음 교회를 설립할 때 평신도 지도자에 의해 세워진 설립 정신에 맞추어져 있다. 향린교회 초대 담임목사인 김호식 목사는 이 설립 정신을 맞추지 못하여 교회를 사임할 수밖에 없었다. 2대 홍근수 목사, 3대 조헌정 목사는 향린교회의 설립 정신과 온전히 일치하는 목사였다. 그 결과 은퇴할 때까지 목회를 잘 할 수 있었다. 향린교회는 교역자의 제도적 지위는 일반 교회와 동일하지만(그래서 기독교장로회라는 기성 교단에 속할 수 있었다), 평신도가 세운 교회의 설립 정신이 목회자의 영적 지도력과 권위보다 위에 있다고 할 수 있다.

새길교회는 교회 안에서 교역자의 직분과 기능을 부정하지는 않는다. 그러나 그것은 신학적 입장과 관념(idea)의 문제이고 실제적으로는 교회 안에서의 교역자의 지위와 역할을 부정한다. 그래서 새길교회에는 담임목사가 없다. 즉 교회의 대표가 되고, 목사직이 직업(생업)이며, 예배와 설교를 이끌어 가는 목사인 담임목사를 세우지 않는다. 이것은 새길교회가 '예배 공동체'로서의 성격보다는 '하나님 나라 운동 공동체'로서의 성격이 더 강하기 때문이다. 새길교회의 창립취지문을 보면 예배에 관한 내용이 전혀(선언적으로라도) 나오지 않는다. 그리고 교회규약을 보면 예배위원회는 운영위원회의 예하 기관으로 되어 있다. 담임목사를 세우지 않기 때문에 설교는 평신도가 돌아가면서 행하고 교회의 대표직은 운영위원회 대표인 평신도가 가지게 된다.

교회 설립의 핵심적인 인물은 '말씀 증거자'를 돌아가며 맡기로 한 한완상 당시 서울대 교수와 길희성 교수, 김창락 한신대 교수, 이삼열 숭실대 철학과 교수 등이었다. 그리고 성공회대 권진관 교수,

차옥숭 한일장신대 교수 등이 설립 멤버와 함께 신학위원을 맡고 또한 설교에 참여하기도 하였다.[14]

새길교회의 가장 대표적인 인물인 한완상 교수는 통일부총리와 교육부총리를 역임한 바 있으며 서울대와 미국 에모리대학에서 사회학을 공부했고 교회의 장로이면서 유니온 신학교에서 신학을 공부한 바 있다. 길희성 교수는 서울대 철학과, 예일대 신학부(석사)를 거쳐 하버드대에서 비교종교학 박사 학위를 받아 서울대와 서강대 교수를 역임했다. 숭실대 이삼열 교수는 1970년대 유신독재 시절 독일에서 유학하며 세계교회협의회(WCC) 도시농촌선교부 협동간사를 지낸 바 있으며, 1982년 귀국해 숭실대 철학과 교수로 지내며 NCCK 통일위원을 맡아 활동했다. 한신대 김창락 교수는 서울대학교, 고려대학교 대학원 철학과(M.A.), 중앙신학교, 독일 요한네스 구텐베르크(Johannes Gutenberg)대 신학부(Dr. theol)에서 수학한 목사이고 신약학 교수였다. 권진관 교수는 서울대 사회복지학과, 기독교장로교 선교교육원, 미국의 피츠버그대와 드류대학원에서 조직신학과 윤리학을 공부하여 민중신학으로 박사학위를 받고 귀국하여 성공회대 교수를 지냈고 기독교장로회 교단에서 목사 안수를 받았다. 차옥숭 교수는 이화여자대학교 기독교학과 및 대학원을 졸업하고 독일 프랑크푸르트 대학에서 종교학으로 철학박사학위를 받았다. 한일장신대학교 교수와 이화여자대학교 교수를 역임했다.

새길교회의 지도력과 교회의 이념은 신학을 공부하고 우리나라 최고 엘리트 대학교수 그룹에 속한 평신도 지도자와 일선 목회 현장

---

14) 김정희, "'새길교회'가 우리 곁에 있었네", 「주간동아」 791호 (2011.06.13.)

이 아닌 신학대 교수를 하는 목사로부터 나오고 있다. 규모가 큰 교회에서도 전국적인 지명도를 가진 신학자가 한두 명만 있어도 목회와 설교하는 일이 쉽지 않다. 하물며 작은 규모의 교회에 쟁쟁한 엘리트 그룹 신학자와 교수가 포진된 교회에서 목회할 수 있는 목사는 거의 없다. 새길교회에서 담임목사를 세운다 해도 그는 교회의 영적 지도자가 될 수 없는 구조이다. 그리고 새길교회를 세운 1세대 지도자는 은퇴하고 나이 들어 세상을 떠나고 있다. 그리고 그 정신을 이어갈 만한 능력 있는 목사와 차세대 평신도도 많지 않다. 따라서 새길교회는 목사 없는 '평신도 교회'를 어떻게 지속할 것인가의 과제 앞에 서 있다.

강동 평신도 교회는 정해진 지도자(교회 대표)가 있으며 그 지도자가 예배와 설교를 담당하고 목회 사역과 선교, 봉사, 교육 등의 사역을 한다. 담임목사의 역할을 장로(교회 대표)가 행하는 것을 제외하면 일반 교회와 차이가 없다. 다만 신학 교육과 안수를 통해서 세워지는 목사직 자체를 부정하며 전임 사역자(목사든 평신도든)를 세우지 않는다는 점에서 일반 교회와 구별된다. 그 결과 한국교회의 큰 문제 가운데 하나로 지적되는 권위주의적이고 신분제적 목회자가 나오지 않는다는 장점이 있다. 그러나 평신도인 장로가 사회에서 직업(생업) 활동을 하면서 전임 교역자가 하는 일을 똑같이 감당해야 하므로 매우 큰 부담 가운데서 사역할 수밖에 없다. 이렇게 부담이 커지면 장기간의 사역이 어려워진다. 또 최승호 장로와 같은 신학적·성경적 지식이 있으면서 직업 활동과 교회전임자의 활동을 함께 할 수 있는 지도자를 세우는 것도 어려운 일이다. 이러한 평신도 지도자를 세운다 해도 사회에서의 직업 활동과 교역 활동을 함께 해야 하므로 목회 서비스의 수준이 떨어질 수밖에 없으며 그 결과 교회의 성장(선교와 전도)이 어려워진다. 최승호 장로 정도의 영성과 지식과 열정을 겸비한 분이 신학을 해서 목사가 되어 전임 목회자가 되었다면 건강한 교회를 세워 현재의 강동 평신도 교회보다 더 부흥하고, 더 많은 영혼을 구원하고, 더 많은 하나님 나라 건설의 사역을 할 수 있었을 것이라고 여겨진다.

파라 처치인 선교단체는 신학을 공부하고 목사 안수를 받은 교역자는 없지만(있어도 극소수이지만) 많은 평신도 전임사역자가 활동한다. 선교단체는 새길 교회나 강동 평신도 교회와 마찬가지로 목사와 같은 교역자는 없지만, 간사 혹은 선교사로 호칭되는 많은 평신도 전임사역자들이 활동한다. 그리고 일반 교회와는 달리 선교에 초점을 맞추어 활동하고 일반 교회와 복수의 멤버십을 허용한다. 그 결과 선교단체는 다른 '평신도 교회'와는 달리 확산성이 크고 조직의 성장이 가능하다. 그러나 2000년대 들어 한국교회가 전반적으로 침체의 단계로 들어가면서 선교단체들도 많은 어려움을 당하고 있다.

그 첫째는 평신도 회원의 멤버십의 문제이다. 선교단체 회원은 교회와 선교단체 멤버십을 함께 가질 수 있다. 그러나 선교단체가 점점 교회화의 길을 가면 이중 멤버십의 헌신 과정에서 충돌과 갈등이 일어날 수 있다. 선교단체의 둘째 위기는 평신도 간사 체제에서 오고 있다. 선교단체의 평신도 간사는 일반 교회의 교역자와 마찬가지로 그 사역이 직업이다. 즉 간사직은 평신도 프로페셔널이다. 그러나 그들은 프로페셔널로서의 대접을 받지 못하여 항상 생활의 어려움 가운데 있으며 그 결과 간사직을 도중하차하는 경우가 많다. 간사의 도중하차는 교역자 프로페셔널리즘과 평신도 아마추어리즘 사이에 끼어 있는 평신도 프로페셔널리즘의 위기 현상이다.

구약시대에는 말할 것도 없고 신약의 초대교회 시절부터 교회가 성장하고 제도화되면서 목사, 장로, 감독과 같은 명칭의 직분이 출현했다. 이들은 점차 교회 일만을 전담하는 교역자가 되었고, 그 결과 교역자는 교회 일과 관련된 전문가(professional)가 되었으며, 교회 일을 하여 생활비를 얻는 직업인이 되었다. 이러한 교역자의 직업화는 교회의 제도화에 따른 필연적인 결과였다. 그리고 교역자가 직업인이 되면서 다양한 문제가 생겼다. 교역자가 교회의 실질적인 머리가 되는 교황제와 같은 성직주의가 나타나게 되었다. 교황제와 같은 극단적인 형태의 성직주의는 아니라 해도 교역자와 평신도를 신분적으로 구분하고 교역자에게 과도한 권한이 주어짐으로 비민주적이고 비성경적인 교역자 중심주의가 나타나는 경우가 많이 있었다. 이러한 성직주의 혹은 사제주의를 극복하는 일은 분명 한국교회 개혁의 중요한 과제 가운데 하나이다.[15] 그리고 성직주의에 따른 교역자 권위주의에 반대하여 나온 극단적인 입장이 '평신도 교회' 운동이다. 평신도 교회 운동에서는 교역자의 직을 부정하거나 그 직을 평신도가 담당한다. 그러나 이러한 '평신도 교회' 역시 앞서 살펴본 바와 같이 한계와 문제점을 드러내고 있다. 교회 일의 전담자, 전문가, 직업인으로서의 교역자 제도 속에 문제가 많이 있는 것은 사실이지만 교역자의 직 그 자체를 완전히 부인할 수는 없다. '평신도 교회' 운동은 역설적으로 교회 안에 프로페셔널로서의 교역자가 필요하다는 것을 보여 주었다.

---

[15] 김회권, "사제주의를 어떻게 극복할 것인가", 『한국교회 개혁의 길을 묻다』 (새물결플러스, 2013).

제4부

평신도 사역의 위기와
방향 전환

한국교회의 평신도는 교회 안에서 장로, 집사, 권사와 같은 직분을 가질 뿐만 아니라 그 직분에 근거해서 여러 가지 활동을 한다. 교회 안에서 이루어지는 평신도의 활동을 교회 봉사 혹은 교회 사역이라고 부른다. 이러한 평신도의 사역은 1980년대 이후 크게 확장되었고, 한국교회의 유지·성장·발전에 중요한 역할을 했다. 그러나 2000년대 들어 평신도의 교회 활동이 위기를 맞이하기 시작하였다. 제4부에서는 교회 안에서 이루어지는 평신도 교회 사역의 위기 현상을 살펴보고 평신도 사역이 어떤 방향으로 나가야 하는가를 논의한다. 결론부터 말하면 평신도의 사역은 교회 안에만 머물지 말고 가정, 직장, 사회로 퍼져나가야 한다. 그리하여 평신도는 자신이 처한 삶의 자리에서 주님이 주신 사명을 감당하는 청지기가 되어야 하고 하나님의 나라를 세우는 일꾼이 되어야 한다. 이것이 이 시대 평신도의 사명이요 평신도 사역의 방향이다.

14장
교회 내 평신도 사역의 위기

    평신도 아마추어리즘은 사회의 발전, 교회의 구조, 평신도 신학의 도입 등에 의해 형성되었지만, 그 속에는 이 시대를 향한 하나님의 거룩한 뜻과 경륜이 들어있었다. 그리하여 평신도 아마추어리즘의 전개와 함께 한국교회는 부흥·성장·발전하고 하나님의 나라와 그 의를 이룰 수 있었다. 그러나 평신도 아마추어리즘이 어느 선을 넘는 순간 교회 안에 성직주의(clericalism)와 대비되는 평신도주의(layism) 혹은 장로주의(elderism)가 생겨났다. 이것은 성직주의와 마찬가지로 새로운 측면에서 교회의 위기를 초래하고 있다. 평신도 아마추어리즘의 위기를 평신도의 교회사역에 초점을 맞추어 살펴보겠다.

1. 평신도의 헌신과 피로감

    평신도 아마추어리즘은 교회 안팎의 여러 요인에 의해 그리고 평신도 자신의 각성과 헌신에 의해 형성·발전하였다. 1980년대 이후 한국교회에 등장한 평신도 목회신학은 평신도를 각성시켰다. 만인제사장설에 근거하여 평신도와 교역자 사이에 직무의 차이는 있지만, 신분의 차이는 없다고 하였다. 제자훈련과 큐티, 신앙 서적과 영성훈련, 전도와 선교 훈련 등을 통해서 신앙(교회)생활과 관련된 평신도의 지식, 경험, 능력이 증대되었다. 그리고 교회가 대형화되고 성장하면서 많은 사업과 프로그램이 만들어졌다. 이러한 사업과 프로그램에 참여하는 것은 평신도에게 의미와 보람, 기쁨과 행복을 주었다. 그 결과 한국교회의 많은 평신도는 교회와 이웃을 위해서 뜨거운 열정을 가지고 헌신하였다. 자신이 가진 물질, 시간, 힘, 지식을 다 바쳐 헌신하였다.

1980년대 이후 한국교회 평신도는 물질적으로 많은 헌신을 하였다. 1980년대 이후 전국 곳곳에 많은 대규모 예배당과 교회 건물이 세워질 수 있었던 것은 모두 평신도의 물질적 헌신이 있었기 때문이었다. 건축헌금을 하기 위해 집을 팔아 전셋집으로 간 평신도의 이야기는 웬만한 교회에서는 다 들을 수 있다. 한국 개신교의 평신도는 평소에도 헌금을 잘하는 편이다. 2017년 조사에 따르면 한국의 개신교인은 월평균 175,700원을 헌금하고 있는데 이것은 불교인 58,000원, 천주교인 78,000원에 비해 2~3배 많은 액수이다. 십일조 헌금을 정확하게(25.0%), 어느 정도(22.3%), 비정기적으로(13.2%) 하는 성도가 조사대상 성도의 60.5%에 이르고 있다.[1]

한국교회 평신도는 예배를 잘 드리고 전도와 선교에도 많이 헌신하고 있다. 주일 오전 예배 참석을 매주(73.9%), 월 2~3회(18.5%), 월

---

[1] 한국기독교목회자협의회, 『한국기독교 분석 리포트』, 116-119.

1회(4.0%) 하는 성도들의 비율이 96.4%에 이르고 있다.[2] 주일 예배 뿐만 아니라 친교, 회의, 봉사 활동 등 다른 활동을 하는 성도가 전체의 47.4%에 이른다. 교회 활동의 내용을 보면(중복 응답 가능) 성가대 (16.1%), 교회학교 또는 성경공부 교사(15.4%), 성경공부 모임(12.8%), 교회 부서의 임원(12.0%), 구역장, 순장 등 소그룹 리더 (10.9%), 양육 또는 세미나 참석(8.6%) 등으로 나타난다.[3]

한국교회 평신도의 열정과 헌신은 전도와 선교의 영역에서도 잘 나타난다. 많은 교회에서 평신도들이 전도에 힘썼고 그 가운데 특별한 열매를 거둔 분들은 '전도 왕'이라는 이름으로 널리 알려지게 되었다. 고구마 전도 왕(김기동),[4] 진돗개 전도 왕(박병선)[5]은 한국교회에 널리 알려진 전도 왕이고 그 외에도 열혈교사 전도 왕(최병호), 낙도 전도 왕(반봉혁), 행복한 의사 전도 왕(이병욱), 각설이 전도 왕(이병래), 아줌마 전도 왕(김인아), 콩나물 전도 왕(한재섭), 어린이 전도 왕 등 여러 이름의 전도 왕이 나왔다. 이러한 전도 왕 이외에도 전교인 초청잔치로 유명한 주안장로교회와 여러 전도 왕들의 이야기가 널리 알려져 있다.[6] 전도 왕이라는 이름으로 널리 알려지지 않아도 어느 정도 규모가 되는 교회에는 거의 예외 없이 전도에 특별한 은사를 가지고 헌신하는 평신도가 한두 명 정도는 있다.

1980년대 이후 한국교회에는 많은 선교단체가 세워졌다. 1980년

---

2) 한국기독교 목회자 협의회,『한국기독교 분석 리포트』, 98.

3) 한국기독교 목회자 협의회,『한국기독교 분석 리포트』, 105-107.

4) 김기동,『고구마 전도왕』(규장, 2006); 김기동,『고구마 전도』(규장, 2020).

5) 박병선,『진돗개 전도왕』(생명의말씀사, 2004).

6) 나겸일·안강자,『주안교회 전도이야기』(주안, 2006); 교회성장연구소,『한국 최고의 전도왕들』(교회성장연구소, 2009).

대 이전에는 CCC나 네비게이토 선교회처럼 해외에서 들어온 대학생을 대상으로 한 선교회가 주를 이루었다. 그러나 1980년대 이후 한국교회에는 교단에서 세운 선교회 외에도 다양한 성격의 평신도 중심의 선교회가 만들어졌다. 그 대상도 어린이 선교, 장애인 선교, 북한(탈북자) 선교, 해외 선교, 컴퓨터 선교, 문화 선교, 체육 선교, 음악 선교, 외국인 노동자 선교, 교도소 선교, 노숙인 선교 등 여러 분야에서 다양한 대상을 향하여 선교가 이루어지고 있다. 인터콥이나 예수전도단과 같은 평신도 중심의 선교단체는 그 규모와 활동 범위에 있어 웬만한 교단 선교회를 능가한다. 각 선교회에는 수많은 평신도 간사들이 활동하고 있으며 전국적으로 모인 많은 평신도 회원이 그 활동과 재정을 뒷받침하고 있다. 한국교회가 미국에 이어 세계에서 둘째로 많은 선교사를 보낼 수 있었던 것은 평신도들의 힘이었다. 여름철 며칠 되지 않는 휴가와 연차를 다 사용하고 또한 자기 돈을 들여 해외에 가서 선교와 봉사 활동을 하는 평신도들이 많이 있다.

한국교회 평신도는 교회 안에서 다양한 사역을 열심히 잘 감당하고 있다. 주일 오전 7시에 시작하는 1부 예배 찬양대로 봉사하는 평신도들은 겨울철이면 컴컴할 때 나와 연습하고 성가대석에 올라간다. 찬양팀 단원들은 주일 하루 전날 나와서 몇 시간씩 연습하고 음을 맞춘다. 교사로 봉사하는 평신도들은 풍요로운 시대에 제멋대로 자란 아이들을 붙들고 기도하면서 말씀을 가르치느라 애써 수고한다. 이러한 평신도 교사들의 수고와 땀으로 거창중앙교회는 시골 지역에 있는 교회이지만 교회학교 학생들이 천여 명에 이르는 놀라운 역사를 이루었다.[7] 아무리 피곤해도 새벽마다 새벽 기도회에 참석하여 기도하고, 교회에서 이루어지는 행사에 참석하여 격려하고 협조하며, 사비를 털어 수고하는 성도들을 섬기는 장로님들이 많이 있다. 구역장, 순장, 목자 등의 소그룹 지도자 직분을 맡아 교역자보다 더 열심을 내어 섬기고 수고하여, 프로페셔널인 교역자들이 부끄럽고 부담스러운 마음이 드는 평신도들이 교회마다 많이 있다.[8]

한국교회가 그동안 크게 성장하고 어려운 시대를 맞이하여 잘 견디는 것은 교회 안팎의 다양한 분야에서 섬기고 봉사하는 평신도들의 수고와 땀의 결과라고 할 수 있다. 평신도들은 교회 안에서 아마추어이다. 그래서 돈을 받고 직업적으로 일하지 않는다. 오직 믿음과 사랑으로 주님의 십자가 은혜를 기억하면서 일하고 봉사한다. 아마추어리즘 속에는 순수함과 열정이 있다. 일이 생계의 수단이 되고 그래서 경제적·물질적 동기가 많이 작용할 수밖에 없는 교역자 프로페셔널리즘과 비교할 때 평신도 아마추어리즘은 훨씬 더 순수하고 열정적이다. 평신도의 순수한 헌신과 열정과 봉사 위에서 한국교회는 크게 발전하고 성장했다.

평신도의 헌신과 열정 위에서 발전한 한국교회는 2000년대 들어서면서 한계를 드러내기 시작했다. 그 원인은 일차적으로 밖에서 왔다. 한국의 경제가 성장함에 따라 소비의 수준이 점점 높아지게 되었다. 그러나 수입은 높아진 소비수준을 따라가지 못하고 있다. 끊임없이 올라가는 거주 비용(아파트 담보 융자, 전월세 비용 등)을 감당해야 하며, 승용차를 소유하고, 식구마다 스마트 폰을 하나씩 가지

---

7) 이병렬,『교회의 미래, 어린이 안에 다 있다』(생명의말씀사, 2017); 이지희, "복음화율 10% 안 되는 곳에서 주일학교만 1천 명",「크리스천 투데이」2016.09.23.

8) 박정식,『평신도는 없다』(국제제자훈련원, 2003), 171-176.

고 있으며, 1년에 한 번이라도 해외여행을 가고, 한 달에 한두 번 외식을 하며, 자녀들을 남부럽지 않게 기르기 위해서 사교육을 시켜야 한다. 대다수 한국인의 경우 남자 혼자 벌어서 이 비용을 감당할 수 없다. 그 결과 여성들의 취업률이 매우 높아졌다. 그 동안 교회 봉사의 주역이었던 40~50대 여성들이 돈을 벌기 위해 일을 하지 않을 수 없게 되었다. 적지 않은 평신도들이 직장생활로 인해 교회 봉사의 대열에서 멀어지게 되었다. 젊은 세대들은 직장생활에 피곤하여 봉사할 마음을 가지지 못한다. 많이 배우고 똑똑한 전문직 여성들은 몸이 피곤할 뿐만 아니라 사회생활을 통해서 자아실현이 가능하다. 따라서 교회 봉사가 자아실현의 수단이 되지 못하게 되었다. 그리하여 1980년대에 30~40대의 나이로 교회 사역에 헌신하던 여성들이 50대, 60대, 심지어는 70대까지 계속해서 봉사해야 한다. 교회에서 해야 할 일은 많이 있는데 후배들과 다음 세대들은 교회 봉사의 일에 유입되지 않고 있다. 그 결과 평신도 봉사자들이 지치고 피곤해졌다.

2000년대 이후 나타난 영적 분위기의 변화는 평신도 사역자들을 더욱 힘들고 지치게 만들고 있다. 평신도들이 행하는 교회 사역이 더 많은 에너지와 비용을 투여하여도 더 적은 열매밖에 얻지 못하고 있다. 즉 평신도 교회 사역의 효과성(effectiveness)과 효율성(efficiency)의 위기가 오게 되었다. 많은 교회에서 진행하는 전도 캠페인의 경우, 수백만 원 혹은 수천만 원의 예산을 투여하여도 전도되어 교인이 되는 수는 갈수록 줄어들고 있다. 예전에는 특별 행사를 하면서 어린이들에게 과자 한 봉지만 나누어 주어도 효과를 거두었는데 지금은 피자 한 판을 나누어 주어도 효과를 거두기 힘든 시대가 되었다.

교회의 사업 가운데 건축은 가장 큰 사업이면서 또한 교회 성장에 큰 힘이 되는 일이기도 하였다. 1980년대에는 건축을 크게 해서 의자 수가 늘어나면 그 자리는 저절로 채워진다는 주장이 상당 수준 수용되었다. 얀 해럴드 브룬번드가 말한 바 '도시의 전설'(urban legend)과 같은 이야기(즉 근거가 약하지만, 많은 사람이 사실처럼 받아들이는 이야기)가 한국교회에 많이 퍼져 있었다. 그러나 지금은 건축이 교회의 성장과 정상적인 운영을 어렵게 하는 대표적인 예가 되고 있다. 교회사역을 담당하는 평신도의 수가 줄어들고 고령화될 뿐 아니라 사역의 열매(효과와 효율)가 줄어들면서 평신도는 더욱 지치게 되었다.

'평신도 목회신학'이 널리 유포됨에 따라 한국교회 평신도들은 교역자의 일과 평신도의 일을 구분하지 않게 되었다. 그리하여 평신도가 교회 일을 하는 것이 '봉사'가 아닌 '사역'이 되었다. 자신들을 '봉사자'라고 부르지 않고 '사역자'라고 부른다. 봉사는 자신이 수행한 일의 결과에 대한 책임감이 약하지만(책임이 교역자에게 있음), 사역자가 되면 책임의식이 강해질 수밖에 없다. 평신도의 봉사는 교역자가 시키는 일을 충실하게 하면 되지만 평신도의 사역은 스스로 일을 기획하고, 인원을 동원하고, 예산을 확보하며, 수고한 결과를 만들어내야 한다. 이 모든 과정에서 평신도들은 많은 피로감을 느끼게 되었다. 한병철 교수가 『피로 사회』에서 말한 바와 같은 현상이 나타나게 되었다.[9] 즉 평신도들이 자신의 능력과 성과를 통해서 주체로서의 존재감을 교회 안에서 확인하려고 하였다. 그 결과 자아는 피로해지고, 스스로 설정한 기대에 부응하지 못하는 좌절감으로 인해 우

---

[9] 한병철, 『피로 사회』 (문학과 지성사, 2012).

울증이 생겨났다. 현대 사회의 병리적인 현상이 교회 사역을 하는 평신도들에게 나타나게 되었다.

2. 평신도 사역과 직분의 위기

한국교회 평신도 사역의 위기는 단순히 그 일이 힘이 들고 지쳐서 생기는 것만은 아니다. 평신도가 행하는 교회 사역의 속성과 메커니즘 속에 위기의 요소가 들어있다. 그러므로 평신도 사역의 동기를 분석적으로 고찰하는 것이 필요하다. 또 평신도 사역은 평신도의 직분과 역할이라는 틀 가운데서 행해진다. 그러므로 평신도 사역의 위기 현상을 이해하기 위해서는 평신도의 직분과 역할이 가지는 의미를 고찰해야 한다.

평신도 사역의 복합적 동기: 한국교회 평신도 사역의 위기는 한 편으로는 평신도 사역자가 지치고 피곤하여 생기는 문제이지만, 다른 한 편으로는 평신도 사역자의 사역 독점의 결과 나타난 문제이기도 하다. 이 문제를 논의하기 위해서 먼저 평신도 교회 사역(봉사)의 동기를 이해해야 한다. 평신도의 사역 동기는 다음과 같이 세 가지 측면에서 생각할 수 있다. ① 빚진 자 의식으로 봉사한다. 성도들은 누구를 막론하고 주님께 받은 은혜의 체험이 있다. 그 은혜를 감사하고 기뻐하면서 그 은혜를 잊지 않으려고 교회 일에 봉사한다. 교회 봉사는 받은 은혜에 대한 감사이며 앞으로 받을 은혜에 대한 소망이다. 이러한 동기에서 봉사하는 성도들은 무슨 일을 하는지가 중요한 문제가 아니다. 이름 없이 빛도 없이 수고하고 봉사하면서도 불평이나 원망을 하지 않는다. 때가 되어 내려놓을 때가 되면 짐을 내려놓는 것처럼 기쁨으로 내려놓는다.

②보람과 재미로 봉사한다. 1980년대 이후 교회가 성장하고 발전하면서 교회 안에 다양한 사역들과 프로그램이 만들어졌다. 음악, 선교, 문화, 사회봉사, 교육 등과 관련된 사역이나 프로그램들은 재미도 있고 보람도 있다. 보람과 재미로 봉사하는 일은 교회에 대한 소속감과 애정, 믿음의 성장에 도움을 줄 수 있다. 그러나 이러한 봉사자는 교회와 하나님 나라의 필요에 따라 헌신하는 것이 아니라 자신이 하고 싶은 일만 하려고 한다. 어떤 이유로 이러한 봉사를 할 수 없게 되면 교회 다니는 의미와 재미를 잃게 되고, 한 걸음 더 나가서 믿음의 길에서 멀어질 수 있는 위험이 있다.

③자신의 존재감을 위해서 봉사한다. 교회 사역과 봉사가 자신의 명예, 능력, 지위 등을 드러내기 위한 목적에서 이루어지기도 한다. 이런 봉사는 자신의 존재감을 드러내는 것이 중요하다. 교회에서 봉사하지 못하거나 주어진 사역이 없으면 자신의 존재감이 없어진다고 생각하며 자존감을 잃게 된다. 자신이 행하는 사역이 성도들과 교회에 유익이 되는가의 문제보다 자신이 그 일을 맡고 있다는 사실이 더 중요하다. 이런 평신도는 어떤 형태로든지 교회의 사역을 맡으려 하고 다른 성도와 사역을 나누는 일에 인색하다. 임기가 끝나면 자신의 존재감을 나타낼 수 있는 다른 직책으로 옮겨서 그 일을 계속한다.

인간은 모두 불완전하고 죄인이다. 인간이 행하는 봉사의 동기도 늘 복합적이다. 오직 주님의 은혜에 감사하고 그의 나라와 그의 영광만을 위해서 봉사하는 사람은 많지 않다. 반대로 아무리 자기 자신을 드러내고 자신의 이익을 생각하여 봉사하는 사람이라 해도 그 속에는 주님 사랑하는 마음과 믿음의 요소가 비록 작을지라도 존재하기 마련이다. 위의 세 가지 봉사의 동기는 분석적으로 구분한 것일 뿐 우리 모두의 마음에 자리 잡은 동기이다. 때로 거룩하지 못한 동기이지만 그것을 통해 하나님의 의가 이루어지는 것이 하나님 나라의 신비이고 교회의 신비이다. 그러므로 모든 것을 참으며, 모든 것을 믿으며, 모든 것을 바라며, 모든 것을 견디는 사랑으로 평신도 사역과 봉사 속에 있는 다양한 동기와 태도를 수용해야 한다.

시간적 차원에서 보면, 처음 교회 봉사를 할 때는 빚진 자의 의식이 많이 있다. 그러다가 세월이 흐를수록 점점 더 보람과 재미가 봉사의 목적이 되며 나중에는 봉사가 자기 존재감을 나타내는 수단이 되고 만다. 교회에서 특정 사역을 맡아 장기간 봉사하는 경우, 일찍 장로나 권사가 되어 교회 생활이 곧 장로 혹은 권사의 직분자 생활이 되는 경우, 이러한 위험 요소가 더 커지게 된다. 평신도의 교회 봉사와 사역이 자신의 존재감을 나타내기 위한 목적에서 행해질 때 교회 안에는 사역의 독점 현상이 나타난다. 새 가족과 젊은 세대들이 봉사하고 보람을 느낄 수 있는 공간이 줄어든다. 사역이 독점되면 교회는 경직되고 고루해진다. 시대의 변화에 발맞추지 못하고 새로운 세대와 거리가 생긴다.

1980년대 이후 한국교회가 부흥·성장하는 과정에서 많은 평신도가 은혜를 받았다. 은혜에 빚진 자로서 직분을 맡아 헌신하고 교회의 여러 사역에 참여하여 봉사하였다. 그 결과 교회는 더 부흥하고 보람과 기쁨이 넘치게 되었다. 그러나 이러한 봉사와 사역이 성도

개인별로 20~30년 이상 진행되면서 사역이 자신의 존재감을 드러내는 근거가 되었다. 우리 주님 예수 그리스도가 존재감의 근거가 아니라 교회의 사역이 존재감의 근거가 된다. 그리하여 사역에 집착하게 되고 심지어는 은퇴 후에도 그 사역을 내려놓지 못한다. 은퇴 후에도 뒤에서 조종하는 원로목사가 있는 것처럼 은퇴 후에도 뒤에서 후배들을 조종하여 자신의 존재감을 나타내려는 평신도들도 많이 있다. 이러한 모습을 보면서 많은 성도와 다음 세대는 환멸에 빠지게 된다. 이것이 우리 시대 평신도 아마추어리즘의 변질이요, 위기이며, 한국교회의 위기이다.

평신도 직분의 위기: 한국교회의 외형적인 정치제도는 감독제 · 장로제 · 회중제가 모두 존재하지만, 평신도의 직분이라는 측면에서 보면 정도의 차이만 있을 뿐 장로제로 수렴된다. 먼저 한국교회는 장로교가 절대다수를 차지하고 있다. 장로교는 한국교회 교세의 70% 전후를 차지하고 있다. 외형적으로 감독제를 표방하는 감리교나 혹은 성결교, 순복음교회는 말할 것도 없고 회중 교회를 자처하는 침례교에서도 호칭 장로라는 이름으로 장로 직분을 두고 있다. 또 대다수 교회에 항존직(恒存職)이라는 이름으로 장로 외에 집사와 권사와 같은 평신도 직분이 있다. 이러한 직분은 대부분 선거를 통해 교인대표 형식으로 선출된다. 선출되어 안수를 받으면 은퇴할 때까지 그 직분을 가지게 되며, 은퇴 후에도 장로, 집사, 권사의 호칭은 계속 사용된다. 안수받은 교회에서 이적하여 다른 교회로 가도 그 직분을 그대로 가지고 간다. 이런 점에서 한국교회의 장로, 집사, 권사의 직분은 목사의 직분과 함께 신분에 가까운 성격을 띠고 있다.

평신도의 직분에는 명예가 결부된다. 평신도의 직분은 임명직이 아니라 선출직이며 모든 교인에 의해 선출되기 위해서는 여러 가지 조건을 갖추어야 한다. 예를 들어 장로로 선출되기 위해서는 믿음 생활을 잘하고 봉사의 모범이 되어야 하는 것은 기본적인 요구사항이다. 아울러 지도력도 있어야 하고, 어느 정도의 학력이 있어야 하고, 인격도 좋아야 한다. 그 외에 사회적인 지위나 경제적인 부(富)를 갖춘 사람이어야 한다. 그러므로 한국 사회에서 장로의 직분을 가진다는 것은 해당 지역 계층 구조의 상위에 속한다는 의미가 된다. 프랑스의 사회학자 부르디외의 표현을 빌린다면 한국의 장로 직분은 '문화자본'의 성격을 띤다. 장로 직분과 결부된 명예는 농어촌보다는 대도시의 교회에서, 가난한 지역보다는 잘 사는 지역의 교회에서 그리고 작은 교회보다는 큰 교회에서 장로가 된 사람에게 더 많이 나타난다. 안수받은 집사와 권사도 정도의 차이는 있지만 명예로운 직분이다. 그래서 어릴 때부터 교회를 다녔지만 50살이 넘어서도 권사 직분을 받지 못하고 서리 집사로 머물게 되면 부끄럽다는 말을 종종 들을 수 있다.

한국교회의 평신도 직분은 종신직이면서 명예로운 직분이다. 재판을 통해서만 그 직을 취소할 수 있는(교회의 대표자인 담임목사도 마음대로 취소할 수 없는) 안정된 직분이다. 아울러 교회의 중요한 결정에 참여할 수 있는 직분이다. 장로교단 장로의 경우 임직을 하면 당회의 당회원이 된다. 당회는 장로교 치리(治理) 기관으로 교회의 설립, 운영, 관리, 재정 등과 관련하여 입법, 사법, 행정의 권한이 집중되어 있는 기관이다. 또한 집사 혹은 권사의 직분을 가지면 교회 안에 있는 여러 부서와 기관의 임원이 되어 실무적인 일을 담당한다.

집사 혹은 권사의 직분을 가지지 않으면 교회의 중요한 의사 결정에 참여할 수도 없고 교회 안에서 이루어지는 여러 가지 사업이나 행사에서 중요한 역할을 감당할 수 없다.

한국의 개신교회가 가진 평신도의 직분은 천주교나 불교와 같은 타 종교와 비교할 때 평신도의 역할, 헌신, 권한이 극대화되는 평신도 아마추어리즘의 견고한 기반이다. 한국교회의 발전과 성장은 평신도의 직분을 귀하게 여기고 그 직분의 아름다운 이름을 지키기 위하여 헌신하고 수고한 평신도들에 의해 이루어졌다. 가난하고 힘든 시절 교회의 운영이 어려울 때 자기 재산을 다 털어 목회자의 생활비를 감당하고 교회의 유지관리에 필요한 모든 비용을 다 부담한 장로들이 많이 있었다(영락교회의 김응락 장로는 한경직 목사가 피란을 갔을 때도 교회를 지키기 위해서 서울에 남아 있다가 순교하여 교회를 위해 희생한 장로의 표상이 되었다).[10] 열심히 기도하고 헌금할 뿐 아니라 가정 일보다 교회 일을 먼저 하면서 교회를 섬긴 집사·권사들도 많이 있다. 장로, 집사, 권사라는 교회의 직분을 명예롭게 여기고 그 명예에 누가 되지 않도록 사회생활과 가정생활에서도 신실함과 정직함, 사랑과 섬김의 모범이 되는 삶을 사는 직분자들이 많이 있다. 한국교회의 발전과 성장은 장로, 집사, 권사와 같은 평신도 직분자들의 헌신과 기도가 있었기 때문에 가능한 일이었다. 목사직은 월급을 받고 행하는 직업이요 일정한 자격과 책임이 필요한 프로페셔널 직이다. 그러므로 목사가 교회를 위해서 헌신하는 것은 당연한 일이요, 직업적 책임감에서 나온 일이기도 하다. 그러므로 평신도가 봉사직에 해

---

10) 영락교회, 『영락교회 50년사』 (영락교회, 1995), 116.

당하는 장로, 집사, 권사의 직분을 귀하게 여기고 헌신하는 것은 목사직에 헌신하는 것보다 더 아름다운 일이다.

그러나 한국교회가 부흥성장 발전하면서 평신도 직분에 문제가 나타나기 시작했다. 예전에는 평신도의 직분이 보람과 명예가 있는 직분이기는 했지만, 물질적 혹은 사회적 이권이 있는 직분은 아니었다. 반대로 교회에서는 부담스러운 직분이요, 사회생활을 하는 데는 손실을 감수해야 하는 직분이기도 했다. 장로나 집사의 직분을 담당하기 위해서 주일 성수를 하면 일터에서 핍박이나 불이익을 받는 경우도 적지 않게 있었다. 그러나 사회가 발전하고 교회가 성장함에 따라 평신도 직분의 부담은 줄어들고 오히려 이권이 생겨나기 시작했다. 교회의 규모가 커지고 예산이 증대됨에 따라 교역자 생활비를 지급하기 위해서 혹은 교회 관리에 필요한 비용을 마련하기 위해서 전전긍긍하는 장로는 거의 없다. 물론 수많은 소형·농어촌·개척교회의 경우 목회자 생활비와 교회 관리 비용의 마련을 위해 애써 수고하는 집사·권사가 있지만, 그 수는 점점 줄어들고 있다. 성도들은 부담스러운 교회에 다니려 하지 않기 때문에 그 부담은 대부분 교역자가 진다. 교회가 성장하던 시절에는 건축 자금을 마련하기 위해서 평신도 직분자들이 고생하고 부담을 느꼈지만, 성장 지체가 일어나면서 이러한 부담도 없어지고 있다.

그 대신 교회 규모가 커지고, 예산 액수가 많아지고, 행사와 사업이 증가할수록 평신도 직분에는 이권이 따르게 된다. 일반적으로 교회의 수입 예산은 성도들의 헌금으로 이루어지고 지출 예산은 급여나 소비(혹은 구매)의 형태를 띤다. 장로와 당회가 있는 교회는 수억원 이상의 예산이 집행되며, 대도시의 중형 교회만 되어도 예산액이

10억 이상이며, 대형 교회가 되면 수십억 수백억의 예산을 사용하게 된다. 그 예산의 실질적인 집행은 거의 다 평신도가 한다. 자신이 개척하여 대형 교회를 이룬 목사의 경우에는 어느 정도 재정에 관여할 수 있지만, 청빙되어 부임한 목사의 경우 재정의 실제적 사용에 거의 관여하지 못한다.

교회에서 고가의 물품을 구입하거나 다량으로 구입하여 액수가 큰 거래가 있는 경우, 혹은 건축과 같은 큰 공사가 있는 경우, 관련된 장로나 집사가 이권에 개입한다는 말은 어느 교회에서나 쉽게 들을 수 있다. 심지어 일부 권사들의 경우 자신이 속한 부서의 회계 직무를 맡으려고 애쓴다. 연간 수백만 원 혹은 수천만 원 정도의 재정만 사용해도 적지 않은 이권이 생길 수 있는 것이 교회의 구조이다. 대다수 교회가 적지 않은 금액을 지출할 때에도 수의계약을 하며, 감사 시스템은 심히 형식적이고, 아주 큰 문제가 아닌 한 은혜로(?) 문책하지 않기 때문이다.

선교비나 사회봉사비와 같은 재정을 집행할 때도 이권은 쉽게 개입할 수 있다. 교회의 도움이 필요한 선교사나 사회적 약자들은 주변에 무수히 많다. 그리고 지원 대상자를 어떻게 정하며 어떤 방식으로 지원할 것인가에 대한 기준이 모호하다. 물론 교회의 정관이나 시행규칙 등을 통해서 그러한 기준을 마련하는 교회도 있다. 그러나 법, 시행령, 조례 등을 통하여 엄격한 기준이 정해지고, 의회나 감사 기관의 엄격한 감사를 받는 국가기관과 비교할 때 교회의 경우 훨씬 더 자의적이다. 그리하여 평신도 직분자의 개인적 성향과 친분관계에 따라 선교비나 사회봉사비가 자의적으로 지출될 수 있다. 그리하여 평신도 직분과 이권이 서로 결합될 가능성이 커지게 된다.

교회의 규모가 커지면 교역자 외에도 급여를 받는 직원의 수가 늘어날 수밖에 없다. 교회의 사무와 행정의 실무를 담당하는 직원, 교회 안의 수많은 건물·시설·장비 등을 관리하고 조작하는 직원, 교회에서 운영하는 카페, 어린이집, 학교, 복지기관, 선교 기관 등에서 일하는 직원 등이 교회의 규모나 사업과 비례하여 늘어나게 된다. 그리고 그 직원의 채용에 평신도 직분자들이 깊숙이 관여한다. 당회안에 인사위원회라는 조직이 있어 최종 임용권을 가진 담임목사의 인사 업무를 돕기도 하지만 그 과정에서 평신도 직분자가 인사 행정에 깊이 관여할 수 있다. 힘 있는 장로가 담임목사를 제치고 비공식적인 방법으로 인사권을 실질적으로 행하는 경우도 적지 않게 나타난다.

한국교회의 평신도는 견고한 직분을 가지고 있다. 장로교에서 볼수 있는 장로, 집사, 권사와 같은 직분은 선출직으로 신도 대표의 성격을 가진다. 이 직분은 은퇴할 때까지 그 직위가 보장되는 직분이다. 평신도의 직분에는 도덕적인 책임은 있지만, 목사와 같은 실제적인 책임은 별로 없다. 평신도 직분자는 교회의 행정과 사업, 재정과 인사 등에 있어서 많은 권한과 책임을 가지고 있다. 장로교의 경우 당회라는 강력한 조직이 있고, 당회원인 장로는 강력한 권한을 가지고 있다. 이러한 직분자들의 수고와 헌신에 의해 한국교회는 크게 발전 성장하였다. 그러나 이러한 직분자들이 이권을 추구하게 될때 교회는 큰 어려움을 당할 수 있다. 특별히 교역자와 일부 직분자가 함께 결탁하여 불법적인 이권을 추구할 때 교회는 큰 어려움을 당할 수 있고 심각한 분규가 일어날 수 있다. 교회의 직분을 하나님이 주신 은사와 선물로 여기면서 감사하고 기뻐하며 섬기는 직분자의 수는 자꾸 줄어들고, 교회의 직분을 세상의 지위와 같이 이권의 도구로 삼는 직분자의 수가 늘어나는 것, 이것이 현재 한국교회의 위기이며 또한 평신도 아마추어리즘의 위기이기도 하다.

3. 교회 내 평신도 사역의 방향 전환

20세기 후반에 나타난 한국교회의 매우 중요한 특성 가운데 하나는 평신도의 성장이었다. 평신도 신학의 재발견과 옥한흠 목사의 "평신도를 깨우라"는 외침에 따라 평신도의 능력, 사역, 활동이 크고 빠르게 증대되었다. 그 결과 많은 교회가 성장하였고 급기야 지난 2015년 인구센서스에서는 한국의 개신교 인구가 967만 명으로 한국의 제일 종교가 되었다. 더욱이 장로, 집사, 권사라는 항존직 직분은 평신도의 정체성을 확립하고 교회 일에 봉사하고 헌신하는 일에 크게 기여하였다. 이렇게 형성·발전된 평신도 아마추어리즘이 21세기 들어 큰 위기를 맞이하고 있다. 이 위기를 극복하기 위해서는 평신도 사역의 방향이 바뀌어야 한다. 교회 안에서 이루어지는 평신도 사역의 형태와 방법도 바뀌어야 한다. 또 평신도의 사역이 교회 안에만 집중되는 것을 지양하고 가정, 직장, 사회로 그 영역을 넓혀야한다. 먼저 교회 안에서 평신도의 사역이 어떤 방식, 어떤 방향으로변해야 하는가를 살펴보겠다.

교회 봉사와 교회사역: 20세기 후반에 일어난 교회 성장과 발전의과정에서 평신도의 교회 내 활동에 질적인 변화가 일어나게 되었다.

예전에는 교회 안에서의 평신도의 활동을 '교회 봉사'라고 불렀다. 봉사라는 말속에는 그 활동이 비직업적이고, 활동의 시간과 범위가 제한적이고, 아마추어이며, 금전적인 사례를 받지 않는다는 의미가 포함되어 있다. 그러나 1980년대 이후 어느 때부터인가 교회 내에서의 평신도의 활동이 '교회사역'이라고 불리게 되었다. 사역(事役)이라는 말속에는 그 활동이 직업적이며, 활동의 시간과 범위가 넓어지고, 프로이며, 금전적인 사례를 받을 수 있다는 의미가 포함된다. 월급을 받고 일하는 교역자들이 하는 일을 교회 봉사라고 하지 않고 교회사역이라고 말하는 데서 봉사와 사역 사이의 어감상의 차이를 느낄 수 있다.

평신도의 교회사역이라는 표현은 처음에는 교회 시설 관리인 혹은 사무 간사 등과 같은 교회 직원의 일을 지칭할 때 사용되었다. 그러다가 성가대 지휘자나 반주자와 같이 보수를 받으면서 예배를 돕는 일을 지칭할 때 사용되었다. 그리고 1980년대 이후 음악의 역할이 점점 중요시되면서 평신도 찬양 팀의 활동을 찬양 사역이라고 불렀다. 그 다음 교사와 같은 특수직에 대해서 사역이라는 말을 사용하였다. 그 후 선교, 봉사, 문화 등의 활동이 전문화되면서 그 영역에서 활동하는 것을 선교사역, 봉사 사역, 문화 사역, 찬양 사역 등의 이름으로 불리게 된다. 특별히 1980년대 이후 평신도의 해외 선교 활동이 크게 늘었다. 그리하여 평신도 해외 선교사와 각 선교단체의 평신도 간사가 크게 늘었다. 이들은 교역자 못지않게 활동하며 직업적이고 전문적으로 활동한다. 그리고 이들의 활동이 봉사가 아닌 사역이라고 불리게 되었다. 이러한 과정을 거치면서 평신도 교회 활동의 많은 부분이 봉사가 아닌 사역이 되었다. 현재에는 교회 안에서의 대부분의 활동을 사역이라고 부르며 식당 봉사, 주차장 봉사, 청소 봉사 등과 같은 영역에서 교회 봉사라는 말이 남아있는 형편이다.

교회 안에서 평신도의 활동을 봉사라고 부를 때는 그 활동이 교역자의 활동과 구분된다. 그러나 사역이라고 부르면서 그 구분이 점점 희미해지고 있다. 그리고 많은 영역에서 교회 활동이 평신도 주도하에 이루어진다. 예배와 말씀 선포, 성경공부와 심방 등과 같은 활동은 교역자들의 주도로 행해진다. 그러나 그 이외의 활동은 거의 평신도가 주도하고 있다. 예배 가운데서도 중요한 역할을 하는 성가대와 찬양 팀은 평신도 주도로 바뀌었다. 교회행정의 핵심이 되는 재정 관리는 교역자가 아닌 평신도의 몫이다. 전통적인 자치활동으로 알려진 남선교회, 여전도회 활동 등은 말할 것도 없고, 교회학교, 해외 선교, 전도, 새신자 교육(1:1 양육), 사회봉사, 소그룹 친교 활동(구역, 셀, 순), 알파와 새 가족 초청잔치 등의 활동이 평신도 주도하에 이루어지고 있다.

평신도의 교회 봉사가 사역이 되고 평신도들이 교회 안에서 담당하는 사역의 범위가 점점 넓고 깊어지고 있다. 그 결과 교회에 유익이 되는 면도 많이 있지만, 문제도 많이 일어나고 있다. 재정 비리, 이권 다툼, 주도권 싸움, 파벌 형성, 갑질과 배제 등의 행태가 나타나고 있다. 이와 아울러 교회공동체의 성격이 많이 변하고 있다. 교회 공동체는 일차적으로 영적인 공동체요 예배 공동체가 되어야 한다. 그런데 교회 안에서 많은 프로그램과 사역이 진행됨에 따라 교회공동체의 영성이 약화되고 복잡하고 혼란스러운 모임이 되고 말았다. 더욱이 많은 사역이 평신도의 주도로 진행되기 때문에 교회 전체의 유익을 위해서가 아니라 평신도 사역자들의 관심과 이해관계에 따라 행사나 사업이 진행되는 경우도 많아졌다. 그리고 교역자들은 이해관계나 관심의 차이에 의해서 생겨나는 평신도들 사이의 갈등을 해소할 수 있는 권위나 능력이 크게 약해진 상황이다.

교회 내 사역의 방향: 이러한 상황에서 평신도의 활동과 관련하여 앞으로 나가야 방향을 제시하면 다음과 같다. ① 행사, 사업, 프로그램 중심의 사역에서 예배 중심 사역으로 방향을 바꿔야 한다. 평신도 사역이 확장됨에 따라 긍정적인 결과도 많지만, 부정적인 결과도 적지 않게 나타났다. 그 대표적인 것이 예배의 약화이다. 평신도 사역이 확장되면 그것을 지도하고 관리해야 하는 교역자들의 일이 증가한다. 그 결과 교역자가 예배와 말씀 준비를 위한 시간이 줄어들면서 예배와 설교의 약화를 가져온다. 또 교회의 핵심 구성원인 평신도들이 행사와 사업에 몰두하면서 예배를 소홀히 하거나 형식적인 예배를 드리기 쉽다. 교회는 일차적으로 예배 공동체이다. 예배 속에 교회의 모든 기능이 다 함축되어 있다. 예배 공동체가 무너지면 다른 모든 사역도 중단될 수밖에 없다. 평신도 아마추어리즘의 성장에 따라 교회 안에서 행사, 사업, 프로그램이 증가하는 반면 예배가 소홀히 되고 있다. 이러한 문제를 해결하기 위해 평신도의 교회 사역이 예배 중심의 사역으로 방향을 전환해야 한다.

② 잃어버린 '교회 봉사'의 정신을 회복해야 한다. 평신도 아마추어리즘의 시대를 맞이하여 평신도의 교회 사역이 위기에 처하고 있다. 평신도의 교회 활동이 사역이 됨으로써 평신도 아마추어리즘이 평신도 프로페셔널리즘으로 바뀌면서 여러 문제가 생기고 있다. 평

신도가 교회 안에서 프로페셔널과 같이 사역한다 해도 그 정신은 '아마추어 봉사 정신'을 가져야 한다. 아마추어 봉사 정신을 가져야 교역자의 리더십이 설 수 있으며, 평신도들 사이에 사역을 둘러싼 혼란이나 갈등을 줄일 수 있다.

③ 사역 중심에서 공동체 중심으로 전환해야 한다. 교회는 예배 공동체이면서 또한 사랑의 공동체, 친교공동체이다. 그러나 평신도 사역이 늘어나면서 이러한 공동체성이 약해지고 있다. 교회공동체는 소그룹 활동을 통해서 공동체성을 경험한다. 즉 소그룹 안에서 인격적인 관계가 맺어지고 직접적인 상호작용이 이루어질 때 공동체성을 경험하게 된다. 일반적으로 구역모임을 통해서 성도들은 서로 교제하고 개인적인 관심과 형편을 나누면서 상호작용(interaction)이 이루어진다. 그런데 교회 안에서 평신도의 사역이 늘어나면서 구역과 같은 공동체성을 목적으로 하는 소그룹은 축소되고 사역을 위한 소그룹이 늘어나게 되었다. 그 결과 교회의 공동체성이 많이 저하되었다. 우리 시대는 도시화, 이익집단화, 개인주의화의 흐름에 따라 공동체성이 자꾸 약해지고 있다. 공동체성의 가장 중요한 기반인 가족까지도 약해지고 있다. 이러한 시대의 흐름 가운데서 교회의 중요한 사명은 인격적인 만남과 친교를 통한 공동체성의 증진이다. 교회와 평신도의 활동이 사역 중심에서 공동체 중심으로 방향을 전환하는 것이 이 시대 한국교회의 과제이다.

④ 교회조직을 단순화하고 중요한 사역을 순환시켜야 한다. 한국교회 양극화의 결과 대다수 평신도는 중대형 교회에서 신앙생활을

하고 있다. 그리고 평신도 아마추어리즘의 발달에 따라 평신도의 능력과 교회 안에서의 활동이 증대되었다. 이러한 평신도가 교회 활동을 하다가 잘못된 길로 나가면, 사역의 독점과 배제, 이권과 주도권 다툼, 더 나아가 비리와 부정행위 등이 일어날 수 있다. 이러한 일을 예방하기 위해서는 직분자 교육과 감사 시스템의 확립 등과 같은 일이 필요하다. 이와 아울러 교회조직의 단순화와 직무의 순환이 필요하다.

조직의 단순화란 한 사람의 평신도가 동시에 참여할 수 있는 교회 부서의 수를 할 수 있는 한 적게 만드는 것을 말한다. 현재 한국교회의 경우 웬만한 규모의 교회에서는 권사 한 사람이 성가대원, 교회학교 교사, 여전도회 임원, 권사회 회장, 찬양팀 단원, 구역장, 제직회 서기, 사회봉사부 부장, 해외 선교부 회계 등을 한 회기 동안 다 맡아서 할 수 있는 구조이다. 이처럼 힘 있고 열성 있는 평신도 한 사람이 교회의 모든 일에 다 관여하여 활동하다 보면 본인은 지치고, 뜻하지 않게 전횡·독점·배제의 문제가 생겨난다.

그러므로 할 수 있는 한 교회의 조직 구조를 단순화하는 것이 좋다. 필자의 경험으로는 장로회, 권사회, 안수 집사회와 같은 신분적 성격의 조직은 폐지하는 것이 좋다. 남·녀 전도회와 구역회는 통합시키는 것이 좋다. 제직회의 여러 부서들은 할 수 있는 한 줄이고, 재정관리부, 예배부와 같이 교회 전체를 통괄하는 부서가 아닌 부서(전도, 선교, 봉사 부서 등)의 활동은 구역과 남녀전도회가 통합된 부서로 이관하여 각 부서별로 실행하는 것이 바람직하다. 이렇게 조직을 단순화하면 사역이 소수의 사람에게 집중되는 것을 방지할 수 있고 새 신자나 주변부에 있는 성도들이 교회의 사역에 더 많이 참여할 수 있다.

다음으로 평신도 사역의 순환제를 실시해야 한다. 특별히 이권이 개입될 수 있는 사역은 순환제를 교회 정관 등을 통해서 제도화하는 것이 필요하다. 교회 안에서 누가 어떤 사역을 맡는가 하는 것은 중요한 문제이며 또한 갈등의 요인이 되기도 한다. 교회의 일반적인 사역은 믿음이 있고 어느 정도 사회생활의 경험이 있는 성도라면 다 감당할 수 있는 일이다. 그러므로 평신도 사역의 순환이 잘 이루어지면 평신도가 교회 사역을 하면서 일어날 수 있는 문제나 갈등을 상당 부분 해소할 수 있다.

⑤ 일반 사회에서 하나님 나라 건설 사역을 강화해야 한다. 1980년대 이후 평신도는 신앙, 은사, 지식, 재력 등에 있어서 놀라운 성장을 이루었다. 크게 성장한 평신도의 능력이 교회 안에서 많이 쓰임 받음으로써 교회 역시 크게 부흥하였다. 평신도의 신장(伸張)된 능력과 헌신에 힘입어 많은 교회가 세워졌고 큰 건축도 이루어졌다. 그런데 평신도의 에너지가 교회 안으로 집중되고 그 결과 평신도의 힘이 커짐에 따라 새로운 문제들이 나타나기 시작했다. 즉 교회의 지도력이 교역자에서 평신도로 옮겨지고 교역자 프로페셔널리즘의 쇠퇴를 가져왔다. 이와는 반대로 평신도 아마추어리즘이 크게 강화되었다. 일부 성숙하지 못한 평신도 지도자가 강화된 힘을 이용하여 교회 안에서 전횡을 하는 일들이 자주 나타났다.

이와 아울러 평신도의 힘과 에너지가 교회 안에만 집중됨에 따라 사회와 성도 개개인의 삶의 터전에서 하나님의 나라를 건설하는 힘이 점점 약해졌다. 교회 안에서는 열정적이고 헌신적인 성도가 교회

밖에서는 무기력하고 손가락질당하는 경우가 많이 있다. 더 나가 교회 밖에서 비도덕적이고 비신앙적인 행동을 하여 하나님의 나라와 그 의가 이루어지는 것을 방해하는 사람들도 적지 않다. 개교회주의에 빠진 교회는 내부적으로는 크고 화려하지만, 사회적으로는 영향력이 미미한 경우가 많다. 그러므로 교회 안에서 이루어지는 평신도의 활동과 에너지가 밖으로 흘러나가야 할 필요가 있다. 그래야 평신도의 에너지가 교회 내부적으로는 충혈(充血) 상태이면서 사회적으로 빈혈(貧血) 상태가 된 불균형을 극복할 수 있을 것이다.

15장
평신도의 청지기 사역

평신도 아마추어리즘의 시대를 맞이하여 평신도의 힘과 에너지가 많이 성장했다. 이 힘과 에너지가 귀하게 쓰임 받도록 하는 것이 우리 시대 교회의 중요한 사명이다. 평신도가 증대된 힘과 에너지를 특정 교회 안에서뿐 아니라 교회 밖에서도 잘 사용해야 한다. 평신도가 성도로서 교회를 섬기는 것도 중요하지만 사회인으로서 교회 밖에 하나님의 나라를 세워나가는 것도 중요하다. 평신도는 교회 안에서는 아마추어이다. 그러므로 교회 안에서 프로페셔널인 교역자의 지도 아래서 교회를 잘 섬기고 교역자의 지도력을 잘 세워주어야 한다. 반면에 평신도는 사회에 나가면 프로페셔널이다. 그러므로 사회에 나가서는 프로다운 능력을 발휘하면서, 그리스도인으로서의 정체성을 분명히 가지고, 자신이 하는 일을 통해 하나님 나라를 세워나가야 한다. 더욱이 코로나19 시대를 맞이하여 교회 안에서 이루어지는 평신도 사역, 행사, 프로그램 등이 크게 위축되었다. 심지어는 하나님께 예배드리는 일조차 제대로 이루어지지 못하는 실정이다. 이러한 시대를 맞이하여 평신도의 힘과 에너지가 교회 밖으로 흘러나가도록 하여 하나님 나라를 세워나가야 한다. 평신도는 교회 밖 가정과 직장과 사회에서 맡은 역할을 잘 감당하는 청지기가 되어 그곳에서 하나님 나라를 잘 세워나가야 한다.

1. 가정에서 평신도 청지기 사역

평신도가 이 세상 살면서 소속되는 집단은 크게 네 부류로 나눌 수 있다. ① 혈연과 혼인으로 형성된 가족 혹은 친족 집단, ② 신앙 및 예배 공동체로서의 교회, ③ 직업과 생업 활동이 이루어지는 직장, ④ 취미활동, 여가선용, 친교, 의미와 보람, 봉사, 학습 등을 목적으로 참여하는 자원집단(自願集團, voluntary group) 등이다. 평신도의 사회에서의 사역이란 교회 이외의 집단에 소속되어 하나님 나라를 이루는 사역을 말한다.

이 가운데 가족은 소속의 변경이 어려운 운명적인 집단이며 출생과 함께 소속되는 생득적 집단(ascribed group)이고 일평생 장기간 계속되는 집단이다. 직접적이고 정서적인 상호작용이 일어나는 일차 집단(primary group)이며, 가족 안에서 신분이 결정되고 유산이 배분된다. 성(性) 관계와 생식이 이루어지고 일차적인 사회화(socialization)가 일어난다. 혈연과 혼인으로 구성된 가족은 인간 사회의 가장 작은 소집단이지만 인간 개개인에게 미치는 영향과 기능은 이 사회의 모든 집단 가운데 가장 크고 중요하다.[1] 그러므로 성도가 하나님 나라를

---

1) 페이스 R. 엘리엇/안병철 역, 『가족 사회학』(을유문화사, 1993).

세우는 사역을 할 때 그 일차 공간은 가정이고 일차 대상은 가족이다.

우리 시대 가족은 큰 위기 가운데 있다. 1인 가구가 급속히 늘어나고 있다. 2019년 11월 기준 우리나라의 1인 가구 수는 614만 8천 가구로 2018년보다 29만 9천 가구(5.1%) 증가하였다. 1인 가구 비율도 전년 대비 0.9%포인트 상승한 30.2%로 집계되었다.[2] 이혼 역시 급속하게 증가하고 있다. 통계청 발표에 따르면 2019년 한 해 동안 23만 9,200쌍이 결혼하였고, 11만 800쌍이 이혼하여, 결혼 건수는 줄어들고 이혼 건수는 늘어나는 추세이다.[3] 수명 연장에 따라 노인 가족이 크게 늘어났다. 통계청이 발표한 "장래가구 추계: 2017~2047년"에 따르면, 가구주 연령이 65세 이상인 가구는 2017년 399만 8천 가구에서 2040년 1천1만 2천 가구로 확대된다. 2047년에는 노인 가구주가 1천 105만 8천 가구까지 늘어 전체 가구에서 차지하는 비중이 49.5%에 이를 전망이다.[4]

경제의 양극화 현상에 따라 하층 가정이 늘어났으며, 다문화 가정도 늘어나는 추세이다. 사회의 고도화와 경쟁의 심화에 따라 부모들의 자녀 양육에 대한 부담이 더욱 커지고 있다.[5] 가정과 가족의 위기는 공동체성의 위기이다. 우리 사회의 흐름은 공동체성을 더욱 필요로 한다. 인성의 삼요소(지·정·의) 가운데 하나인 감정과 정서를 크게 해치는 '감정노동'이 점점 늘어나고 있다.[6] 또한 경쟁과 성과주

---

2) 안중현, "1인 가구 30% 돌파", 「조선일보」 2020.08.29.

3) 최효정, "지난해 혼인율 사상 최저…이혼율은 2년 연속 상승", 「조선비즈」 2020.03.19.

4) 문재용, "나홀로 노인가구 30년 뒤에 405만, 통계청 가구구조 변화 전망", 「매일경제」 2019.09.18.

5) 김보숙, "가족 해체 위기, 대한민국의 가정이 위태롭다", 「코리언 스피릿」 2015.01.25.

6) 앨리 러셀 혹실드/이가람 역, 『감정노동』(이매진, 2009).

의로 인하여 심신이 지치는 피로 사회(Muedigkeit Gesellschaft) 속에서 살고 있다.[7] 즉 사회의 변화는 정서적인 문제를 해소할 수 있는 공동체 즉 원초적이고 정서적인 집단인 가족을 더욱 필요로 하지만, 가족 자체는 약해지고 그 기능이 저하되는 세상이 되었다.

이러한 시대를 맞이하여 가정에서 그리스도인의 신앙 활동은 하나님 나라 건설을 위한 가장 중요한 사역이 되고 있다. 평신도 그리스도인은 가정을 지키는 청지기이다. 가정의 청지기는 세상의 어지럽고 혼탁한 풍조에서 가정과 가족을 지킨다. 가족들이 세상에 나가 실패와 좌절과 환난을 경험할 때 위로와 쉼을 주는 것이 가정의 청지기 사명이다. 교회에서 믿지 않는 사람들에게 전도하는 것도 귀한 일이지만, 우리 자녀와 손자녀들에게 믿음을 잘 전수하는 것은 더욱 귀한 청지기 사명이다. 그리스도인 가정을 하나님 나라로 세우는 청지기 일에 더 많이 관심을 기울여야 한다.

이처럼 가정에서의 평신도 청지기 사역은 전인격적인 사역이다. 가족을 대상으로 하는 하나님 나라의 사역은 전인격적인 관계와 긴 시간의 생활공간에서 이루어진다. 그러므로 가정에서 하나님 나라 사역은 가식이나 거짓을 용납하지 않는다. 말과 행동의 일치, 믿음과 삶의 일치를 요구한다. 한 사람의 신앙을 평가하는 가장 중요한 척도는 가정 안에서 가족과의 관계 가운데서 형성된다. 우리 주변에는 교회 생활은 잘하는데 가정생활이 잘되지 않는 성도들이 적지 않다. 이러한 신앙은 성숙하지 못한 신앙, 가식적인 신앙일 가능성이 크다.

평신도의 가정 사역은 부부 사이의 사랑과 협력, 부모에 대한 공

---

7) 한병철, 『피로 사회』 (문학과 지성사, 2012).

경, 믿음 안에서 자녀 양육, 형제간의 우애로 이루어진다. 성경에 나
오는 브리스길라와 아굴라 부부처럼 서로 사랑하면서 하나님의 거
룩한 뜻을 이루어야 한다. 며느리 룻이 시어머니 나오미를 공경하듯
부모를 공경해야 한다. 요셉과 베냐민처럼 형제간에 우애가 있어야
한다. 로이스와 유니게가 디모데를 기르듯이 자녀를 양육해야 한다.

우리 시대 평신도 가정 사역의 가장 중요한 영역은 자녀들에게 신
앙을 잘 전수하는 일이다. 세속화, 입시 및 취업 경쟁, 세속 문화의
득세, 물질주의적 세계관, 개인주의와 공동체 정신의 약화 등 여러
가지 이유로 인해 다음 세대에 신앙을 전수하는 일이 점점 어려워지
고 있다. 이러한 시대를 맞이하여 자녀들과 손자녀들에게 신앙을 잘
전수하는 가정 사역에 힘써야 한다. 코로나19 시대를 맞이하여 교회
학교 예배가 어른들 예배보다 더 큰 충격을 받았다. 영상을 통한 가
정 예배가 어린 자녀들 세대에 더 많이 진행되고 있다. 이러한 상황
에서 자녀들이 예배를 잘 드릴 수 있도록 부모들이 지도하고 이끌어
주는 일이 더욱 중요해졌다.[8]

이처럼 자녀들 세대에 믿음을 잘 전수하는 가정이 되기 위해서는
기성세대의 성도들이 삶의 모범을 통해 믿음의 가치를 증거해야 한
다. 물질의 풍요로움보다 믿음의 삶, 거룩한 삶이 더욱 복된 삶임을
증거 해야 한다. 힘과 권력보다 사랑이 더 소중하고 능력이 있음을
증거 해야 한다. 이 세상에서 누릴 수 있는 영광보다 천국에서 누리
는 영광이 더 찬란하고 아름답다는 것을 증거 해야 한다. 우리 인생
들은 하나님의 사랑받는 자녀이며 우리의 삶이란 하나님의 거룩한

---

[8] 이인창, "코로나 시대 예배", 「아이 굿 뉴스」 2020.06.09.

뜻을 이루어가는 과정임을 증거 해야 한다. 이러한 것들을 증거 하기 위해서 말과 변증의 방법도 필요하지만, 더욱 중요한 것은 하나님의 말씀을 가르쳐야 하며 삶으로 증거 해야 한다.[9]

우리는 2020년 코로나19 사태로 인하여 가정의 중요함을 더욱 절감하였다. 우리 자녀들과 손자녀들은 학교에 가지 못하고 가정에서 원거리 학습을 했다. 많은 사람이 직장에 가지 않고 가정에서 재택근무를 했다. 심지어 주일에도 교회에 가서 예배를 드리지 못하고 가정에서 동영상 예배를 드렸다. 가정에서 일하고, 가정에서 배우고, 가정에서 예배하는 새로운 전통적 농경사회로 돌아가는 경험을 했다. 그리고 이러한 현상은 일시적인 것이 아니라 앞으로 자주 경험하게 될 것이다. 즉 새로운 일상, 뉴 노말(new normal)이 될 것이다. 코로나19 전염병 시대는 가정에서 머무는 시간이 더 길어지는 시대이며, 가족과의 관계가 더욱 중요해지는 시대이다. 아울러 이러한 상황에 적응하지 못하여 가족이 위기에 처하는 시대이기도 하다.[10] 이러한 시대를 맞이하여 그리스도인은 가정과 가족을 잘 지키는 청지기의 사역을 잘 감당하는 것이 하나님 나라의 사역을 하는 것이다.

2. 직장에서 평신도 청지기 사역

한국교회 평신도 사역 가운데 가장 약한 부분이 직장과 일반 사회

---

9) 목회와신학 편집부, 『가정사역』 (두란노아카데미, 2010); 송길원, 『가정사역 스타트』 (국제제자훈련원, 2004); 김사라형선, 『가정사역 길라잡이』 (침례신학대출판부, 2019).

10) 오푸름, "포스트 코로나 시대 당신의 가정은 안녕하십니까?", 「조선일보」 2020.05.11.

에서의 사역이다. 평신도가 교회에 와서 예배드리고 교회 사역(봉사)을 할 때는 그리스도인다운 경건의 모습이 많이 나타난다. 사랑과 겸손과 인내의 모습도 보인다. 그리스도인으로서의 사회적 책임과 세상에서의 사명에 대해서도 많이 이야기한다. 그러나 직장이나 일반 사회에서는 그러한 모습이 잘 나타나지 않는다. 이것은 그리스도인으로서 삶과 기독교적 가치가 교회 안에 머물고 사회로 확산되지 못해서 생긴 문제이다.

한국교회 평신도 신학에서 가장 영향력이 큰 책이 옥한흠 목사의 『평신도를 깨운다』이다. 그리고 평신도를 깨우는 실천 방법론이 제자훈련이다. 옥한흠 목사는 이 책에서 이렇게 말했다. "그러므로 평신도를 깨운다는 것은 바로 그들 각자가 사도의 사역을 물려받은 소명자임을 고백하고 순종하도록 가르치는 일이라 할 수 있다. 사도적 사명은 아직 끝나지 않고 있다. 그것은 세상 끝날까지 남아있게 될 것이다. 사도적 사역은 완성되지 않고 있다. 그것은 땅끝까지 모든 사람을 다 포용하는 일이기 때문이다. 그러므로 교회는 항상 세상 안에 있어야 하고 그 가운데서 사도들처럼 그리스도를 고백하고, 증거 하고, 봉사하지 않으면 안 된다. 이것은 교회의 존재 그 자체를 성경적으로 결정하는 본질적인 사명이다."[11] 평신도는 사도의 사역을 물려받은 소명자이고, 이 소명은 세상 끝날까지 계속되어야 하며, 세상 모든 사람을 다 포용하는 사역이다. 그러므로 평신도는 세상 안에서 그리스도를 고백하고 증거하고 봉사해야 한다. 이러한 평신도 신학에 근거하여 제자훈련이 진행되었다. 그리하여 한국교회에

---

[11] 옥한흠, 『평신도를 깨운다』, 102-103.

서 제자가 된 평신도를 많이 배출하였다. 그리고 제자가 된 평신도들의 교회 안에서의 헌신에 대해서는 누구나 인정하는 바이다. 그러나 제자가 된 평신도의 사회에서의 헌신과 하나님 나라 건설자로서의 사명 담당과 관련해서는 높은 평가를 받지 못하고 있다.

옥한흠 목사는 원론적으로 사회에서 사도의 사명을 가진 평신도의 역할과 사명을 중요하게 말했다. 그러나 "제자훈련 교육 과정에서는 제자들의 직업영역과 공적인 영역에서의 제자도에 대한 적절한 강조가 결여되어 있다." 그리고 "사랑의 교회… 사역훈련의 목표는 말씀으로 목양하는 평신도 사역자를 기르는 것이므로, 직업이나 공적인 영역에서 제자도를 살아내야 할 사람들을 위한 의도적인 후속 훈련이 되지는 못한다. 결과적으로 제자훈련의 전반적인 강조점은 교회의 일꾼을 양육하는 것에 머물고 제자들을 직업 영역과 공적인 영역에 적극적으로 파송하는 일은 주목을 받지 못한다"는 평가가 나온다.[12] 옥한흠 목사의 평신도 신학과 사랑의 교회 평신도 제자훈련은 한국교회 평신도 아마추어리즘의 형성에 지대한 영향을 주었다. 그리고 그 공적(功績)도 많다. 그러나 깨어난 평신도의 에너지가 교회 밖으로 흘러나가지 못하고 교회 안에만 머물고 말았다. 그 결과 사랑의 교회는 서울 강남에 최고의 교회를 건축했지만, 사회적인 영향력과 관련해서는 높은 평가를 받지 못하고 있는 실정이다.

그리스도인이 일터에서 하나님 나라를 세우기 위해서는 직장에서 청지기로서의 삶을 살아야 한다. 직장은 일차적으로 자신과 가족

---

12) 노종문, "거인들에게 배우는 제자훈련", 한국교회탐구센타, 『한국교회 제자훈련 미래 전망 보고서』 (IVP, 2016), 219-220.

의 생활비를 버는 생업의 터전이다. 그러므로 직장에서는 돈과 관련하여 하나님 나라를 세워야 하고 돈의 청지기가 되어야 한다. 그리스도인이 직장에서 돈의 청지기가 되려면 돈을 잘 벌어야 하고, 돈의 유혹을 이겨야 하며, 돈에 자족하는 사람이 되어야 한다. 또한 직장은 일을 통해서 자기 자신을 실현하는 곳이므로 일에 대한 청지기가 되어야 한다. 일에 대한 청지기가 되려면 다른 사람에게 유익을 주는 일을 하며, 자신의 적성과 재능에 맞는 일을 하고 안식과 균형을 맞추면서 일해야 한다. 그리고 그리스도인은 직장에서도 하나님의 청지기가 되어 하나님의 거룩한 뜻을 증거하는 삶을 살아야 한다. 하나님의 청지기가 되려면 모든 일을 하나님이 맡기신 것으로 여기며 일하고, 골로새서 3장 22절 말씀처럼 모든 일을 주께 하듯 해야 하며, 최선을 다해서 일해야 한다.[13]

한국교회탐구센터에서 편집한 『종교개혁과 평신도의 재발견』에 19명의 젊은 평신도가 자신들의 직장과 사회에서 그리스도인 청지기로서 어떻게 살아가고 있는가를 소개하고 있다. 이들의 이야기를 통해서 평신도의 직장 사역과 사회에서의 사역에 대해서 논의하겠다.

김효주 성도는 프랜차이즈 유통회사의 영업부 직원으로 일하고 있다. 그는 회사 안에서 일어나는 실적경쟁과 무리한 매출 목표설정, 프랜차이즈 매장 주인을 압박하여 만드는 가매출, 타 지역 프랜차이즈 점의 주말판매 지원, 답정녀(답은 이미 정해져 있으니 너는 대답만 해)와 힘의 논리에 따른 억지 보고서 작성 등에 관해 상세히 소개한다. 그리고 그러한 과정 가운데서 그리스도인으로서의 느낌과 생

---

13) 방선기, "직장 속 그리스도인의 사명과 영성", 한국교회탐구센터, 『급변하는 직업 세계와 직장 속의 그리스도인』 (IVP, 2013), 13-26.

각을 말하고 있다. "만약 지금 이 땅에 예수님이 오신다면 어떨까? 가이사의 것은 가이사에게, 하나님의 것은 하나님에게 바치라고 하셨던 예수님이 지금 이 시대 기업에서 환영받기는 어렵지 않을까 싶다. 그저 자신을 믿고 따르는 열두 명과 스타트업을 하셨을까? 또 예수님이 운영하는 회사의 사명과 의사 결정 구조와 문화는 어떨까?"라고 질문한다. 그리고 "성경을 통해 직장생활의 교훈을 얻으려 할 때 여전히 막막한 감정이 앞서는 건 어쩔 수 없었다", "직장생활에서 중요하고 위험한 유혹은 바로 끝이 없는 성과주의다. 성과주의는 여러 모습으로 나타나면서 거짓과 조작, 정치를 낳는다. 그 속에서 약한 사람들을 돌보시는 하나님 나라의 질서와 배치되는 명확한 지점을 찾기가 쉽지 않다"고 말한다.[14)]

평신도가 하나님 나라를 세워나가는 전선은 직장이다. 직장인 중에서도 공무원, 교사, 의사 등과 같이 업무의 안정성이 있는 직장에서 일하는 사람이 아니라 변화와 경쟁이 극심한 기업체에서 일하는 사람이 최전선에 있다. 위대한 평신도는 직장의 최전선에서 하나님 나라의 정의와 사랑을 실현하는 사람이다. 그리고 죽지 않고 살아 돌아오는 사람이다. 극심한 경쟁 가운데서 죽지 않고 살아남으면서, 하나님 나라의 정의와 사랑을 실현하는 것은 보통 어려운 일이 아니다. 창세기의 요셉처럼 감옥에 가는 어려움을 당할 수도 있다. 다니엘처럼 사자 굴에 던져지는 위험에 처할 수도 있다. 그러나 하나님께서 요셉에게 꿈을 해석하는 능력을 주셨고, 다니엘 앞에 선 사자들의 입을 막으셨다. 그래서 그들은 위대한 하나님 나라의 일꾼이

---

14) 김효주, "회사원은 무엇으로 사는가", 한국교회탐구센터, 『종교개혁과 평신도의 재발견』 (IVP, 2017), 165-167.

될 수 있었다. 하나님 나라 일꾼으로서 평신도의 위대함은 후방의 안전지대인 교회 안보다 전방의 위험지대인 사회와 직장에서 드러난다. 한국교회 평신도 아마추어리즘의 위기는 십자가의 용사 된 평신도가 최전선에 나가 싸우며 하나님의 나라를 세우려 하지 않고, 안전지대인 교회 안에만 머물려고 하다가 생긴다. 또 교회 관리인이 되어버린 교역자가 교회 관리를 잘하기 위해서, 혹은 교회를 더욱 성장·확장하기 위해서, 평신도의 에너지를 교회 안에서 주로 사용하게 만드는 것도 평신도 아마추어리즘 위기의 중요한 요인이 된다.

김효주 성도가 삶의 터전에서 하나님 나라 일꾼 된 청지기로 살아가는 것의 어려움을 호소하였다면, 양창모 성도는 믿음으로 그 어려움을 극복한 이야기를 한다. 양창모 성도는 현재 타일 미장 기술자로서 전형적인 블루칼라이다. 그는 고등학교 시절 강한 회심의 경험이 있었고 신학대학 진학을 꿈꾸었지만, 교회 전도사님의 만류로 일반대학에 진학했다. 대학 시절 IVF에서 신앙훈련을 받았고 졸업 후에는 캠퍼스를 섬기는 간사로 일하였다. 그는 선교회 사역자만이 하나님의 소명이라고 생각되지 않아 간사직을 내려놓고 사회로 나갔다. 처음에는 카페 창업을 계획했지만 여의치 않아 다른 일을 알아보던 중 건축 기술자로 일하는 손위 동서를 따라 건축현장에 갔다. 그는 건축현장에서 "여기에 사람이 있구나"라는 느낌을 받았다. 그리고 자신의 경험을 이렇게 말한다. "여기에는 그리스도인이 별로 없습니다. 있어도 주로 현장 일을 하는 사람들이 아니라 사장이나 일을 시키는 사람들입니다. 제가 느끼기에 그들은 그리스도인으로서 현장 사람들의 친구가 되기보다는 착취하거나 이용했습니다. 물론 한정된 제 경험이기에 모든 사람이 그렇다는 말은 아닙니다." 이들과의 소통이 곧 선교라는 생각이 들었다. 그리고 기술자의 일을 배우기 시작했다. 일(기술)을 배우고, 그들의 언어, 문화, 성격을 이해하는 과정에서 많은 어려움을 겪었지만 잘 적응하여 이제 어엿한 기술자가 되어 일하게 되었다.

그는 그리스도인 타일 기술자로 일하면서 직업인으로서의 소명 (Beruf, calling)을 이루는 일과 건설현장 사람들과의 소통을 목표로 하고 있다. 아울러 그리스도인으로서 세상에 물들지 않는 삶을 실현한다. 즉 세상의 가치는 물질이다. 그래서 건설 현장에서 바르지 않은 방법 즉 부당 이익, 임금 착취, 부실 공사 등으로 돈을 벌고자 하는 세상적 가치를 거부한다. 돈뿐만 아니라 사람을 대하는 태도나 언어 습관 등에서도 세상과 건설현장의 관행을 닮아가지 않는다. 아울러 건설현장에서 (더 넓게는 이 사회에서) 아브라함처럼 하나님을 보여주는 사람이 되고자 한다. 그는 일 잘하는 일꾼과 돈 잘 버는 사업가를 꿈꾸지 않고, 하나님을 보여주는 사람이 되기를 소망하며 지금도 열심히 삶의 현장에서 일하고 있다.[15]

양창모 성도는 앞에 나오는 김효주 성도와 비교할 때 일터에서 그리스도인으로서의 정체감이 더욱 확실하며 그것을 더 잘 지키고 있다. 여기에는 양창모 성도와 김효주 성도 사이의 성격, 신앙의 깊이, 능력 등의 차이가 원인이 되었을 것이다. 이러한 개인적, 신앙적 요인 외에도 두 사람 사이에는 차이가 있다. 김효주 성도는 유통업 관리직에서 일했고 양창모 성도는 건설현장의 기술 노동자로 일하고 있다. 관리직은 큰 조직의 일원으로서 그 일 자체가 내부적으로는

---

15) 양창모, "기술 노동자로 살아가기", 『종교개혁과 평신도의 재발견』, 180-192.

윗사람, 아랫사람과 관계를 맺어야 하며 외부적으로는 다른 조직(프랜차이즈 매장)과 관계를 맺고 비슷한 사업을 하는 다른 조직들과 경쟁해야 한다. 현재의 발전된 자본주의 사회에서는 유통업에서 다루는 아이템은 생산과잉이 되고 그만큼 경쟁이 심할 수밖에 없다. 그러나 건설현장은 작은 조직이며 이른바 3D 업종이다. 그러므로 상대적으로 경쟁이 덜한 삶의 현장이다. 그리고 양창모 성도는 대학을 졸업한 사람으로서 확실한 기술을 가진 기술 노동자가 되어 건설현장에서 일하고 있다. 그 결과 다른 동료 노동자들보다 정신적, 문화적 자원을 더 많이 가졌다. 이처럼 양창모 성도는 김효주 성도보다 육체적으로는 더 힘든 일을 해야 하지만 소속된 집단과 일의 성격이 그리스도인으로서 정체성을 가지는 데 유리하였다. 큰 조직에서 관계중심의 일을 하며 경쟁이 심한 환경에서 일하는 성도가 작은 집단에서 일 중심의 일을 하며 경쟁이 덜한 환경에서 일하는 성도보다 그리스도인으로서 정체감을 가지고 일하기가 더욱 어렵다는 것을 보여주고 있다.

현대사회는 복잡하고 다양하고 끊임없이 변하는 사회이다. 이러한 사회를 살아가는 성도들에게 교회(혹은 목회자)는 결의론(決疑論, casuistry)적인 규범을 제공할 수 없다.[16] 즉 평신도들이 처한 삶의 조건에서 어떻게 행동해야 하는가에 대한 도덕적 판단 기준을 율법주의적으로 제시할 수 없다. 그것은 평신도 자신의 이성적 판단과 신앙적 결단에 따라 이루어져야 하는 일이다. 평신도가 삶의 자리에서 성경 말씀과 믿음에 근거하여 하나님의 나라와 그 의를 끊임없이

---

16) 앨버트 존슨·스티븐 툴민/권복규 역,『결의론의 남용: 도덕 추론의 역사』(로도스, 2014).

성찰할 때 가능하다. 우리 주님께서는 이 상황에서 어떻게 행하셨을까를 끊임없이 고민하고 결단할 때 가능하다 .17) 이와 아울러 그리스도인으로서 직장생활에 잘 적응하고 또한 보람을 느끼며 이웃들에게 덕을 끼치며 살아갈 수 있는 지혜를 간직하는 것도 중요하다.18) 이같이 믿음의 터전 위에서 윤리적, 실제적 실천의 방법을 잘 활용하며 직장생활을 통해 "그 손이 수고한 대로 잃어버리지 않고 먹으며 사는 것"(시 128:1)이 현재 한국교회 평신도들에게 요구되는 시대적, 사회적 요청이다.

평신도 사역의 중요한 영역은 직장과 사회이다. 물론 교회도 평신도가 하나님 나라를 세워가는 중요한 영역이지만 평신도에게 더 중요한 영역은 직장과 사회이다. 마르틴 루터의 직업소명설이란 교역자의 직업이나 평신도의 직업이 똑같이 소명 받은 거룩한 직업이라는 의미이다. 따라서 교역자가 교회 안에서 하나님 나라를 세워가는 것처럼, 평신도는 자신의 직업을 통해서 하나님 나라를 세워가야 한다. 즉 그리스도인이라는 분명한 정체성을 가지고, 자신의 직장에서 최선을 다하여 일하면서, 하나님의 나라와 그 의(義)를 이루는 것이 평신도의 직업소명이다. 평신도 아마추어리즘의 시대를 맞이하여 평신도가 가진 능력과 재능이 교회 안에 머물고 교회 밖으로 흘러나가지 못하는 것이 한국교회의 위기이다. 한국교회 평신도가 직장의 청지기가 되어 직장에서 하나님 나라를 세워나가는 것이 이 시대 평신도 아마추어리즘의 사명이다.

---

17) 찰스 쉘던/유성덕 역, 『예수님이라면 어떻게 하실까』 (크리스천다이제스트, 2018).
18) 페퍼 아쇼프/이해란 역, 『하나님과 함께하는 직장생활』 (CLP, 2006).

16장
평신도의 하나님 나라 건설자 사역

평신도의 사역은 교회에만 국한되지 않는다. 평신도의 사역은 가
정과 직장으로 확대되며 더 나아가 사회와 국가 온 세상으로 퍼져나
가야 한다. 평신도가 직장에서 사역할 때는 착하고 충성된 청지기로
서 일해야 한다. 그리고 평신도가 사회에서 사역할 때는 한 걸음 더
나가 하나님 나라의 종 혹은 하나님 나라의 건설자로서 일해야 한다.

1. 하나님 나라의 건설자 평신도

평신도는 하나님 나라의 건설자이다. 하나님 나라의 전초기지인
교회를 평신도가 섬기고 봉사하는 일은 참으로 귀하고 아름다운 일
이다. 그러나 평신도는 교역자가 가지지 못한 재능, 지식, 지위라는
달란트를 이 세상에서 가지고 있다. 그 달란트를 가지고 이 사회에
서 하나님 나라를 세워야 한다. 이것이 평신도의 소명이다. 평신도
가 하나님 나라 건설자의 소명을 가지고 우리 사회에 하나님 나라를

세우는 일에 헌신하는 이야기를 나누면서 그 의미를 생각해 보겠다.

먼저 한국교회의 평신도 가운데 많은 분이 하나님의 말씀과 기독교적인 세계관을 통해서 이 사회의 억압적이며 병들어 있는 삶을 거부하고 새로운 존재(New Being)로서의 삶을 추구하는 일에 힘쓰고 있다. 이것을 흔히 대안 사회 운동(alternative social movement)이라고 한다. 자본주의 체제하에서 정치·경제적 억압, 전쟁의 위협과 평화의 상실, 과도한 경쟁으로 인한 인간성의 상실 등에 반대하면서 새로운 삶의 원리와 가치를 추구한다. 이러한 일에 수고하는 성도들의 모습을 소개한다.

국악을 전공한 백소망(1990년생) 성도는 국악계의 어려운 현실 속에서 스스로를 예술 노동자로 규정지으며 살아가고 있다. 그는 예술을 세상과 대화하는 또 하나의 언어로 본다. 자신이 습득한 예술이라는 언어를 가지고 깨어진 세상과 절망으로 가득 찬 세상을 치유하는 것을 소명으로 받아들이며 살아가고 있다. 그는 생업(生業)의 압박과 불확실한 자신의 미래에 대한 고민 가운데서 예술인 됨을 포기하지 않고 있다. 예술이 세상을 변화시키고 예술이 하나님 나라의 꿈을 이룰 수 있다는 믿음으로 살고 있다.[1]

오수경 성도는 선교단체 간사 출신으로 청아람 ARCM 편집장으로서 기독교 페미니즘 운동을 하고 있다. 그는 페미니즘을 여성의 피해자 됨을 드러내고 권리를 주장하는 데 머무르는 것이 아니라 "성차별주의와 그에 근거한 착취와 억압을 끝내려는 운동"으로 이해한다. 페미니즘을 교회와 기독교 공동체의 본모습을 회복하고 하나님

---

[1] 백소망, "헬 조선에서 예술 노동자로 살아남는 법", 『종교개혁과 평신도의 재발견』, 168-179.

나라를 세워가는 중요한 도구(학문, 언어, 운동)로 생각하며 살아가고 있다.[2]

문아영(1983년생) 성도는 피스 모모(Peace Momo) 대표로서 평화·교육 활동가로 일하고 있다. 그는 구체적이고 실천적인 사유를 통해 사회를 덜 폭력적인 곳으로 만들며, 모두가 모두에게 배우는 운동을 한다. 그는 평화를 갈등과 다툼과 혼란이 있는 세상 가운데서 적극적으로 만들어가야 하는 것으로 이해한다. 그리고 서로가 서로에게 배우는 교육의 방식을 통해서 평화에 대한 사유의 능력을 키우고 평화를 실천하고자 한다. 그는 로마서 12장 2절 말씀에 나오는 '세상에 순응하지 말고'를 '기존의 불평등을 당연한 것으로 여기는 구조적 폭력에 동조하지 말고'로 읽는다. '너의 마음을 돌아봄으로써'를 '비판적으로 성찰함으로써'로 그리고 '지속적으로 변화하는 존재가 되는 것'을 '정해진 답을 외우는 것이 아니라 세상과 뒤엉켜 사는 삶을 끊임없는 배움의 과정으로 여기며 매일 새로운 존재가 되고자 노력하는 것'으로 읽는다.[3]

주호석(1979년생) 성도는 전북지역 농부로 친환경 농업에 종사하고 있다. 농사를 방해하는 잡초를 뽑으며 아담과 인생들의 죄와 한계를 생각한다. 토착 미생물을 이용하여 과수의 질병을 막음으로써 농약에 찌들어가는 자연을 회복하고자 한다. 그는 "우리가 거하는 땅이 회복되어 좋은 소산을 맺는 땅이 되게 하셔서 이 농산물을 먹는 사람들이 살아나는 역사가 일어나게 하옵소서" 기도하면서 오늘

---

2) 오수경, "페미니즘이 나와 무슨 상관이냐이까", 『종교개혁과 평신도의 재발견』, 193-201.
3) 문아영, "꼬질꼬질한 비둘기, 결코 잔잔하지 않은 평화", 『종교개혁과 평신도의 재발견』, 345-356.

도 땀 흘리며 일하고 있다.[4]

이수진(1970년생) 성도는 '꽃다운 친구들'이라는 이름의 시민운동 단체 대표이다. 그는 아일랜드의 전환학년제(고등학교 입학하기 전 1년 동안 삶의 방향을 정하기 위해서 학교를 쉬는 것)를 딸에게 직접 시행하였다. 그리고 우리나라의 어린 자녀들이 인생의 방향을 스스로 정할 수 있도록 자유를 주는 운동, 시간의 압박이나 주변의 시선에서 자유로운 여건을 만드는 운동을 하고 있다. 아이들에게 쉼과 '멍 때림'의 시간을 주고, 선행학습을 자제하고, 방학다운 방학을 누릴 수 있게 한다. 우리의 어린 자녀들에게 참다운 안식을 주는 것이 자녀들 본인과 가족 그리고 사회 전체에 유익을 준다는 믿음을 가지고 청소년 안식년 운동을 하고 있다.[5]

정의석(1980년생) 성도는 한빛 맹학교 교사이며 본인 자신이 시각장애인이다. 그는 장애인에 대한 편견을 없애는 일과 장애인이 자신이 받은 달란트를 잘 사용하는 삶을 살도록 이끌어 주는 일을 한다. 이유는 알 수 없지만 우리는 서로 다른 양의 달란트를 받았으며, 최소한 1달란트 이상의 달란트를 받았다. 그리고 재능의 달란트보다 더 귀한 구원을 받았다. 그러므로 장애인들은 ① 무슨 일을 하든지 최선을 다하고, ② 다른 사람을 섬기기 위해 노력하며, ③ 정안인(正眼人)들과 어울려 살기 위해 노력하고, ③ '나'라는 '상수'가 주변이라는 '변수'에 의해 영향받지 않도록 하며, ④ 끊임없이 자신을 발전시키기 위해 힘써야 한다. 그는 달란트의 비유를 붙들고 교사로서 장애인 학생들을 바르게 인도하고, 장애인으로서 가치 있는 삶의 모범

---

4) 주호석, "흙과 바람과 비와 더불어 사는 삶", 『종교개혁과 평신도의 재발견』, 204-215.
5) 이수진, "방학이 무려 일년이라니!", 『종교개혁과 평신도의 재발견』, 297-309.

을 보이는 귀한 평신도이다.[6]

임하은(1990년생) 성도는 '(주)모두의 기숙사' 대표로 일하면서 사회적 기업의 방식을 통해서 대학생, 취업준비생, 사회초년생, 공시생 등 2030 청년들의 주거문제 해결에 도움을 주고 있다. 그는 이른바 '고시원' 생활의 경험을 통해서 청년주거 문제의 심각성을 깊이 깨달았다. 그리고 기숙사형 자취방을 공급하는 '주민기숙사 주택협동조합 사업'을 통해서 주거공간을 얻지 못해 어려움 당하는 청년들에게 큰 도움과 소망을 주고 있다. 그는 레위기 25장에 나오는 '희년 규례'를 통해서 성경적 이상을 닮은 사회를 꿈꾼다. 그리고 "내가 하는 일이 지극히 작은 이들에게 공간을 제공하는 일이고, 주님께 드린 것이라고(마 25:40) 느낄 때가 가장 행복하다"라고 고백한다.[7]

이상 소개한 성도들은 대부분 20~30대의 젊은 청년 성도로서 하나님 나라 건설의 꿈을 가지고 남이 가지 않은 길을 가고 있다. 때로 이 길이 잘못된 길은 아닌지, 자기 혼자의 주관적인 생각에 빠진 것은 아닌지 고민하기도 한다. 이들이 하는 일은 대부분 자신의 개인적 삶의 앞날을 보장해 주지 못한다. 그래서 미래를 생각하면 불안하기도 하다. 그래도 그들은 의미 있는 삶과 그를 통해 하나님 나라를 세우겠다는 꿈을 가지고 새로운 삶의 길을 가고 있다. 갈대아 우르를 떠나는 아브라함에게 "너를 축복하는 자에게는 내가 복을 내리고, 너를 저주하는 자에게는 내가 저주하리니, 땅의 모든 족속이 너로 말미암아 복을 받을 것이라" 하신 하나님의 약속과 지키시는 손길이 하나님 나라의 일꾼 된 젊은 평신도들에게 함께 하실 것이다.

---

6) 정의석, "비록 한 달란트 받았을지라도",『종교개혁과 평신도의 재발견』, 310-320.

7) 임하은, "청년에게 머리 둘 곳을 허하라",『종교개혁과 평신도의 재발견』, 262-272.

하나님의 나라는 이 세상의 역사 가운데서 임하시게 된다. 이 사회와 역사에 충격을 주는 사건들은 하나님의 나라가 우리에게 임하시는 사건들이다. 우리는 불행하고 비극적인 사건을 통해서 이 세상의 죄성(罪性)과 한계와 부조리함을 경험하게 된다. 이러한 사건들과 부딪치면서 세상의 죄악과 불의함을 고발하고 하나님 나라를 세워가는 평신도들이 있다. 제주도 강정마을 해군기지, 정신대, 세월호 사건 등은 역사의 어둠을 드러내는 불행한 사건이요, 또한 하나님 나라를 이루기 위해서 곧게 펴야 할 구부러진 길이다. 이렇게 구부러진 길을 펴는 일에 힘쓰는 평신도 성도들의 모습을 소개한다.

최혜영 성도는 '강정 친구들' 사무국장으로 평화운동을 하고 있다. 그는 25살의 젊은 나이에 취업(교사 임용고시)을 포기하고 제주도 강정마을에 와서 수많은 어려움 가운데서 여러 해 동안 평화를 위해 일하였다. 그는 강정마을에서 일하며 때로 하나님께 서운한 마음이 들기도 하였다. 기도의 언어를 잃어버리기도 했다. 잃어버린 언어 속에는 원망, 두려움, 외로움도 있었다. 그는 예수께서 하신 질문 즉 나의 이웃이 누구인가 물을 때 이곳 강정마을에 살고 있는 사람들을 기억해 달라고 한다. 나의 이웃이 비정규직으로, 정리해고로, 국책사업으로, 갑작스럽게 가족을 잃고서, 고통받을 때 나의 자리를 기억해 달라고 하였다. 최혜영 성도는 "나의 이웃이 누구인가?"라는 예수님의 질문을 붙들고 평화를 만들기 위해 일하고 있다.[8]

홍순관(1962년생) 성도는 가수로서 일본의 조선학교와 정신대 할머니를 돕는 일에 헌신한 평화 운동가이다. 그는 "한국교회는 역사

---

8) 최혜영, "강정, 여기 사람이 있다", 『종교개혁과 평신도의 재발견』, 216-227.

와 따로 사는가? 교회는 교회만을 바라보아야 교회인가?"라고 질문한다. 그리고 "연민 없이 어찌 신자이며 교회일 수 있는가? 연민의 극치는 예수 그리스도이시다"라고 고백한다. 그는 교회 안에서 부르는 많은 노래 속에 "우리 분단과 무너진 환경과 지구의 아픔이 있는가?" 질문하면서, 하나님 나라와 평화를 꿈꾸며 교회와 온 세상을 향해 노래하고 있다.[9]

박종운(1965년생) 성도는 '법무법인 하무'의 변호사이다. 그는 '세월호 특별조사 위원회 상임위원 겸 안전사회 소위원장'으로 활동하면서 세월호 참사의 진상을 밝히고 세월호 유가족들을 위로하는 일을 했다. 그리고 기독 로펌 '소명'에 취업해 CLF(예수사랑 변호사 모임, 현재의 기독법률가회) 활동을 하면서 법률영역에서 하나님 나라 운동을 하고 있다. 그는 이주노동자, 탈북이주민, 다문화 가정, 난민, 장애인 등을 위한 법률상담, 법률교육, 법률구조 활동을 하고 있다. 그는 자신의 정체성을 '법률영역에 파송된 자비량 사회선교사'로 규정하고 있다. 그는 세월호 참사를 계기로 이 땅의 모든 성도가 "고통(고난) 신앙을 바로 세워주시고, 고통(고난)받는 자들을 위해 중보 기도해 주시고, 말씀을 통해 세월호 참사의 피해자들을 위로하고 격려해 주시고, 그분들을 모욕하는 이들을 엄히 훈계해 주시고, 우리나라가 돈(맘몬)이나 이윤보다 생명과 안전을 존중하는 나라가 될 수 있도록" 힘써주시기를 간절히 기도하고 있다.[10]

최순화(1965년생) 성도는 세월호 사건으로 희생된 이창현 학생의

---

9) 홍순관, "꽃은 꽃 숨을, 나무는 나무 숨을", 『종교개혁과 평신도의 재발견』, 228-238.
10) 박종운, "세월호 참사, 그 고통의 바다를 함께 항해하다", 『종교개혁과 평신도의 재발견』, 273-283.

어머니이며 세월호 진상규명을 위한 가족협의회에서 활동하고 있다. 그는 세월호 사건과 진상규명, 세월호 인양의 과정을 바라보면서 라헬이 자식이 없어져 위로받기를 거절했다는 말씀의 의미를 온전히 이해할 수 있었고, 50년 삶의 뿌리가 송두리째 흔들려 그 어디에서도 삶의 의미를 찾을 수 없는 경험을 하였다. 하나님과의 관계마저 흔들리는 것을 느끼게 되었다. 예수께서 외식의 달인(達人)이 되어버린 서기관과 바리새인들을 꾸짖은 이유를 알게 되었다. 내용은 없고 그럴싸한 형식만 남아 버린 예배를 지키는 데만 관심 기울이는 교회의 모습은 500년 전 면죄부를 팔았던 천주교의 모습처럼 보였다. 그리고 알곡과 진짜 믿음이 무엇인지를 알게 되었다. 고난주간에 일어난 세월호 참사가 교회에 주는 메시지는 회개이다. 돈 귀신, 성공 귀신에 사로잡힌 한국 사회가 우리 아이들을 죽인 것과 성장 귀신에 사로잡힌 한국교회도 우리 아이들을 죽이는 데 동참했다는 사실을 회개해야 한다.[11]

많은 교역자와 성도들이 순수 신앙이라는 이름 뒤에 숨어서 역사를 뒤흔드는 사건들에 대해서 무관심하거나 혹은 내가 할 수 있는 일이 없다는 생각에 무력감을 느끼는 경우가 많다. 이때 깨어 있는 평신도가 나서서 온 세상과 역사를 향해 '예' 할 것은 '예' 하고, '아니오' 할 것은 '아니오' 하면서 예언의 음성을 발하고 있다. 이러한 예언의 음성이 이 세상의 어둠을 물러가게 하고, 하나님 나라를 세우는 터전이 된다. 역사적 사건과 관련된 문제에는 언제나 국가 권력이 개입되어 있다. 그리고 국가 권력은 계시록에 나오는 용과 같아서

---

11) 최순화, "어디를 가도 창현이가 있다", 『종교개혁과 평신도의 재발견』, 284-296.

강하고 포악하고 간교하다. 그래서 국가 권력과의 싸움에서 예언자들이 고통당하고, 심한 경우 순교의 길을 가기도 했다. 그러므로 역사의 문제와 씨름하는 평신도 하나님 나라 건설자들은 국가 권력과 싸워 이기는 것을 목적으로 하지 말고 하나님 나라의 선포를 목적으로 해야 한다. 승리는 역사의 주인 되시는 하나님의 손길 가운데 있으며, 하나님 나라의 왕 되신 우리 주님이 오실 때 이루어진다. 그리고 싸움의 과정에서 성령께서는 항상 위로해 주시고 길을 가르쳐 주신다. 이 믿음 가지고 앞으로 나갈 때, 낙심하지 않고 하나님 나라를 세우는 일에 동참할 수 있다. 또 역사적 사건과 관련된 문제는 언제나 정치문제화되는 속성이 있다. 거룩한 하나님 나라의 운동이 정치적으로 잘못 이용당하지 않도록 기도해야 하겠다.

하나님의 나라는 우리의 심령 가운데서 이루어지기 시작하여 우리의 가정과 이웃에게로, 사회와 온 세상으로 누룩처럼 퍼져나간다. 그리고 새로운 세상에서 살아가는 인생들의 삶을 규정하는 길을 만든다. 이렇게 만들어진 길이 사회 제도이고 문화이다. 한국 사회의 경우 자본주의 체제하에서 사용자와 노동자, 가진 자와 가지지 못한 자의 관계는 견고한 사회구조이며 확립된 제도이다. 세계사적인 모순과 갈등과 죄악이 가장 첨예하게 드러나는 것이 난민 문제이다. 그리고 남북한 사이의 관계는 한반도의 생존과 평화, 세계 4대 강국이 만나는 동아시아의 평화를 이루기 위한 핵심적인 요소이다. 자본주의 경제와 국제관계와 남북관계의 거시적인 구조 속에서 하나님 나라와 평화를 이루고자 하는 평신도들의 눈물과 수고가 있다.

홍윤경(1968년생) 성도는 이랜드 노조위원장으로 활동했고 영등포산업선교회 노동선교부장으로 일하였다. 그는 이랜드 노조의 창설에 중요한 역할을 하였고 영화 '카트'의 배경이 되었던 2007년 이랜드 파업을 주도하여 해고되고 또한 2달 동안 구속되기도 하였다. 그후 영등포산업선교회에서 일하며 노동운동을 지도할 뿐 아니라 상처받은 노동자들을 치유하는 사역을 담당하고 있다. 그리고 여러 대학과 선교단체에서 노동현장의 현실과 노동자의 권익에 관한 교육을 한다. 마태복음 20장에 나오는 오후 5시에 포도원에 들어간 일꾼은 오직 1시간밖에 일하지 않았지만, 하루의 품삯을 온전히 받았다. 그는 이 말씀 가운데서 큰 힘을 얻었다. 그리고 하나님은 '약자의 편'이라는 믿음을 가지고 수많은 어려움 속에서도 억울하고 답답하고 힘들게 살아가는 약한 노동자들을 섬기고 있다.[12]

이일(1981년생) 성도는 공익법 센터 '어필'의 난민 담당 변호사이다, 그는 판사 혹은 큰 로펌에서 일하는 것을 포기하고 자신의 미래와 관련해서 아무런 보장이 없는 NGO 단체에 몸을 담았다. 이것은 소수자의 편에 서서 그들을 돕고 그들의 목소리를 대신 내주는 삶을 선택한 것이다. 2019년 5월 현재 우리나라에 난민 신청을 한 사람의 수는 5만 4,327명에 이른다.[13] 이들은 한국 사회에 살고 있지만, 그 존재 자체가 부정당하는 사람들이다. 그는 무함마드 씨를 도와 난민 자격을 얻도록 하였다. 무함마드는 영화 〈터미널〉에 나오는 주인공처럼 5개월 반 동안 인천공항 환승 구역에서 지냈던 아프리카 분쟁국 출신의 난민이었다. 이런 일들을 통해서 하나님이 자신을 부르셔서 난민을 돕게 하신 일의 의미를 깨닫게 되었다. 그는 무가치하다

---

12) 홍윤경, "나중에 온 이 사람에게도", 『종교개혁과 평신도의 재발견』, 321-333.
13) 김민상, "2018년 난민 신청자 1만6173명…전년 대비 62.7% 증가해 사상 최대", 「중앙일보」 2019.06.20.

고 평가받고 버려지는 난민들의 삶에서 문을 두드리시는 상처 입은 주님의 얼굴을 보면서 그들을 돕고 있다.[14]

박일수(1979년생) 성도는 '따뜻한 한반도 사랑의 연탄 나눔 운동' 사업팀 팀장으로 평화통일 운동과 북한지역 연탄 지원 사업에 헌신해 왔다. 남북관계가 원활하지 못할 때는 남한에서 '사랑의 연탄 나눔' 봉사 활동을 하면서 통일 교육을 한다. 또한 '따뜻한 한반도 포럼'을 통해서 북한개발 협력 준비를 하고 있다. 그는 고백하기를 "대학 시절 수련회에서 처음 만났던 예수님은 내 경험과 지식의 범주 안에서 제한적으로 이해되었지만, 내가 서 있는 현장에서의 경험과 공감을 통해 그분에 대해 점점 더 넓고 깊게 알아갑니다"라고 하였다. 그리고 "통일은 북한 주민들을 나의 이웃으로 받아들이는 과정"이라고 정의하면서, 모든 사람이 통일 운동가가 될 필요는 없지만, 북한 주민들을 "우리의 이웃으로 받아들일 수 있도록 신앙의 지경을 넓혀야 한다"고 하였다.[15]

조명숙(1970년생) 성도는 탈북민 학생들을 교육하는 대안학교 '여명학교'의 교감이다. 그는 가난한 빈민촌에서 성장하여 가난한 아이들을 돕는 교사가 되기 위하여 사범대학에 다니던 중 우연히 어려움 당하는 파키스탄 출신 노동자를 만나 돕게 되었다. 이 일을 계기로 외국인 노동자 상담소에서 일하며 그들을 위하여 일하였다. 결혼 후 중국 연변을 방문하였다가 탈북민을 만나 그들의 어려운 형편을 체험한 후 그들을 도와 한국으로 데려오는 일을 하였다. 이러한 과정에서 베트남 군인들에게 체포되는 등 위험한 고비를 여러 번 넘었

---

14) 이일, "보이지 않는 우리의 이웃, 난민",『종교개혁과 평신도의 재발견』, 334-344.

15) 박일수, "통일, 꼭 해야하나요",『종교개혁과 평신도의 재발견』, 250-261.

다. 남편은 '피난처'라는 단체를 만들어 난민을 돕고 그는 탈북민을 위한 야학 '자유터 학교'와 대안학교 '여명학교'를 세워 섬기고 있다. 여명학교의 교훈은 "하나님을 경외하고, 사람을 사랑하며, 민족을 하나로"이다. 그는 외국인 노동자를 도울 때 '진보 좌파'라는 말을 듣고 탈북민을 도울 때 '보수 우파'라는 말을 들으면서 우리나라의 특별한 현실을 경험하였다. 그는 탈북민을 돕는 사업이 통일의 과정에서 거쳐야 하는, 하나님이 기뻐하시는 사역이며 우리 시대의 과제라는 믿음으로 열심히 일한다.[16)]

하나님의 나라는 누룩과 같이 인간 사회 제도 속으로 들어와 그것을 새로운 제도로 변화시킨다. 구약 성경에 나오는 위대한 하나님의 사람들과 선지자들은 고대국가의 포악하고 약탈적인 제도 속으로 들어가 하나님 나라를 이루어갔다. 바울 사도를 비롯한 초대교회 성도들은 로마의 노예제와 황제숭배의 제도 속으로 들어가 새로운 세상을 만들어갔다. 사회 제도나 문화가 확립되는 데는 긴 시간이 걸리는 것과 마찬가지로 확립된 제도와 문화를 변화시키는 일 역시 긴 세월이 걸린다. 한 사람의 일생을 넘어서는 긴 세월이 소요될 수 있다. 노동문제, 남북문제, 난민문제 등은 모두 긴 역사와 복잡한 이념이 뒤섞인 제도의 문제이다. 그러므로 이런 문제 가운데서 하나님 나라를 세우려는 평신도는 주님 안에서 "하루가 천년 같고, 천년이 하루 같은" 긴 호흡을 가져야 한다. 모든 사회 제도 속에는 서로 다른 이해관계의 충돌이 있고 타협이 있다. 그리고 이 세상 가운데 사는 하나님의 백성들 사이에도 이해관계가 달라질 수 있다. 제도 변화

---

16) 조명숙, "하나님의 계획, 탈북자", 『종교개혁과 평신도의 재발견』, 357-368.

를 통해 하나님 나라를 이루고자 하는 평신도 성도들은 갈등과 타협의 과정을 통해 하나님의 거룩한 뜻을 이루어가는 지혜를 가져야 한다.

하나님의 백성을 세우는 믿음의 역사는 아브라함이 갈대아 우르 땅을 떠나는 것에서 시작되었다(창 12장). 에스겔이 환상에서 본 것처럼 성전에서 흘러나온 물이 죽은 바다와 온 세상을 살린다(겔 47장). 이와 마찬가지로 하나님 나라의 역사는 교회에서 시작한다. 교회는 하나님께 예배하는 예배 공동체이지만 거룩한 성도들의 공동체로서 하나님 나라를 이루는 첫 출발점이 된다. 그러나 교회의 제도가 굳어지고 병들게 됨으로 이 땅 위의 하나님 나라에 생명의 물을 공급하는 수원지(水源池)의 역할을 감당하지 못할 때가 있다. 교회의 제도적 틀 안에 갇힌 교역자들은 교회의 혼탁한 모습을 보면서도 아무런 행동을 취하지 못하는 경우가 많다. 이때 교회의 정화를 위해서 평신도들이 움직인다. 그들은 이 세상에 하나님 나라를 세우기 위해서 그 수원지를 청소하고 깨끗하게 하는 이들이다.

김애희(1977년생) 성도는 교회개혁실천연대 사무국장으로 한국교회의 어두운 그늘을 제거하는 일에 헌신해 왔다. 교회 세습 반대, 교회 내 성폭력 방지 등의 활동과 교회 민주화를 위한 정관 만들기 운동을 했다. 그는 "교회개혁이란 평신도의 질문이 구현되는 것"이라고 하면서 끊임없이 한국교회의 관행과 길들여짐 그리고 어둠 속에 숨겨진 것들에 대해서 질문하고 있다. 그리고 "변화를 위한 비판적 사고는 질문으로부터 시작되며, 질문에서 촉발된 비판적 사고는 '섬김과 순종' 혹은 '당연함'으로 치부되던 교회의 구습과 권위적 위계질서를 무너뜨릴 기폭제가 될 것이라"고 하였다.[17]

최규창(1968년생) 성도는 호성로고스 대표이면서 공동체 교회 운동을 하고 있다. 그는 기성교회에서 교회의 본질을 회복하기 위해 노력을 많이 해 보았지만 심한 좌절을 경험했다. 그는 교역자가 중심이 된 교회가 아닌 공동체가 중심이 되는 교회를 꿈꾼다. 그리하여 직장생활 하며 같이 성경공부를 하던 여섯 가정이 공동주택을 지어 거주하면서 함께 신앙생활을 하고 주일이면 함께 예배드린다.[18] 주거공동체가 곧 교회가 되는 새로운 모델을 만들었다. 주거공동체 교회는 단순한 사역과 단순한 구조로서 그 가치를 표현한다. 그리고 가정, 생업, 교회의 통합을 이루도록 한다. 시대성과 역사성을 가지며 일상의 삶을 중심에 둔다. 주거공동체 교회에서는 성인은 누구나 설교할 수 있으며, 우정의 관계 가운데서 가정·교회·직장생활을 통합적으로 이룬다. 최규창 성도는 굳어진 제도적 교회, 삶과 분리된 교회 생활을 거부하면서 평신도 중심의 공동체적 교회 운동을 벌이고 있다.[19]

평신도가 교회 밖에서 하나님 나라를 이루기 위해 교회의 문제를 다루는 것은 참 어려운 일이다. '교회 밖'이라는 한계와 '평신도'라는 한계가 이중적인 제약이 된다. "교회의 문제를 밖에서 떠들면 교회에 덕이 되지 않는다. 목사도 아닌 평신도가 나설 일이 아니다" 등과 같은 말을 들을 수 있다. 불필요한 오해를 받는 경우도 많다. 그러나 때로 교회의 문제이지만 교회 밖에서 말하고, 목사가 아닌 평신도가 말하는 것이 효과가 더 큰 경우가 있다. 교회에 대해서 평신도가 기

17) 김애희, "질문하고 있습니까", 『종교개혁과 평신도의 재발견』, 239-249.
18) 강석근, "벤처기업 '호성로고스' 최규창 대표", 「기독신문」 2014.09.20.
19) 최규창, "목적이 이끌지 않는 삶, 우리 모두가 동등한 '우정의 공동체'라는 꿈", 『종교 개혁과 평신도의 재발견』, 369-382.

대하고 느끼는 바를 진솔하게 표현하며 한국교회의 문제를 이야기할 때 주님께서 한국교회를 변화시키는 은혜를 내려 주실 것이다.

이상 살펴본 평신도들의 이야기는 사례 연구의 케이스이다. 평신도 사회 사역을 대표한다고 말하기도 어렵다. 또 그들의 수고와 노력이 아직 온전히 결실을 거둔 것도 아니며 그 방향과 방법에 대해서 의구심을 가지거나 반대 견해를 가진 사람도 있을 수 있다. 그렇지만 위의 사례들은 평신도 아마추어리즘과 관련해서 중요한 의미가 있다. 그들은 이 세상에 하나님 나라를 건설하기 위하여 교회의 영역에서 나왔다. 그리고 프로페셔널이 되어 사회 속에 하나님 나라를 세우기 위해 노력하고 있다. 그들은 교회 안에서 교역자의 일을 대신하는 아마추어가 아니라 사회 안에서 교역자가 할 수 없는 일을 하는 프로페셔널이 되었다. 물론 그들 가운데는 하나님 나라를 세우기 위해서 일하다 시행착오를 겪기도 하고, 쓰라린 실패를 경험하면서 눈물을 흘리는 사람이 나올 수 있다. 이때 교회는 그들을 격려하고 위로해야 한다. 그들에게 도움의 손길을 펼쳐야 한다. 비록 실패하였다 할지라도 그 수고의 의미와 가치를 인정해 주어야 한다. 때로 너무 과도한 길로 나갈 때 혹은 잘못된 판단을 하였을 때, 교회는 그들과 대화하고 함께 기도하면서 하나님 나라 건설의 바른길을 모색해야 한다.

2. 평신도 사회 사역의 모범

평신도는 교회에서는 아마추어이지만 사회에서는 프로페셔널이다. 그러므로 평신도가 복음을 전하고 이 땅 위에 하나님 나라를 세우기 위해서는 사회와 직장과 가정에서 프로페셔널 역할을 잘해야한다. 한국교회의 과거와 현재 속에는 이 역할을 잘 감당한 뛰어난평신도들이 많이 있다. 그들 때문에 한국교회의 공신력이 높아졌고, 그들 때문에 흔들리는 한국교회가 넘어지지 않고 서 있다. 그분들가운데 몇 사람을 소개하고 그 의미를 생각해보겠다.

남강 이승훈 선생(1864~1930)은 평북 정주의 가난한 집안에서 태어나 16살 때 유기그릇 상점의 점원으로 시작하여 후에 큰 실업가가되었다. 1905년 을사조약 당시 안창호의 연설을 듣고 감명을 받아사회 운동에 투신하였다. 강명의숙과 오산학교를 세워서 교육을 통한 민족운동에 힘썼고 신민회 활동과 105인 사건으로 6년 형을 선고받고 옥살이를 했다. 1910년 나라가 망한 후 기독교에 입교하였고, 1916년 장로로 선출되었으며 오산학교에 예배당을 지어 기독교 교육을 실행하였다. 1919년 3.1독립선언서에 기독교 대표로 서명하였고 3년 형을 선고받았다. 출옥 후 오산학교에서 교육 사업에 헌신하였고 이상재, 유진태 등과 함께 '조선교육협회'를 세워 전국의 사립학교를 지도하고 '민립대학운동'에도 힘썼다. 1924년 동아일보 사장에 취임하였으며, 조만식 선생을 도와 '물산장려운동'을 벌이기도 하였다. 그는 교회의 장로로서 교회를 세웠고, 옥살이 중에는 성경을여러 번 통독하였고, 예수를 환상 중에 만나는 체험을 하였다. 교육자로서 오산학교의 화장실 청소를 도맡아 하는 등 아름다운 신앙인격을 증거하였다. 그는 일제 강점기에 민족지도자로서 많은 고난을 당했으며 한국의 역사에 큰 업적을 남겼다. 그는 한국교회 평신도 지도자 가운데 가장 큰 인물이었다.[20]

김교신 선생(1901~1945)은 함경남도 함흥 출신으로 동경고등사범학교를 졸업하였고 동경 유학 시절 일본의 기독교 사상가 우치무라 간조를 만나 기독교에 귀의하였다. 한국에 돌아와 양정고보에서 교편을 잡고 신앙잡지 「성서조선」(1927~1942년)을 발간하였다. 그는 성서조선 발간을 통해서 '조선을 성서 위에' 올려놓음으로써 가장 아름답고 복된 나라를 만들겠다는 장대한 꿈을 가졌다. 그는 유달영, 윤석중, 손기정, 구본술 등과 같은 뛰어난 제자들을 기른 위대한 교육자였다. 1942년 3월호 성서조선 권두문에 '조와'(弔蛙, 개구리를 애도함)라는 글을 올림으로써 '성서조선 사건'이 일어났다. 이로 인해 1년여 옥살이를 하였고 성서조선은 폐간되었다. 그는 교회 안에서 특별한 직분을 가지지 않은 평신도였지만 성경해석에 능한 기독교 학자요 사상가였고 한국 교회사에서 손꼽힐 만큼 영향력이 큰 신앙 잡지 '성서조선'을 15년 동안 매월 발간한 출판인이었다. 소록도의 나병 환자를 사랑으로 품은 신앙 인격자였고 존경받는 스승이었다.[21]

유일한 장로(1895~1971)는 성공한 상인이자 기독교인이었던 아버지 유기연 씨의 장남으로 1895년 평양에서 태어났다. 애국심이 강한 유기연은 아들이 나라의 지도자로 성장하기를 기대하면서 1904

---

20) 김기석, 『남강 이승훈』(현대교육총서 출판사, 1964).

21) 김정환, 『김교신』(한국신학연구소, 1980); 김교신/노치준 · 민혜숙 편역, 『조와』(동문선, 2001).

년에 9살에 지나지 않은 아들을 순회공사 박장연 씨에게 맡겨 미국으로 보냈다. 그는 네브라스카에서 고학으로 초·중·고등학교를 마쳤고 1919년에 미시간 대학을 졸업하고 GE(General Electric)에서 잠시 일했다. 고국의 3.1운동 소식을 듣고 필라델피아 독립선언에 참여했고, 1922년에는 대학 친구와 합작으로 '라·초이 식품회사'를 세웠다. 1925년 식민지 치하에 있는 조국을 방문한 유일한은 조국 백성들의 비참한 현실을 목도했다. 해마다 찾아드는 돌림병, 각종 기생충, 결핵, 학질, 피부병 등이 창궐하고 있었지만 치료할 약이 없어 고통당하는 백성들의 모습을 보았다. 그는 미국에서 50만 달러의 자본금을 갖고 귀국하여 유한양행을 설립했다. 유한양행은 1950년대 말 국내 최대의 제약회사가 되었고 현재에도 우리나라에서 매출액이 가장 많은 제약회사 가운데 하나이다. 1954년 유한공업고등학교를 설립했고 1965년에는 '유한재단'을 설립하여 장학사업과 사회복지사업에 힘썼다. 그는 1971년 세상을 떠나면서 재산 전부를 공익법인에 기증했다. 그의 경영 이념은 정성껏 좋은 상품을 만들어 국가와 동포에 봉사하고, 정직하고 성실한 인재를 양성 배출하는 것이다. 기업 활동을 통해 얻은 이익은 첫째로 기업을 키워 일자리를 만들고, 둘째로 정직하게 납세하며, 셋째로 남은 것은 기업을 키워준 사회에 환원해야 한다고 하였다. 그는 이해관계가 첨예하게 부딪치는 사업의 영역에서 크리스천 사업가의 모범을 보여준 위대한 평신도였다.[22]

김용기 장로(1911~1988)는 경기도 양주군 봉안리에서 태어나 광

---

[22] 이용포, 『유일한』 (작은씨앗, 2007); 박동운, "유한양행 창업자 유일한 이야기", 「크리스천 투데이」 2019.08.12.

동학교를 졸업하였다. 1940년 경기도 양주군에 봉안 이상촌(理想村)을 건설하였다. 이곳은 일제 말 여운형 같은 독립운동가의 은신처가 될 만큼 민족의식이 강한 공동체였다. 김용기 장로는 1944년 용문산 부근 농민대표들을 규합하여 농민동맹을 결성하였다. 이 동맹을 통해서 일제의 공출, 징용, 징병에 저항하는 운동을 벌이기도 하였다. 1955년 경기도 광주군 동부면 풍산리에 가나안 농장을 설립하였으며 1962년 가나안 농군학교를 설립하여 많은 농촌 일꾼을 양성했다. 그리고 전국민의 생활과 도덕의 개조에 힘쓰는 사회교육 및 정신 운동에 힘썼다. 이 공로로 1966년 막사이사이상을 비롯하여 많은 상을 받았다. 그의 농촌운동과 국민정신 운동은 박정희 대통령에게 깊은 인상을 남겨 '새마을 운동'의 정신적 기초가 되었다. 김용기 장로와 그의 자녀들 세대를 통해서 이어지는 가나안 농군학교 7대 강령은 다음과 같다. ① 우리는 역사의 동상이 되자. ② 우리는 시대의 등불이 되자. ③ 우리는 판단의 저울이 되자. ④ 우리는 문화의 발판이 되자. ⑤ 우리는 선악의 거울이 되자. ⑥ 우리는 지식의 채찍을 가하자. ⑦ 우리는 신앙의 불길을 일으키자. 김용기 장로는 신앙에 기초한 농촌운동가, 사회운동가로서 1960~1970년대 한국 사회에 큰 빛을 비춘 위대한 평신도였다.[23]

장기려(1911~1995) 박사는 평안북도 용천에서 출생하였다. 1932년 경성 의학전문학교를 졸업한 후 평양에서 의사로서 일하였으며, 1940년 나고야 제국대학에서 의학박사 학위를 받았다. 1950년 12월 한국 동란의 혼란 중에 처자를 두고 월남하였으며, 두고 온 아내를

---

[23] 김용기, 『가나안으로 가는 길』 (창조사, 1968); 김용기, 『참 살길 여기 있다』 (창조사, 1975).

생각하며 평생 독신으로 살았다. 1951년 현 고신의료원의 전신인 복음병원을 세워 피난민 등 가난한 사람을 무료진료하면서 1976년 6월까지 복음병원 원장으로서 인술을 베풀었다. 그는 김일성대, 서울대, 부산대, 가톨릭대 등 여러 의과대학 교수로 재직하며 의료인을 양성하였고 간질환 연구와 치료에 큰 업적을 남겼다. 그는 뛰어난 의사였지만 평생 낮은 곳에서 청빈한 삶을 살며 어려운 사람들을 위해 인술을 베푼 사회봉사자였다. 복음병원, 청십자 사회복지회, 장애자 재활협회 청십자 병원, 청십자 의료협동조합 등 각종 복지단체와 복지병원을 세워 영세민과 장애인들의 복지와 치료를 위해 힘썼다. 그는 평생 독실한 그리스도인으로 북한에서는 주기철 목사가 시무하던 평양 산정현 교회에 출석하였고, 월남 후에는 부산에 피난온 산정현교회 교인들과 함께 교회를 재건하는 데 앞장섰다. 그는 참 신앙인으로 예수 그리스도의 사랑을 몸으로 증거한 한국의 슈바이처와 같은 평신도였다.[24]

조아라(1912~2003) 장로는 전남 나주에서 조형률 장로의 둘째 딸로 출생하였으며 아기 울음소리가 아름답다 하여 선교사가 그의 이름을 아라(亞羅)라고 지어 주었다. 광주 수피아 여학교를 다닐 때 김필례를 만나 그 영향을 받았고 평생 광주 YWCA를 배경으로 일했다. 1929년 광주 학생운동 사건으로 옥고를 치르기도 하였다. 수피아 여학교를 졸업한 후 서서평 선교사가 설립한 이일 성경학교에서 여성 교육에 힘쓰면서 일제 말 신사참배운동에도 적극적으로 참여했다. 해방 후에는 수피아 학교를 재건하고, '호남 여숙'이라는 이름의 여

---

24) 김은식, 『장기려, 우리 곁에 살다간 성자』(봄나무, 2006).

학사를 세워 방황하는 여아들을 교육하고 직업훈련을 시키면서 광주 여성 운동을 이끌어 갔다. 광주 5.18 당시 시민군과 학생들을 돕다가 계엄군에게 체포되어 6개월 형을 받았다. 출옥 후에도 광주 YWCA 총무로 일하면서 민주화운동, 시민운동, 여성운동에 앞장서 일했다. 그는 장로의 딸로 태어나 북문안교회, 광주양림교회에서 신앙생활을 하였고 기독교장로회 한신교회에서 시무 장로가 되어 교회를 섬겼다. 그는 신실한 하나님의 사람이었고 광주 민주화운동의 어머니로 존경과 사랑을 받은 위대한 여성 평신도였다.[25]

원로배우 신영균(1928~) 장로는 황해도 평산의 신실한 믿음의 가정에서 출생하였다. 초등학교 시절 성탄절 연극을 한 것을 계기로 연기에 관심을 기울이기 시작하여 일평생 연기자로서 살아왔다. 서울대 치대를 졸업하여 의사 면허증을 가지고 있지만, 영화배우의 삶을 살았다. 〈빨간 마후라〉, 〈미워도 다시 한 번〉, 〈연산군〉 등 300여 편의 영화에 출연한 1960~1970년대 최고의 스타였다. 15, 16대 국회의원으로 일했으며, 명보극장, 명보제과 등을 인수하여 사업가로도 크게 성공하였다. 영화인으로서 영화계의 여러 중요한 일을 맡아서 했고 후배들을 돕는 일에도 힘써 한국 영화계에서 사랑과 존경을 받는 원로배우이다. 그는 500억 원이 넘는 전 재산을 사회에 기부하면서 '돈은 잘 버는 것도 중요하지만 잘 쓰는 것이 더 중요하다'고 말했다. 인기 영화배우였지만 스캔들 한 번 일으키지 않고 가정을 잘 지킨 신실한 성도였다. 예능교회 장로로서 교회도 신실하게 잘 섬겼

---

25) 김수진, "광주 5.18의 할머니라고 불렸던 조아라 장로", 「한국장로신문」 2011.10.29.; 정석기, "살아있는 Y의 등불, 조아라", 『한국기독교 여성인물사 2』(쿰란출판사, 2001), 317-332.

다. 2019년 11월 12일 중앙일보에서 "남기고 싶은 이야기" 연재를 시작할 때 신문 1면에 난 타이틀은 "500억 기부한 91세 배우 신영균, '내 관에 성경책만 넣어 달라'"였다. 이 타이틀은 우리나라 목사의 그 어떤 설교보다 온 국민에게 감동을 주었다. 그는 영화계와 한국 사회에 복음의 빛을 아름답게 전파한 위대한 평신도이다.[26]

김하중(1947~) 장로는 서울대 중문학과를 졸업하고 외무고시에 합격한 후 김대중 대통령 시절 대통령 비서실 의전비서관과 외교안보수석비서관으로 일했으며, 2001년에서 2008년까지 6년 6개월을 주중대사로 일하였고 귀국해서 통일부 장관을 역임하였다. 그는 2002년 광동성 사스 독감 발생 시에 대처를 잘하여 한중관계를 밀접하게 했으며, 그의 임기 중에 영사관을 통해서 1,000명 이상의 탈북자를 한국으로 보냈다. 중국에서 사형선고를 받은 한국인 마약 밀매범을 회개시키고 8년 만에 가석방을 시켜 한국으로 돌아올 수 있게하였다. 그는 늘 기도하는 사람이었고 기도를 통해서 들은 음성으로 한중 외교관계를 가장 좋은 길로 이끌어 갔다. 종교 활동의 제약이 많은 중국에서 한인교회가 당한 여러 어려움을 많이 해결해 주었다. 그는 평신도였지만 그 누구보다도 뜨거운 믿음을 가진 기도의 사람으로 매일 300명 이상의 사람들을 위하여 중보의 기도를 하고 있다. 인격적으로 존경받는 장로이며 다니엘처럼 지혜로운 외교관으로서 세상의 빛이 되고 소금이 된 평신도이다.[27]

이어령(1934~) 선생은 충남 아산에서 출생하였고 서울대 국문과

---

26) 신영균, "빨간 마후라, 후회 없이 살았다", 「중앙일보」 2019~2020년 연재; 신영균, 『엔딩 크레딧』 (알에이치코리아, 2020).

27) 김하중, 『하나님의 대사』 (2010, 규장).

에서 학사, 석사를 마치고 후에 단국대에서 박사학위를 받았다. 대학교 재학 시절인 1956년 한국일보에 "우상의 파괴"라는 글을 써서 등단하였다. 후에『흙속에 저 바람 속에』(1963),『장군의 수염』(1966),『신화 속의 한국 정신』(1968),『축소 지향의 일본인』(1982),『디지로그』(2006),『젊음의 탄생』(2008),『지성에서 영성으로』(2010) 등 30여 권의 뛰어난 저술을 남겼고, 한국에서 현존하는 최고의 인문학자로 손꼽힌다. 문예 잡지「문학사상」을 창간하였고, 이화여자대학교 교수와 초대 문화부 장관을 역임하였다. 2007년 봄 미국의 변호사 겸 목사였던 딸 이민아씨의 눈(眼) 치유 사건을 계기로 그리스도인이 되었다. 고 하용조 목사의 집례로 세례를 받았는데, 그의 수세식이 일간 신문에 크게 보도되었다. 한 평신도의 세례식이 일반 신문에 크게 보도되는 것은 한국 교회사 초유의 사건이었다. 그는 외손자의 죽음과 딸 이민아 목사의 죽음을 경험하는 고난을 당하면서도 믿음을 더욱 견고히 세웠다. 그는『지성에서 영성으로』외에도『어느 무신론자의 기도』(2008),『소설로 떠나는 영성 순례』(2014),『의문은 지성을 낳고 믿음은 영성을 낳는다』(2017) 등의 신앙 및 영성 관련 저술을 냈다.『팡세』를 쓴 프랑스 최고의 과학자 파스칼처럼 이어령 선생은 한국 최고의 인문학자의 위치에서 신앙을 고백하고 증거하여 한국교회의 역사에서 그 어떤 목회자도 하기 힘든 일을 행한 평신도가 되었다.[28]

이상 살펴본 분들을 비롯하여 한국교회의 모범적인 평신도로서 인정되는 분들은 다음과 같은 특징을 가진다. ① 이들 모범적인 평

28) 이어령,『지성에서 영성으로』(열림원, 2010); 강승민, "이어령 전 장관, 나의 간절한 고백",「중앙일보」2010.04.24.

신도는 민족지도자, 정치가, 의사, 기업가, 교육자, 사회운동가, 연예인 등 사회 모든 영역에서 나올 수 있다. 그들은 공통적으로 자신이 사회에서 맡아서 하는 일을 하나님이 주신 소명으로 생각한다. 이런 측면에서 한국교회의 빛이 되는 평신도는 마르틴 루터의 "직업소명설"에 충실한 인물들이다. ② 이분들은 모두 그리스도인으로서의 정체성이 확실하였다. 그들은 믿음을 분명하게 고백하고 증거했다. 예배를 잘 드리고 하나님의 말씀에 순종하는 사람이었으며, 교회에서도 장로와 같은 직분을 맡아 봉사하였다. ③ 그들은 도덕적·사회적으로 존경받는 사람이었다. 그들은 인격의 측면에서도 바르고 거룩한 삶을 살았다. 민족의 지도자였지만 자신의 인간적인 야심에 빠지지 않았고, 기업인이지만 정직하였고, 인기 있는 연예인이지만 스캔들에 휘말리지 않았다. 그들은 사회생활을 하면서 높은 도덕성을 보임으로써 참되고 성숙한 그리스도인의 모습을 증거 하였다. ④ 그들은 자신이 맡은 분야에서 확실한 업적을 남겼다. 앞서 소개한 인물들은 그리스도인으로서 아름다운 삶을 살았을 뿐 아니라 자신에게 주어진 직장이나 지위에 성실하였고 그 분야에서 최고의 업적을 남겼다. ⑤ 그들은 자신이 맡은 일만 잘할 뿐 아니라 좀 더 넓게 사회와 온 국민을 잘 섬긴 사람들이었다. 그들은 자신이 가진 지식과 재능, 재산과 지위 등을 자기 자신의 부와 명예를 얻는 데 사용하는 것으로 그치지 않고 어려운 이웃들과 사회를 섬기는 일에 사용하였다.

이상 살펴본 바와 같이 평신도가 직장과 사회에서 그리스도인으로서의 정체성을 가지고 받은 소명을 따라 주어진 사명과 직분을 잘 감당할 때, 교회는 역사와 사회의 발전에 크게 기여하게 된다. 우리는 역사를 통해서 위대한 사회 발전과 진보의 역사가 많은 평신도에 의해 이루어진 것을 잘 알고 있다. 자본주의 경제 제도나 민주주의 정치제도에는 장·단점의 양면성이 있다. 그러나 자본주의 경제 제도는 전근대적인 지대(地代) 경제를 극복하고 낙후된 생산력을 높여 인간을 빈궁으로부터 해방시키는 데 크게 기여하였다. 그리고 이러한 자본주의가 가능했던 것은 프로테스탄트 정신으로 무장한 신흥 부르주아 평신도가 있었기 때문이었다.29) 미국이라는 신흥국가가 유럽의 신분제도를 그대로 도입하지 않고 새로운 민주체제를 만들 수 있었던 것은 청교도의 신앙을 이어받은 평신도들이 있었기 때문이었다.30) 미국과 영국에서 이루어진 노예해방은 인류의 역사와 정신, 도덕의 발전에 지대한 공헌을 한 사건이다. 미국에서 노예해방은 백악관을 기도로 채운 신실한 평신도 대통령 아브라함 링컨이 있었기 때문이었다.31) 그리고 젊은 시절 소명을 받아 일평생 노예해방에 힘썼던 평신도 하원의원 윌리엄 윌버포스가 있었기 때문에 영국의 노예해방이 가능했다.32) 이들은 세계사 속에서 하나님의 나라를 세운 위대한 평신도들이다.

한국의 역사 속에서도 위대한 평신도의 아름다운 수고와 눈물과 헌신의 흔적을 많이 발견할 수 있다. 형평운동과 백정해방의 지도자 박성춘, 3.1운동의 꽃 유관순, 상록수 최용신, 민족의 지도자로 우리 역사에 아름다운 이름을 남긴 월남 이상재, 남강 이승훈, 고당 조만

---

29) 막스 베버/박문재 역, 『프로테스탄트 윤리와 자본주의 정신』 (현대지성, 2018).

30) 알렉시스 드 토크빌/임효선 역, 『미국의 민주주의』 (한길사, 2002).

31) 전광, 『백악관을 기도실로 만든 대통령 링컨』 (생명의 말씀사, 2009).

32) 케빈 벨몬트/오현미 역, 『윌리엄 윌버포스 세상을 바꾼 그리스도인』 (좋은씨앗, 2008).

식 등은 모두 위대한 평신도였다. 그들은 가슴 속에 십자가의 은혜를 간직하고 이웃과 나라를 사랑하고 섬긴 위대한 평신도였다. 이들은 지금도 한국교회와 한국 역사를 이끌어 가는 밝은 등불이 되고 있다.[33]

한국교회의 위기는 우리 사회의 빛이 되고 모범이 되는 평신도들이 점점 줄어들고 있다는 것이다. 주님께서는 하나님 나라의 터전으로서의 교회는 교역자들에게 책임을 맡겼다. 그리고 하나님 나라의 터전으로서의 사회는 평신도들에게 책임을 맡겼다. 교회의 프로페셔널은 교역자이고 사회의 프로페셔널은 평신도이다. 교회 안에서는 교역자 프로페셔널리즘이 그리고 사회에서는 평신도 프로페셔널리즘이 바르고 건강하게 살아날 때 우리의 가정과 교회와 사회에 하나님의 나라가 임하는 은혜를 누리게 될 것이다.

33) 노치준, 『일제하 한국기독교 민족운동 연구』 (한국기독교역사연구소, 1993), 120-130; 최현, 『한국의 빛을 남긴 위대한 위인』 (한국문서선교회, 1981).

정리와 결론

　세계 선교 역사의 기적이라 평가되는 한국교회는 지난 2000년을 전후하여 성장의 정점에 이르렀다가 이제 정체 혹은 침체의 국면으로 들어섰다. 이러한 한국교회의 모습을 교회조직과 제도 그리고 평신도의 속성과 성장에 초점을 맞추어 고찰하였다. 그동안 살펴본 내용을 정리하면 다음과 같다. 제1부 "평신도 아마추어리즘의 시대"에서는 현재의 한국교회에 나타나고 있는 평신도 아마추어리즘 현상의 전반적인 양상을 살펴보았다. 먼저 아마추어리즘과 프로페셔널리즘의 의미를 살펴보고 이 용어와 관련된 연구를 검토하였다. 그리고 교회 조직 안에서 나타나는 평신도 아마추어리즘과 교역자 프로페셔널리즘을 대비하며 고찰하였다(1장).

　다음으로 평신도 아마추어리즘 형성의 사회적 배경을 살펴보았다(2장). 정치적인 민주화와 경제성장, 시민 사회의 성장과 시민의식의 증대 등이 교회 안에서 평신도의 의식(意識)을 각성시키는 데 중요한 작용을 했다. 그리고 평신도의 학력이 높아지고 정보획득의 능력이 성장하면서 평신도의 힘이 증대되었다. 1980년대 이후 경제성장을 이루게 되면서 국민의 기본적인 욕구가 어느 정도 충족되었다. 그 결과 자신의 삶을 좀 더 의미 있고 보람 있게 하고자 하는 욕구가 생겨났고 이러한 욕구가 교회 안에서 발휘됨으로 평신도 아마추어리즘이 나타나게 되었다. 프로슈머(pro-sumer)와 팬덤(fan-dom)의 사회 그리고 다종교사회에서의 시장 상황 등이 평신도의 능력을 증대시키고 선택의 폭을 넓혀줌으로써 평신도 아마추어리즘이 성장하게 되었다.

다음으로 평신도 아마추어리즘이 형성된 신학적 배경을 살펴보았다(3장). 종교개혁가 루터의 '만인제사장설'과 '직업소명설' 그리고 핸드릭 크래머의 '선교론적인 평신도 신학'이 평신도 아마추어리즘의 전통적이고 고전적인 신학적 배경이다. 한국교회 평신도의 성장에 가장 큰 영향을 미친 옥한흠 목사와 그의 영향을 받은 여러 목회자들의 '평신도 목회신학'이 평신도 아마추어리즘 형성에 중요한 작용을 한다. 아울러 교역자에 대한 비판의 관점에서 즉 반(反)성직주의의 입장에서 평신도 신학을 전개한 '비판적 평신도 신학'도 중요한 배경이 된다.

1980년대 이후 한국교회에서 평신도가 성장하게 된 교회 내적인 요인도 중요하게 작용했다(4장). 선교단체의 제자훈련을 새롭게 구성하여 널리 유포시킨 사랑의 교회 제자훈련이 평신도의 성장에 크게 기여하였다. 한국교회의 큐티 운동 역시 평신도의 영성훈련과 말씀 이해의 능력을 크게 높여주었다. 1980년대 이후 한국교회의 해외선교가 많이 이루어졌고 그 일에 평신도 선교단체가 중요한 역할을 했다. 이러한 평신도 선교단체에서 헌신하는 평신도들이 많이 등장함으로 교회 안에서 평신도의 역할과 영향력이 커지게 되었다. 또 1980년대 이후 셀(cell), 순(筍), 밴드(band), 가정교회 등과 같은 소그룹이 새롭게 등장하면서 전통적인 구역이나 속(屬)을 대치하였고 평신도 리더의 역할과 지위가 크게 상승하였다. 그리고 1980년대 이후 한국교회에는 다양한 사업, 행사, 프로그램이 등장하였다. 이러한 여러 사역이 행해질 때 평신도들이 중요한 역할을 담당하면서 평신도 아마추어리즘이 크게 성장하였다.

평신도의 성장이 개신교에서 더욱 활발하게 된 이유를 교회제도와 조직의 측면에서 접근해 보았다(5장). 먼저 1980년대 이후 교회의 대형화 현상이 일어나면서 교회 안에 물적(物的)·인적(人的) 자원이 많이 늘어났으며 이렇게 늘어난 자원에 대한 관리를 평신도들이 맡게 되었다. 그 결과 평신도의 힘과 영향력이 커졌다. 2000년대 들어서 교회를 개척하여 성장시킨 1세대 목회자들이 은퇴 혹은 별세 등으로 교회 일선에서 물러나게 되었다. 카리스마적인 힘을 가졌던 1세대 목회자의 뒤를 이은 후임 목회자들은 관리자형 리더십을 가지게 되었고 이러한 과정에서 평신도 지도자들은 그 지위가 목회자와 대등하게 되었다. 한국교회 정치제도의 주류는 장로교이고 장로교 제도의 특성은 의회정치와 당회에 있다. 교인대표로서 장로는 당회원이 되어 교회를 치리하며 그 치리는 교회의 모든 영역에 걸쳐 이루어진다. 이러한 장로교 정치제도는 평신도 아마추어리즘의 가장 중요한 제도적 기초가 되었다. 한국교회는 개교회주의 원리에 의해 운영되며, 개별교회 안에서 이루어지는 일들에 노회나 총회와 같은 상회가 영향력을 행사하기 어려운 구조이다. 그러므로 개별교회 안에서 수가 많고 조직화된 평신도가 교회를 이끌어가는 현상이 나타나면서 평신도 아마추어리즘이 크게 성장하였다.

제2부에서는 평신도 아마추어리즘과 함께 나타난 한국교회 지도

력의 문제와 그 개혁방안을 논의하였다. 1980년대 이후 한편으로는 평신도 아마추어리즘이 성장하였고 다른 한편으로는 교역자 프로페셔널리즘의 위기 현상이 나타났다(6장). 서양에서 전통적으로 전문직에 속했던 목사직이 한국에서는 전문직의 지위를 법적으로 인정받지 못하고 있다. 사회발전과 경제성장에 따라 목사의 사회적 지위도 크게 하락하였다. 이처럼 교역직(敎役職)의 지위가 저하된 가장 큰 원인은 교역자의 양산(量産)이다. 즉 해마다 여러 교단의 목회자 양성기관에서 수천 명의 목사들이 배출되고 있으며 이들 안수받은 교역자들은 적절한 사역지를 얻지 못하고 있다. 교역자의 수요보다 공급이 과잉됨으로 교역자는 천(賤)한 신분이 되었다. 과잉공급으로 천해진 교역자가 세속화라는 시대의 흐름 가운데서 정체성(identity)의 위기를 겪고 있다. 즉 하나님의 일을 하는 성직자나 성도들을 영적으로 돌보는 목회자의 정체성보다는 교회의 조직과 시설, 인적 자원을 관리하는 교회 행정가와 교회관리자의 정체성이 더 커지게 되었다. 이러한 모든 일의 결과 교회 안에서의 교역자의 지도력과 도덕성은 현저하게 떨어지게 되었고 그 자리를 평신도들이 차지하게 되었다. 이것이 현재 한국교회 교역자 프로페셔널의 위기이다.

따라서 한국교회의 가장 시급한 과제는 교역자의 정체성과 도덕성 회복이다(7장). 교역자의 지위가 땅에 떨어졌다 해도 교역자는 교회와 이 세상을 영적·도덕적으로 지도하는 성직자와 목회자로서 품위와 확고한 정체성을 간직해야 한다. 비록 어지럽고 혼탁한 세상을 살아도 교역자는 도덕성을 지켜야 하며, 물질적으로 가난하고 사회적으로 인정받지 못한 지위에 있다 할지라도 교역자로서 품위를 잃지 않아야 한다. 작은 교회, 미자립교회를 담당하여 생활비 마련이 어려우면 육신적으로 힘들다 해도 바울 사도처럼 이중직을 가지고 목회를 하는 것이 더 떳떳하고 교회에 유익을 끼칠 수 있다.

한국교회 지도력의 위기와 목사의 문제를 해결하기 위해서는 신학대학원의 정원조정과 재편이 시급하다(8장). 한국교회의 가장 심각한 문제는 목사의 과잉배출과 그로 인한 혼란이다. 그러므로 교역자 배출 창구인 신학대학원의 정원을 최대한 줄이고 교역자 훈련을 잘 시켜 좋은 목회자를 배출해야 한다. 정원조정을 원활하게 하려면 신학대학원 즉 목회자 양성기관을 신학대학으로부터 독립시키는 것이 필요하다.

한국교회 조직의 핵심은 당회이며, 현재 한국교회 당회는 교회의 위기를 초래하는 기관이 되었다. 따라서 당회 개혁은 한국교회 개혁의 첫째 과제이다(9장). 목사와 함께 교회의 또 하나의 기둥을 이루는 직책이 장로직이며 목사와 장로가 함께 구성한 치리기관 당회는 장로교회의 중심적인 기관이다. 한국교회 당회에는 그 책임과 권한이 과도하게 집중되어 있어서 당회에 문제가 생길 때, 그것을 해결할 수 있는 장치가 제대로 마련되어 있지 않다. 따라서 공동의회(신도총회)의 기능을 활성화하고 권한을 증대하는 것이 필요하다. 그리고 목사·장로 임기제와 신임투표제를 통해 당회의 전횡을 줄이고 교회 내 갈등을 해소하는 제도적 장치를 마련해야 한다.

제3부는 "한국교회의 양극화와 교회 개혁"의 문제를 다루었다. 한국교회의 특성 가운데 하나는 교회의 양극화이다. 한국교회의 절대다수는 100명 이하 신도를 가진 교회이며 한국 교인의 절대다수는 1,000명 이상의 신도를 가진 대형 교회에서 신앙생활을 하고 있다. 이러한 교회의 양극화 현상은 한국교회 여러 문제의 원인이 되고 있

다. 이러한 문제의식에 근거하여 양극화된 교회 가운데 나타나는 평신도 아마추어리즘의 위기를 고찰하였다(10장). 먼저 한국교회의 양극화 현상이 어떤 모습인가를 통계자료에 근거하여 살펴보았다. 다음으로 소형 교회와 대형 교회에서 각각 다르게 나타나는 평신도 아마추어리즘의 형태와 위기 현상을 고찰하였다. 소형 교회에서는 '약함과 불안정의 위기'가 나타나며, 대형 교회에서는 중심적인 그룹에 속한 평신도가 주변적인 평신도를 배제하는 '폐쇄성의 문제'가 나타난다. 그리고 대형 교회의 중심부에 있는 평신도는 항존직 지위와 조직망, 오랜 인간관계 등을 이용하여 교회 안에서 과도한 영향력을 행사하면서 교회를 자의적으로 '통제하는 문제'가 나타났다.

교회 양극화의 상황에서 소형 교회의 개혁과 재편성의 문제를 간과할 수 없다(11장). 자립할 수 없을 정도의 소형 교회는 그 작은 규모 때문에 여러 문제가 나타날 수 있다. 그러므로 자립할 수 있는 정도까지 성장하는 것이 필요하다. 따라서 소형 교회 성장과 자립 그리고 새로이 등장한 '이머징 교회'를 살펴보았다. 계속해서 한국교회에 나타나고 있는 '작은교회 운동'의 현황과 그것이 가진 의미를 고찰하였다. 그리고 소형 교회의 통폐합의 방법과 의미를 생각하며 농어촌교회에 초점을 맞추어 '마을 목회'와 '분교회 모델'에 대해서 논의해보았다.

계속해서 대형 교회의 제도개혁과 분립의 문제를 살펴보았다(12장). 대형 교회가 되면 교회를 관리하고 운영하고 존속하기 위해서 제도화의 길을 가지 않을 수 없다. 그리고 제도화되면 반드시 문제점이 나타나게 된다. 이러한 문제점을 해소하고 줄이기 위해서는 거룩한 규모의 재편이 이루어져야 한다. 그리고 교회의 규모가 커지고 화려해짐에 따라 나타나는 우상화의 위험을 늘 경계해야 한다. 이러한 대형 교회가 가진 생래적(生來的) 위험과 위기요소를 제거하고 건강한 교회를 세우기 위해서는 분립이 필요하다. 분립에는 교회를 완전히 독립적으로 나누는 분립과 당회의 분립이 있다. '당회의 분립'이란 분립하는 교회의 이름, 전통, 시설, 멤버십 등을 공유하면서 독립적인 당회를 세워 예배, 재정, 인사, 행정 등을 독자적으로 행하는 분립을 말한다. 이러한 분립을 위해서는 담임목사의 의지와 함께 평신도의 동의와 협조가 매우 중요하다.

교회 양극화의 위기 속에서 평신도가 중심이 되어 교회를 세우고 교회를 이끌어가는 '평신도 교회' 운동에 대해서 고찰했다(13장). 먼저 평신도가 세워서(담임목사가 있지만) 평신도 중심으로 운영되는 향린교회의 사례를 살펴보고, 다음으로 파라 처치(para-church) 즉 평행교회로서의 선교단체를 고찰하였다. 선교단체들은 교회의 기능 가운데 중요한 선교 사역을 담당하면서 교역자가 아닌 평신도 간사들에 의해 움직이는 '평신도 교회'의 모습을 보인다. 온전한 '평신도 교회'는 일반 교회와 같은 형태를 띠면서도 교역자를 세우지 않고 평신도가 예배를 인도하고 교회를 운영하는 교회이다. 이러한 평신도 중심의 순수한 '평신도 교회'가 가지는 의미와 한계 등을 살펴보았다.

제4부에서는 "평신도 사역의 위기와 방향 전환"에 대해서 논의했다. 먼저 평신도의 교회 내 사역의 위기가 무엇인지 알아보고 그것을 극복하기 위한 방향을 모색해보았다(14장). 한국의 개신교회는 다른 어느 종교보다도 평신도의 활동과 사역이 활발하다. 그리고 한국교회의 발전과 성장은 이러한 평신도의 활동에 힘입은 바 크다.

그러나 이러한 평신도의 사역이 2000년대 이후 벽에 부딪히고 있다. 1980년대 이후 교회를 신실하게 섬기던 세대가 나이 들고 은퇴하고 있지만, 그 뒤를 잇는 세대가 뒤따르지 못하고 있다. 그러므로 평신도는 심한 피로감을 느끼고 있다. 그리고 평신도의 교회 활동이 '교회 봉사'에서 '교회 사역'으로 변했다. 그 결과 평신도 사역의 과정에서 여러 문제점이 나타나고 있다. 이러한 평신도 사역의 위험성을 줄이기 위한 평신도의 교회 내 사역 방향에 대해서 논의하였다.

평신도 교회 활동의 위기를 맞은 한국교회는 평신도의 가정과 직장 사역에 더 많은 관심을 기울여야 한다(15장). 평신도는 교회에서는 아마추어이지만 사회에서는 프로페셔널이다. 한국교회 평신도 사역의 문제는 그 힘과 에너지가 교회 안으로 과도하게 몰려 있다는 것이다. 그 문제를 해결하기 위해 평신도의 사역이 가정, 직장, 사회로 확장되어야 한다. 평신도는 가정과 직장에서 청지기로 살아야 하며 사회에서 하나님 나라의 일꾼으로 살아야 한다. 가정에서 성도다운 부모, 부부, 형제, 자녀로서 살아가는 것이 가장 중요한 평신도 사역이다. 또 평신도는 직장에서 성도다운 청지기의 모습으로 일하면서 그 삶의 자리에 하나님 나라를 세워가는 일을 해야 한다.

평신도는 교회, 가정, 직장의 영역을 넘어 일반 사회에서도 하나님 나라의 건설자로서 일해야 한다(16장). 현재 한국 사회에서 하나님 나라의 일꾼으로 수고하는 여러 평신도의 이야기를 함께 나누고 이런 평신도 사역이 가지는 의미를 고찰했다. 그다음 한국교회의 역사 속에서 평신도 사회 사역을 잘 감당한 인물들을 소개하였다. 그들은 그리스도인으로서 정체성을 분명히 가지고, 자신이 맡은 분야에서 뛰어난 업적을 남겼으며, 도덕적으로 사회의 모범이 되는 인물들이다. 한국교회 평신도 아마추어리즘의 힘과 에너지가 교회 안에 만 머물지 않고 가정, 직장, 사회 전체로 흘러가 이 땅 위에 하나님 나라를 세우는 것이 이 시대 한국교회의 가장 중요한 사명이다. 현재에도 이러한 사명을 잘 감당하는 평신도들이 많이 있다. 그들을 귀감(龜鑑)으로 삼아 평신도들이 청지기와 하나님 나라 건설의 일꾼으로서의 사명을 잘 감당할 때 한국교회는 새로운 부흥의 시대를 맞이하게 될 것이다.

이상 살펴본 한국교회 평신도 아마추어리즘 논의에 근거해서 다음과 같이 결론을 내리고 한국교회가 나가야 할 방향을 제시하고자 한다.

(1) 한국교회는 교역자 프로페셔널리즘의 위기를 극복해야 한다: 한국교회를 이끌어가는 교역자들이 교회 안팎의 도전을 받으면서 심각한 위기 가운데 있다. 세속화, 교역자의 양산, 과도한 교회개척 등으로 인해 교역자의 사회적 지위가 많이 하락했다. 또 기성교회에 청빙된 교역자들은 교회 관리와 행정의 압박 속에서 성직자와 목회자로서의 정체성이 약해지고 있다. 그 결과 교역자의 도덕성의 위기가 나타나게 되었고 교역자가 사회적으로 신뢰받지 못하며 교회 안에서는 존경과 지도력을 상실하게 되었다. 이러한 시대를 맞이하여 ① 교역자의 도덕성, 정체성, 자존감, 전문성의 회복이 시급한 과제이다. ② 교역자 배출의 창구가 되는 신학대학원을 독립시키고 적정수의 목사후보생을 선발하여 목회자 과잉공급을 해소해야 한다.

(2) 한국교회는 1980년대 이후 '평신도 아마추어리즘'의 시대를 맞

이하였다. 한국교회 부흥의 시대를 맞이하여 한국교회 평신도의 믿음, 열심, 역량이 크게 성장하였다. 이러한 평신도의 힘에 의지하여 한국교회는 놀라운 성장을 이루었고 수많은 대형 교회가 나타났다. 그러나 평신도의 성장이 어느 정도 수준 이상이 되면서 역기능이 나타나기 시작했다. 평신도 교회 활동의 순수한 동기가 퇴색되었고, 중심부의 평신도 집단은 교회 내 권력 집단이 되고 말았다. 현재 한국교회를 바르게 이해하고 개혁과 새로운 방향 모색을 위해서는 한국교회 평신도의 속성을 잘 이해해야 한다.

한국교회 평신도의 속성을 가장 잘 표현할 수 있는 개념이 '평신도 아마추어리즘'이다. 한국교회 평신도는 교회 내에서 급여를 받지 않고 일하는 아마추어이다. 그리고 아마추어가 가진 장점(순수함과 열정)과 단점(무책임과 무규율)을 모두 가지고 있다. 이런 점에서 아마추어인 평신도가 교회 내에서 가진 지위와 역할, 기능과 사역, 네트워크와 권력 관계 등을 포괄적으로 의미하는 '평신도 아마추어리즘'에 대한 관심과 연구가 필요하다.

(3) 교회조직과 제도의 개혁이 필요하다. 뒤르켐에 따르면 종교를 구성하는 삼요소는 종교적 관념(신학과 신앙), 종교적 의례(예배와 실행), 종교 공동체(교회와 조직)이다. 한국교회가 성장·발전하기 위해서는 이 세 가지가 모두 균형 있고 건강한 모습을 보여야 한다. 현재 한국교회의 가장 큰 문제는 교회조직 가운데서 나타난다. 교회조직의 중심을 이루는 교역자와 장로의 직분 가운데서 도덕적, 기능적 문제가 일어나고 있다. 목사와 장로로 구성된 당회에는 기능 장애와 경화(硬化) 현상이 나타나고 있다. 이러한 문제를 극복하기 위해서

는 교회조직과 제도의 개혁이 필요하다. 그 구체적인 방법을 제시하면 ① 당회의 독점과 전횡을 방지하기 위해서 공동의회(신도총회)의 권한과 책임을 강화해야 한다. ② 당회를 구성하는 목사와 장로의 임기제와 신임투표제를 실시해야 한다.

(4) 소형 교회의 재편과 대형 교회의 분립이 이루어져야 한다. 한국교회의 특성이며 또한 문제점 가운데 하나는 교회의 양극화이다. 한국교회의 2/3는 신도 수 100명 이하의 소형 교회이며, 한국 교인의 2/3는 신도 수 1,000명 이상의 대형 교회에서 신앙생활을 하고 있다. 교회는 소형 교회가 많고 교인은 대형 교회에 집중된 양극화 현상이 심하게 나타난다. 이러한 양극화로 인해 소형 교회의 평신도들에게는 '약함과 불안정'의 위기가 나타나며, 대형 교회 평신도들에게는 '배제와 폐쇄성', '권력과 통제'의 위기가 나타나고 있다. 이런 문제를 해소하기 위해서 다음과 같이 해야 한다. ① 개척교회를 양산하는 교역자 과잉공급을 막는다. ② 신도 수 30명 이하의 초소형 교회는 성장과 통폐합의 길을 모색한다. ③ '작은 교회운동'을 통해서 소형 교회의 건강한 정체성을 확립한다. ④ 대형 교회는 '거룩한 규모 재편'을 통한 다운사이징(downsizing)을 이룬다. ⑤ 일정 규모 이상의 대형 교회는 분립한다.

(5) 한국교회 평신도 사역의 방향 전환이 필요하다. 1980년대 이후 한국교회 평신도의 사역은 질적·양적으로 모두 성장했다. 그리하여 예전에 '교회 봉사'라 불리던 평신도의 활동이 1980년대 이후 '교회 사역'으로 불리게 되었다. 그러나 2000년대 들어 여성들의 경

제활동이 활발해지면서 새로운 세대의 교회 활동이 점점 줄어들었다. 그 결과 1980년대부터 교회 사역에 종사해온 평신도들이 나이가 들어가면서 점점 피로감을 느끼게 되었다. 또한 교회 사역이 진행되면서 평신도들 사이에 이권이나 주도권 다툼 현상도 나타나기 시작했다. 따라서 평신도의 교회 내 활동을 다음과 같이 방향 전환해야 한다. ① 행사, 사업, 프로그램 중심의 교회에서 예배 중심의 교회로 방향을 바꿔야 한다. ② 잃어버린 '교회 봉사'의 정신을 회복해야 한다. ③ 평신도의 활동이 사역 중심에서 공동체 중심으로 방향을 바꾸어야 한다. ④ 조직의 단순화와 사역의 순환제가 필요하다.

이와 아울러 교회 안에서 주로 이루어지는 평신도의 사역이 교회 밖의 사역으로 방향을 전환해야 한다. 즉 평신도의 교회 사역을 가정과 직장과 사회에서 하나님 나라 건설 사역으로 확장해야 한다. 이러한 사역의 영역 확장을 위해서는 하나님 나라 건설의 청지기 의식을 가져야 한다. 평신도는 교회 안에서는 아마추어이지만 교회 밖 직장과 가정과 사회에서는 프로페셔널이다. 이 프로페셔널의 정신과 역량으로 가정과 직장에서 청지기 역할을 잘 감당하고, 사회에서도 하나님 나라 건설자로서의 사명을 잘 감당해야 한다.

(6) 한국교회는 균형과 절제로 중심을 잡아야 한다. 한국교회는 지금 중심을 잃어 넘어지고 있다. 씨름은 상대방을 넘어뜨리는 게임이요, 자기 자신이 중심을 잡는 게임이다. 아무리 튼튼한 다리를 가진 선수라도 균형을 잃으면 넘어진다. 교회를 비롯한 인간의 모든 조직과 집단도 마찬가지이다. 넘어지지 않으려면 중심을 잡아야 하고 중심을 잡으려면 균형을 잃지 말아야 한다. 그리고 균형을 잃지

않으려면 절제해야 한다. 한국교회가 중심을 잡고 넘어지지 않으려면 교역자 프로페셔널리즘과 평신도 아마추어리즘이 균형을 이루어야 한다. 교역자 프로페셔널리즘이 과도하게 발전된 성직주의나 평신도 아마추어리즘이 과도하게 발전된 평신도주의 모두 균형을 잃은 것이다. 성직주의나 평신도주의 모두 영적인 절제력을 잃어서 생긴 불균형한 체제이다.

무절제로 인한 불균형은 교회조직에만 있는 것이 아니다. 우리 사회 곳곳에서도 찾아볼 수 있다. 프로와 아마추어의 불균형, 엘리트와 대중의 불균형, 여당과 야당의 불균형, 국가 권력과 시장 권력과 시민사회 권력 사이의 불균형, 계급·계층 간 불균형, 기성세대와 젊은 세대의 불균형, 남녀 사이의 젠더 불균형에 이르기까지 무절제로 인한 불균형이 가득한 시대이다. 우리 사회는 두 발로 든든히 서 있는 것이 아니라 한 발만으로 아슬아슬하게 서 있는 모습이다.

이러한 시대를 맞이하여 교회는 두 발로 균형 잡고 서 있는 모범이 되어야 한다. 교역자나 평신도나 모두 믿음과 주님 사랑하는 마음, 교회 사랑하는 마음을 함께 가지고 있다. 이 믿음과 사랑으로 중심을 잡고 교회를 든든히 세워야 한다. 세속화의 풍랑 속에서도 두 발로 든든히 서 있는 교회의 모습을 보고 성도들은 위로와 힘을 얻을 것이며 세상은 빛을 발견할 것이다.

(7) 잃어버린 감동을 되찾는 교회가 되어야 한다. 1980년대를 지나 한국교회가 정점을 향해서 갈 때 한국교회에는 여러 뛰어난 목사가 나왔고, 그 목사들과 함께 주님의 몸 된 교회를 위해 헌신한 수많은 평신도 제자가 나왔다. 제자가 된 평신도의 헌신, 열정, 사랑의 모

습을 보면서 성도들은 감사와 기쁨으로 주님을 찬양했으며, 믿지 않는 이들까지도 감동했다. 그러나 승리와 성공의 화려함 가운데 위기가 들어 있었다. 한국교회 평신도의 성장이 과도해지면서 교역자 프로페셔널리즘은 위축되었다. 그 결과 교역자는 초라해졌고 평신도는 선을 넘어 오만해졌다. 그리고 교회 성장은 지체되고 교회 안에서의 다툼의 음성은 더욱 높아졌다.

이러한 모습을 보면서 세상 사람들은 경멸하고 성도들은 환멸에 빠졌다. "평신도를 깨우라"는 나팔 소리에 깨어난 평신도의 믿음·소망·사랑의 삶이 주는 감동이 사라졌다. 교회를 전횡하는 일부 힘 있는 평신도의 어지러운 몸짓에 교역자는 탄식하고 성도들은 환멸을 느낀다. 세상 변한 줄 알지 못하고 여전히 목사라는 초라한 이름 하나 붙들고 목에 힘을 주는 일부 교역자의 모습에 환멸은 더욱 깊어만 간다. 이러한 한국교회를 향해서 주님은 말씀하신다. "그러나 너를 책망할 것이 있나니 너의 처음 사랑을 버렸느니라. 그러므로 어디서 떨어졌는지를 생각하고 회개하여 처음 행위를 가지라." 회개하며 처음 사랑을 되찾고 처음 간직한 그 순수함을 회복함으로, 환멸로 변해 버린 감동을 다시 회복하는 것이 이 시대 교역자와 평신도에게 주어진 주님의 명령이요, 사명이다.

우리는 '평신도 아마추어리즘'에 초점을 맞추어 한국교회 조직과 제도를 고찰하였다. 그리고 한국교회 조직의 위기 현상 즉 역기능, 전횡, 왜곡, 갈등, 혼돈 등을 살펴보았다. 아울러 한국교회가 나가야 할 방향을 생각해 보았다. 한국교회는 갑작스럽게 다가온 2020년 코로나 바이러스 시대를 맞이하여 더 큰 위기를 느끼고 있다. 코로나 바이러스는 인간관계를 콘택트(contact)에서 언택트(untact)로 급속하게 재편하고 있다. 그 결과 콘택트에 기반한 산업들 즉 관광, 여행, 공연, 교육 등과 관련된 산업이 큰 충격을 받고 새로운 길을 모색하고 있다. 교회 역시 콘택트에 기반한 조직과 활동 위에 서 있으므로 교회의 규모와 관계없이 큰 충격을 받고 있다.

이러한 시대를 맞이하여 우리의 믿음과 예배와 공동체(조직)를 새롭게 해야 한다. 이 일은 물론 힘들고 어려운 일이지만 한국교회가 정화되고 새로워지는 길이기도 하다. 우리 인생들의 한계를 깨닫고 회개하면서 주님의 은혜를 더욱 사모하도록 만든다. "죄가 더한 곳에 은혜가 더욱 넘쳤나니"(롬 5:20)라고 말씀하셨다. 한국교회의 꽃이요 소망인 평신도가 전해 준 감동이 환멸로 변한 시대, 어둠이 깊어지고 죄가 더 한 시대, 설상가상으로 교회의 콘택트 능력(contact power)이 붕괴되는 코로나19 시대를 맞이했다. 이러한 시대를 맞이하여, 더 크게 임하시는 주님의 은혜를 소망하며, 교역자 프로페셔널리즘과 평신도 아마추어리즘의 위기를 극복하고, 환멸로 변해버린 감동을 되찾는 한국교회와 성도가 되기를 소망한다.

참고 문헌

단행본

강영안 외.『한국교회 개혁의 길을 묻다』. 새물결플러스, 2013.

강인철.『경합하는 시민종교들』. 성균관대학교 출판부, 2019.

공헌배.『목사들을 위한 변호』. 한국학술정보, 2012.

교회성장연구소.『한국 최고의 전도왕들』. 교회성장연구소, 2009.

구도완.『마을에서 세상을 바꾸는 사람들: 생태적 대안운동을 찾아서』. 창작과
        비평, 2009.

권혜림 외.『간호사가 말하는 간호사 – 부키 전문직리포트 04』. 부키, 2004.

그래함, 짐/윤준서 역.『잠자는 거인을 깨운다』. 두란노, 1990.

김교신/노치준·민혜숙 편역.『조와』. 동문선, 2001.

김근수 외.『지금, 한국의 종교』. 메디치, 2016.

김기동.『고구마 전도』. 규장, 2020.

_____.『고구마 전도왕』. 규장, 2006.

김기석.『남강 이승훈』. 현대교육총서 출판사, 1964.

김동호.『생사를 건 교회개혁』. 규장, 1999.

김동환.『교회 거품빼기』. 나침반, 1998.

김사라형선.『가정사역 길라잡이』. 침례신학대출판부, 2019.

김성건.『21세기 종교사회학』. 다산출판사, 2013.

김성건 외.『탈종교화 시대의 종교 경쟁과 혁신』. 늘봄, 2020.

김승호.『이중직 목회: 21세기의 대안적 목회 모델』. 하명, 2016.

_____.『새로 쓰는 10년후 한국교회』. 하명출판, 2015.

_____.『10년후 한국교회』. 에큐메니칼연구소, 2005.

김양재.『날마다 큐티하는 여자』. 홍성사, 2012.

김영욱.『21세기 전도전략』. 기독교문서선교회, 2002.

김용기.『참 살길 여기 있다』. 창조사, 1975.

_____.『가나안으로 가는 길』. 창조사, 1968.

김은식.『장기려, 우리 곁에 살다간 성자』. 봄나무, 2006.

김점옥.『평신도 사역자를 키우라』. 기독신문사, 1998.

김정환.『김교신』. 한국신학연구소, 1980.

김진홍.『성공한 개혁, 실패한 개혁』. 두레시대, 1997.

김하중.『하나님의 대사』. 2010, 규장.

김형목.『최용신 평전』. 민음사, 2020.

김호기.『한국시민사회의 성찰』. 아르케, 2007.

깁스, 에디·라이언 볼저/김도훈 역.『이머징 교회』. 쿰란출판사, 2008.

나겸일·안강자.『주안교회 전도이야기』. 주안, 2006.

네이버, 랄프/박영철 역.『셀 리더 지침서』. NCD, 2001.

_____/장학일 역.『셀 목회 지침서』. 서로사랑, 1999.

노영상.『미래목회와 미래신학』. 나눔사, 2019.

_____.『마을교회, 마을목회. 실천편』. 한국장로교출판사, 2018.

_____.『마을교회, 마을목회. 이론편』. 한국장로교출판사, 2018.

_____ 외.『마을목회와 프런티어 교회들』. 동연, 2021.

_____ 외 편.『전염병과 마주한 기독교』. 다함, 2020.

노치준.『한국 개신교 사회학』. 한울, 1998.

_____.『한국의 교회조직』. 민영사, 1995.

_____.『일제하 한국기독교 민족운동 연구』. 한국기독교 역사연구소, 1993.

니버, 리차드/홍병룡 역.『그리스도와 문화』. IVP, 2007.

_____/노치준 역.『교회분열의 사회적 배경』. 종로서적, 1983.

니콜스, 톰/정혜윤 역.『전문가와 강적들』. 오르마, 2017.

두한, 레오나드/심광섭 역.『평신도 중심의 교회』. 평신도신학연구소, 1994.

뒤르켐, 에밀/민혜숙·노치준 역.『종교생활의 원초적 형태』. 한길사, 2020.

_____/윤병철·박창호 역.『사회학적 방법의 규칙들』. 새물결, 2001.

드 토크빌, 알렉시스/임효선 역.『미국의 민주주의』. 한길사, 2002.

드러커, 피터/이재규 역.『프로페셔널의 조건』. 청림출판사, 2001.

로버트슨, 로랜드/이원규 역.『종교의 사회학적 이해』. 대한기독교출판사, 1984.

루터, 마르틴/원당희 역.『독일 기독교 귀족에게 고함』. 세창미디어, 2010.

리드비터, 찰스/이순희 역.『집단지성이란 무엇인가』. 21세기북스, 2009.

리차드, 로렌스 · 길버트 마틴/여상기 역.『평신도 사역』. 평신도신학연구소,
    1994.

매슬로, 에이브러햄/소슬기 역.『매슬로의 동기이론』. 유엑스리뷰, 2018.

맥과이어, 메르디쓰 B./김기대 · 최종렬 역.『종교사회학』. 민족사, 1994.

맥도날드, 케이스 M./권오훈 역.『전문직의 사회학』. 일신사, 1999.

메리필드, 앤디/박준형 역.『아마추어: 영혼 없는 전문가에 맞서는 사람들』. 한빛
    비즈, 2018.

목회와신학 편집부.『가정사역』. 두란노아카데미, 2010.

문화체육관광부.『2018 한국의 종교 현황』. 문화체육관광부, 2019.

박기호.『한국교회 선교운동사』. 아시아선교연구소 출판부, 1999.

박병선.『진돗개 전도왕』. 생명의 말씀사, 2004.

박상진 외.『한국기독교학교 진단과 개선방향: 기독교학교 정상화 추진위원회
    세미나자료집』. 기독교학교 교육연구소 · 기독교학교 정상화추진위원
    회, 2016.

박영철.『셀 교회론』. 서울: 요단출판사, 2006.

박원순.『마을이 학교다: 함께 돌보고 배우는 교육공동체』. 검둥소, 2010.

박정식.『평신도는 없다』. 국제제자훈련원, 2003.

박조엘.『맞아 죽을 각오로 쓴 한국교회 비판』. 박스북스, 2008.

배종석 · 양혁승 · 류지성.『건강한 교회 이렇게 세운다』. IVP, 2008.

백낙준.『한국개신교사』. 연세대학교 출판부, 1973.

버거, 피터/서광선 역.『이단의 시대』. 문학과지성사, 1981.

법륜.『법륜 스님의 행복』. 나무의 마음, 2016.

베버, 막스/박문재 역.『프로테스탄트 윤리와 자본주의 정신』. 현대지성, 2018.

＿＿＿＿＿/전성우 역.『직업으로서의 정치』. 나남, 2011.

_____/전성우 역.『직업으로서의 학문』. 나남, 2006.

베블런, 소스타인/김성균 역.『유한 계급론』. 우물이있는집, 2005.

벨몬트, 케빈/오현미 역.『윌리엄 윌버포스 세상을 바꾼 그리스도인』. 좋은씨앗,
　　　 2008.

보프, 레오나르도/김쾌상 역.『교회, 카리스마와 권력』. 일월서각, 1986.

부르디외, 피에르/최종철 역.『구별짓기』. 새물결, 2005.

브라우닝, 데이브/구미정 역.『작은 교회가 답이다』. 옥당, 2014.

블랙커비, 헨리.『영적 리더십』. 두란노, 2002.

소강석.『신정주의를 회복하라』. 쿰란출판사, 2006.

손병호.『장로교회론』. 그리인, 1993.

송경호.『예수초청잔치』. 예찬사, 1998.

송길원.『가정사역 스타트』. 국제제자훈련원, 2004.

송복.『조직과 권력』. 전예원, 1980.

송준인·임성빈 외.『목회자 윤리강령 28』. 홍성사, 2016.

쉘던, 찰스/유성덕　역.『예수님이라면 어떻게 하실까』. 크리스천다이제스트,
　　　 2018.

슈밥, 클라우스/송경진 역.『제4차 산업혁명』. 새로운 현재, 2016.

스토트, 존/정지영 역.『존 스토트가 말하는 목회자와 평신도』. 아바서원, 2017.

스틴븐스, 폴/홍병룡 역.『21세기를 위한 평신도 신학』. IVP, 2008.

스틴븐스, 폴·필 콜린스/최기숙 역.『평신도를 세우는 목회자』. 미션월드 라이브
　　　 러리, 1997.

신광은.『메가처치를 넘어서』. 포이에마, 2015.

신명순 편.『한국의 민주화와 민주화운동: 성공과 좌절』. 한울아카데미, 2016.

아쇼프, 페퍼/이해란 역.『하나님과 함께하는 직장생활』. CLP, 2006.

양희송.『다시 프로테스탄트』. 복있는사람, 2012.

에릭슨, 에릭/송제훈 역.『유년기와 사회』. 연암서가, 2014.

에릭슨, 에릭/최연석 역.『청년 루터』. 크리스천다이제스트, 2013.

에치오니, A./김채윤 역.『현대조직론』. 법문사, 1968.

에커로프, 조지 · 레이첼 크랜턴/안기순 역. 『아이덴티티 경제학』. 랜덤하우스, 2010.

엘리엇, 페이스 R./안병철 역. 『가족 사회학』. 을유문화사, 1993.

오경환. 『종교사회학』. 서광사, 1990.

오덕호. 『목사를 갈망한다』. 규장, 2001.

_____. 『교회 주인은 사람이 아니다』. 규장, 2000.

오데아, 토마스 F./권규식 역. 『종교사회학 입문』. 대한기독교서회, 1969.

오르티즈, 후안 카를로스/김성웅 역. 『제자입니까』. 두란노, 2005.

오석홍. 『조직이론』. 박영사, 1980.

옥한흠. 『평신도를 깨운다: 개정판』. 국제제자훈련원, 2000.

웹스터, 더글러스/오현미 역. 『기업을 닮아가는 교회』. 기독교문사, 1995.

유홍준. 『조직사회학』. 경문사, 1993.

윤철호 외. 『한국교회의 공적신학』. 대한예수교장로회 전국은퇴목사회, 2016.

이계선. 『대형 교회가 망해야 한국교회가 산다』. 들소리, 2009.

이병렬. 『교회의 미래, 어린이 안에 다 있다』. 생명의말씀사, 2017.

이병삼. 『한국교회는 개혁되어야 산다』. 영문, 2002.

이상만. 『오이코스 전도 이야기』. 생명의말씀사, 2009.

이상훈. 『Reform church: 변혁을 이끄는 미국의 선교적 교회들』. 교회성장연구소, 2015.

이어령. 『지성에서 영성으로』. 열림원, 2010.

이용포. 『유일한』. 작은씨앗, 2007.

이원규. 『종교사회학의 이해』. 사회비평사, 1997.

_____. 『한국교회의 사회학적 이해』. 성서연구사, 1992.

_____. 『종교의 세속화』. 대한기독교출판사, 1987.

이재철. 『목사 그리고 목사직』. 홍성사, 2020.

이종성. 『교회론 (II)』. 대한기독교출판사, 1989.

이지행. 『BTS와 아미 컬처』. 커뮤니케이션북스, 2019.

이진오. 『재편』. 비아토르, 2017.

이효삼 외.『농촌교회 이렇게 할 일이 많습디다』. 한울, 1992.

임동학.『프로슈머 마케팅』. 인스미디어, 2003.

장학일.『평신도를 흥분시켜라』. 밴드목회연구원, 2000.

_____.『밴드목회, 이론과 실제』. 밴드목회연구원, 1999.

전광.『백악관을 기도실로 만든 대통령 링컨』. 생명의말씀사, 2009.

전성표.『권력과 조직: 교회권력관계의 이론과 실제』. 울산대학교 출판부, 1998.

정성진.『날마다 개혁하는 교회』. 예영커뮤니케이션, 2012.

정수복.『시민의식과 시민참여』. 아르케, 2002.

정재영.『강요된 청빈』. 이레서원, 2019.

정재영.『교회 안나가는 그리스도인: 가나안 성도』. IVP, 2015.

정진경.『목회자의 정체성과 리더쉽』. 미드웨스트, 2002.

제2종교개혁연구소 편.『제2종교 개혁이 필요한 한국교회』. 기독교문사, 2015.

조윤제 외.『한국의 경제성장과 사회지표의 변화』. 한국은행, 2012.

조한혜정.『다시 마을이다. 위험사회에서 살아남기』. 또하나의 문화, 2007.

조헌정·김진호 외.『자유인의 교회』. 한울, 2013.

존슨, 앨버트·스티븐 툴민/권복규 역.『결의론의 남용: 도덕 추론의 역사』. 로도
스, 2014.

체스터, 팀·스티브 티미스/신대현 역.『일상교회』. IVP, 2015.

총회교회자립위원회.『반석 위에 세운 교회』. 한국장로교출판사, 2013.

최승호.『평신도 교회 이야기』. 대장간, 2008년 개정판.

최영기.『가정교회에서 길을 찾는다』. 두란노서원, 2015.

최윤식·최현식.『2020-2040 한국교회 미래지도 (2)』. 생명의말씀사, 2015.

최현.『한국의 빛을 남긴 위대한 위인』. 한국문서선교회, 1981.

최홍준.『장로, 걸림돌인가? 디딤돌인가?』. 국제제자훈련원, 2009.

_____.『잠자는 교회를 깨운다』. 규장, 1998.

칼뱅, 존/원광연 역.『기독교 강요』. 크리스찬다이제스트, 2003.

큉, 한스/이홍근 역.『교회란 무엇인가』. 분도출판사, 1978.

크래머, 핸드릭/홍병룡 역.『평신도 신학』. 아바서원, 2014.

토플러, 앨빈.『제3의 물결』. 대일서관, 1982.

튀리앙, 맥스/김현애 역.『평신도의 제사장적 역할』. WPA, 2014.

프랭클, 빅터/이시형 역.『삶의 의미를 찾아서』. 청아출판사, 2005.

프롬, 에리히/김병익 역.『건전한 사회』. 범우사, 1999.

한국갤럽.『한국인의 종교와 종교의식』. 한국갤럽, 1997.

한국기독교목회자협의회.『한국기독교 분석 리포트』. URD, 2018.

한국정치학회.『한국의 국가와 시민 사회』. 한국사회학회·한국정치학회 공동학
　　　술발표회 연구 논문집; 한울, 1992.

한국학중앙연구원.『2018년 한국의 종교현황』. 문화체육관광부, 2018.

한미준.『한국교회 미래 리포트』. 두란노, 2005.

한병철.『피로 사회』. 문학과 지성사, 2012.

한완상.『예수 없는 예수 교회』. 김영사, 2008.

한홍.『거인들의 발자국』. 두란노, 2000.

＿＿＿.『칼과 칼집』. 두란노, 1984.

향린생활목회자 하늘뜻펴기 모음 편찬위원회 엮음.『자유인의 하늘 뜻 펴기: 향
　　　린교회 평신도 설교 모음』. 한울, 2017.

헌팅턴, 새뮤얼/이희재 역.『문명의 충돌』. 김영사, 1997.

혹실드, 앨리 러셀/이가람 역.『감정노동』. 이매진, 2009.

홍영기.『한국 초대형 교회와 카리스마 리더십』. 교회성장연구소, 2001.

홍종윤.『팬덤문화』. 커뮤니케이션북스, 2014.

황규학.『법으로 읽는 명성교회』. 하야BOOK, 2018.

황홍렬 편.『헬조선에 응답하는 한국교회 개혁』. 동연, 2018.

논문, 논단, 기사

강석근. "벤처기업 '호성로고스' 최규창 대표."「기독신문」2014.09.20.

강승민. "이어령 전 장관, 나의 간절한 고백."「중앙일보」2010.04.24.

강시영. "목사·장로 임기제가 한국교회 사는 길."「미래한국」2018.12.07.

강인철. "해방 후 한국의 종교적 시장 상황의 구조적 특징 - 개신교를 중심으로." 「경제와 사회」 제22권 (1994.06).

공종은. "전도하고 또 전도하라. 그리고 기도하라." 「기독교연합신문」 2017.10.11.

구교형. "교단과 총회의 답답한 현실 속에서 개혁의 소망을 꿈꾸다." 『한국교회 개혁의 길을 묻다』. 새물결플러스, 2013.

구교환. "팀 목회를 위한 목회 구조." 「목회와 신학」 2017년 8월호.

구권효. "나는 교회론자. 오정현 목사 아니라 사랑의 교회 돕는 것." 「뉴스앤조이」 2015.06.22.

구권효·이용필. "학위 없는 목사, 전광훈뿐인가." 「뉴스앤조이」 2020.01.14.

권문상. "장로 임기제의 필요성." 「목회와 신학」 2019년 9월호.

권문상 외. "대형 교회 역할론." 「목회와 신학」 2016년 7월호.

그로쉘, 크레이그·카일 아이들먼. "교회가 목사의 우상이 될 때." 「크리스채니티 투데이」 (한국어판) 2013.06.24.

길희성. "제도 종교의 시대 막내렸다. 이제 종교에서 영성으로." 「중앙일보」 2020.04.29.

김계원. "개척교회와 전도(1, 2)." 『제22기 총회 교회개척훈련 제2과정』, 교육자료집. 대한예수교장로회 총회 국내선교부, 2019.

김대조 외. "팀 목회, 이렇게 생각한다." 「목회와 신학」 2017년 8월호.

김맹희. "우리가 극복해야 할 '문 닫는' 교회 스타일 15가지." 「기독일보」 2017.06.20.

김민상. "2018년 난민 신청자 1만6173명… 전년 대비 62.7% 증가해 사상 최대." 「중앙일보」 2019.06.20.

김민희. "집단지성의 명과 암: 전문가보다 비전문가 믿는 사회." 「주간조선」 2363호 (2015.06.29.).

김민희. "집단지성의 명과 암: 대중이 만든 정보 평등사회." 「주간조선』 2362호 (2015.06.22.).

김보숙. "가족 해체 위기, 대한민국의 가정이 위태롭다." 「코리언 스피릿」 2015.01.25.

김성호. "생계 활동, 목회 병행했던 김수열 도토리교회 목사."「서울신문」2017.
    05.19.

김수연. "청년선교의 마중물 캠퍼스 간사들의 고통."「CGN투데이」2015.02.15.

김수진. "광주 5.18의 할머니라고 불렸던 조아라 장로."「한국장로신문」2011.
    10.29.

김애희. "질문하고 있습니까." 한국교회탐구센터.『종교개혁과 평신도의 재발
    견』. IVP, 2017.

김은실. "감리회, 세습 방지법 통과."「뉴스앤조이」2012.09.25.

김의원. "디지털시대 속의 교회의 역할."「기독교교육정보』제5집 (한국기독교교
    육정보학회, 2002).

김정희. "'새길교회'가 우리 곁에 있었네."「주간동아」791호 (2011.06.13.).

김종성. "현대 교회음악의 출현배경과 찬양사역의 역할."「신학과 목회」제27집
    (2007).

김진영. "높은뜻숭의교회 분립 4년, 그 공과(功過)를 말하다."「크리스천 투데이」
    2013.01.21.

김찬주. "두 번째 '건강한 작은 교회'를 개척하다."「가스펠 투데이」2018.08.15.

김창환. "평신도 선교와 단기 선교.』「선교소식』2010.08.12.

김한수. "몸집 큰 교회 하나보다 정신 튼튼한 작은 교회 열이 낫다."「조선일보」
    2018.09.21.

김현정. 원용진 "팬덤 진화 그리고 그 정치성."「한국언론학보」제46권 (2, 2002,
    한국언론학회).

김혜령. "마을공동체 운동과 마을 교회.」「기독교 사회윤리」제27집 (선학사,
    2013).

김홍기. "감리교 교회의 직제."『제10회 바른교회아카데미 연구위원회 세미나 자
    료집』(2011).

김환기. "예수전도단(YWAM) 창설자 오대원 목사."「크리스찬 리뷰」2015.04.27.

김회권. "사제주의를 어떻게 극복할 것인가."『한국교회 개혁의 길을 묻다』. 새물
    결플러스, 2013.

김효주. "회사원은 무엇으로 사는가." 한국교회탐구센터.『종교개혁과 평신도의 재발견』. IVP, 2017.

노윤식. "한국교회 성장을 위한 '리더십 이양'에 대한 선교학적 고찰."「복음과 선교」28권 0호 (2014.12, 한국복음주의선교신학회).

노종문. "거인들에게 배우는 제자훈련." 한국교회탐구센타.『한국교회 제자훈련 미래전망 보고서』. IVP, 2016.

노치준. "한국교회 공동체성에 대한 성찰과 과제."「신앙세계」2020년 2월호.

_____. "사회복지를 향한 개신교의 사회봉사." 숭실대기독교사회연구소.『한국 사회발전과 기독교의 역할』. 한울, 2000.

_____. "한국교회 조직과 직제개혁." 종교개혁 500주년 기념사업위원회 편.『한국교회, 개혁없이 미래 없다』. 한국장로교 출판사, 2018.

_____. "103회 총회의 주요 결의와 그 의미."『명성교회 불법 세습에 관한 총회 결의 분석 세미나』(2018.10.15.).

_____. "한국교회 물량주의의 문제."『한국 개신교 사회학』. 한울, 1998.

_____. "한국교회 운영의 원리: 개교회주의."『한국의 교회조직』. 민영사, 1995.

_____. "한국교회 조직과 타종교 조직의 비교."『한국의 교회조직』. 민영사, 1995.

_____. "한국 농어촌 교회의 지원 모델과 운동."『한국의 교회조직』. 민영사, 1995.

노형구. "교회 표준 정관, 세상 법정으로 분쟁 해결 맡기지 않기 위한 마지노선."「기독일보」2019.05.31.

뉴스M 편집부. "왜 한국대형 교회가 미국보다 더 큰가?"「뉴스 M」2015.08.29.

대한예수교장로회총회 국내선교부. "제104회기 총회 및 노회와 지교회 현황."『제23기 총회개척훈련 제2과정 세미나 자료집』(2019.11.5.).

도재기. "국민 10명 중 6명 교회와 목사 불신."「경향신문」2020.02.07.

러버. "CCM 역사와 사역의 이해." http://www.ccmsongs.com/.

류호. "민주당, 비례연합정당 참여키로… 찬성 74.1%."「한국일보」2020.03.13.

문아영. "꼬질꼬질한 비둘기, 결코 잔잔하지 않은 평화." 한국교회탐구센터.『종교개혁과 평신도의 재발견』. IVP, 2017.

문재용. "나홀로 노인가구 30년 뒤에 405만, 통계청 가구구조 변화 전망." 「매일 경제」 2019.09.18.

문화체육관광부. "종교별 주요 연혁, 조직, 활동 현황." 『2018 한국의 종교 현황』 문화체육관광부, 2019.

민돈원. "폐지보다 설립이 더 많은 감리회로 역전되기를!" 「KMC News」 2019. 11.12.

박동운. "유한양행 창업자 유일한 이야기." 「크리스천 투데이」 2019.08.12.

박명철. "농민이 되어 비로소 발견한 農牧의 길." 「기독교사상」 2003년 10월호.

박민균. "분당우리교회 '30개 교회로 분립개척'한다." 「기독신문」 2020.02.26.

_____. "담임목사 권한 분립 '공동목회' 실험 주목." 「기독신문」 2017.05.22.

박영철. "침례회 교회협의회의 구성과 운영(1, 2, 3, 4)." 「침례신문」 2013년 3월.

박요셉. "나들목교회, 다섯 교회로 분립, 행정·사역 독립하지만 사명·전략 공유." 「뉴스앤조이」 2019.05.20.

박인영. "한국기독교장로회, 교회 세습방지법 도입." 「연합뉴스」 2013.09.27.

박일수. "통일, 꼭 해야하나요." 한국교회탐구센터. 『종교개혁과 평신도의 재발견』. IVP, 2017.

박종운. "세월호 참사, 그 고통의 바다를 함께 항해하다." 한국교회탐구센터. 『종교개혁과 평신도의 재발견』. IVP, 2017.

박효진. "4,100명 미자립교회 목사님 울린 '꽃 편지지와 상품권'." 「국민일보」 2020.05.06.

방선기. "직장 속 그리스도인의 사명과 영성." 한국교회탐구센터. 『급변하는 직업 세계와 직장 속의 그리스도인』. IVP, 2013.

백상현. "여의도순복음교회 지교회 독립한다." 「국민일보」 2009.03.30.

백소망. "헬 조선에서 예술 노동자로 살아남는 법." 한국교회탐구센터. 『종교개혁과 평신도의 재발견』. IVP, 2017.

백종국. "매개의 변증법과 국가의 흥망." 「한국정치학회보」 제37집 제1호 (2003.5, 한국정치학회).

서헌제. "교회재판의 현황과 문제점 - 예장통합 총회재판국 사례를 중심으로." 『제2회 화해중재원 포럼 발표문』(2015.06.01.).

성은숙. "우리 시대의 교회를 찾아서: 예수향남교회 정갑신 목사." 「신앙세계」 2020년 5월호.

손봉호. "교회가 회개할 두 가지, '돈'과 '우리 교회' 우상." 「뉴스앤조이」 2018.03.15.

송기태. "파라 처치 VS 프로 처치." 「아이 굿 뉴스: 기독교연합신문」 2014.04.02.

송영락. "한국교회 리더십 이양 유형과 형태 분석." 「기독교 연합신문」 2006.04.19.

송인규. "한국교회는 평신도 신학을 수용할 수 있는가." 한국교회탐구센터. 『종교개혁과 평신도의 재발견』. IVP, 2017.

_____. "하나님나라의 제자도: 오늘날 우리는 무엇을 잃어버렸나." 한국교회탐구센터. 『한국교회 제자훈련 미래 전망 보고서』. IVP, 2016.

_____. "한국교회와 경건 훈련 - 새벽기도회에서 큐티로." 한국교회탐구센터. 『한국교회 큐티 운동 다시 보기』. IVP, 2015.

송제근 외. "한국의 신학교육, 대안은 무엇인가." 「목회와 신학」 2006년 3월호.

신성남. "목사를 바르게 알자." 「당당뉴스」 2018.12.12.

신영균. "빨간 마후라, 후회 없이 살았다." 「중앙일보」 2019~2020년 연재.

신준봉. "누구나 똑똑하다는 나르시즘에 빠져 전문가 조언 안들어." 「중앙일보」 2017.05.07.

안중현. "1인 가구 30% 돌파." 「조선일보」 2020.08.29.

양성희. "피해자를 기억해야 하는 이유." 「중앙일보」 2014.08.23.

양창모. "기술 노동자로 살아가기." 한국교회탐구센터. 『종교개혁과 평신도의 재발견』. IVP, 2017.

오세선. "명업교회 이야기." 총회자립위원회 편. 『반석 위에 세운 교회』. 한국장로교출판사, 2012.

오수경. "페미니즘이 나와 무슨 상관이나이까." 한국교회탐구센터. 『종교개혁과 평신도의 재발견』. IVP, 2017.

오창우. "동네 목사 이야기." 강성렬·백명기 편. 『한국교회의 미래와 마을 목회』. 한들출판사, 2016.

우병훈. "루터의 소명론 및 직업윤리와 그 현대적 의의." 「한국개혁신학」 제57권 (2018).

_____. "루터의 만인 제사장직 교리의 의미와 현대적 의의." 「신학논단」 제87권 (2017).

우성규. "예장통합 전체 교인 수 10년째 내리막길." 「국민일보」 2020.08.20.

_____. "코로나 이후 목회 중심은 '현장 예배와 교제 회복'." 「국민일보」 2020.06.17.

운영자. "CCM 역사와 사역의 이해." http://www.ccmsongs.com/.

유영대. "한 해 문 닫는 교회 3000곳… 실패 원인 10가지." 「국민일보」 2017.10.20.

_____. "18년간 16곳 분립개척… '교회 개혁' 새 모델 제시 거룩한빛 광성교회." 「국민일보」 2015.01.27.

_____. "최고연봉이 1800만원? 기독(선교)단체 간사의 현실 들여다봤더니…." 「국민일보」 2010.07.30.

유재무. "목사, 장로 신임제 도입 교회." 「예장 뉴스」 2019.03.29.

윤봉학. "국제 목양사역원 제31차 목양사역 콘퍼런스 성황리 개최." 「국민일보」 2016.10.26.

이길원. "당회 결의 없는 공동의회의 적법성." 「교회연합신문」 2002.03.10.

이대웅. "김동호·오대식 목사: '높은뜻'이라는 브랜드…." 「크리스천 투데이」 2019.02.13.

_____. "십자가 정신으로 마을공동체 섬김, 교회 회복될 것." 「크리스천 투데이」 2017.09.18.

이동연. "팬덤의 기호와 문화정치." 「진보평론」 2001년 여름 제8호.

이동환. "목양장로 사역현장." 「목회와 신학」 2019년 9월호.

이수진. "50인 이하 전체중 절반… 초소형 교회 급증." 「한국기독공보」 2020.09.19.

_____. "방학이 무려 일년이라니!" 한국교회탐구센터. 『종교개혁과 평신도의 재발견』. IVP, 2017.

이승규. "거룩한빛 광성교회, 21번째 교회 분립." 「CBS 노컷뉴스」 2018.11.26.

이용필. "박사 학위 쉽게 준다는 말에… 어느 비인가 신학교에서 벌어진 일." 「뉴스앤조이」 2019.08.08.

이웅. "'명성교회 부자세습' 교단 76% 찬성."「연합뉴스」 2019.09.26.

이원규. "종교다원주의 상황과 한국교회."『한국교회의 사회학적 이해』. 성서연
　　　구사, 1992.

이은윤. "목사·장로, 임기제·신임투표제로 하자."「중앙일보」 1987.10.01.

이인창. "코로나 시대 예배."「아이 굿 뉴스」 2020.06.09.

＿＿＿. "신대원 경쟁률과 충원률 3년 전보다 더 심각."「기독교연합신문」 2018.
　　　10.15.

＿＿＿. "많아도 너무 많아, 신학교 구조조정 불가피하다."「기독교연합신문」
　　　2016.03.16.

이일. "보이지 않는 우리의 이웃, 난민." 한국교회탐구센터.『종교개혁과 평신도
　　　의 재발견』. IVP, 2017.

이재근. "종교개혁은 어떻게 사제주의를 무너뜨리고 평신도를 재발견했나." 한
　　　국교회탐구센터.『종교개혁과 평신도의 재발견』. IVP, 2017.

이정석. "장로직의 세속화."「목회와 신학」 2001년 11월호.

이정엽. "CCM(복음성가) 이야기 및 역사." http://www.82law.com/.

이지영. "최영미, '고은, 손배소 상고 안해… 대법원 안가고 끝났다'."「중앙일보」
　　　2019.12.05.

이지희. "복음화율 10% 안 되는 곳에서 주일학교만 1천 명."「크리스천 투데이」
　　　2016.09.23.

이창균. "위상 떨어지는 '사자 전문직'."「이코노미스트」 1480호 (2019.04.22.).

이태형. "CTK교회 데이브 브라우닝 목사 '여러분 교회, 너무 복잡하지 않나요?'"
　　　「국민일보」 2012.11.06.

이형기. "장로제를 중심으로 본 한국교회의 직제 개선."「목회와 신학」 2019년 9월.

＿＿＿. "교회사를 통해서 본 교직자와 평신도."「장신논단」 제3집 (1987.12.,
　　　장로회신학대학교).

임보혁. "모이는 교회에서 흩어지는 교회 전환, 100여개 교회로 분리 검토."「국
　　　민일보」 2021.02.03.

임성빈. "목회자의 이중직 문제, 어떻게 보아야 하는가"(1부, 2부). 「임성빈 문화 칼럼」(2015, 문화선교연구원).

임안섭. "성장 멈춘 교회, 대안은 작은 교회 운동." 「뉴스앤조이」 2013.04.13.

임하은. "청년에게 머리 둘 곳을 허하라." 한국교회탐구센터. 『종교개혁과 평신 도의 재발견』. IVP, 2017.

장창일. "신학대학원 지원자 줄고 있다." 「국민일보」 2019.12.11.

전정희. "한국 퀘이커교를 진단한다②: 교리와 현황." 「교회와 신앙」 2006.05.08.

정석기. "살아있는 Y의 등불, 조아라." 『한국기독교 여성인물사 2』. 쿰란출판사, 2001.

정윤석. "예장통합, '최바울, 한기총 공동회장 선임 철회해야'." 「기독교 포탈뉴스」 2018.07.11.

정의석. "비록 한 달란트 받았을지라도." 한국교회탐구센터. 『종교개혁과 평신도 의 재발견』. IVP, 2017.

정재영. "평신도 소명의식에 대한 조사." 한국교회탐구센터. 『종교개혁과 평신도 의 재발견』. IVP, 2017.

_____. "미국 시애틀 교회들의 실험." 「데일리 굿 뉴스」 2015.08.12.

정주채. "원로목사 제도는 폐지되어야 한다." 「코람데오 닷컴」 2014.01.06. (고 신대).

정형권. "목회자 폭언에 권위가 있다고?" 「기독신문」 2020.01.14.

정효임. "높은뜻 숭의교회, 4개 교회 분립은 '하나님의 뜻'." 「뉴스앤조이」 2008. 11.18.

정희완. "향후 교회의 변화와 평신도의 역할 (II)." 「평신도」 2016년 겨울호.

조명숙. "하나님의 계획, 탈북자." 한국교회탐구센터. 『종교개혁과 평신도의 재 발견』. IVP, 2017.

조명순. "수치로 보는 한국 선교 현황." 「기독교사상」 2017년 7월호.

조성돈. "목회자 이중직에 대한 설문조사 분석." 「목회와 신학」 2014년 5월.

_____. "신학교 구조조정이 절실하다." 『한국교회 개혁의 길을 묻다』. 새물결플 러스, 2013.

조은하. "정보화 시대의 영성과 신앙공동체."「기독교교육정보」제5집 (2002, 한국기독교 교육정보학회).

조현. "코로나 1년 한국교회 신뢰도 급락… 76% 신뢰하지 않아."「한겨레신문」 2021.01.30.

피스크, 존/박명진 외 편역. "팬덤의 문화경제학."『문화, 일상, 대중: 문화에 관한 8개의 탐구』. 한나래, 1996.

주원규. "역사, 저항, 그리고 교회."「뉴스앤조이」 2018.01.20.

주대근. "평신도 선교사의 역할과 협력문제."「선교소식」 2010.08.04.

주호석. "흙과 바람과 비와 더불어 사는 삶." 한국교회탐구센터.『종교개혁과 평신도의 재발견』. IVP, 2017.

최경배. "예장통합, 세습방지법 통과."「CBS 노컷뉴스」 2014.09.24.

최규창. "목적이 이끌지 않는 삶, 우리 모두가 동등한 '우정의 공동체'라는 꿈." 한국교회탐구센터.『종교개혁과 평신도의 재발견』. IVP, 2017.

최순화. "어디를 가도 창현이가 있다." 한국교회탐구센터.『종교개혁과 평신도의 재발견』. IVP, 2017.

최승현. "교회 세습은 계속된다, 2019년 3분기 '세습 지도'."「뉴스앤조이」 2019.07.30.

최유리. "사모님… 더 이상 맞지 마세요: 정푸름 교수와의 대담."「뉴스앤조이」 2016.09.30.

최유리. "두세 사람 모인 곳이 바로 교회."「뉴스앤조이」 2017.08.01.

최진우. "1인가구 비중 가장 많아져… 29.8% 나 혼자 산다."「연합인포맥스」 2019.09.18.

최태환. "세 곳의 작은 미자립 교회들이 합병하여 자립한 교회." 총회자립위원회 편.『반석 위에 세운 교회』. 한국장로교출판사, 2012.

최학무. "농어촌교회 활성화 방안, 미래의 농어촌 목회."「코람데오 닷컴」 2014.02.10.

최현종. "한국 개신교 새신자 구성과 수평이동에 관한 연구."「한국기독교신학논총」제91집 (2014.1).

최현호. "끊이지 않는 목사 성범죄… 교회 '세습'이 은폐 키운다." 「뉴시스」 2018. 11.07.

최혜영. "강정, 여기 사람이 있다." 한국교회탐구센터. 『종교개혁과 평신도의 재발견』. IVP, 2017.

최효정. "지난해 혼인율 사상 최저… 이혼율은 2년 연속 상승." 「조선비즈」 2020.03.19.

한재동. "회중교파, 침례교파, 크리스천교파 및 하나님의 성회 교단의 직제." 『교회와 직제 - 제10회 바른교회아카데미 연구위원회 세미나 자료집』.

한정국. "한국선교의 어제와 오늘 그리고 내일." 「기독교사상」 2017년 7월호.

한혜인. "대형 교회 욕심요? 교회 건강하려면 분립해야죠." 「데일리 굿 뉴스」 2017.11.02.

허성식. "교회개척과 선교." 『제22기 총회 교회개척훈련 제2과정』 교육 자료집. 대한예수교장로회 총회 국내선교부, 2019.

홍순관. "꽃은 꽃 숨을, 나무는 나무 숨을." 한국교회탐구센터. 『종교개혁과 평신도의 재발견』. IVP, 2017.

홍윤경. "나중에 온 이 사람에게도." 한국교회탐구센터. 『종교개혁과 평신도의 재발견』. IVP, 2017.

황홍렬. "마을 만들기, 마을목회와 마을목회의 신학적 근거." 강성렬·백명기 편. 『한국교회의 미래와 마을 목회』. 한들출판사, 2016.